THOMAS FISCHER

ÜBER DAS STRAFEN

Recht und Sicherheit in der demokratischen Gesellschaft

Besuchen Sie uns im Internet:
www.droemer.de

Covergestaltung: Isabella Materne
Satz: Adobe InDesign im Verlag
Druck und Bindung: CPI books GmbH, Leck
ISBN 978-3-426-27687-7

5 4

Inhalt

Vorwort

Dies ist ein Buch über Strafrecht. Das ist ein Teil des öffentlichen Rechts, das Rechtsverhältnisse zwischen Staat und Bürgern, also im Über- und Unterordnungsverhältnis, regelt, im Gegensatz zum Zivilrecht, das für die Rechtsverhältnisse zwischen Privaten, Gleichgeordneten gilt. Auch der Staat kann »privat« handeln, etwa wenn er Kauf- oder Werkverträge schließt. Im Strafrecht geht es nicht um freiwillige Verträge, sondern um hoheitliche Eingriffe in die Freiheitsrechte von Bürgern. Strafrecht ist, von dem präventiven Einsatz von Gewalt abgesehen (die ja sogar eine Tötung rechtfertigen kann), das »schärfste« Mittel des Staats gegen Personen, die seiner Strafgewalt unterworfen sind. Andere Begriffe und Zusammenhänge des »Strafens«, also etwa private Vertragsstrafen, Strafen der Verbandsgerichtsbarkeit usw., sind nicht Gegenstand des Buches.

Sein Thema ist das Funktionieren des Strafrechts in der Gesellschaft und daher das Funktionieren der Gesellschaft als Rechtssystem. Dass beides auf das Engste miteinander verbunden ist, ist eine eher banale Erkenntnis; trotzdem ist sie in ihren vielfältigen Voraussetzungen, Formen und Folgen nicht allgemein bekannt.

Der Autor ist Strafrechtler und war viele Jahre lang Richter. Deshalb sieht er die Welt aus dieser Perspektive. Das hat Vorzüge in mancher Hinsicht, führt aber auch zu Beschränkungen. Die eigene Sicht ist immer nur ein Ausschnitt der Wirklichkeit. Das ist nicht beklagenswert und sollte einen nicht daran hindern, den eigenen Blickwinkel so gut wie möglich auszuleuchten. Die Erkenntnis der Relativität mag eine Annäherung an das erlauben, was Max Weber »Idealtypus« nannte: ein Blick auf die Welt aus einer Perspektive, im Wissen, dass es derer unendlich viele gibt. Das Strafrecht ist ein Filter im »unermesslichen Strom des Geschehens« (Weber). Es ist nicht nur äußeres Werkzeug, sondern Resultat, Träger und Erzeuger von »Sinn« und damit ein sehr voraussetzungsvolles und mächtiges Element der sozialen Wirklichkeit.

Da es nicht um das schlechthin und naturwüchsig Richtige oder Falsche, Gute oder Böse geht, also bei der Erkenntnis von Wahrheit nicht ums unreflektiert »persönliche« Glauben – wenn dies denn ginge –, sondern um Herstellung von Wirklichkeit zwischen Menschen, muss man sich mit diesem Verhältnis beschäftigen: innen und außen, vertraut und fremd, Zuhause und Fremde, Vertrauen und Misstrauen. Eine solche Zweiteilung der Welt wurzelt tief im Menschen; viele Wissenschaften, Erklärungsversuche und Gestaltungskonzepte unserer Realität beschäftigen sich damit.

Erstaunlich ist, in welchem Maß solche Versuche von Erklärungen heute wieder Gegenstand von Misstrauen und Abwertung sind. Vereinfachung gilt auch im Strafrecht als das Mittel der Wahl. Die Wirklichkeit einer Gesellschaft ist aber nicht einfach. Sie muss kommunikativ erschlossen werden, in einer Weise, an der sich alle auf einer gemeinsamen Grundlage von Anerkennung und Methode beteiligen können. Es ist kein Geheimnis, dass diese Gemeinsamkeit heute, insbesondere aufgrund der Auswirkungen der Globalisierung und der Revolution der Kommunikation, vielfach bezweifelt, auch bekämpft wird und in großer Gefahr scheint. Das vorliegende Buch ist ein Versuch, der Furcht davor ein paar Gedanken entgegenzusetzen.

Einleitung: Das Bedürfnis nach Strafrecht

Kein Tag vergeht, an dem nicht in der öffentlichen Kommunikation vom Strafen und vom Strafrecht die Rede ist. Das Strafrecht erscheint oft wie eine eigene Wirklichkeit, als eine mögliche, häufig sogar naheliegende Lösungsinstanz, die man aus der Unübersichtlichkeit der Lebenswelt und der gesellschaftlichen Problemlagen anrufen kann. In einem vor einigen Jahrzehnten kaum für möglich gehaltenen Maß ist es ins Zentrum der Aufmerksamkeit gerückt und hat sich von einem Spielfeld für Randständiges, Gruseliges und eine verachtete Minderheit zum bedeutenden Gestalter von Politik emanzipiert. Ein nicht unerheblicher Teil der Bevölkerung ist im Jahr 2018 bereit, selbst das Wirken der deutschen Bundesregierung an strafrechtlichen Maßstäben zu messen, und kaum eine Woche vergeht, in welcher nicht neue Vorschläge diskutiert werden, wie man das Strafen in Deutschland »effektivieren«, »beschleunigen« oder schlicht ausweiten kann, um mal den einen, mal den anderen gesellschaftlichen Missstand zu bessern, letzten Endes aber vor allem das Strafrecht an sich voranzubringen, warum auch immer.

Kein anderes Rechtsgebiet erfährt solche Zuwendung an Aufmerksamkeit, öffentlichem Wollen, Meinen, Kommentieren und Kritisieren wie das Strafrecht. Das Leben der allermeisten Menschen wird durch Vertragsrecht, Kaufrecht, Erbrecht oder Umweltrecht viel mehr beeinflusst als durch Fragen nach der Grenze des Raubtatbestands oder der Strafbarkeit von Werbung für Abtreibung. Trotzdem begnügt man sich weithin damit, dass die Presse in immer gleichem Auf und Ab berichtet, der Bundesgerichtshof habe »die Rechte der Mieter gestärkt«, sodann »die Rechte der Verbraucher gemindert«, alsdann die Rechte der Vermieter gemindert und die der Unternehmenserben gestärkt. Wie viel und welche Rechte von Arbeitnehmern, Patienten, Krankenpflegern, Mietern, Hundeeigentümern, Autofahrern und Steuerzahlern im letzten Halbjahr gestärkt oder geschwächt wurden und welche unbeachtet blieben, weiß von den solcherart informierten Bürgern niemand; man kann und will es angesichts der Trostlosigkeit der Informationsdarbietung auch gar nicht wissen.

Im Strafrecht ist das anders: Hier schaffen es sogar komplizierte Gesetzgebungsvorhaben oder dogmatisch anspruchsvolle Urteilsbegründungen auf die Titelseiten, wenngleich auch meist in stark verkürzter, missverständlicher oder schlicht desinformierender Form. Das Interesse an öffentlicher Kommunikation über das staatliche Strafen ist groß; es weitet sich bis in den Bereich privater Sanktionen etwa im Unternehmensbereich, in Verbänden und Institutionen wie Schulen, Hochschulen und Kirchen aus. Kennzeichnend für eine Verschiebung des Interesses ist, dass strafrechtliche Themen deutlich häufiger als früher als *politische* Themen aufgefasst werden. Dass Strafrecht per se »politisch« sei, auch wenn es nicht um Hochverrat und Spionage geht, ist eine (Wieder-)Entdeckung der späten Sechzigerjahre des 20. Jahrhunderts gewesen, die das scheinbar naturhaft festgefügte, aus dem 19. Jahrhundert stammende Strafrechtssystem der alten Bundesrepublik als *spezifischen* Teil der Gesellschaftsordnung identifizierte. Terrorismus-Strafrecht, Abtreibungsstrafrecht, Demonstrationsstrafrecht waren Kristallisationspunkte, anhand derer das Strafrecht insgesamt in den Siebziger- und Achtzigerjahren ins allgemeine »politische« Bewusstsein rückte.

Woher kommt das? Was »bietet« das Strafrecht dem öffentlichen Bewusstsein und dem individuellen Interesse? Warum befassen sich zahllose Menschen, die von Verbrechen, Strafprozessen und Justizvollzugsanstalten denkbar weit entfernt sind, hoch engagiert mit Beweisfragen aus Verfahren, die sie nur aus den Medien kennen, oder mit strafrechtspolitischen Fragen, die sie selbst vermutlich niemals betreffen werden? Antworten auf diese Fragen finden sich sowohl in allgemeinen, überdauernden Gründen als auch in zeitspezifischen Konstellationen und Entwicklungen.

An der Oberfläche ist zunächst festzustellen, dass das Strafrechts-»System« ein in sich einigermaßen geschlossenes Begriffsinstrumentarium anbietet, mit dem sich die Welt auf relativ schlichte, überschaubare Weise einteilen und deuten lässt: Gut und Böse, Täter und Opfer, Straftat und Leiden, Fliehen und Verfolgen, Schuld und Strafe – lauter einfach erscheinende Zweiteilungen, die »Komplexität reduzieren«, also Unübersichtliches übersichtlich machen können und dadurch auch die überaus unterschiedlichen Welten, die sich in der sozialen Wirklichkeit überschneiden, mischen, abgrenzen, miteinander verbinden können: Ein Begriff wie »Schuld« kann den Fußball ebenso erklären wie eine Ehescheidung, eine Unternehmensinsolvenz wie einen tödlichen Unfall. »Strafe« ist allenthalben das, was dem Schuldigen gebührt, und die ausgesprochenen wie unausgesprochenen Ansprüche an die »Wirksamkeit« des Strafens können sowohl individuell als auch in verallgemeinerter Form als allgemeine Anforderung an die enttäuschende, gefährliche oder unberechenbare Lebenswirklichkeit gerichtet werden. Je mehr nicht passt, desto mehr muss, vereinfacht gesagt, passend gemacht werden, und das Strafen erscheint als eine Möglichkeit, die rundum in Unpassendes zerfallende Welt zu ordnen.

Zugleich ist der Appell ans Strafrecht ein solcher an den Staat, also an eine abstrakte, zerstörerische Gewalt, und insoweit ambivalent: Wer besonders laut nach dem strafenden Staat ruft, macht sich selbst besonders klein. Der allmächtige Leviathan ist auch dann kein Kuscheltier, wenn seine Funktionäre lächelnd Homestorys in Illustrierten und Talkshows darbieten. Selbst der überzeugteste Nachplapperer von »Wer nichts zu verbergen hat, muss auch nichts befürchten« ahnt, dass diese Parole von Polizeigewerkschaften auch in China, Nordkorea oder Afghanistan über den Gesetzesbegründungen und Gefängnistoren steht. Selbst der schlichteste Rechtsfreund muss, wenn er in Internetforen oder bei Versammlungen »besorgter Bürger« gnadenlose Härte der Strafjustiz, rigoroses Durchgreifen der Polizei oder bedenkenlose Anordnung von Untersuchungshaft fordert, damit rechnen, dass all dies auch seine eigenen, gern »Sünden« genannten Taten betreffen kann. In der Bitte, die Gewalt möge andere möglichst hart schlagen, steckt daher zugleich stets ein Anteil von Sehnsucht, durch eigene Bestrafung Vergebung zu erlangen und in der Hand der Gewalt aufgehoben zu sein.

Dass »alles immer schlimmer« werde hinsichtlich der Sicherheitslage, ist ein verbreiteter Eindruck, der von Massenmedien geschürt und verstärkt, aber nicht verursacht wird. Strafrechtspolitik muss nicht allein mit realen, sondern auch mit »gefühlten« Gefahren umgehen. Das begünstigt symbolische Maßnahmen ohne positiven Effekt oder, schlimmer, mit negativen Verstärkungseffekten. Jedes hastige Füllen vorgeblicher »Strafrechtslücken«, kaum dass ein Missstand einen gewissen Skandalisierungsgrad erreicht hat, fördert weitere Abläufe derselben Art und beschleunigt eine Dynamik, die durchaus irrational werden kann.

Die Furcht, die heute vielfach thematisiert wird, kann aber nicht einfach als Einbildung oder Lüge abgetan werden; sie ist tatsächlich vorhanden. Sie hat verschiedene Quellen, die zu unterscheiden sind. Kriminalität wird immer dann als besonders bedrohlich empfunden, wenn sie als anonyme, von außen eindringende Gefahr gesehen wird. Die Kriminalität von »Fremden«, welcher Definition auch immer, erscheint als unberechenbar, da sie in das Gewohnte und Vertraute in besonderem Maß eindringt. Daher ist die Furcht vor einer fremden und anonymen Bedrohung stets stärker als die Angst, durch vertraute Personen oder in vertrauter Lage zu Schaden zu kommen. Das gilt selbst dann, wenn rationale Erwägungen entgegenstehen. Die Vorstellung eines plötzlichen gewalttätigen Zugriffs eines Räubers oder Vergewaltigers in dunkler Nacht und an einsamer Stelle ist hochgradig furchterregend; ebenso die Vorstellung, innerhalb des intimen Rückzugsraums, etwa der Wohnung, Opfer eines unberechenbaren fremden Eindringens zu werden. Der bloße Hinweis auf die empirisch geringe Wahrscheinlichkeit solcher Ereignisse reicht nicht aus, um das existenzielle Bedrohungsgefühl deutlich zu verringern.

Aus diesem Grund ist die allgemeine Bereitschaft und Neigung zur Kriminalitätsfurcht und zur Annahme eines hohen Gefahrenpotenzials umso höher, je größer das Maß der »Fremdheit« ist, das in einer gegebenen Gesellschaft herrscht und als solches subjektiv empfunden wird. Es ist möglich, dass Gemeinschaften (z.B. Dörfer, Kleinstädte) mit einem hohen Gewalt- und Kriminalitätspegel relativ unbesorgt leben, wenn die Bedrohung als Teil des Üblichen und Gewohnten wahrgenommen wird und in das gewöhnliche Lebensrisiko eingerechnet werden kann.

Dieselbe Gesellschaft kann aber in irrationale Furcht verfallen, sobald eine objektiv deutlich geringere Gefahr hinzutritt, die als fremd und von außen kommend empfunden wird. Aus demselben Grund ist regelmäßig auch die Furcht vor »wahnsinnigen«, geisteskranken Personen höher als die vor (nur) »bösen« Personen, also Verbrechern, denn der »Verrückte« erscheint eben nicht als Teil der Welt, in der die gewohnten Wahrscheinlichkeiten und Regeln des Vertrauens gelten. In der Figur des »wahnsinnigen Gewalttäters«, die in den Angstbewältigungsformen der populären Kultur aller Zeiten eine prominente Rolle einnimmt (»Serienkiller«, »Monster« hinter der Fassade der Harmlosigkeit usw.), findet beides zusammen; reale Fälle, die dieses Bild bestätigen, werden daher mit höchster, lang anhaltender Aufmerksamkeit verfolgt und so zu Mythen überhöht (Beispiele sind die Fälle Kürten, Haarmann, Bartsch, Dutroux).

Schon aus diesem Grund muss der allgemeine Zustand einer Gesellschaft für eine ernsthafte Betrachtung des Strafens und des Strafbedürfnisses von großer Bedeutung sein. Selbstverständlich ist er es darüber hinaus auch auf einer empirischen Ebene, als Wirklichkeit, welche für die Kriminalitätsneigung, -gelegenheit, -form und -häufigkeit entscheidend ist. Hier spielen alle Themen eine Rolle, die Gegenstand der Kriminologie sind: Kriminalsoziologie, Kriminalpsychologie, empirische Forschung, Prognose, Prävention.

Auf allgemeiner Ebene wird man sagen können, dass sich im Bild der aktuellen öffentlichen Strafrechtsdiskussion recht genau widerspiegelt und bestätigt findet, was oben ausgeführt ist: Die Dynamik der wirtschaftlichen Entwicklung, insbesondere der Globalisierung und ihrer Folgen einerseits, die Entwicklung einer vollständig neuen Kommunikationsstruktur durch das Internet andererseits haben zu einer tief greifenden Veränderung der Gesellschaft geführt.

Alte Bindungen und Vertrautheiten früherer Jahrzehnte sind in hohem Maß aufgelöst oder zerstört; die einzelne Person findet sich weniger denn je in sozial stabilen Rollen und Gemeinschaften (Familie, Betrieb, Verein, Religionsgemeinschaften, Parteien, Wohnumgebung), vielmehr in einem hochgradig veränderlichen Umfeld, das sich durch *Vereinzelung* auszeichnet. Sowohl empirisch (»Agenda 2010«; »Sozialreformen«; soziale Veränderungen wie Auflösung von dauerhaften Familienstrukturen auch im kleinen Bereich) als auch normativ (»Neoliberalismus«, »Eigenverantwortung«, Frauen-»Bewegung«) definiert sich die *Moder-*

ne im Jahr 2018 weithin als Vergesellschaftung von *Individuen,* deren Bild ihres Platzes in der Welt fast vollständig zurückgeworfen ist auf das Ich, auf Selbstverwirklichung, Selbstverantwortung und Selbst-»Optimierung«. Weder auf örtliche noch persönliche, noch berufliche Bindungen kann und soll langfristig vertraut werden; schon früh werden Kinder und Jugendliche darauf hingewiesen, dass jedes Vertrauen auf Familie, Ehe, Kinder, Eltern, Ausbildung und soziale Sicherungssysteme ein extrem hohes Risiko beinhalte, das sich jederzeit verwirklichen kann, im Lebenslängsschnitt aber mit Sicherheit verwirklichen wird.

Die Aufgabe der Selbstoptimierung, von der Frühförderung über Körpergestaltung, Partnerwahl und -wechsel, berufliche »Karriere« bis zur Konzeption der Sterbephase im Pflegeheim, ist allgegenwärtig. Sie kann von Personen unterer sozialer Schichten nur sehr eingeschränkt erfüllt werden, weil ihnen die wirtschaftlichen, bildungsmäßigen und mentalen Voraussetzungen vielfach fehlen. Das Unverständnis, mit welchem die »Verbraucher«-Schützer und Parteistrategen auf die Planlosigkeit der »sozialen Brennpunkte« schauen, ist wenig überzeugend, denn aus der Sicht der Randständigen mag es durchaus rational sein, die Erhöhung des ALG II um 20 Euro in einer Flasche Whisky statt in einem privaten Rentensparvertrag anzulegen.

Objektiv und subjektiv überfordert sind aber auch die sogenannten Mittelschichten. Hinzu kommen dramatische globale Strukturwandel, die außerhalb jedes Einflusses der Individuen stehen, die Lebenswirklichkeit aber prägen: Dauerkriege, Massenmigration, Erschöpfung oder Neuverteilung von Ressourcen. In Deutschland treten die gravierenden Probleme der Wiedervereinigung verstärkend hinzu. Dabei geht es im Kern nicht um die öffentlich verhandelten Fragen nach »Angleichung« von Autobahnen oder Nettolöhnen. Es geht um »Angleichung« der *Geschwindigkeit,* mit welcher sich der Verfall von sozialer Sicherheit und sozialem Vertrauen vollzieht.

Die Bevölkerung der DDR befand sich, was den »kulturellen«, sozialpsychologischen Stand der oben beschriebenen Modernisierung betrifft, allenfalls auf dem Stand der westdeutschen Gesellschaft zu Beginn der Sechzigerjahre. In vielerlei Hinsicht waren Vertrauen garantierende Strukturen erhalten (Betrieb, Wohnbereich); in anderen Bereich waren sie zwar planmäßig geschwächt (Familien), aber durch flächendeckend wirksame »Solidar«-Gemeinschaften ersetzt oder ergänzt worden. Der »Beitritt« im Jahr 1990, von den meisten als schlichte Ausdehnung des Konsumparadieses erträumt, entpuppte sich als eine Aufgabe gänzlich ungeahnter Dimension: als habe man die Einwohner einer westdeutschen Kleinstadt des Jahres 1960 über Nacht ins Las Vegas von 1990 verfrachtet, ihnen zur Begrüßung 100 Dollar in die Hand gedrückt und viel Erfolg gewünscht.

Menschen, die sich permanent *allein* fühlen und aufgefordert werden, sich darauf einzustellen, dass dies nicht nur ihr ganzes restliches Leben lang so bleiben, sondern sich noch verstärken wird, fürchten sich. Je weniger Hoffnung sie haben, gegen den Lauf der Welt etwas unternehmen zu können, desto mehr fürchten sie sich vor dem »fahrenden Volk« und den Räubern im dunklen Wald.

Aber auch andere Veränderungen haben den Blick auf das Strafrecht verändert. Dazu zählen insbesondere eine Abwendung vom reinen »Unterschichtenstrafrecht« früherer Jahrzehnte, die Ende der Sechzigerjahre eingesetzt hat und zur zunehmenden Einbeziehung von wirtschaftlichen Sachverhalten in den Bereich des strafrechtlich zu Regelnden geführt hat. Auch dies ist durch die Globalisierung der Wirtschaft extrem beschleunigt worden, insbesondere weil Standards und Strukturen US-amerikanischer Wirtschaftssteuerung und supranationaler Organisationen (EU) in die Bedingungen deutscher Rechtsetzung massiv eingreifen.

Damit verbunden ist zugleich, was man »Materialisierung« des Strafrechts genannt hat: Eine Zurückwendung des Strafens zu *moralischen* Begründungen und zu einer innengeleiteten Sozialkontrolle. Vor allem das Sexualstrafrecht (im weiteren Sinn) ist hier zu nennen. Schließlich ist bereits an dieser Stelle auf eine wichtige Veränderung in der Anforderungs- und Erwartungsqualität hinzuweisen, die mit dem Begriff der Sicherheit zusammenhängt. Dass das Strafrecht nicht um seiner selbst willen da ist, ist selbstverständlich; in der Regel wird seine Funktion so beschrieben, dass es der »Sicherheit der Rechtsgüter« dienen solle. Allerdings findet sich diese Aufgabenbestimmung auch in allen Polizeigesetzen und schon in deren Ursprung:

»Die nöthigen Anstalten zur Erhaltung der öffentlichen Ruhe, Sicherheit, und Ordnung, und zur Abwendung der dem Publico, oder einzelnen Mitgliedern desselben, bevorstehenden Gefahr zu treffen, ist das Amt der Polizey«, lautete Paragraf 10 des Zweiten Teils, Siebzehnter Titel des »Allgemeinen Landrechts für die Preußischen Staaten« aus dem Jahr 1794, eines gewaltigen Gesetzeswerks des aufgeklärten Absolutismus, in dem das gesamte damals geltende Recht mit akribischen, bis in Details der Lebensgestaltung reichenden Vorschriften zusammengefasst war.

»Sicherheit« ist danach Aufgabe der Polizei, also von Verwaltungsbehörden; die Begriffe »Sicherheitsbehörde« und »Polizeibehörde« werden vielfach synonym verwendet. Gemeint ist *präventive* Sicherheitsvorsorge: Gefahrenabwehr. »Polizeiliches« Denken und polizeiliche Arbeit in diesem Sinn richten sich auf die Verhinderung *zukünftiger* Schäden. Das Strafen hingegen ist seiner Natur nach rückwärtsgerichtet; es betrachtet Zukunft allenfalls mittelbar und sekundär im Hinblick auf »Wirkungen« des Strafens, denn im Mittelpunkt steht die Sanktionierung vergangenen Verhaltens. Diese »repressive« Aufgabenstellung des Strafens ist von der »präventiven« Aufgabenstellung der

(»Schutz«-)Polizei zu unterscheiden. Auf Einzelheiten und Folgen dieser Unterscheidung, die zu den Grundlagen rechtsstaatlicher Verfasstheit gehört, ist später zurückzukommen.

In der heutigen rechtspolitischen Diskussion spielt die Trennung zwischen Sicherheit und Strafen, Repression und Prävention, Polizei und Justiz oft keine Rolle mehr. Die professionelle Rechtspolitik legt in der Darstellung häufig fast keinen Wert auf eine Unterscheidung; die Justizminister des Bundes und der Länder erscheinen wie Erfüllungsgehilfen oder Untergebene der mächtigen Innenminister, von denen die »Sicherheitspolitik« gesteuert und vertreten wird. In Presse und Öffentlichkeit ist die Unterscheidung vielfach gar nicht bekannt, sodass an Strafrechtspolitik und Justiz wahllos Forderungen und Ansprüche gestellt werden, quasi präventiv-polizeiliche Aufgaben zu erfüllen.

Das zeigt sich auf banale Weise etwa in den notorischen Forderungen, es solle »zur Abschreckung« häufiger, längere (!) und härtere Untersuchungshaft angeordnet werden. Diese Forderung ist unsinnig, denn *Untersuchungs*haft darf aus verfassungsrechtlichen Gründen nicht zur »vorläufigen Bestrafung« angeordnet werden. Eine Anordnung zur *Vorbeugung* (Haftgrund der Wiederholungsgefahr) ist bei Verdacht bestimmter Delikte ausnahmsweise zulässig (§ 112a StPO). Das Bundesverfassungsgericht hat diese Vermischung von Strafverfolgung und Prävention als verfassungsgemäß angesehen; unproblematisch ist sie aber nicht.

Nicht so deutlich, aber in der Sache wirksamer ist die Vermischung auf rechtspolitischer Ebene. Sie beginnt schon mit der unseligen Angewohnheit des Gesetzgebers, neuen Strafgesetzen vielfach den Titel »Gesetz zur Bekämpfung von …« zu geben. »Bekämpfung« ist ein typisch präventiver, polizeilicher Begriff, der im Strafrecht eigentlich nichts zu suchen hat. Seine alltägliche, meist nicht mehr hinterfragte Verwendung im Alltag der öffentlichen Kommunikation zeigt, dass die für die liberal-rechtsstaatliche Tradition selbstverständliche Trennung zwischen Polizei und Justiz zunehmend unklarer und unwichtiger wird.

Ob diese Entwicklung zur Freude oder zur Sorge Anlass gibt, soll hier vorerst dahinstehen. Sie führt jedenfalls, neben den anderen genannten Gründen, dazu, dass das »Bedürfnis nach Strafrecht« in der Gesellschaft heute besonders groß ist und besonders lautstark geäußert wird. Das steht teilweise im Widerspruch zu objektiven Gegebenheiten, etwa einer rückläufigen Kriminalitätshäufigkeit in manchen Bereichen. Das Bedürfnis kann aber nicht einfach in den Bereich des Irrationalen oder gar Belanglosen verwiesen werden. Wenn man über das Strafen sprechen und diskutieren will, muss man es ernst nehmen.

I.
Natur, Gesellschaft, Strafrecht

Unter »Recht« stellen wir uns ein besonderes System von Regelungsmechanismen vor. Recht beschreibt nicht Gegebenheiten oder Kausalabläufe, sondern Forderungen und Zumutungen. Das Strafrecht als spezieller Regelungsbereich ist durch Voraussetzungen und Bedingungen geprägt, die nicht allein den Zusammenhang des Rechtssystems insgesamt berühren, sondern weitere Fragen nach den Grundlagen des Rechts als soziales Steuerungssystem aufwerfen. Es ist in den modernen Gesellschaften heute klar und gedanklich vorausgesetzt, dass Strafrecht in der Gesellschaft »gemacht« wird und ihr nicht von außen vorgegeben ist. Ausnahmen in kleineren fundamentalistischen Gemeinschaften spielen praktisch keine Rolle.

Damit ist die Frage aufgeworfen, auf welche Weise und aus welchen Quellen das Strafen und das Strafrecht entstehen. Denn nur wenn man das im Blick hat, kann man sinnvoll diskutieren, was vom Strafrecht erwartet werden kann oder muss. Gemeint sind hier nicht die technischen Entstehungsbedingungen von Strafrecht auf der Grundlage einer gegebenen Rechtsverfassung, sondern die Grundlagen des Strafens als *soziales* Phänomen. Damit stellt sich auch die Frage, ob und inwieweit das Strafen eine *natürliche* Grundlage hat. Das mag zunächst überraschen, da auf der Grundlage der Erkenntnis von der *Gemachtheit* des Strafrechts in der Regel die Frage nach Verbindungen von Natur und Gesellschaft gar nicht mehr gestellt wird oder gar im Verdacht steht, auf »biologistische« Begründungen für konkrete gesellschaftliche Umstände abzuzielen. Eine solche Absicht besteht nicht. Wie sich aber das Strafen nicht ohne Gesellschaft denken lässt, so die Gesellschaft nicht ohne die Menschen und damit nicht ohne die Natur.

1. Handlungen – Über die Abgrenzung von Agieren und sinnhaftem Verhalten

Das Strafrecht befasst sich mit einer speziellen Form der Reaktion auf menschliches Verhalten, das als »Straftat« bezeichnet wird. Obgleich zu einer gegebenen Zeit die meisten Menschen meinen, dass es einfach sei, nicht nur ein paar der wirklich existierenden Straftaten zu nennen, sondern zu sagen, was auf jeden Fall eine solche *ist,* stimmt das meistens nicht. In der Regel wird damit nämlich, genauer betrachtet, nur darüber gesprochen, was eine Straftat *sein soll.* Wie das zustande kommt, ist Gegenstand dieses Buches. Wichtig ist zunächst einmal festzustellen, was der Begriff »Straftat« überhaupt zum Inhalt hat.

Das Leben ist, das sagt die Erfahrung, auch durch eine Vielzahl von Enttäuschungen geprägt. Damit sind an dieser Stelle nicht bittere persönliche Kränkungen gemeint, sondern die Tatsache, dass dem Bedürfnis nach vollendeter Zufriedenheit ein unendlich scheinender Strom von Ereignissen entgegenwirkt, die den Eintritt dieses Glücks verhindern: Das Wetter ist schlecht, wenn es gut sein sollte, das Essen fliegt uns nicht mühelos in den Mund, und andere Menschen tun Dinge, die sie nicht tun sollten, oder tun Dinge nicht, die sie tun sollten. Diese ständigen Enttäuschungen können auf grundsätzlich zwei verschiedene Weisen verarbeitet werden: indem man sie akzeptiert oder indem man sie zu verhindern versucht. Sie zu »bestrafen« ist für sich gesehen eigentlich sinnlos, denn dadurch verschwinden sie ja nicht nachträglich aus der Wirklichkeit; im Gegenteil kann die Mühe des Bestrafens wieder neue Enttäuschungen hervorbringen. Andererseits kann selbst der tiefenentspannteste Mensch die Dinge nicht einfach so hinnehmen: Auch buddhistische Mönche ärgern sich, wenn man ihnen das Essen wegnimmt oder sie schlägt.

Auf einer sehr allgemeinen Ebene muss man also zunächst einmal klären, wie man die Enttäuschungen, die einem widerfahren, so unterscheiden kann, dass man gegen ihre Wiederholung einigermaßen sinnvoll etwas unternehmen kann. Wenn ein Maisfeld in einem Jahr nicht genug Ernte gebracht hat, sodass der Bauer hungern musste, hat es keinen Zweck, das Maisfeld zu »bestrafen«, indem man es vernichtet. Man kann das versuchen; aber die Erfahrung zeigt, dass diese Methode nicht zur besseren Sättigung im nächsten Jahr führt. Das zeigt, dass es erforderlich ist, zwischen Enttäuschungsursachen zu unterscheiden, die man beeinflussen kann, und solchen, bei denen das nicht geht; weiterhin, dass man eine Ebene finden muss, auf der man mit den Ursachen in einen zielgerichteten Kontakt tritt: Man muss das Feld düngen, darf das Wasser nicht vergiften, muss einen Zaun gegen die Wildschweine und die Maisdiebe bauen. Wenn die Schweine sich durchwühlen und den Mais fressen, kann man entweder den Schweinegott bitten, beruhigend auf sie einzuwirken, oder man kann ein besonders dickes Schwein zur Abschreckung töten, oder man kann den Zaun weiter befestigen. Alle drei Methoden wurden in der Geschichte lange erprobt; die ersten beiden haben sich als nutzlos erwiesen.

Das Strafrecht interessiert sich – unter anderem – für die zweite Methode: das »Bestrafen« zwecks Abschrecken. Der moderne Mensch weiß intuitiv, dass »Strafe« nicht das Mittel der Wahl gegen Wildschweine ist, weil die Tiere zwar die Gewalt spüren, aber nicht auf ihr vergangenes Tun beziehen, sondern allenfalls auf das unmittelbar bevorstehend neue. Wenn der Bauer also seinen Schweinezaun mit Strom lädt, tut er das nicht, um die Schweine an ihre vergangenen Untaten zu erinnern und zu besseren Menschen zu erziehen, sondern um ihnen durch Schmerz und Angst den Appetit zu verderben.

Ganz anders ist es, wenn sich herausstellt, dass hinter den Schweine-Attacken ein anderer Bauer steckt, der die Wildschweine nachts heimlich auf das Feld seines Nachbarn treibt. In diesem Fall wird der geschädigte Bauer zunächst ein Bedürfnis nach »Rache« empfinden; im Übrigen wird er vermutlich nicht den Zaun verstärken, sondern seinen Nachbarn versuchen zu »bestrafen« (oder bestrafen zu lassen). Der Grund liegt auf der Hand: Der Geschädigte weiß, dass dem Schaden eine »Tat« zugrunde liegt, die sein Nachbar »begangen« hat; und er weiß zudem, dass man auf dieses Tun in einer speziellen Weise reagieren kann, die bei Schweinen nutzlos ist.

Strafrecht richtet sich nicht gegen Schadenserfolge, sondern gegen Handlungen, welche die Schäden hervorgerufen haben. Wenn ein Baum auf ein Haus gefallen ist, hat es keinen Sinn, den Baum zu bestrafen oder den Sturm, sondern man muss den Baumfäller suchen, der vielleicht ein Objekt von »Strafe« werden könnte. Die Pflicht, Strafe auf sich zu nehmen, kann man ihm aber nur auferlegen, wenn er auf irgendeine Weise »Verantwortung« trägt und wenn man das auch »mit Recht« behaupten kann. Bestrafen von Menschen, denen von vornherein keine Verantwortung für einen Schaden zugewiesen werden kann, hat weder individuell noch sozial eine rationale Wirkung; es bleibt eine reine Ersatzhandlung und dient bestenfalls zum Abreagieren von Wut.

Verantwortung, wie auch immer, setzt eine *Handlung* voraus. Handeln ist, nach der üblichen juristischen Definition, »positives Tun oder Unterlassen«. Der Begriff »positiv« meint hier keine

Wertung, sondern beschreibt die Form einer Handlung: »Positives Tun« ist danach jede aktive Einflussnahme auf Zustände oder Ereignisse der Außenwelt. Das können schlichte körperliche Einwirkungen sein: Schlagen, Nehmen, Werfen usw., also Handlungen, die unmittelbar auf ein Objekt einwirken. Es können auch mittelbar wirkende körperliche Handlungen sein: Zuschließen einer Tür, Absenden eines Briefs. Auch Sprechen ist Handeln: Wer eine andere Person mittels Lügen »betrügt«, tut nicht *nichts,* sondern handelt durch positives Tun. Schwieriger ist die Frage, ob auch *noch weniger* ausreichen kann: »Hexen«, Geister-Herbeirufen, Verfluchen – alles positives Tun. Auch Denken? Also »Böse-Wünsche-Haben«? Es gab Zeiten, da hätte daran niemand Zweifel gehabt. Die Mehrheit ist heute anderer Ansicht; aber eine durchaus nicht ganz kleine Minderheit denkt das noch immer. Für das Strafrecht ist das *praktisch* egal; theoretisch kann man durchaus darüber nachdenken: Vielleicht könnte das intensive Denken von bösen Wünschen ja eine Art »Versuch« sein.

Eine Tat »versuchen« ist (oft, nicht immer) auch strafbar; das steht in Paragraf 22 StGB. Daraus könnte man schließen, das Strafen setze eine Handlung doch nicht voraus, wenn schon das Versuchen des Handelns verfolgt wird. Aber das täuscht: »Der böse Wille allein schadet nicht«, ist eine Maxime des modernen Rechts. Man darf Böses wollen, so viel man will – solange man nichts Böses *tut,* kümmern sich darum vielleicht die Moral und die Religion, aber nicht die Justiz. Auch der strafbare Versuch setzt daher eine Handlung voraus, ein handelndes »Ansetzen« zur Verwirklichung des Taterfolgs.

Wirklich kompliziert wird es aber, wenn das »Handeln« darin besteht, *nicht* zu handeln. Das Strafrecht nennt das »Unterlassen«, aber dieser Begriff beschreibt schon eher die Lösung als das Problem, denn »etwas zu lassen« ist nicht dasselbe wie »nicht handeln«, sondern durch die Bezugnahme auf das »Etwas« ein spezifisches Nichthandeln: das Nicht-Tun von etwas, was getan werden könnte, müsste oder sollte. Wenn ein Mensch müßig in der Sonne liegt, wird man das in der Regel nicht so beschreiben, dass er »unterlässt«. Es ist auch nicht sinnvoll, jemanden dazu aufzufordern, bitte »zu unterlassen«, ohne hinzuzufügen, *was* er nicht tun soll.

Das »Unterlassen« des Strafrechts ist also ein Handeln, das von vornherein nicht aus bloßer Wirklichkeit besteht, aus einem *Nichts,* sondern aus einer Kombination von Wirklichkeit und »Gesolltem«. Das ist ein Beispiel dafür, dass wir es im Strafrecht meist nicht mit »einfachen« beschreibenden, neutralen Wörtern und Beschreibungen objektiver Gegebenheiten zu tun haben, sondern mit Begriffen, durch welche die Wirklichkeit wertend *gedeutet* wird. Das soll in den folgenden Abschnitten noch ein wenig näher erklärt werden.

Man kann menschliches Handeln in verschiedener Weise beschreiben: physikalisch, sozial, systemtheoretisch als Abgrenzung des Einzelnen vom jeweils »anderen«, philosophisch als Betätigung von Ethik usw. Für die rechtliche Sicht der Dinge ist von Bedeutung, es als ein von *Sinn* bestimmtes Phänomen zu verstehen, als Gegensatz zum bloßen »Agieren«, somit als Verbindung von Mittel und *Zweck*.

Handeln ist »motiviertes Agieren«. Das ist nicht stets selbstverständlich oder offenbar. Strafen kann auch (scheinbar) ansetzen am bloßen »So-Sein«, etwa als Mitglied einer Gruppe (»Blutrache«), oder an unerklärlichen »Einflüssen« (Strafe wegen »bösen Blicks«) oder an zweckfreiem Agieren (Ersticken eines Säuglings durch die schlafende Mutter). In allen drei Fällen steckt dahinter aber eine – vielleicht nicht bewusste – Bezugnahme auf motiviertes Handeln: im ersten Fall die Verfehlung einer gruppenangehörigen dritten Person; im zweiten Fall das Böse-Sein als »Strafe« für religiöse Verfehlungen; im dritten Fall das Unterlassen von Vorsichtsmaßnahmen vor dem Einschlafen.

Der Blick des Strafens ist also auf »zweckgerichtetes Agieren« gerichtet. Daraus folgt aber noch nicht, an welcher Stelle dieses Ablaufs es ansetzt. Er lässt sich in drei Phasen unterscheiden: Idee/Plan; Ausführen des Plans; Erreichen des Ziels. Ob man schon die erste Phase bestrafen will oder erst die zweite oder dritte, ist von den Begriffen nicht vorgegeben; es unterliegt starken Wandlungen in Theorie und Praxis. Hinzu kommt das Problem, dass ein zweckgerichtetes Verhalten andere »Erfolge« haben kann, als die handelnde Person wollte: Der Kfz-Fahrer wollte betrunken, aber schadensfrei nach Hause fahren, überfuhr aber einen Fußgänger. In diesem Fall nur am »Zweck« anzuknüpfen, erschiene uns ungerecht: Es »kann nicht sein«, dass Trunkenheitsfahren mit und ohne Todesopfer gleichbehandelt werden. Die Anknüpfung am »Erfolg« (Tod des Fußgängers) nimmt also die fehlerhafte *Steuerung* des Handelns zum Grund der Bestrafung. Das ist eine Frage der Abgrenzung zwischen »Vorsatz« und »Fahrlässigkeit«; wir kommen darauf zurück.

2. Der freie Wille – Setzt Verantwortung Selbstbestimmung voraus?

Wenn nicht das schlichte Dasein von Übeln als Begründung für das »Strafen« ausreicht und wenn auch das Eintreten von Schäden im Zusammenhang mit Menschen ein ziemlich grobes und »ungerecht« erscheinendes Raster ist, muss man, wie auch immer, am Zweck der Handlungen anknüpfen und diesen ihrem Urheber irgendwie »zurechnen«. Mit anderen Worten: Man kann einer Person ihre Zwecke oder Motive nur dann zum Vorwurf machen, wenn es auch tatsächlich *ihre* sind oder man dies jedenfalls annimmt.

Das ist eine Überlegung, die einen schon recht entwickelten, »modernen« Begriff vom Strafen hat. Bis vor wenigen Hundert Jahren unterschied man in Europa noch nicht genau zwischen »Verbrechern« und »Irren«, denn das setzt voraus, dass man die Person als *selbstbestimmten* Urheber von Zwecken ansieht. In diesem Fall verändert sich das, was man als »Schuld« bezeichnet, auf eine spezifische Weise. Hier kommt es zunächst nur darauf an, dass die Vorstellung von Verantwortung, wie sie dem modernen Strafen zugrunde liegt, voraussetzt, dass eine *Person,* ein *Ich,* ihrem Agieren einen selbst bestimmten Zweck gesetzt hat, also »frei« war, sich für oder gegen das Handeln zu entscheiden. Das entspricht dem subjektiven Empfinden der meisten Menschen: Sie sind sicher, dass sie zwar nicht frei entscheiden können, ob ihr Herz schlagen soll oder ihre Lungen atmen sollen, wohl aber, ob sie sprechen, gehen, essen, schlagen sollen.

Die Hirnforschung der vergangenen 20 Jahre hat gegen den subjektiven Eindruck der Entscheidungsfreiheit erhebliche und plausible Einwände formuliert. Dies hat zu großer Aufregung in vielen Bereichen des Wissens und der Theorie über die Natur des Menschen und der Gesellschaften geführt. Man müsse, so hieß es oft, alle Schlussfolgerungen, die sich aus der Annahme der Selbstbestimmtheit des Menschen ergeben, infrage stellen.

Die Grundlage dafür ist, vereinfacht gesagt, die Erkenntnis, dass die biologisch-neurologische »Natur« und das sogenannte Bewusstsein der Menschen, also die interne Reflexion, die Betrachtung des eigenen »Selbst«, die Erkenntnis und Vorstellung vom »Ich« und seinen Entscheidungen in einer Umgebung scheinbar unendlicher Entscheidungsvarianten, offenbar auf frappierende Weise auseinanderklaffen. Vieles, am Ende vermutlich sogar alles, was der Mensch denkt, bewertet und entscheidet, stammt, so scheint die Hirnforschung zu belegen, nicht aus seinem »freien« Selbst, sondern aus biochemischen Abläufen, für welche die Regeln der naturwissenschaftlichen Kausalität gelten.

Das ist natürlich nur eine sehr oberflächliche Umschreibung, die allerdings auch der grundsätzlichen Banalität der Erkenntnisse entspricht: Von der Entdeckung, dass die Entscheidungen nicht einem körperlosen »Geist« entspringen, kann eigentlich nur überrascht oder gar schockiert sein, wer diese Annahme zur Grundlage seines Weltverständnisses gemacht hatte. Dies geht nur, wenn man der (menschlichen) Natur, die ja ganz ohne Zweifel körperlich ist, also aus dem Stoff unseres Planeten besteht, entsteht und vergeht wie seine übrigen organischen Wesen, eine weitere, übernatürliche, »rein« geistige Sphäre hinzufügt, oder jedenfalls eine, die von menschlichen Sinnen nicht (unmittelbar) wahrgenommen werden kann. Das können »Götter« sein oder »kosmische Prinzipien«, notfalls auch außerirdische Lebewesen mit einem Bewusstsein, das sich als Steuerungs-Interesse in unserem Sonnensystem zeigt.

Die Geschichte der Menschheit zeigt, dass eben solche Erklärungen der Dinge von Anfang an Teil der menschlichen Gesellschaften waren und bis heute sind, ihre Formen und Inhalte im Einzelnen jedoch seit jeher auf unüberschaubar vielfältige Weise geändert, entwickelt, angepasst, überarbeitet haben: ein unvorstellbar großer, in ständiger innerer und äußerer Bewegung befindlicher »Überbau« über den banalen Fakten des Lebens und Sterbens, der aus »Geist«, »Freiheit«, »Seele«, Bewusstsein zu bestehen scheint und in einem allgegenwärtigen Prozess scheinbar chaotischer Kommunikation ausgetauscht wird. Die Ewigkeitspostulate, die einzelnen Systemen dieser Kommunikation eigen sind – vor allem die der sogenannten Religionen –, sind ihrerseits Teile ihrer inneren Systematik, also »selbst-reflexiv«: Religionen, die sich selbst für endlich halten, gibt es nicht; ebenso wenig andere Narrative, die zugleich die Existenz eines übermenschlichen Geist-Bewusstseins und dessen Beschränktheit behaupten.

In dieser offenkundigen Zirkelhaftigkeit liegen die Versprechen, die all diese Orientierungssysteme hervorbringen, aber zugleich auch deren schmerzliche Beschränktheit, die in allerlei wunderlichen Formen in die Systeme einzubauen ist, um sie lebens- und orientierungsfähig zu halten: Stets muss ein »Geheimnis« bleiben zwischen der Wirklichkeit der Welt und der Wahrheit ihrer Steuerung. Das ist, im Grundsatz, der Inhalt religiöser Systeme.

Was hat das mit den Fragen der Hirnforschung zu tun? Manche erschreckte Philosophen haben behauptet, »die Hirnforscher« hätten die Seele oder den Sinn, die Freiheit des Menschen oder Gott »abgeschafft« oder strebten dies an. Solche etwas kindischen Vorstellungen ähneln der Behauptung, die Herzchirurgie habe die Liebe abgeschafft. Auch Juristen und unter ihnen besonders die Strafjuristen sind über die Hirnforscher sehr erschrocken. Sie befürchten, dass ihnen die »Schuld« verloren geht, die das wesentliche Kennzeichen der Vorwerfbarkeit sei, und der Boden, auf dem nach heutigem Verständnis allein »Strafe« gedeihen kann.

Aus dem Umstand also, dass den Folgen, die man an die Existenz eines freien Willens bindet, der Sinn entfiele, wenn es die Freiheit nicht gäbe, schließt man, dass die Hirnforscher einem grässlichen Irrtum und einer schrecklichen Selbstüberschätzung aufgesessen seien, da die Existenz der Strafe die des freien Willens beweise. Das ist natürlich ein Zirkelschluss, andererseits aber nicht ganz falsch.

Dies ergibt sich aber nicht aus der Notwendigkeit, zwischen all dem Gewebe und den Flüssigkeiten, den Neuronen, Drüsen, Blutgefäßen und Knochen auch noch einen »Geist« zu finden, der sich selbst für ein Ich, die Großhirnrinde aber zwar für die

»eigene«, aber doch für etwas anderes, vom Ich Unterschiedenes hält. Denn letzten Endes ist man sich heute auf der Welt ziemlich einig, dass die Geister und die Seelen ohne lebendige Materie und diese ohne die tote nicht existieren und also eine Form derselben sind, nicht ihr Gegenteil. Je mehr man lernt über die Neurologie, desto unhaltbarer wird die Annahme, der Körper sei eine Art Aufbewahrungsgefäß für das zentrale Nervensystem und dieses eine Entwicklungsstätte für eine substanzfreie »Freiheit« des Denkens und Entscheidens. Denn unzweifelhaft denkt der Mensch mit seinem (ganzen) Körper und nicht in einer Sphäre jenseits von ihm: ohne Neuronen kein Input, keine Bewertung, kein Output. Und die Neuronen sind, wie sie sind: keine Rechenmaschinen oder Speicherchips, und keine Antennen für göttliche Funksprüche.

Damit kann man – als Mensch, Philosoph oder Strafrechtler – nicht nur leben, sondern muss es. Die Erkenntnis, dass das Ich, mit all seinen Entscheidungen, Geheimnissen und Bedingungen, im Körper und durch ihn entsteht, wohnt und existiert, verhindert die Annahme von »Freiheit« nicht, wenn es diese nicht als metaphysische Instanz voraussetzt, sondern als Funktion des biologischen Lebens begreift.

Nur »letzten Endes« scheint sich Entscheidungsfreiheit hier aufzuheben in einer – jedenfalls *möglichen* Kausalitätsbehauptung: Denn wenn, idealtypisch, alle individuellen Verschaltungsvorgänge des Gehirns verstanden, gemessen und bestimmt werden können und dem »freien Willen« daneben kein eigener Raum mehr verbleibt, stellt sich die Freiheit des individuellen Denkens und Entscheidens selbstverständlich als jeweils »zwangsläufige« Folge gegebener Bedingungen dar. Das ist überaus naheliegend und nicht schlimmer als die Erkenntnis, dass der menschliche Geist zu seinem Wirken Sauerstoff benötigt.

Das Entscheidende ist also nicht das Entstehen dessen, was der Mensch als »Freiheit« empfindet, aus der Geltung unfreier oder jedenfalls vom menschlichen Wollen unabhängiger Gesetzmäßigkeiten der Natur. Für die Betrachtung des Zusammenlebens viel wichtiger ist das Verständnis dessen, was man, auf jeder Ebene, als »Kausalität«, als Zusammenhang von Wirkung und Ursache ansieht. Chaostheorien und Theorien komplexer Systeme, die dynamisch, also grundsätzlich deterministisch sind, geben Anhaltspunkte dafür, dass zwar »Freiheit« des Willens eine Illusion sein mag, das Bewusstsein von ihr aber eine Wirklichkeit ist, die eine Grundbedingung menschlichen Lebens darstellt. Dabei kann es hier dahingestellt bleiben, ob und wie man das Bewusstsein als »Rätsel« versteht.

3. Normativität – Der Zusammenhang von Wahrscheinlichkeit und Zumutung

Nach diesen sehr allgemeinen Erwägungen führt der nächste Schritt näher ans Strafrecht. Am Grunde seiner Entstehung liegt das Phänomen, dass aus Selbst-Bewusstsein Normativität entsteht.

Menschliches Leben funktioniert »normativ«. Das heißt: Es ist von Regeln bestimmt, die nicht allein empirisch sind, also nicht nur aus Erfahrung und Bedingungen bestehen, sondern aus selbst gemachten Wertungen und Zumutungen. Die Frage, ob man dies in einem reflektierten, absichtsvollen Sinn »will« oder als richtig, angemessen, rational empfindet, stellt sich in der Wirklichkeit nicht, denn eine Alternative besteht nicht. Menschliches Leben ist von Anfang an ein gesellschaftliches gewesen und daher untrennbar mit Normativität verbunden. Anders als in den theoretischen Modellen des sogenannten »Gesellschaftsvertrags« beschrieben, entstanden menschliche Gesellschaften nicht als quasi vertragliche Zusammenschlüsse freier und geistig entwickelter Individuen aus rationalen Gründen, sondern immer und ausschließlich als Gemeinschaften, in einer kollektiven evolutionären Entwicklung aufeinander bezogenen bewussten Handelns.

Solche Strukturen findet man auch im Tierreich. Alles andere wäre verwunderlich, denn die Menschen gehören zur selben Natur wie die übrigen Lebewesen. Die gängige Trennung in »Pflanzen, Tiere und Menschen« ist eine ziemlich einfältige Verzerrung. Man kann davon ausgehen, dass intelligente Schimpansen die belebte Welt in »Pflanzen, Tiere und *Schimpansen*« aufteilen.

Menschenaffen gehören zu den Tieren, die ein Ich-Bewusstsein entwickeln, vermutlich auch ein Bewusstsein von der eigenen Sterblichkeit. Untrennbar damit verbunden ist die Fähigkeit zur Empathie, also eines Bewusstseins von einem dem Ich gegenüberstehenden »Anderen Ich« (Du), das eine *fremde*, eigene Sicht auf die Dinge, Umstände und Handlungen der Lebenswelt hat. Aus unbewussten, reflexhaften, »instinktiven« Reaktionserwartungen (zum Beispiel der Erwartung eines Angriffs beim Zeigen von Aggression) hat sich im Lauf der Evolution entwickelt, was man als empathisches »Gefühl« bezeichnen kann. Damit ist nicht, wie in der heutigen Alltagskommunikation zumeist, ein »Mitgefühl« im Sinn von Mitleid, Bedauern, Sympathie gemeint, sondern die schlichte Fähigkeit, sich Gefühle, Gedanken, Absichten einer anderen Person »vorstellen« zu können. Voraussetzung hierfür ist wiederum die Entwicklung einer dem Ich zugeschriebenen »Gefühls«-Sphäre, die mit der Sphäre des Erkenntnis-Inputs (Kognition) und der Sphäre der Erinnerung verbunden wird und – wie mangelhaft oder rudimentär auch immer – bewusst reflektiert werden kann.

Menschliche Gehirne funktionieren nicht wie Computer. Kommunikation zwischen Menschen findet nicht quantitativ statt, sondern »intelligent«, das heißt kreativ, gefühlsgestützt und qualitativ. Empathie ist also keine »Schnittstelle« zum Importieren fremder Daten, sondern eine komplizierte qualitative Deutung der *fremden* Umwelt auf der Grundlage einer Rekonstruktion der *eigenen,* die, während sie noch vollzogen wird, die Bedingungen ihrer selbst verändert. Anders gesagt: Der Mensch lernt, noch während er fremde Gefühle versteht oder Absichten erkennt, stets auch das eigene Ich neu und verändert es; das Ende eines kommunikativen Akts trifft insoweit stets schon eine andere Person als ihr Anfang. All diese und noch mehr Bedingungen ermöglichen und verlangen das Entstehen von Normativität. Die Fähigkeit zur Empathie ermöglicht ungleich höhere Erwartungs- und daher auch Orientierungssicherheit als bloß kognitives Registrieren. Sie hat allerdings auch einen hohen Preis: Sie rückt die empathische Kommunikation in das Zentrum der Welt-Orientierung, und sie erzeugt Erwartungsdruck.

Das Ergebnis ist offenkundig: Menschen existieren von Anfang an nur in Gemeinschaft oder in Bezug auf sie, da sie evolutionär auf Zusammenarbeit angewiesen sind. Ihre Gemeinschaft funktioniert aber nicht wie ein Heringsschwarm, sondern beruht auf individuellem Ich-Bewusstsein und Empathie. Dies setzt ununterbrochenes Beobachten, Prüfen und Deuten der jeweils anderen voraus. Das direkte oder indirekte, unmittelbare oder vorgestellte Betrachten der anderen und das Überprüfen, welche »Einstellungen«, Gefühle und Forderungen diese gegenüber dem Beobachtenden haben, nehmen einen außerordentlich breiten Raum des spezifisch menschlichen Lebens ein.

Es findet nicht allein im unmittelbaren Kontakt statt, sondern funktioniert auch »virtuell«: Daniel Defoes Romanfigur »Robinson Crusoe« hält sich 28 Jahre der karibischen Einsamkeit lang an die Benimmerwartungen der besseren englischen Gesellschaft des frühen 18. Jahrhunderts. Erst in Lagen hoher existenzieller Bedrohung (Hungersnot, Folter, Konzentrationslager) bricht das System empathischer Kommunikation zusammen. Das ist einer der Gründe, warum in der Ausbildung zum Krieg extrem hoher Wert auf eine formale Außenleitung (»Gehorsam«; Einübung von blinder »Kameradschaft«) gelegt wird: Sie soll sicherstellen, dass in der extremen Stresssituation des Kampfes und der Todesbedrohung die befohlene Sinnstruktur möglichst lange funktioniert.

Von entscheidender Bedeutung ist die Fähigkeit zur Kommunikation über abstrakte Zeichen, also über Sprache. Anders als der Alltagsjargon behauptet, enthält sprachliche Kommunikation ja nie »unmittelbaren« Ausdruck von Gefühlen oder Gedanken. Sie formt diese vielmehr in überaus komplexen Abstraktionen zu Zeichen, die zugleich allgemein und besonders sind, das Allgemein-Fremde wie das Individuell-Eigene symbolisieren. Sie verändern Innen- und Außenwelt des Sprechenden gleichermaßen. Sprache ist also, wie jedes Symbol, keineswegs (nur) ein äußeres »Werkzeug« des Bewusstseins, sondern enthält zahlreiche produktive Anteile, die von aktiven Verarbeitungen bewusster und unbewusster Art, Gefühlen, Erinnerungskonstruktionen, Intentionen und Motiven getragen werden und umgekehrt Einwirkungen derselben Art aufnehmen, deuten, verstehen und bewerten muss. Auch insoweit gilt also, dass der Prozess der Kommunikation selbst deren Inhalt mitbestimmt und die kommunizierenden Personen verändert.

Nehmen wir beispielhaft an, zwei einander ganz fremde »Wilde« begegnen sich eines Tages zufällig im Urwald der Frühgeschichte. Beide fürchten sich voreinander. Sie greifen einander nicht an, sondern gehen ihrer Wege. Nach einer Woche treffen sie sich wieder, und dasselbe passiert, und so geschieht es in den nächsten Wochen immer wieder. Jedes Mal wird die Angst ein wenig kleiner werden, denn beide werden es bei einem erneuten Treffen für »wahrscheinlich« halten, dass wieder nichts passiert. Das nennt man »kognitives Erwarten«. Es wird dadurch ergänzt, dass jeder der beiden auch eine Vorstellung davon entwickelt, was der jeweils andere wohl denken und erwarten mag. A erwartet also, dass B erwartet, dass A sich freundlich verhält, und umgekehrt. So entsteht »kognitives Vertrauen«: Aus Gewöhnung an die Friedlichkeit wird eine in die Zukunft gerichtete Prognose. Wenn A annimmt, dass B annimmt, A werde sich friedlich verhalten, und zugleich annimmt, dass B annimmt, A werde das annehmen – und umgekehrt –, entsteht ein kompliziertes Geflecht von Voraussagen und »Zumutungen«.

Wenn nun nach zehn friedlichen Begegnungen bei der elften Mensch A Anstalten macht, B anzugreifen, wird B nicht nur *überrascht,* sondern auch *empört* sein. Seine Erwartung eines quasi »natürlichen« Ablaufs hat sich in ein emotionales *Vertrauen* auf ein empathisches Zusammenwirken verändert. Das nennt man »normatives Erwarten«: Die Erwartung von B beschränkt sich nicht mehr auf Wahrscheinlichkeitserwägungen, sondern baut ein mentales »gefälligst« ein – eine moralische *Pflicht* von A, sich freundlich zu verhalten als *Gegenleistung* für die Freundlichkeit von B. Den Angriff des A wird der B also nicht wie ein Naturereignis oder einen Unfall wahrnehmen, wie es der Fall wäre, wenn ihn ein Raubtier angriffe. Sondern er wird es als *Ungerechtigkeit* empfinden, als Verstoß gegen eine gemeinsame – wenn auch unausgesprochene – Verhaltensanforderung.

So entsteht Normativität. Das geschieht natürlich nicht, wie im Beispiel, auf einer Experimentierbühne mit zwei isolierten Urmenschen, die beim Durchstreifen des Urwalds auf die Idee kommen, einen »Vertrag über den friedlichen Personenverkehr« zu schließen, und danach vielleicht einen nächsten über den Austausch von Früchten gegen Fleisch usw. Es ist vielmehr vom evolutionären »Entstehen« des Menschen und seiner Gemeinschaften gar nicht zu trennen: Normativität ist Natur und Gesellschaft zugleich, »Paradies« und »Jenseits von Eden« zur selben Zeit.

4. Moral – Verbindung von Sinn und Empathie

Moral ist, was bei der Normativität des Alltags herauskommt: ein mehr oder weniger buntes System von »Werten«, Anforderungen, Zumutungen, Erwartungen und Beurteilungen. Moral entspringt, soweit man das beurteilen kann, nicht einer »Seele« des Menschen (und erst recht nicht einer *ewigen*), sondern seinem wirklichen Leben. Sie spiegelt es wider und ändert sich mit ihm; ist daher auch weder zufällig noch inhaltlich vorherbestimmt, wenn man von wenigen Grundstrukturen absieht, die die gemeinsame Existenz betreffen und daher zumindest außerordentlich nah bei der »Natur« angesiedelt sind: Fürsorge, Mitleid, Zuneigung, Rache. Aus der Sicht des Strafrechts sind das Bedürfnis und die Fähigkeit zum Motiv der Rache besonders wichtig. Hunde, Katzen, Vögel, Delfine oder Tintenfische »rächen« sich nicht; Menschenaffen können es.

Moral ist keineswegs im Ursprung oder ihrer Natur nach konstruktiv, friedlich oder angenehm. Die disqualifizierende Beschreibung einer Handlung als »unmoralisch« ist eine alltagssprachliche Ungenauigkeit, die eigentlich meint, eine Handlung oder Einstellung zeuge von einer *schlechten* Moral. Es gibt praktisch keine Verhaltensweisen, Einstellungen oder Handlungen, die in verschiedenen Epochen, Situationen, Kulturen stets und übereinstimmend als moralisch begrüßenswert oder umgekehrt als moralisch minderwertig angesehen wurden.

Auch Handlungen, die man in intuitiver Betrachtung ohne Weiteres als überzeitlich »gut« oder »schlecht« bezeichnen würde, erfüllen diese Erwartung nicht: Töten, Verletzen, Rauben, Vergewaltigen, Verraten – all diese Handlungen wurden und werden zu Zeiten als moralisch hochstehend und vorbildlich angesehen. Die Piloten, die 1945 Atombomben über japanischen Großstädten abwarfen, hatten damit wenige moralische Probleme; und Völkermörder, Folterer und Terroristen jeder Art und Anschauung handelten nicht selten im Bewusstsein moralisch vorbildlichen Verhaltens. Eltern schicken ihre Kinder in Kriege; Freunde und Ehepartner verrieten einander an die GPU, die Gestapo oder die Stasi, Kinder lieferten ihre Eltern als »Konterrevolutionäre« aus – stets im Namen einer »richtigen« oder höheren Moral.

Moral besteht aus »Werten«, Sitten, Gebräuchen, Handlungsmaximen, praktischer Handhabung von Bewertungen. Als solche entsteht sie selbstverständlich aus den praktischen Lebensumständen selbst, wirkt aber auch vielfältig auf diese ein. Die moralischen Vorstellungen über die Anforderungen an Treue, Beständigkeit, Vertrauen, Tradition, Kritik und andere handlungsleitende Wertsysteme unterscheiden sich beispielsweise in bäuerlichen Dorfgemeinschaften eklatant von denen in einem großstädtischen »Start-up«-Milieu. »Treue« etwa ist in dem letztgenannten System keine Kategorie, nach der sich das Leben sinnvoll und erfolgreich gestalten lässt; »Untreue« (gegenüber Arbeitgebern, Kollegen, Ideen, »Unternehmens-Philosophien« usw.) ist vielmehr ein geradezu positiv bewertetes Kennzeichen des gesellschaftlich als wichtig angesehenen Willens zur Selbstoptimierung und umfassenden Flexibilität der Person. In einem traditionalen bäuerlichen System hingegen bewegt sich eine Orientierung von Personen am Ideal von »Flexibilität« am Rande des sozial Erträglichen und gilt als überaus kontraproduktiv, es kommt hier auf Beständigkeit, auf Treue »zum Land«, zum

Althergebrachten und zu Personen an. Beide Varianten »moralischer« Systeme ergeben sich nicht aus (medialer) Beeinflussung, individueller Überredung oder reflektierter Überlegung, sondern aus den Notwendigkeiten der (wirtschaftlichen) Lebensgrundlage.

Es gibt also nicht *eine* Moral, sondern viele *Moralen*. In kleinen Gemeinschaften mit weitgehend einheitlicher Lebensgrundlage bildet sich stets eine »herrschende«, das heißt empirisch vorherrschende, sozial durchgesetzte, prägende Moral heraus: In einer Jäger- und Sammlerkultur wird das tendenziell eine Moral der Gleichheit und der gegenseitigen Unterstützungspflichten sein. Solche Gesellschaften haben kein Interesse an komplizierten »Strafen« und Ausgrenzungen von Abweichlern, denn dadurch wird das gemeinsame Handeln behindert oder zerstört, das für das Überleben aller notwendig ist. Eine nomadisch oder als Jäger und Sammler lebende Kultur würde nicht auf den Gedanken kommen, einen Teil der Mitglieder der Gesellschaft zur Strafe für abweichendes Verhalten »gefangen« zu halten, denn das wäre äußerst aufwendig und würde die Gemeinschaft schwächen.

Ganz anders stellt sich etwa eine Moral der Ungleichheit dar, wie sie in einer dörflichen Gesellschaft von Landeigentümern (Bauern) und Dienstboten (oder Sklaven oder Leibeigenen) herrscht: Hier muss »moralisch« die Herrschaft der einen und die Unterordnung der anderen geregelt werden; es muss moralisch zugelassene oder versperrte Wege der sozialen Bewegung geben: Aufstieg, Heirat, Erbe, Arbeitshierarchie. Ähnliches geschieht, wenn Eigentum an Tieren als wirtschaftliche Lebensgrundlage privatisiert und innerhalb einer sozialen Hierarchie verteilt wird. Bis in kleinste Verästelungen hinein werden soziales Handeln und persönliche Existenz von moralischen, normativen Erwartungen und Handlungsanleitungen durchdrungen.

Diese Beispiele sind gewählt, weil sie plakativ sind und durch ihre Eindeutigkeit und im Rückblick fremd erscheinende Distanz leicht dechiffriert werden können. Vergleicht man damit die Moralstruktur der deutschen Gesellschaft des Jahres 2018, erscheint diese zunächst weithin chaotisch, vielfach unverständlich. Sie zeigt zahlreiche offenkundige Widersprüchlichkeiten, deren Deutung wiederum Gegenstand zahlloser ihrerseits normativ geprägter Erklärungsansätze und weiterer Differenzierungen ist. Auffällig ist etwa der Widerspruch zwischen einer »Metamoral« der Freiheit und einer »Hypermoral« der Unfreiheit.

Vereinfacht gesagt: Die »Metamoral«, also eine moralgestützte Auffassung über Rolle, Funktion, Begrenzung und Bedeutung von Moralen, stellt die Figur einer rundum »freien« Person in den Mittelpunkt, die in größtmöglichem Maß von traditionellen Bindungen frei und »für sich selbst verantwortlich« ist, dabei weitgehend von Gemeinschaften isoliert und vor die Lebensaufgabe gestellt, die Persönlichkeit in einem stetigen Selektionsprozess zu »optimieren«. Das muss dazu führen, dass Moralen (nur) als sektorale, wandelbare »Angebote« erscheinen, also zum Bestandteil umfassender Veränderbarkeit werden: Es gibt vollkommen unterschiedliche Moralen gesellschaftlicher Gruppen, Produktions- oder Konsumsektoren, Rollenbilder usw., die nicht oder nicht mehr vorrangig in einem Wettbewerb um das »Vorherrschen« stehen, sondern von einer moralischen Ebene überwölbt werden, die gerade dies zum Inhalt von »guter« Moral macht: Vielfalt und Buntheit. »Volatilität« und Austauschbarkeit moralischer Systeme und Standards werden zum Kennzeichen von Modernität, weil nach deren ideologischer Konstruktion alles möglich sein soll.

Ein Überangebot an variablen Moralen ist nicht allein ein Resultat von Destabilisierung, sondern verstärkt und beschleunigt diese auch; sie ist für die Einzelnen auch schwer zu ertragen. Eine »Hypermoral« (ein Begriff, der vor 50 Jahren von dem Philosophen Arnold Gehlen eingeführt wurde) zieht die Konsequenz daraus, dass es für die »richtige« Moral in der modernen Gesellschaft nur noch wenige Ansätze im Äußeren des Handelns gibt. In einer Gesellschaft, in der – angeblich – alles Handeln gleich viel »wert« ist, wenn es nur der Selbstverwirklichung zum Erfolg verhilft und die Person irgendwie »identisch mit sich selbst« macht, richtet sich der Blick der Moral nicht mehr darauf, ob Kleidungs- oder Ehevorschriften befolgt, das Auto regelmäßig gewaschen oder der Rasen gepflegt wird.

Der Blick der moralischen Kultur richtet sich, wie auch der Blick des Individuums, ganz nach *innen,* und zwar auf zweierlei Weise: Zum einen wird das Ich, das Eigene, das Innerste, zum beherrschenden Zentrum eines merkwürdig gespiegelten Blicks auf die Welt. Die »Selfie«-Kultur, also die milliardenfache Versendung von mittels Mobiltelefonkameras hergestellten Selbstportraits im Internet, kann als Sinnbild verstanden werden: Es ist nicht für die anderen, sondern für die Spiegelung (durch »Likes«) des Selbstproduzenten da – ein Blick auf das Innen, buchstäblich mithilfe einer Ausstülpung seiner selbst. Zugleich wird damit auch ein radikalisierter, totalitärer Zugriffsanspruch auf das Innere der Person durch eine Verpflichtung hergestellt, permanent »Haltungs«-Bilder zu produzieren, welche auf größtmögliche Konformität ausgerichtet sind. In den Internet-Bereichen der »Kommentierung« (Twitter, Facebook) werden Wellen von scheinbar kollektiven Emotionen erzeugt, Sprachregelungen oder Gedankensäuberungen, die aber jeweils nicht auf eine verbindliche gemeinsame Methode von Wahrheits-Findung zurückgreifen, sondern sich in Subjektivität erschöpfen.

Moral ist also »gemacht«, künstlich, zeitbedingt, zugleich unvermeidlich und existenziell. Sie wird vielfach unbewusst geprägt und entwickelt sich unreflektiert. Sie ist langlebig und wird oft über lange Zeit aufrechterhalten, selbst wenn sie nicht mehr konstruktiv und funktional ist. Rasche Veränderungen werden als Brüche, schmerzliche Konflikte und angstverursachende Unsicherheit erlebt: Zwei ganze Generationen waren nach 1945 in (West-)Deutschland damit beschäftigt, die Moralverschiebungen zu verarbeiten, die erforderlich wurden, weil die »alten« Formen und Sinnstrukturen des Zusammenlebens, die überdies teilweise in grotesker Weise durch die radikale kulturelle Revolution des Nationalsozialismus verformt waren, mit den Strukturen des modernen global-amerikanischen Kapitalismus nicht mehr vereinbar waren. Interessant ist hierbei, dass viele Teile dieser Modernisierung schon in der NS-Zeit ansetzten – etwa die Auflösung der alten Familienstrukturen, die örtliche und soziale Mobilisierung großer Teile der Bevölkerung und die Etablierung elektronischer Massenmedien.

Die begriffliche und praktische Abgrenzung von Moral und Ethik spielt für das Thema dieses Buches jedenfalls insoweit keine wichtige Rolle, als sie die Ethik als philosophische Disziplin betrifft. Ob man eine Moral haben sollte und welche die *beste* oder nützlichste sei, ist eine Frage, die sich fast ganz im normativen Bereich bewegt und diesem nichts Entscheidendes hinzufügt. Erwägungen, »wie man handeln sollte«, welche moralischen Bewertungen und Grundsätze also als »gültig«, überdauernd und wertvoll anzusehen seien, haben zu allen Zeiten eine unüberschaubare Vielzahl hochdifferenzierter Untersuchungen und Antworten formuliert – in unserer Kultur von den Zehn Geboten bis zur Abstraktion im »allgemeinen Gesetz« des kategorischen Imperativs. Es kommt aber an dieser Stelle nur darauf an, festzustellen, dass sie überhaupt existieren und ihrerseits eine wertende Reflexion von Moral sind.

5. Kausalität – Was reicht als Ursache für Verantwortung?

Wenn der Donner dem Blitz folgt, geschieht das nicht, weil die ionisierten Luftteilchen dazu verpflichtet sind, und wenn ein Physiker nach einem misslungenen Versuch sagt: »Eigentlich hätte es klappen müssen«, erhebt er damit keinen Vorwurf gegen die Materie wegen Nichtbefolgens physikalischer Gesetze, sondern zweifelt seine eigene These oder den Versuchsaufbau an. Diese Erklärungen sind lebensweltlich evident. Weniger banal wird es, wenn wir Abläufe betrachten, die mit rein äußerlichen, objektiven Gegebenheiten nicht erklärbar sind, sondern auf variablen Entscheidungen beruhen. Ob wir, wenn wir eine Runde durch den Park spazieren, links- oder rechtsherum gehen, ob wir uns im Wartezimmer des Arztes auf den zweiten oder dritten freien Stuhl setzen, erscheint von außen und auch für uns selbst häufig ganz zufällig, allenfalls durch statistische Wahrscheinlichkeitsaussagen erfassbar.

Aus der Natur des Menschen folgen die Fähigkeit und der Zwang, in Kausalitäten zu denken, also die Erscheinungen der äußeren, aber auch der inneren Welt in Ursachenzusammenhänge zu setzen. Dieser Zwang ist so groß, dass er das gesamte Denken beherrscht und kein Phänomen ursachenlos (»begründungslos«) lassen kann. Daher werden einerseits auch offenkundig schlechte Begründungen akzeptiert (etwa, die Neigung zu Kriminalität hänge ursächlich mit »rassischen« Merkmalen zusammen); andererseits werden Lücken des Zusammenhangs *fiktiv* geschlossen – indem eine Ursache als »noch nicht gefunden« oder »vorläufig« postuliert wird.

Die Wirksamkeit dieses Begründungszwangs ist unabhängig davon, innerhalb welcher Rationalitätsstruktur und Vorstellungswelt die Ursachen gesucht und gefunden werden: Wenn man weder von Algen noch vom Ausbruch eines Vulkans Kenntnisse hat, wird als Begründung für Rotfärbung und Fischsterben im Nil eine göttliche »Plage« akzeptiert, die wiederum auf fehlerhaftes menschliches Verhalten zurückzuführen sei; und wer nicht weiß, dass sich die Erde dreht, ersinnt 4000 Jahre lang eine »Ursachen«-Theorie nach der anderen für die rätselhaften Wege und Sprünge der Sterne am Nachthimmel.

Im Zeitalter der Quantenphysik und der Chaostheorie sind die Zuordnungen von Wirkung und Ursache offener geworden; aber unangetastet ist die Überzeugung, dass die Form der Wellenausläufe am Sandstrand oder die Wege der Fledermaus durch die Nacht eine »Ursache« haben *(müssen),* ebenso wie jeder menschliche Gedanke, auch wenn diese *noch* nicht benannt werden kann.

Die spontane Furcht vor der Unbekanntheit von Ursachenzusammenhängen wird dadurch vermieden oder verringert, dass diese Zusammenhänge als »demnächst bekanntwerdend« postuliert, zum anderen in dem bereits bestehenden Ursachensystem angesiedelt werden: Die Erklärung des Unerklärlichen wird nicht dem bevorstehenden Sichtbarwerden bislang unsichtbarer Wesen aus einem anderen Kosmos zugewiesen, sondern auf die Entdeckung *noch* kleinerer Elementarteilchen oder *noch* entfernterer Galaxien verschoben. Personen, die dieses in einen unendlichen »Fortschritt« verweisende, selbsttragende Rationalitätsmodell nicht ertragen können, verfallen in wundersame Ideen wie etwa die »Reptiloidentheorie« (die Erde werde von im hohlen Planeteninnern lebenden Echsen beherrscht) und gelten der Mehrheit als *wahnsinnig,* wenn sie sich weigern, die Existenz von Gravitationswellen als letzte Ursache für ihre Gedanken anzusehen.

Daher werden auch alle Schadenserfolge des sozialen Lebens einer Ursache zugerechnet. Bei der Bestimmung dieser Ursachen muss aber unterschieden werden zwischen solchen, für die anderen Menschen »Verantwortung« zugewiesen werden kann, und solchen, bei denen das nicht der Fall ist, die also *insoweit* »Zufall« sind – wobei dieser Begriff nicht »Ursachenlosigkeit« bedeutet, sondern Nicht-Verantwortung von Menschen: Wenn der Hund des A den B beißt, hat das zwar immer eine (unterstellte) »Ursache«, dennoch wird zwischen der Begründung »A hat nicht aufgepasst«, »B ist selbst schuld« und »das war Zufall« unterschieden (und über die Unterscheidung gegebenenfalls erbittert gestritten).

Zuweisung von Ursachenverantwortlichkeit kann ganz verschiedenen Prinzipien und Begründungen folgen. Aus dem Blickwinkel des 21. Jahrhunderts wird auf Scheinursachen wie »Hexerei« verächtlich zurückgeblickt, weil sie »vormodern« und abergläubisch sind. Im 15. und 16. Jahrhundert erschienen sie aber als überaus rationale Erklärungen im Sinn »aufgeklärter« Ursachenforschung, und es wurde ihnen mit »wissenschaftlicher« Systematik nachgespürt. Dass die Begründungen, die wir heute als Grundlage von »Verantwortung« ausreichen lassen, die nächsten 200 Jahre überstehen werden, ist seinerseits durchaus fraglich.

Kausalität wird – auch im Strafrecht – meist nach der sogenannten »Bedingungstheorie« beschrieben: Ein Umstand ist ursächlich, wenn er nicht weggedacht werden kann, ohne dass der Umstand oder Erfolg entfiele. Das gilt auch für Handlungen von Menschen: Eine »Körperverletzung« werfen wir einer Person nur vor, wenn sie eine Handlung begangen hat, die ursächlich für die Verletzung einer anderen Person ist. Dieser Grundsatz wird in der sozialen Wirklichkeit in vielfacher Weise eingeschränkt und verändert. Auf manche Einzelheiten ist im Kapitel »Strafrecht heute« einzugehen; auf zwei Fragen ist schon hier hinzuweisen: Zum einen muss der Bedingungssatz beim Handeln durch *Unterlassen,* also zweckgerichtetem Nicht-Agieren, anders gefasst werden: Ursächlich ist Unterlassen dann, wenn das Agieren, das unterlassen wurde, dazu geführt hätte, dass ein bestimmter »Erfolg« (Schaden, Zustand, Ablauf) nicht eingetreten wäre. Das ist also eine *hypothetische* Kausalität, die überdies noch normativ aufgerüstet ist: Das Sollen ist immer schon mitgedacht.

Zum anderen muss man mit dem »Schmetterlingsargument« klarkommen: Der Flügelschlag eines Schmetterlings in China kann einen Wirbelsturm in Amerika »verursachen«, weil in einem geschlossenen System (Welt) alles mit allem zusammenhängt und auf unendliche Weise kausal verbunden ist. Konkreter: Der Arbeiter in der Produktion eines Fahrzeugs, das ein Trunkenheitstäter drei Jahre später bei einem Unfall mit tödlichem Personenschaden an einem Kind führt, war für den Tod des Opfers zweifellos *ursächlich,* denn wenn er das Kfz nicht vorschriftsmäßig gebaut hätte, hätte der Täter es später nicht fahren können. Trotzdem erschiene uns die Forderung, den Arbeiter wegen eines Tötungsdelikts zu bestrafen, fernliegend. Man könnte das damit begründen, dass der Täter wenn nicht dieses, dann vielleicht ein anderes Kfz benutzt hätte; aber damit begibt man sich auf ein Feld von Hypothesen und Spekulationen: Für den konkreten Unfall, so wie er war, war eben dieses Fahrzeug ursächlich; ebenso die Mutter, die das getötete Kind gerade in dieser Minute auf den Schulweg geschickt hatte.

Ähnliches gilt für die hypothetische Kausalität beim Handeln durch Unterlassen. Teilweise ist es da sogar noch vertrackter: Darf man zum Beispiel »Ersatzursachen« einfach dazudenken? Also: Wenn der Täter so gehandelt hätte, wie er hätte handeln sollen, wäre etwas Drittes geschehen, was dann wiederum zum selben Schaden geführt hätte …

Es muss also, damit das Verantwortlichmachen und Bestrafen eine Grenze findet, eine Schranke des »Zurechnens« eingebaut werden. Die Ursächlichkeit muss *eingeschränkt* werden. Das könnte man ganz formal machen: In einer Kette von Ursachen werden nur die letzten drei Glieder gezählt, diese aber gleichwertig. Oder man könnte es auf bestimmte Verantwortungsformen beziehen, zum Beispiel unmittelbare und mittelbare Ursachen unterscheiden. »Rache« beschränkt Verantwortung oft auf bestimmte Personenkreise (Familie, Clan, Freunde). Schließlich kann man auch an der Frage anknüpfen, was, wie und warum eine Person mit dem – von ihr verursachten – Schaden/Erfolg zu tun hat und ob und welche rechtlich relevanten *Pflichten* sie möglicherweise verletzt hat: Ist ein Bankmitarbeiter »verantwortlich« dafür, dass der Geldbetrag, den Täter A an Täter B überweist, bei Letzterem ankommt und für den Kauf einer Tatwaffe verwendet wird?

All das sind Fragen und Probleme, die im Bereich der Ursächlichkeit immer wieder auftauchen und mit schlichten Formeln, wie sie im Alltag schnell gefunden werden, nicht zu lösen sind. Wer war »ursächlich« und verantwortlich für die Pleite der HSH-Nordbank in der zweiten Finanzkrise? Alle Mitarbeiter? Oder keiner? Alle Geschäftspartner, Konkurrenten, Eigentümer? Oder gar die Kunden, die blindlings Verbriefungen kauften und per Krediten finanzierten, die eine fiktive Geldmenge von Billionen Euro wie eine Wolke in den Himmel der Hoffnung und des Trugs bliesen?

6. Herrschaft – Die Übersetzung von Sinn und Gewalt in Macht und Gesellschaft

Normativität und Moral entstehen aus der Wirklichkeit des Lebens, weil und indem sie sie strukturieren. Menschen handeln (fast) stets mit »Sinn«, und menschliches Handeln hat (daher) nicht nur eine Wirkung in der physischen Außenwelt, sondern immer auch »Sinn« in der Kommunikation. Die schönste Moral nutzt nichts, wenn sie sich im Appell erschöpft, die Umwelt und die anderen mögen sich bitte der Moral des Sprechers gemäß verhalten. Um die Moralen herum sind daher von Anfang an Strukturen und Mechanismen gebaut, die eine »herrschende« Moral hervorbringen und stabilisieren können.

»Herrschaft soll heißen die Chance, für einen Befehl bestimmten Inhalts bei angebbaren Personen Gehorsam zu finden«, definierte Max Weber, und in der Systemtheorie von Niklas Luhmann kann man noch wesentlich höher abstrahierende Beschreibungen von Macht als »Kommunikationsmedium« und über den Zusammenhang von Macht, Gewalt, Herrschaft und gesellschaftlicher Differenzierung finden. Auf die Feinstruktur dieser Betrachtungen kommt es für unsere Zwecke nicht an, denn hier soll nur gesagt werden, dass Macht und Herrschaft existieren, weil normatives Denken, Konkurrenz um begrenzte Ressourcen und Unsicherheit von Möglichkeiten und Erwartungen existieren. Macht in diesem Sinn ist also nicht mit »Gewalt« gleichzusetzen. Menschliche Gesellschaften haben mit Ameisenstaaten fast nichts und mit Wolfsrudeln nicht sehr viel zu tun; sie funktionieren nicht nach »natürlichen« Gesetzen und beschränken sich nicht auf eine Einübung in die Furcht vor zufälliger Gewalt.

Herrschaft entsteht, wenn man von der zitierten Definition

Max Webers ausgeht, mit der Entstehung von »Befehlen«, ist also quasi notwendiger Bestandteil der sozialen Etablierung von Moral. Als Faktor von Verhaltenssteuerung entsteht sie vor allem durch soziale Differenzierung, diese wiederum durch unterschiedliche Aneignung von Ressourcen: Nahrung, Sexualpartner, Raum, Lebenschancen, Reichtum. Wo genau diese Entwicklung einsetzt, mag dahinstehen; eine herrschaftsfreie Gesellschaft finden wir heute nur noch in Spuren, in manchen kleinen, egalitären Gruppen von »wild« lebenden Menschen. Sie haben mit »Recht« im Allgemeinen und Strafrecht im Besonderen nichts zu tun und regeln Konflikte durch Aushandeln, nur im Notfall durch Ausschließung oder Tötung.

Wo Herrschaft entsteht, ist sie bemüht, sich nicht allein der objektiven Ressourcen, sondern stets zugleich der Normen und der Moral zu bemächtigen, indem sie Institutionen schafft, die für die Definition von Wahrheit zuständig sind. Individuelle Interessen, die der Herrschaft entgegenstehen, müssen ausgegrenzt und faktisch neutralisiert werden, damit sich Herrschaft stabilisieren kann. Das kann nur gelingen, wenn sie *Legitimität* erzeugt, also den Anspruch, »richtige«, wahre, berechtigte Macht zu haben, und die Anerkennung dieses Anspruchs. Auch eine Herrschaft, die sich »auf Gewalt« bzw. auf deren Androhung stützt, benötigt Legitimität, um die Gewalt selbst zu organisieren.

Für das Verständnis des Strafens ist die Unterscheidung von Herrschaftsformen nützlich, die Max Weber vorgenommen hat: traditionale, charismatische und bürokratische Herrschaft. Mit diesen Begriffen sind weniger äußere Formen als vielmehr innere Begründungen gemeint; es handelt sich also um »Legitimitätsformen« von Herrschaft. Sie sind analytische Begriffe, die die soziale Lebenswirklichkeit »idealtypisch« beschreiben, aber nicht abbilden: Die genannten Herrschaftsformen sind stets vermischt und nur mehr oder weniger durch einen bestimmten

Typus geprägt. Entscheidend für das Verständnis des Strafrechts ist die jeweilige Begründung, auf welche sich die Herrschaft als Durchsetzung von bestimmten Normen und einer bestimmten Moral stützt.

Traditional begründete Herrschaft nimmt Bezug auf das »immer schon« Bestehende. Normen sind dann und deshalb wirksam, wenn sie möglichst alt und möglichst unverändert sind. Typisch für diese Legitimierungsform ist also die Berufung auf Tradition, Althergebrachtes, göttlich dauerhaft Eingesetztes, auf »natürliche« Normen usw. In besonders ausgeprägter Form findet sich dieser Typus in »archaischen« Gesellschaften, bäuerlichen Kulturen mit starker Stellung von Sippen und Clans; in Gesellschaften mit einer »Ältesten«-Kultur, in der »Weisheit« mit Lebensalter und daher einer Nähe zum Vergangenen verbunden ist.

Hier sind die »Sitten der Vorfahren« von prägendem Gewicht; alles Neue, Abweichende wird als Verstoß gegen die Regeln empfunden, die deshalb Gültigkeit haben, weil sie alt sind. Daher müssen (und dürfen) sie nicht »hinterfragt« werden. Sie sind auch dann bindend, wenn ihr Ursprung nicht (mehr) bekannt ist und sie sich in der Gegenwart sogar als lästig, belastend oder schmerzlich darstellen. Heiratsregeln – etwa das Verbot, Sexualpartner innerhalb der Sippe zu finden – gehören zu den traditional besonders stark verankerten Normen; ebenso Ritualregeln religiöser Art und die Regeln der Erbfolge.

Die Adelssysteme und die königliche Herrschaft sind ebenso Beispiele für traditionale Herrschaftslegitimation wie die Hierarchien der religiösen Kirchen. Ein Beispiel für die praktische Rechtsbedeutung sind zum Beispiel die massenhaften Fälschungen von Urkunden bis zum Ende des europäischen Spätmittelalters: Die Fälschungen von herrschaftlichen Urkunden über Privilegien, Schenkungen oder Standeserhebungen wurden nicht etwa möglichst neu datiert, sondern möglichst weit zurück – wenn möglich bis auf Karl den Großen. Denn nicht das *neueste* Recht war das gültige, sondern das *älteste* – eine genaue Umkehrung des heute geltenden Prinzips, nach dem das jeweils neueste Gesetz das ältere aufhebt.

Die *charismatische* Herrschaft unterscheidet sich hiervon radikal. Sie ist die Legitimationsform des Umsturzes alles Alten und Gewohnten. Sie ersetzt alte Normen mit einem Schlag durch völlig neue, alles verändernde, bricht also ausdrücklich und buchstäblich in das traditionale Normgerüst ein wie eine Naturgewalt. »Es steht geschrieben … Ich aber sage Euch« ist die Adressierung des Charisma, die sich regelmäßig auf »Führer«, »Erwecker«, »Helden« stützt. Der »Kriegshäuptling« nordamerikanischer Indianervölker war ein typischer Vertreter charismatischer Herrschaft; der »Berserker«; aber auch Religionsstifter, Feldherrn, Propheten. Charismatische Herrschaft entsteht in besonderen sozialen Lagen (Not, Krieg, Orientierungslosigkeit), stürzt alles um und hat stets ein »Ziel«, eine Aufgabe, einen schicksalhaften Auftrag. Zur Verwirklichung dieses Zieles müssen die alten Regeln gebrochen und die alten Strukturen zerstört werden; traditionale Normen gelten nichts mehr (»Lasst alles hinter Euch und folgt mir!«).

Die Geschichte und die Mythen sind voll von Gestalten mit typischen Legitimationsmustern von charismatischer Herrschaft: Moses und Johannes der Täufer, Jesus von Nazareth und Johanna von Orléans; Robespierre und Napoleon, Lenin, Mao Tse-tung, Hitler, Mahatma Gandhi und Mutter Teresa. Die Aufzählung zeigt, dass es bei der Beschreibung der Herrschaftsform nicht um eine Bewertung von »gut« oder »schlecht« geht, sondern allein um die Begründung von Herrschaft und den Glauben der Beherrschten an diese Begründung: Wer will, dass ihm 5000 Menschen ohne Nahrung in die Wüste oder unter Einsatz des Lebens in den Krieg folgen, muss wirklich sehr gute Gründe angeben und sehr große Versprechen machen.

Charismatische Herrschaft ist nicht von Dauer; sie beginnt schon mit ihrer Durchsetzung zu erstarren und ihre Form zu wechseln. Man kann sich das bildlich vorstellen wie die Eruption eines Vulkans: Noch im Fließen setzt die glühende und flüssige Lava eine Schicht von Schlacke an, wird zäher und erstarrt in der Erkaltung. 5000 Gläubige in der Wüste müssen spätestens nach zwei Tagen mit Wasser versorgt werden; eine frierende Armee vor Moskau braucht Kleidung, Transportmittel, Nachschub. Charismatische Führer leben gefährlich: Der Versprechung herrlicher Zeiten nach großen Opfern sollten Erfolge nachfolgen, sonst schwindet der Glaube rapide.

Spätestens mit dem Tod des Führers ist es vorbei mit der Dauerbegeisterung der Gefolgschaft, denn die große Mehrheit der Menschen hat kein Interesse an permanenter Unsicherheit und Gefahr; und die Perspektive, dass alles, was heute gilt, morgen schon wieder vom Tisch gewischt sein kann, führt schnell zur Erschöpfung. Dann beginnen die Kämpfe der Nachfolge, die Organisation des Erreichten, die Abkühlung der revolutionären Stimmung zum Zweck der Herrschaftssicherung. Die charismatischen Anteile der Herrschaft verschwinden daher (der Kriegshäuptling und »Held« tritt hinter die traditionale Herrschaft der »Ältesten« zurück) oder werden von der Führung selbst liquidiert (wie ab 1921 in Russland die Helden der Oktoberrevolution oder 1934 in Deutschland die revolutionären Teile von NSDAP und SA).

»Bürokratische« Legitimation ist die Herrschaftsform der Moderne – womit im Schwerpunkt die historische »Neuzeit« gemeint ist, ohne dass sich das Prinzip hierauf begrenzen ließe: Auch die mittelalterliche Kirche oder das Aztekenreich wurden – neben charismatischen und traditionalen Anteilen – bürokratisch geführt; und ohne bürokratische Organisation hätte man die ägyptischen Pyramiden schwerlich erreichen können.

Es ist mit dem Begriff nicht die oft abfällige Charakterisierung einer Bürokratie als in Formalismus erstarrte Verwaltungsstruktur gemeint, sondern die grundsätzliche Begründungsweise, die »Idee« von Herrschaft. Der entscheidende Begriff ist insoweit der der *Rationalität:* Bürokratische Herrschaft stützt sich auf den Anspruch und die Behauptung, Normen um der Sache willen, nach vernünftigen Grundsätzen, aufzustellen und durchzusetzen; von hoher Bedeutung sind dabei die Regelhaftigkeit, Gleichmäßigkeit, systematische Geschlossenheit der Entscheidungen und ihre Herleitung aus bestimmten Methoden der Erkenntnis von Wahrheit und sozialer Sinnhaftigkeit. Typisch ist daher die Entwicklung eines berufsmäßigen Herrschaftsstabs zur Organisation, Kontrolle, Vollstreckung – ein »Beamten«-Apparat, der die alten Zentren und Ursprünge der Herrschaft zunächst umgibt und schließlich immer mehr verdrängt.

In modernen Industriestaaten leben traditionale und charismatische Legitimationen weitgehend nur noch symbolisch fort: Als »Präsidenten« auf Zeit, deren Legitimation nicht (oder kaum) mehr aus außeralltäglicher Wundertätigkeit oder aus dynastischer Tradition entspringt, sondern aus Vereinbarungen symbolischer Verfasstheit (Wahlen, Absetzbarkeit, Kontrollen, Beschränkung auf repräsentative Funktionen usw.).

Für die Umsetzung normativer Strukturen in einer jeweils bestehenden Gesellschaft sind Form und Legitimation der Herrschaft von entscheidender Bedeutung. In einer traditionalen Gesellschaft erschließen sich die Regeln, indem man sie »findet«. Sie werden »überliefert« und von den Alten und Weisen an die nächsten Generationen möglichst unverändert weitergegeben. Normen, Moral und Regeln werden nicht »gemacht«, sondern vorgefunden und durch stete Befolgung gewahrt.

Charismatische Herrschaft schöpft Regeln aus dem Augenblick und unter dem Vorbehalt jederzeitiger Verwerfung. Die Erweckung, der Aufbruch, die Revolution können zu jedem Zeitpunkt neue, ganz andere Regeln erfordern. War soeben noch der Zusammenhalt der Familie ein höchstes Gut, sind plötzlich die Kinder verpflichtet, ihre Eltern als »Konterrevolutionäre« anzuklagen (chinesische »Kulturrevolution«); pflichtbewusste Familienoberhäupter müssen Frauen und Kinder in Not zurücklassen (»Folget mir!«), um mit einem Propheten in die Wüste oder einem Guerillaführer in den Wald zu ziehen. Die Regeln, nach denen zu leben ist, sind damit ganz auf die charismatischen Figuren zugeschnitten, denen sie durch »Eingebung«, »Vorsehung« oder Genie zufallen. Regeln, die das Leben der Gesellschaft grundlegend verändern oder prägen, entstehen aus *Wundern* der Offenbarung oder im *Traum* des Führers. Noch in der hochgradig bürokratisierten Herrschaftsstruktur des NS-Staats findet sich dieses Element in der sogenannten »Gesetzeskraft des Führerwillens«, die man sich zwar nicht in die Form eines (Schein-)Gesetzes zu formulieren traute, die aber von der »Auslegung« durch Wissenschaft und Gerichte anerkannt wurde.

7. Recht – Regelhaftigkeit von Erwartungen, Methoden und Legitimationen

Dass Recht nicht dasselbe ist wie Moral oder Sitte, ist allgemein bekannt. Trotzdem ist der vielfach geschriebene Leitsatz, Moral und Recht hätten »nichts miteinander zu tun« oder seien »unabhängig voneinander«, zumindest verkürzt. Denn es gibt zwar Moral ohne Recht, aber kein Recht ohne Moral. Ob man von dieser Regel für isoliert betrachtete reine Binnenvorschriften und rechtstechnische Regelungen Ausnahmen machen muss, kann dahinstehen, denn sie stehen im Sinnzusammenhang mit inhaltlichen (»materiellen«) Regelungen und beziehen sich damit auch auf deren Moralgehalt.

Als Recht bezeichnet man Ordnungen (oder Systeme) von Normen, die eine Metaebene ihrer Geltung enthalten, also eine übergeordnete, ihrerseits normative Sinnebene, die »vorschreibt«, wie, warum und auf welche Weise die Normen Gültigkeit und Legitimität erhalten. Das betrifft insbesondere die Entstehung der Rechtsnormen und ihre Abgrenzung zu außerrechtlichen normativen Erwartungen. »Recht« kann es zum Beispiel sein, bestimmte Speisen nicht essen zu dürfen. Die Qualität von Recht erlangt dieses Verbot durch den Verweis auf eine *Quelle* (z.B. religiös oder obrigkeitlich) und auf die – damit verbundene – Voraussetzung der Verbindlichkeit, also von Begründetheit und Gültigkeit im Sinn einer Erwartung, befolgt zu werden. Dagegen sind bestimmte *Tischsitten* nicht Recht, sondern Brauch oder Sitte (nicht mit den Fingern essen), unter Umständen auch Moral (in Zeiten der Not werden Kinder bevorzugt ernährt).

Die Frage, auf welche spezifische Quelle Recht zurückgeführt wird, ob und welche Änderungsregeln es gibt und auf welche Weise eine praktische »Anwendung« und Durchsetzung erfolgt, ist für die Frage, ob eine Normordnung »Recht« ist, im Grundsatz gleichgültig: Als Recht können Regeln gelten, die angeblich göttlich gesetzt und unveränderbar sind; aber auch solche, deren Geltung ganz und gar »positivistisch«, also als schlichte »Gesetztheit« begründet wird. Wenn man die Geltungslinie von Recht zu Ende denkt, stößt man auf die paradoxe Erkenntnis »Recht kann nur durch Recht entstehen« – jede Anerkennungsregel, die aus einer normativen Erwartung »Recht« macht, muss ihrerseits schon Recht sein, um selbst Geltung zu erlangen.

Insoweit könnte man als zusätzliche Bedingung das Element von »Herrschaft« oder Durchsetzungsmacht hinzufügen, um ein nicht-zirkuläres, externes Kriterium in die Definition einzufügen. Aber man nimmt heute ganz überwiegend an, dass auch solche Normsysteme »Recht« sein können, die keine – rechtlich begründete – Durchsetzungsmacht beinhalten oder voraussetzen. Damit sind vor allem Ordnungen gemeint, die auf »Aushandeln« und Mediation beruhen. Solche Modelle finden sich in nichtstaatlichen Gesellschaften, in denen Konflikte zur Vermeidung von Gewalt und Rache vor einer neutralen Instanz (Priester; Ältester) bis zur Lösung ausgehandelt und verglichen werden.

»Recht« ist hierbei nicht die Grundlage von »Ansprüchen«, sondern allein die Regelungsordnung zum »Wegverhandeln« des Konflikts; die materiellen *Berechtigungen* bleiben dabei auf der Ebene von Moral und Brauch. In dem genannten Beispiel verbinden und verzahnen sich also die moralische und eine formalisiert-rechtliche Ebene.

Diese soziologische Betrachtung zeigt, dass der scheinbare Zirkel der Rechtsentstehung aus der Beschränkung der begrifflichen Ebene entsteht und für die soziale Wirklichkeit keine Bedeutung hat: Im Hintergrund des Rechts stehen *immer* die Möglichkeit der Gewalt und eine Verstetigung von normativen Erwartungen (und Erwartungs-Erwartungen) zu deren Vermeidung; hieraus entstehen – nicht zwangsläufig, aber naheliegend – Formalisierungen, die aus Normen über die Verstetigung selbst bestehen.

Konkret: Wenn man vermeiden will, dass die Verletzung einer Person zu einem lang dauernden Rachekampf zwischen den Clans von Opfer und Täter führt, ist es sinnvoll, sich auf eine »Buße« zu einigen, die zu zahlen ist, damit die Angelegenheit als beigelegt angesehen werden kann. Eine Wiederholung solcher erfolgreicher Schlichtungen führt einerseits zu der (allgemeinen) Erwartung, dass eine solche in gleich gelagerten Fällen stets durchgeführt (bzw. versucht) werden *muss,* andererseits zu der Erwartung, dass sich die Parteien nach Abschluss der Schlichtung und Erfüllung der Bußzahlung an die Friedensvereinbarung halten. Aus der Frieden*serwartung* wird also eine Friedens*pflicht*. Das System von Normen, das diesen Verstetigungsprozess steuert und seinerseits zur Norm erhebt, ist *Recht*.

In manchen Normen des heutigen Strafrechts ist die Verbindung zur und die Verankerung in der (bloßen) *Moral* so stark, dass man zwar nicht an der Eigenschaft als »Recht«, aber an dessen Berechtigung innerhalb der Rechtsentstehungs- und -begründungsordnung zweifeln kann: Welchen *Sinn* etwa sollen Strafvorschriften wie Paragraf 172 StGB haben, der die »Doppelehe« (Bigamie) mit Freiheitsstrafe bis zu drei Jahren bedroht? Oder die Paragrafen 173 StGB (»Beischlaf zwischen Verwandten«), 183a StGB (»Erregung öffentlichen Ärgernisses«) oder 184a Nr. 2 StGB (Beziehen von »Schriften, die sexuelle Handlungen von Menschen mit Tieren zum Gegenstand haben«)?

Außer »Sittlichkeit« (Moralvorstellungen) ist in solchen Strafvorschriften nur sehr mühsam etwas Substanzielles zu finden; überdies erscheinen sie oftmals schon wegen ihrer Austauschbarkeit fast beliebig – Doppelehen gelten in anderen Rechtsordnungen als eher erstrebenswert; als »öffentliches Ärgernis« kann am Ort des Einsteigens in ein Flugzeug das *Vornehmen* einer Vollverschleierung von Frauen strafbar sein, am Ort der Landung das *Unterlassen* der Vollverschleierung.

Recht ist nicht das Gegenteil von »Unrecht«. »Unrecht« bezieht sich vielmehr auf eine Unterscheidung von »richtig« und »falsch« oder »gerecht und »ungerecht«. Es kann allerdings ein Missbrauch der Form so weit gehen, dass sich die Frage nach der Rechtsqualität durchaus ernsthaft stellt. In der »Verordnung über die Strafrechtspflege gegen Polen und Juden in den eingegliederten Ostgebieten« vom 4. Dezember 1941 (Reichsgesetzblatt 1941, S. 759) hieß es (verkürzt): »Polen und Juden ... werden mit dem Tode ... bestraft, wenn sie ... deutschfeindliche

Äußerungen machen.« Das ist offenkundig nicht »Rechtspflege«, sondern eine Anleitung zum Mord, verborgen in einer bloßen Vortäuschung von Recht.

Man könnte hier ernsthaft daran zweifeln, ob Anordnungen solcher Art überhaupt noch die inhaltlichen Anforderungen an Recht erfüllen oder sich nicht schon in bloßer Gewaltkommunikation auflösen. Dasselbe gilt für »Normbefehle«, die etwa die Gewaltanwendungen in Konzentrationslagern und Foltergefängnissen oder die Willkürmaßnahmen von militärischen Siegern gegen besiegte Zivilisten (Tötung, Vergewaltigung, Plünderung) »regeln«. Trotzdem erscheint es sinnvoll, diese Abgrenzungen erst auf der Ebene von »richtigem« Recht und Unrecht vorzunehmen und nicht schon die soziologische und ethnologische Definition damit zu belasten.

Daher gehören auch die rechtsphilosophischen Begründungen und Definitionen von Recht nicht schon an diese Stelle der Überlegungen: Ob Recht göttlich gesetzt, in der (»natürlichen«) menschlichen Vernunft »gefunden« (sog. Naturrechtslehren) oder aus dem schlichten Umstand seiner Gesetztheit zu erklären und zu rechtfertigen ist (sog. Rechtspositivismus), ist zunächst gleichgültig, wenn es darum geht, was es seiner sozialen Bedeutung nach ist: Recht *existiert,* unterscheidet sich qualitativ von individuellen oder Gruppenmoralen und von moralgestützten Sitten und funktioniert zweckentsprechend – mehr oder weniger wirksam – als verhaltenssteuerndes System der Gesellschaft.

Die *Funktionen,* die dem Recht innerhalb einer Gesellschaft zukommen, ergeben sich aus dem Gesagten und können allgemein beschrieben werden: Friedensfunktion, Rechtssicherheitsfunktion, Legitimierungsfunktion, Freiheitsfunktion; Steuerungsfunktion. In der Diskussion werden sie allerdings oft mit normativen Elementen gemischt und beschreiben dann eher das *Gesollte* als das *Faktische;* überdies werden Bewertungen der jeweiligen Funktionsebene hinzugefügt.

Man muss die Sache aber zunächst einmal eher abstrakt anschauen: »Frieden« bedeutet insoweit nicht mehr als die Abwesenheit von Gewalt und das Wegfallen der äußerst risikoreichen und kontraproduktiven Notwendigkeit, Konflikte innerhalb einer Gesellschaft immer wieder ad hoc mit Gewalt oder deren Androhung lösen zu müssen. Hieraus ergibt sich »Rechtssicherheit« in dem Sinn, dass auf die Geltung von materiellen Normen und von Regeln zu deren Entstehung, Geltung und Durchsetzung *vertraut* werden kann. Das ist die Voraussetzung von längerfristiger Verhaltensorientierung. Als beispielhafte Grundregel des modernen Rechts kann insoweit etwa das sogenannte »Rückwirkungsverbot« gelten, das für das inhaltliche Strafrecht in Art. 103 Abs. 2 GG (und gleichlautend in § 1 StGB) angeordnet ist: Strafbar ist nur, was »zur Zeit der Tat« strafbar war. Ein Strafrecht, das aus der Sicht der rechtsetzenden Macht beliebig in die Vergangenheit zurückgreifen und »Taten« bestrafen könnte, die zur Zeit ihrer Begehung noch gar nicht strafbar waren, wäre immer noch »Recht«, verlöre aber die Kraft, Vertrauen herzustellen und zu garantieren.

Bedeutung gewinnt diese Frage insbesondere bei plötzlichen Wechseln des Rechtssystems: In den Nürnberger Kriegsverbrecherprozessen wurden Angeklagte wegen Handlungen verurteilt, die zur Zeit ihrer Ausführung in Deutschland nicht strafbar gewesen waren. Und auch die Verurteilung von sogenannten »Mauerschützen« sowie der Personen, die für die Grenzsicherung durch »Vernichtung« von sogenannten Republikflüchtigen politisch verantwortlich waren (Politbüro der SED), bewegte sich an der Grenze zum Verstoß gegen das Rückwirkungsverbot, denn die entsprechenden Regeln des DDR-Grenzgesetzes waren formal geltendes Recht und erlaubten die Tötungen.

Auch zur Beurteilung solcher Zweifelsfragen muss daher, wenn man sich nicht zynisch (und rechtsfeindlich) allein auf die Gewalt einer »Siegerjustiz« berufen will, auf rechts*politische* Begründungen zurückgegriffen werden. Zur Nichtbeachtung von »rechtsunwirksamem Recht« in einem Vergleich zweier Rechtsordnungen kann man – in einem »Rechtsstaat« – nur auf der Basis von »höherem« Recht kommen, das seinerseits beide Ordnungen umfasst. Das ist – etwa nach 1945 – vielfach auf der Basis von »Naturrecht« (einer aus der sittlichen »Natur« des Menschen, göttlichen Vorgaben oder den Regeln der Rationalität abgeleiteten »überpositiven« Ordnung) versucht worden; heute versucht man solche Normkonflikte auf der Ebene von internationalem und Völkerrecht zu regeln.

Die Legitimierungsfunktion des Rechts ergibt sich gleichfalls schon aus dessen Begriff, soweit Recht nur eine spezielle Form der Legitimierung von Normen, Macht und Herrschaft ist. Darüber hinaus hat es einen gewissermaßen zirkulären Effekt, denn in seiner sozialen *Geltung* bestätigt es zugleich stets auch die Bedingungen und Regeln seiner Entstehung, also das Rechtssystem insgesamt und die ihm zugrunde liegenden Bewertungen.

Die Funktion wird in plakativer Weise auch durch die Delegitimierung deutlich, die mittels Strafrecht bewirkt werden kann. So galt es etwa bis vor wenigen Jahren in Deutschland als nicht nur »legal« (erlaubt), sondern auch als gewohnheitsmäßig legitim (berechtigt), Kinder zum Zweck der Erziehung bei Normübertretungen oder Unterlassen von »Gehorsam« mittels Gewaltanwendung zu »bestrafen«. Im Jahr 2000 wurde in Paragraf 1631 Abs. 2 BGB folgende Regelung eingeführt: »Kinder haben ein Recht auf gewaltfreie Erziehung. Körperliche Bestrafungen … sind unzulässig.« Unzulässige Einwirkungen auf den Körper von Kindern, die zu Schmerzen oder Verletzungen führen, sind danach durch die Strafvorschrift gegen Körperverletzungen (Paragraf 223 StGB) mit Freiheitsstrafe bis drei Jahre bedroht; eine Rechtfertigung durch den Zweck der »Erziehung« gibt es nicht mehr. Die Vorschrift wird in der gesellschaftlichen Praxis allenfalls teilweise beachtet; eine Verfolgung von Verstößen findet aber nur bei besonders gravierenden Einzelfällen statt. In der öffentlichen Diskussion dominiert (noch immer) die Frage, ob die rechtliche Regelung als solche überhaupt Legitimität beanspruchen könne oder nicht durch eine Art *Gewohnheitsmoral* verdrängt werde. Die öffentliche Kommunikation, die sich in anderen Bereichen auf moralisch stark aufgeladene Legitimierungsgrenzen mit äußerster Intensität stürzt (etwa zur Erlaubtheit oder Strafwürdigkeit von »Belästigungen«), ignoriert die Körperverletzung von Kindern fast vollständig und betrachtet sie eher als Phänomen sozialer Randgruppen.

Recht kann somit eine verhaltenslegitimierende oder -delegitimierende Funktion haben; zugleich muss es eine Ordnung schaffen, die sich selbst legitimiert: Strafrecht bedarf einer (verfassungs-)rechtlichen Grundlage dafür, dass es für seine Regeln *Geltung* verlangt.

Freiheits- und Herrschaftsfunktion des Rechts sind in gewissem Sinn zwei Seiten derselben Sache: Wenn Herrschaft »total« ist, benötigt sie kein Recht, sondern allein faktische Möglichkeiten des Zugriffs. Unterhalb dieser (nur theoretischen) Ebene ergibt sich aus der rechtlichen Zugriffsgrenze der Herrschaft stets eine Freiheitsgrenze – und damit ein Freiheitsraum – für die Beherrschten, wie klein oder groß auch immer dieser sein mag. Die Bestimmung dieser Grenze ist – selbstverständlich – eine entscheidende Frage der politischen Verfasstheit einer Gesellschaft, daher ist sie in hohem Maß unmittelbar mit der Legitimitätsfrage verbunden.

Das gilt im Übrigen gleichermaßen für die Funktion der Steuerung, die sowohl individuelles Verhalten als auch gesellschaftliche Entwicklungen betreffen kann. Soziale Steuerung mittels Strafrecht kann direkt und offenkundig erfolgen, zum Beispiel durch Bestrafung des Verkaufs von Alkohol; durch besonders hohe Bestrafung bestimmter als »schädlich« oder unerwünscht angesehener Verhaltensweisen; sie kann auch mittelbar und sozusagen »implizit« erfolgen, einerseits durch Nichtverfolgung, andererseits durch Anknüpfung an bestimmte rechtliche oder außerrechtliche Gegebenheiten, zum Beispiel im Bereich der Wirtschaft.

8. Sanktionen – Machtvolle Handlungskonzepte zwischen Erwartung, Enttäuschung und Beharren

Verhalten, das von einer in einer Gesellschaft jeweils gegebenen Norm abweicht, wird »negativ sanktioniert«, das heißt mit ablehnenden, unangenehmen, auch ausgrenzenden Handlungen beantwortet; umgekehrt wird normkonformes Verhalten »positiv sanktioniert«, also mit Zustimmung, Anerkennung oder sozialen Vorteilen belohnt. Das erscheint uns im Alltagsleben selbstverständlich, da der Grundsatz auf einer tiefen, naturnahen Ebene des Lebens angesiedelt ist. Er hängt unmittelbar mit der Normativität des Denkens und dem Verhältnis von Erwartungen und Vertrauen zusammen. Wie die Normativität ist aber auch die Sanktionierung von einer Vielzahl von Voraussetzungen abhängig. Die wichtigste ist, dass die Personen, die (positive und erst recht negative) Sanktionen vollziehen, auch die soziale Macht haben, die Bedeutung solcher Handlungen zu definieren.

Sanktionierung ist nicht zwingend mit Normativität verbunden: Nicht jede Normerfüllung wird mit ausdrücklichem Lob, nicht jede Normverletzung mit Zurechtweisung beantwortet. Es kommt darauf an, wie der Mensch – und die Gesellschaft – mit normativen Erwartungsenttäuschungen umgeht. Dafür gibt es grundsätzlich drei Varianten: Man kann die Erwartung aufgeben; man kann sie folgenlos beibehalten; man kann sie durchsetzen (oder dies versuchen).

Das kann man übrigens ganz ähnlich auch schon in Gruppen von Schimpansen beobachten: Je intelligenter das einzelne Individuum ist, desto »einsamer« ist es in seiner Definition von Richtig und Falsch, und desto häufiger kann es durch das Verhalten anderer enttäuscht werden. Wenn man jede individuelle Enttäuschung zum Anlass einer Skandalisierung nähme und verlangen würde, dass alle anderen sich in aufwendiger Weise mit der Geschichte dieser speziellen Enttäuschung beschäftigen, um den jeweiligen Abweichler zu sanktionieren, würde sich die Gesellschaft in einem Overkill von Querulanz lähmen. Daher gelten Personen, die im Übermaß die Erwartung formulieren, dass Abweichungen Dritter zum Gegenstand von kollektiven Sanktionierungen gemacht werden, nicht als Hüter der Regelhaftigkeit, sondern als egozentrische »Rechthaber« – also ihrerseits als sanktionierungsbedürftige Abweichler. Man kann sich anhand dieses Beispiels klarmachen, dass auch zwischen »Normverletzung« und »Sanktion« verschiedene, durchaus komplizierte Filter eingebaut sind.

Im Ausgangsbeispiel: In einer Schimpansengruppe reagieren die dominanten Individuen (Männchen und Weibchen) keineswegs auf jede Normübertretung, denn dann würden sie sich in überflüssigen Macht-Demonstrationen aufreiben. Sie reagieren überraschend häufig mit schlichtem Ignorieren, lassen den ständig präsenten Regellosigkeiten, obgleich allesamt aufmerksam registriert, also scheinbar ihren Lauf. Zu kaum vorhersehbaren Zeitpunkten werden objektiv geringfügige Übertretungen der Hierarchie-Regeln mit massiven, oft »ungerechten« Sanktionen beantwortet, die wiederum von der ganzen Gruppe mit höchster Aufmerksamkeit beobachtet und bewertet werden.

Bei Menschen funktioniert das wesentlich komplizierter und

differenzierter, beruht aber auf einer ähnlichen Zahl von Variablen: Wenn in einer Gruppe »wilder« Menschen die Regel besteht, dass von einem erbeuteten Tier immer zuerst der Anführer das beste Stück essen darf, bevor die anderen an der Reihe sind, wird der Anführer meist versuchen, diese Regel gegen Verstöße durchzusetzen. Er kann das tun, indem er der regelverletzenden Person das zu Unrecht okkupierte Stück mit Gewalt oder Drohung abnimmt. Das wäre eine sehr unmittelbare Sanktionierung.

Er kann sich auch überlegen, dass die übrigen Gruppenangehörigen nach ihrer Interessenlage auf der Seite des Abweichlers stehen, weil sich, wenn die Regel nicht mehr gilt, auch für sie die Chance auf das beste Stück ergibt. Der Anführer kann daher zu mittelbaren Sanktionierungen greifen, etwa indem er veranlasst, den Abweichler in einer bestehenden Rangordnung herabzustufen, sodass andere aufsteigen und dadurch dem Fleischtopf näher kommen. Diese Lösung könnte man als strategisch recht elaborierte Form eines Sanktionierungssystems bezeichnen.

Es gibt auch die Möglichkeit, die Abweichung bewusst zu »übersehen«, um einen vielleicht risikoreichen Konflikt zu vermeiden. Oder es können andere, unspezifische Sanktionierungen gewählt werden: Das Wegnehmen des Fleisches wird toleriert, aber als Reaktion wird Hilfe in anderen Angelegenheiten verweigert oder über den Abweichler »schlecht geredet«, um sein Ansehen und damit seine Durchsetzungsmacht in der Gemeinschaft zu schwächen.

Schließlich könnten der Anführer selbst oder die ganze Gruppe – aus welchen Gründen auch immer – die Regel aufgeben. Insoweit können auch weiterführende Konflikte unterschiedlicher Gestalt auftreten. Eine Variante kann darin bestehen, dass dem Anführer die Regeleinhaltung gleichgültig ist, die Mitglieder der Gruppe aber darauf bestehen, weil sie hoffen, selbst einmal in die privilegierte Position zu kommen. Dann ergibt sich für die Person, welche als Anführer die Regelverletzung sanktionieren darf und soll, eine »symbolische« Sanktionierungspflicht: Die Bestrafung dient gar nicht mehr der Regeldurchsetzung im konkreten Fall, sondern der Demonstration der Entschlossenheit, an der Erwartung der Regeleinhaltung festzuhalten: Nicht *dieses* Stück Fleisch wird gesichert, sondern alle zukünftigen. Mit dieser Erwägung ist man mitten in der Vermischung von Rache und Regelbestätigung, Strafe und Prävention.

Das Bedürfnis nach Rache ist eine tief in der menschlichen Natur verankerte Emotion. Sie kommt bei Tieren nur vereinzelt vor; selbst hoch entwickelte Menschenaffen rächen sich nur selten. Den Verhaltensweisen, die bei Tieren – etwa Elefanten oder Krähen – oft als »Rache« gedeutet werden, dürften eher hohe Gedächtnisleistungen hinsichtlich kognitiv schlechter Erfahrungen mit Aggression zugrunde liegen. Aber auch wenn die Vorstellung schwierig erscheint, ein Elefant oder Schimpanse könnte über längere Zeit *moralisch* »wütend« sein und auf eine günstige Gelegenheit für Rache warten, sind die Grenzen fließend.

Bei Menschen jedenfalls zählt Rache zu den häufigen und gewichtigsten Motiven für aggressives Verhalten. Dabei wird das Rachemotiv, das man sich zunächst als »blindes« Bedürfnis nach Zurückschlagen, als sprichwörtlich »blinde Wut« vorstellen kann, von vornherein mit anderen Motiven vermischt. Es ist intellektuell mit normativen Vorstellungen von »Gerechtigkeit« verbunden, wodurch Rache vielfach einen spiegelnden Charakter erhält: »Mit gleicher Münze« wird heimgezahlt, und häufig mit einer dem Angriff entsprechenden Aktion (»Blutrache«), die auf *Ausgleich* von Unrecht zielt.

Damit ist aber bereits eine Ebene erreicht, die auf *Regelhaftigkeit* abstellt und daher substanziell *gesellschaftlich* ist. Die »Rache«, die wir heute als besonders gefährliche oder hochkriminelle Sanktionierungsform betrachten, hat sich von der subjektiven

Wut und Aggression weit entfernt und gehört eigentlich zu einer Ebene von *Recht*. Was als besonders verwerflich an der »Blutrache« oder an den »Rache«-Feldzügen von Rockerbanden oder kriminellen Clans angesehen wird, ist nicht ein Rückfall vom Recht in vorrechtliche Aggression, sondern die Postulation einer eigenen, abweichenden *Legitimität*.

Das spiegelt sich noch in der Strafdrohung der Mitgliedschaft in »kriminellen Vereinigungen«, die in Paragraf 129 StGB, also im Abschnitt der »Straftaten gegen die öffentliche Ordnung« angesiedelt ist (und nicht im Bereich der allgemeinen Vorschriften über die Tatbeteiligung oder deren Vorbereitung). Die »kriminelle Vereinigung« hat ihren Ursprung in den »Haufen« und Aufrührerbanden des 16. und 17. und den »Geheimgesellschaften« des 18. und 19. Jahrhunderts: Gruppierungen, die aus dem Machtbereich des »herrschenden« Rechts ausstiegen, eigene Regelungssysteme und Legitimationen aufbauten und Gegenherrscher kürten (»Räuberhauptmann«; »Bettlerkönig«). Bei ihnen herrschte zwar äußerste Gewalt gegen Abweichler (Verräter, Feiglinge, Abtrünnige), nicht aber eine Willkür der Rache. Und die zur Vollstreckung von »Blutrache« ausgesandten Angehörigen von Familienclans wollen regelmäßig nicht eine sie persönlich empörende Tat »rächen«, sondern eine *Pflicht* erfüllen, der sie sich gar nicht entziehen könnten, ohne ihrerseits bestraft zu werden.

Sanktionen können informell oder formell sein, regelhaft oder willkürlich. Die Sanktionen des Strafens sind regelhaft und formal. Sie sind nicht schon durch die bloße Form erkennbar und abgrenzbar: Wenn eine egalitäre Gruppe von Jägern und Sammlern im Regenwald einen Normübertreter tötet, hat das in höherem Maß sozial-»therapeutischen« als eigentlich »strafenden« Sinn; es ist eine bedauerliche Konsequenz des Umstands, dass sich eine kommunikative Beilegung des Konflikt als nicht möglich erwiesen hat. Wenn in den Kulturen des germanischen

Volksrechts und nach spätmittelalterlichen »Rechtsspiegeln« für die Tötung einer Person ein »Wergeld« (Bußzahlung) ausgehandelt oder regelhaft festgesetzt wurde, lagen dem vielfach noch vorstrafrechtliche Ursprünge zugrunde.

Strafe setzt Herrschaft voraus, die Regelverstöße definiert und (nach Rechtsregeln) sanktioniert. Deshalb war umgekehrt auch die Entwicklung von neuzeitlicher Landesherrschaft in Europa mit einem massiven Aufschwung von Strafrecht und großen Anstrengungen zu seiner Durchsetzung verbunden. »Souverän« ist begrifflich und praktisch eben nicht (erst) derjenige, der »über den Ausnahmezustand entscheidet« (Carl Schmitt, 1922), sondern zunächst derjenige, der Herr über das Recht des Strafens ist. Es kann nicht nur die Regel allein von der Ausnahme her gedacht werden, sondern auch die Ausnahme nur von der Regel.

II.
Strafrecht und Kommunikation

Schon aus dem im vorigen Kapitel Gesagten ergibt sich, dass »Kommunikation« im weiten Sinn ein zentraler Faktor des Strafens und des Strafrechts ist. Sie hat insoweit vier unterschiedliche Ebenen: eine Ebene der »empathischen« Entstehung von normativen Sanktionierungsordnungen; eine Ebene der Entstehung und der Organisation von vorstaatlicher und staatlicher Macht und Gewaltmonopolisierung; eine Ebene der gesellschaftlichen »Sinn«-Vermittlung; eine Ebene der technischen und symbolischen »Abwicklung« von Strafrecht.

Im Folgenden soll es um die dritte dieser Ebenen gehen, also um die »Sinn«-Vermittlung. Damit sind zunächst ganz banale Dinge gemeint: Das Sanktionieren abweichenden Verhaltens ist zwar Bestandteil jedes gesellschaftlichen Lebens, es ist aber, jedenfalls jenseits sehr kleiner früher Gemeinschaften, nicht allgegenwärtig und unmittelbar spürbar. Es ist gerade ein wichtiges Ziel der Sanktionierungen und ein Effekt ihre Erfolgs, dass sich die Einhaltung der Regeln sozusagen von außen nach innen verlagert – von der Gesamtgemeinschaft auf kleine Gruppen, schließlich im Wege einer »Internalisierung« in das Selbst-Bewusstsein der einzelnen Personen.

In welch außerordentlichem Maß dies funktionieren kann, lässt sich am Beispiel der frühkindlichen Reinlichkeitserziehung beobachten, die ein Leben lang bewirkt, dass sich Menschen selbst dann im Großen und Ganzen an Regeln des »Benehmens«, der Sauberkeit und der Ekelabwehr halten, wenn sie unbeobachtet sind und/oder mit Sanktionierungen nicht rechnen müssen. Andererseits zeigen Experimente oder zufällig eintretende Situationen des Wegfalls von Verhaltenskontrolle (Beispiele: Stromausfälle; Anonymität; Unerreichbarkeit von Sanktionsinstanzen), dass selbst solche äußeren Regeln schnell verletzt werden, deren Bruch mit erheblichen formellen Sanktionen bedroht ist (z. B. Diebstahl; Plünderungen; Gewalt- und Sexualdelikte im Krieg), wenn Kontrolle und Sanktionen entfallen.

Regeln, deren Verletzung mit Strafe bedroht ist, verstehen sich nicht »von alleine«; es gibt kein »natürliches« Strafrecht. Was erlaubt und was verboten ist, warum es schlimm ist, Verbotenes zu tun, was gerechterweise mit Straftätern geschehen soll, wie die Gesellschaft im Kleinen wie im Großen damit umgeht und zurechtkommt, dass Straftaten begangen werden, Unsicherheit herrscht, Menschen zu Tätern oder Opfern werden – über all dies muss in einer Gesellschaft permanent »gesprochen« werden, und zwar auf vielfältige Weise. Dieses Sprechen findet sowohl ausdrücklich statt als auch verborgen in Bildern, Anspielungen, Vorstellungen, in Berichten über Dritte, in Mythen und Symbolen. Man kann also sagen, dass es in allen Gesellschaften ein steter und zentral wichtiger Prozess ist, »Narrative« über das Verbotene, das Verbrechen und das Strafen herzustellen.

1. Wahrheit – Eine angeblich eindeutige, notorisch verkannte, sozial entscheidende Erfindung

In großen Bevölkerungen, erst recht in der modernen Gesellschaft, ist ein unmittelbarer kommunikativer Austausch der Einzelnen meist auf sehr wenige Personen beschränkt und im gesellschaftlichen Maßstab gar nicht mehr möglich. Es ist daher hier noch mehr als in kleinen Gemeinschaften erforderlich, dass Strukturen entstehen, die für die Definition von »Wahrheit« und für deren allgemeine Verbindlichkeit zuständig sind.

Der Begriff der »Wahrheit« ist kompliziert und wegen seiner überragenden Bedeutung seit jeher Gegenstand intensiver Überlegungen und Erwägungen philosophischer, moralischer, soziologischer und naturwissenschaftlicher Art. Dabei ist zunächst wichtig, dass es (zumindest im hier gegebenen Zusammenhang) selbstverständlich immer nur um eine menschliche »Konstruktion« von Wahrheit gehen kann, denn alle Erkenntnisse über die Welt können Menschen nur als solche, das heißt als Teile der biologischen Natur und als Teile von Gesellschaft, erlangen. Schlichtes Beispiel: Ob ein Auto rot oder blau ist, ist eine Frage, die durch einen Aussagesatz beantwortet werden kann; dieser kann entweder wahr oder unwahr sein. Das ändert aber nichts daran, dass das Auto nur dann »blau« ist, wenn es aus einem Stoff besteht, der bestimmte Wellenlängen von energetischen (Licht-)Strahlen, die auf ihn treffen, reflektiert, andere nicht reflektiert, und wenn es biologische Rezeptoren (Augen) gibt, die die reflektierten Strahlen in ein neuronales Verarbeitungssystem (Gehirn) leiten, welches die in chemoelektrischen Signalen symbolisierten Strahlen in ein »Bild« verwandeln, dem wir den Begriff »Blau« zuordnen. Hunde, Fledermäuse oder Bienen sehen das – im wörtlichen Sinn – ganz anders; für sie spielt die Frage, ob die Bezeichnung blau »wahr« ist, keine Rolle. Und auch eine künstliche Intelligenz könnte diese Wahrheit oder Unwahrheit vollständig anders definieren: etwa mittels hochpräziser Temperaturmessung.

Auf die in der Wahrheitsdiskussion vertretenen Theorien (etwa Korrespondenztheorie, Korrelationstheorie, Konvergenztheorie) kommt es hier nicht an. Wichtig sind aber zwei Hinweise: zum einen, dass die Menschen im Allgemeinen nicht sehr an der Wahrheit interessiert sind. Denn Wahrheit ist, entgegen landläufiger Behauptung, nicht per se etwas Erstrebenswertes, Angenehmes oder »Gutes«. Sie ist oft lästig, häufig auch unangenehm, und macht ausgesprochen viel Mühe. Wahrheit ist überdies mit einem ständigen Kommunikationsprozess verbunden, der furchterregend sein und das subjektive Wohlbefinden stören kann.

Zum anderen muss man daran erinnern, dass eine Zuständigkeit von Menschen für die Wahrheit jedenfalls in Europa noch nicht sehr lange existiert. Bis ins 15. Jahrhundert war für die Wahrheit allein Gott zuständig; menschliche Annäherung an Wahrheitserkenntnis bestimmte sich im Wesentlichen nach Maßgabe der Nähe zu Gott. Daher war auch weltliche Wahrheits-Autorität von göttlicher Gnade abgeleitet. Eine neue Geschichte der für Wahrheit zuständigen Institutionen eröffnete sich erst nach der Erfindung des Buchdrucks und aufgrund der hierdurch sowie durch die Eroberung Amerikas verursachten Umwälzungen der Wirtschaft und der gesamten öffentlichen Kommunikation. Vereinfacht gesagt: Die Erkenntnis göttlichen Willens wurde ersetzt durch die Methoden der Rationalität und der Wissenschaft, der Prüfung und Falsifikation nach einer ganz neuen »Methode«. Damit ergab sich die vollständig neue Möglichkeit der Annahme, mithilfe dieser Erkenntnismethoden die »Wahrheit« im Sinn eines umfassenden Weltverständnisses durch soziale, menschliche Kommunikation erkennen zu können. Dieser Gedanke der »Aufklärung« hat die »westlichen« Gesellschaften durch die vergangenen 500 Jahre geführt.

Für das Strafen und das Strafrecht ist Wahrheit in verschiedener Hinsicht von Bedeutung: als Wahrheit des Geschehens und als Wahrheit von Verantwortung. Dabei ist vor allem auch von Bedeutung, dass diese Wahrheitserkenntnisse in die Vergangenheit gerichtet sind. Strafrecht versucht, vergangenes Geschehen zu rekonstruieren und einer gegenwärtigen Verantwortung zuzuweisen.

Dabei ist offensichtlich, dass die unmittelbare Wirklichkeit eines Geschehensablaufs niemals im Verhältnis eins zu eins wiederhergestellt und sozusagen »noch einmal erlebt« werden kann. Jedes von menschlichem Handeln geprägte Geschehen ist ein sehr komplexer Prozess von Bedingungen, Sinn, Motiven, Ursachen, Deutungen, Zwischen- und Endergebnissen. Schon die unmittelbare, zeitgleiche Aufnahme ist nur mit großen Abweichungen und Verständnisrisiken möglich. Das kann man leicht erkennen, wenn man sich die zahllosen Deutungs- und Verständnisvarianten vor Augen hält, die die alltägliche Kommunikation und Beobachtung enthält und die einen permanenten emotionalen und intellektuellen »Abgleich« zwischen den Beteiligten der Kommunikation erfordern, um einen gemeinsamen »Sinn« zu erzeugen, der wiederum Ausgangspunkt einer nächsten Stufe von Deutung ist. Die Gehirne von Menschen funktionieren nicht wie standardisierte digitale Maschinen, die miteinander über ein eindeutiges »Programm« verbunden werden könnten.

Noch komplizierter wird es, wenn es um die Rekonstruktion von vergangenem Geschehen geht. Jeder kennt das Phänomen, dass, wenn drei verschiedene Menschen den Inhalt eines Films, den Ablauf eines beobachteten Unfallgeschehens, den Hergang eines Angriffs in einem Fußballspiel beschreiben, dabei jeweils drei ziemlich verschiedene Schilderungen herauskommen. Die

Abweichungen betreffen nicht stets allein Nebensächlichkeiten, sondern können sich auf zentral wichtige Faktoren beziehen (kam das Fahrzeug von links oder von rechts; wer sagte wann was; trug der Handelnde ein blaues oder ein grünes Hemd, usw.). Solche Abweichungen treten nicht allein beim Abgleich der Erinnerungen verschiedener Menschen auf, sondern sind auch Teil der jeweils individuellen Erinnerung. Denn jede Erinnerung ist nicht ein bloßes »Wiederaufrufen« eines abgespeicherten Dokuments oder Bildes, sondern eine kreative Rekonstruktion auf der Basis des jeweils aktuellen Gefühls- und Wissensstands. Es ist, wie wissenschaftliche Experimente gezeigt haben, ohne Weiteres möglich, in Personen »Erinnerungen« an Ereignisse und eigene Handlungen zu erzeugen, die definitiv nicht stattgefunden haben, und in ihnen auch die zu solchen Scheinerinnerungen passenden Emotionen (Schuldgefühl, Scham, Freude) zu provozieren.

Anders gesagt: Jedes Mal, wenn Erinnerungen an Vergangenes aufgerufen werden, verändert sich die subjektive Vergangenheit ein wenig nach Maßgabe der Gegenwart. Das gilt erst recht, wenn diese Erinnerungen in einem kommunikativen Akt anderen mitgeteilt und von diesen »verstanden« werden sollen, was für die Rekonstruktion eines vergangenen Verbrechens unbedingt erforderlich ist. Es gibt keine Sprache und zwischenmenschliche Kommunikation, die »neutral« Informationen übermittelt wie eine digitale Kette von Plus- und Minuszeichen. Alles, was gesagt und gezeigt wird, wird gedeutet, mit »Sinn« erfüllt, eingeordnet in ein Verständniskonzept, das einerseits hochindividuell ist, andererseits von zahlreichen Umgebungsfaktoren beeinflusst, deren Zusammensetzung und Bedeutung sich jeweils wieder individuell unterscheiden. Aus diesem Grund »verstehen« sich Menschen aus demselben sozialen Milieu und mit ähnlichen Lebenserfahrungen durchweg besser als Personen aus unterschiedlichen sozialen Zusammenhängen.

Ein Beispiel: Zwischen A und B bestand eine konflikthafte, nonverbal-kommunikative Situation. Man könnte das so beschreiben: (1) A schaute B an; (2) A starrte B an; (3) A blickte B herausfordernd ins Gesicht; (4) A betrachtete B; (5) B sagte zu A: Was guckst du? Das sind fünf Beschreibungen, die jeweils spezifische bildliche Assoziationen auslösen. Je nachdem, wie differenziert das Sprachverständnis der Person ist, der die Varianten mitgeteilt werden, je nach ihrer persönlichen Lebenserfahrung mit ähnlichen Situationen und je nach dem Binnenklima ihrer sozialen Umgebung wird die eigentlich sehr einfach erscheinende »Geschichte« verstanden und in ein »Narrativ«, das heißt eine sinnhaft gedeutete Version des Geschehnisses, umgewandelt werden. Wenn die genannten Varianten jeweils Aussagesätze sind, die ein Tatzeuge vor Gericht formuliert, um eine von ihm vor mehreren Monaten beobachtete Situation zu beschreiben, und wenn das Gericht hieraus ein Indiz dafür gewinnen will, ob A beabsichtigte, B körperlich anzugreifen und schwer zu verletzen, zeigt sich, wie »relativ« und ungewiss sich selbst scheinbar einfache Abläufe in der Rekonstruktion darstellen können.

Eine zweite Einschränkung: Würden Rekonstruktionen der Vergangenheit umfassend, also »erschöpfend« sein und das Zurückliegende vollständig aktualisieren, käme man niemals zur Gegenwart und zum Neuen. Erinnerung, Darstellung, Vergegenwärtigung, Nacherzählung von Vergangenheit liegt daher eine mehr oder weniger, stets aber relativ kleine Auswahl an unmittelbarer Wirklichkeit zugrunde. Ein Zeuge, der einen Autounfall beschreibt, erinnert sich vermutlich nicht nur daran, ob das Fahrzeug blau oder rot war, sondern auch, ob der Himmel blau, die Ampel rot, das Kleid einer Fußgängerin gelb war, ob und was er am Vorfallstag gearbeitet hat, dass es sich um den Geburtstag seiner Schwester handelte, dass er eine anwesende Passantin attraktiv fand und einen Rettungssanitäter bärtig usw. – also an eine grundsätzlich unendliche Vielzahl von Eindrücken, Assoziationen, Vermutungen.

Die »Wirklichkeit«, so wie sie zum Tatzeitpunkt war, bleibt immer im Bereich des nur Annähernden; sie kann nicht »wiederhergestellt« werden. Man kennt die zahllosen Darstellungen von »Tat-Rekonstruktionen« in Kriminalromanen und -filmen; ganze literarische Schulen sind auf die Erzählung gegründet, dass ein scharfsinniger »Kommissar« die möglicherweise involvierten Personen in eine Situation bringt, in welcher sich das Tatgeschehen (in der Regel: Mord) scheinbar zu wiederholen scheint, also in der Originalperspektive rekonstruieren lässt. Das ist eine rührend naive Vereinfachung, die aber auf zutreffender Problemerkenntnis beruht.

Die dritte Einschränkung zieht aus dem Gesagten die Konsequenz und ist für das Verständnis des Strafrechts besonders wichtig: Das Verfahren der Prüfung, ob jemand bestraft werden muss und soll, stellt eine ganz eigene soziale Institution dar und ist ein »Programm«, welches die (eingeschränkten) Möglichkeiten der Zurück-Erzählung noch einmal entscheidend steuert. Banales Beispiel: Wenn ein Zeuge vor Gericht über seine Beobachtungen während eines Tankstellenraubs berichten soll und die ersten zehn Minuten damit verbringt, vom Umfang seines Mittagessens, dem Zustand seines Kraftfahrzeugs oder dem Inhalt der Radionachrichten zu erzählen, die er zum Tatzeitpunkt gerade hörte, wird ihn eine der professionell verfahrensbeteiligten Personen (zunächst freundlich) auffordern, bitte »zur Sache zu kommen«.

Das bedeutet: Das Verfahren selbst gibt der Kommunikation und der Relevanz von Wirklichkeit eine sinnhafte Struktur vor, in welcher »Wahrheit« erzeugt werden soll und kann. Es ist allen Beteiligten im Grundsatz vollständig gleichgültig, ob es »wahr« ist, dass der Zeuge kurz vor der Tat Pommes frites gegessen hatte. Andererseits ist es von außerordentlicher Bedeutung, ob es »wahr« ist, dass der Beschuldigte dachte, der Kassierer werde sich vor seiner Spielzeugpistole fürchten.

Wenn man diese hier nur grob umrissenen Problemlagen zusammennimmt, ergibt sich eine recht kompliziert erscheinende Struktur eines im Alltag eher »einfach« erscheinenden Bildes: »Wahr« oder »unwahr« ist keine Eigenschaft, welche den Dingen, Gegenständen und Geschehnissen als solchen anhaftet – das mag man »Wirklichkeit« nennen. »Wahr« ist, was Menschen erstens für wichtig halten und zweitens im kommunikativen Austausch unter sich als Sinn akzeptieren.

Denn es geht ja bei der »Wahrheits«-Erkenntnis nicht um eine quasi zweckfreie, »natürliche« Funktion: Eine Auster verschließt sich nicht, weil es »wahr« ist, dass die Ebbe kommt. Anders gesagt: Tiere haben – soweit wir wissen – keine »Wahrheit«, sondern nur Wirklichkeit. Sie »reflektieren« nicht Vergangenheit; es ist dem farbenblinden Kampfstier schlicht egal, ob es wahr ist, dass der Torero in Wahrheit nur ein Schlachter ist.

2. Massenmedien – Agenturen zwischen Wirklichkeit und Wahrheit

Kommunikation über das Strafen findet ganz überwiegend durch Vermittlung von technischen »Medien« statt: Presse, Film, Fernsehen, Internet. Jedes dieser Medien hat spezifische Bedingungen und Wirkmechanismen; durch jedes wird »Sinn« anders konstruiert. Zwischen Kunst-Medien wie insbesondere dem Film und einer »Berichterstattung« in Presse und Fernsehen bestehen für jeden sichtbare Unterschiede.

So ist etwa der amerikanische Wild-West-Film eine geradezu beispielhafte Vorführung des Sprechens über die Sinnstrukturen von Gut und Böse, Strafe und Rache, Recht und Schicksal – von schlichten, holzschnittartigen Konstellationen bis zu hochdifferenzierten, dramatischen Konstellationen mit mehreren Schichten der Reflexion über das »Sprechen« selbst. Der symbolische Charakter der Kommunikation ist im Film nicht mehr so offenkundig wie im Theater, aber noch weithin rekonstruierbar. Im Fernsehen verschwimmen die Grenzen zwischen symbolisierender Fiktion und scheinbar authentischem Sprechen mit dem »lieben Zuschauer« zusehends. Teilweise wird diese Grenzauflösung ausdrücklich gesucht, etwa wenn Talkshows im Anschluss und mit unmittelbarem Bezug zu Kriminalfilmen gesendet werden und thematisch die in fiktiven Filmen dargestellten Fragen des Strafens und der Sicherheit auf die soziale Wirklichkeit beziehen.

Die Presse schließlich (im Sinne von Print- und Online-Presse, einschließlich professioneller Plattformen und Blogs) befasst sich mit der Vermittlung von »Basis«-Informationen über Kriminalität und Strafrecht, berichtet über Taten, Fahndungen, Prozesse und reflektiert in Kommentaren den »Sinn«, den diese Ereignisse für die Gesellschaft ergeben sollen oder können.

Durch das Internet hat sich eine dramatische Veränderung und Umformung der öffentlichen Kommunikation ergeben. Sie zeichnet sich unter anderem dadurch aus, dass – scheinbar – die Hierarchisierung von Kommunikation abgeschafft wurde: Jeder kann mit jedem zu jeder Zeit auf angeblich gleicher Ebene kommunizieren. Das ist in seinen strukturellen Auswirkungen sensationell, aus dem Blickwinkel der »aufgeklärten« Kommunikation der vergangenen 500 Jahre irrwitzig. Es ist individuell schwierig zu »verarbeiten«, da es sich innerhalb einer Lebensspanne vollzieht.

Auf Einzelheiten ist noch einzugehen. Vorerst hinzuweisen ist auf die Entstehung einer – scheinbar oder tatsächlich – freien Form des Sprechenkönnens aller mit allen, damit zusammenhängend aber auch einer Bündelung von vorgeblich authentischer Kommunikation in Räumen, die nicht von den Filtermechanismen der herkömmlichen Pressestruktur gesteuert werden und dazu neigen, sich von einer prinzipiell die ganze Gesellschaft umfassenden Sinnstruktur zu entfernen (Stichwort: »Lügenpresse«) und abgegrenzte, selbstbezügliche Wirklichkeitsdeutungen zu entwerfen.

3. Grenzüberschreitungen – Risiken der Selbstüberschätzung

Dass (Straf-)Justiz und Presse nichts miteinander zu tun hätten, außer dass Letztere über Erstere berichte, stimmt nicht. Tatsächlich geht es stets darum, wie, von wem und warum eine kommunikative Wahrheit über Wirklichkeit konstruiert wird und auf welche Weise die jeweils gewählte, herrschende, durchgesetzte oder bevorzugte Form das Weltverständnis und den Handlungssinn der Menschen bestimmt. Anders gesagt: Zeitungen mögen richtig oder falsch, gut oder schlecht *gemeint* über die Wirklichkeit berichten – sie sind doch stets vor allem Deutungen, die sich auf kommunikative und daher wirkliche *Macht* beziehen. Die Deutungen, welche die Menschen ihren »Fällen« zuwenden, sind zuallererst Deutungen über sie selbst. Mit der empirischen Wirklichkeit müssen sie nicht zwingend zu tun haben, denn sie konstruieren vielfach eine eigene Wirklichkeit. Dies ist keineswegs ein Effekt, der erst durch die explosionsartige Entwicklung des Internets aufgetreten ist; er wurde hierdurch aber extrem verstärkt, gleichzeitig aber einer Vielzahl von Menschen erstmals bewusst und in gewissem Maß kontrollierbar.

Die Presse-Welt der »kleinen« Justiz ist für die *kleinen Leute* – sie ist daher stets im Einzelnen ungerecht, aber der Reporter weiß es, da er »einer von ihnen« ist, letztlich auch nicht besser. Die Botschaft ist häufig, dass die Dinge auf unerklärliche Weise schicksalhaft geschehen, dass jede(r) sich am Ende fast alles selbst zuzuschreiben habe und dass es am besten sei, wenn alle sich auf eine Vorstellung von einer »Anständigkeit« einigen, die auf Vertrautheit, Übersichtlichkeit und Geordnetheit beruht. Diese kleinrahmige, gelegentlich spießige, grundsätzlich konservative Gestimmtheit gilt zwar aus der Perspektive der Leitartikel-orientierten Weltläufigkeit als minderwertig. Sie ist aber aus der Perspektive des überschaubaren sozialen Raums erklärlich und naheliegend und trägt viel zur Definition und Bestätigung eines breiten Lebensgefühls von Gesichertheit bei.

Die Kehrseite davon ist eine hohe Anfälligkeit für die Verkennung, Ablehnung und Ausgrenzung von unbekannten, fremden und unvorhergesehenen Elementen des Soziallebens: Abweichendes Verhalten wird als leicht identifizierbar, skurril und fremdartig dargestellt; die Beschreibungen äußerer Abweichungen von der vertrauten Norm werden – mal mit besorgtem, mal mit ridikülisierendem Unterton, stets aber pejorativ – weit übertrieben: Die »Ganoven«, »Damen«, Beschuldigten und die ihnen zugeordneten Personen fallen oft schon durch soziale und sprachliche Unbeholfenheit, dummes, aufsässiges, leicht durchschaubar unglaubhaftes Verhalten und andere äußere Merkmale auf und ergeben so eine offen zugängliche Folie der Abgrenzung. Im »großen« Fall hingegen geht es ums große Ganze: Da steht die angebliche Wahrheit für ein ganzes Lebens-, Deutungs- oder (zumindest) Redaktions-Konzept. Ist der Beschuldigte ein dissozialer Verbrecher, eine Marionette des Weltgeschehens oder ein Opfer der Medien?

Als Sonderform der Kriminalreportage ist das – seinerseits durchaus differenzierte – Format des »Reportage«-Buches zu erwähnen, häufig verfasst von Personen aus dem Berufsfeld der Strafverfolgung oder Strafverteidigung (meist unter Mithilfe von »gelernten« Journalisten), was den Darstellungen eine besondere Authentizität verleihen soll und den Lesern einen »Blick in die Wirklichkeit« verspricht. Die »Fallsammlungen« dokumentieren Wirklichkeit durch einen Filter von Sensationalität, meist nach Maßgabe des jeweils speziellen Berufsfelds. Es werden Verbrecher gejagt (»Meine spektakulärsten Mordfälle«) oder Unschuldige gequält (»Die größten Justizirrtümer«). Polizisten veröffentlichen Sammlungen ihrer (angeblichen) Ermittlungserfolge, Rechtsmediziner ihrer »schlimmsten Leichen«, Strafverteidiger ihrer großen Erfolge. Diese Falldarstellungen reproduzieren meist stereotype Muster und sind eher Unterhaltungs- als Reportage-Literatur.

Die Grenzen zwischen Bericht, Reportage, Fiktion und Analyse sind fließend geworden. Fernsehanstalten und Filmproduktions-Unternehmen sind etwa dazu übergegangen, pseudo-dokumentarische Spielfilme (»nach wahren Fällen«) zu produzieren und auszustrahlen; Fernsehsender verwischen die Grenzen noch weiter, indem sie begleitend sogenannte Talkshows oder Reportage-Formate anbieten, in denen »Experten« über die kriminalistische oder kriminologische Bedeutung der jeweils dargestellten »Fälle« befragt werden.

Vorreiter einer für den Durchschnitts-Konsumenten nicht durchschaubaren Vermischung von Realität, Deutung und Fiktion ist das öffentlich-rechtliche ZDF, das seit Jahrzehnten das Format »Aktenzeichen YX … ungelöst« ausstrahlt, in welchem tatsächliche Straf-Ermittlungsverfahren zum Gegenstand fiktiver, bewusst »dokumentarischer« Spielszenen und einer anschließenden öffentlichen Fahndung unter Hinzuziehung von realen Ermittlungsbehörden (Polizei) gemacht werden. Die Zuschauer können sich hier auf der Grundlage absichtlich laienhaft-hölzern inszenierter Nachspiel-Szenen (angeblicher) Tatgeschehen (mit einem über die Spielhandlung gelegten, im Präsens formulierten, nacherzählenden Redaktionstext) als Fahnder oder wichtige Zeugen betätigen; sie können überdies durch aktive Mitwirkung an der Strafverfolgung Gewinne (in Form von öffentlich ausgelobten Belohnungen) erzielen.

Das Format liegt konzeptionell in einem undurchschaubaren Bereich zwischen Spielshow, Dokumentation und behördlicher Verlautbarung. Es hat erheblichen und prägenden Einfluss auf die öffentliche Vorstellung von Kriminalität, Strafverfolgung und Rollenbildern. Es war schon Jahrzehnte vor der sogenannten digitalen Revolution außerordentlich populär und zeigt, in welchem Maß öffentliche Medien dazu benutzt werden, in einem sich selbst spiegelnden und verstärkenden Prozess die Erkenntnis von »Wahrheit« und die Selektion von sozialer Relevanz zu steuern.

4. Berichte über das Strafen – Welche Wirklichkeit wird rekonstruiert?

Es gibt kein Rechtsgebiet, das in Massenmedien jeder Art, aber auch in der unmittelbaren Kommunikation so häufig Gegenstand von Berichten, Meinungsäußerungen, Beurteilungen und Kontroversen ist wie das Strafrecht. Dabei ist recht häufig gar nicht wirklich klar, welche Frage oder welches Problem im Einzelnen gemeint ist: Vom neuen »Skandal« über eine mehr oder minder erhellende Prozessberichterstattung über Einzelfälle bis zu allgemeinen Klagen über »Missstände«, »Lücken«, rechtspolitische Vorhaben oder Meinungen reicht eine unüberschaubare Anzahl von Veröffentlichungen jeder Art. In der Wahrnehmung der Konsumenten (Leser, Zuschauer, Zuhörer, Empfänger) verschwimmen Information, Vermutung und Meinung. Der Informationsgehalt von Presseberichten über Strafrecht und Strafrechtsfälle ist im Einzelfall oft gering; gleichwohl sind sie natürlich nicht »sinnlos«, sondern folgen eingeübten und weithin akzeptierten kommunikativen Strukturen der »Wahrheits«-Definition. Hierzu nur einige beispielhafte Stichworte:

Die klassische »Gerichtsreportage« findet vor allem im Bereich der Alltags- und kleineren Kriminalität statt; insbesondere in der Lokalpresse und lokalen Sendern. Die Berichterstattung zeichnet sich oft durch eine spezielle Form der Personalisierung aus: Die Verfahrensbeteiligten (Beschuldigte, Geschädigte, Zeugen) werden als beispielhaft »einfache Menschen« dargestellt, die aufgrund schicksalhafter, oft skurriler Umstände oder aus Schwäche (Alkohol, Verwahrlosung) in eine »Geschichte« verstrickt sind, welche wiederum ein Schlaglicht auf die Vielgestaltigkeit des Alltags oder auf bestimmte soziale Umstände wirft. Gern werden solche Berichte mit einem humorvollen Unterton verfasst, der den Lesern den Eindruck vermittelt, die Sache sei letztlich nicht ganz ernst zu nehmen und die Motive und Handlungsweisen der Beteiligten seien Ausdruck von sozialer Inkompetenz oder von Verschrobenheiten.

Stilistischen Ausdruck gewinnt das, wenn die Beteiligten (nur) bei ihren Vornamen (oder gar: Spitznamen) genannt werden; hier gewinnen Berichte die Form einer Farce aus einer fernen – aber scheinbar wirklichen – Welt und stellen weniger Sachberichte dar als eine spezielle Form journalistischer Kunst. »Resolute Rentnerin schlägt Räuber in die Flucht« ist – nur beispielhaft – eine Variante (aus Polizeiberichten generiert); anschaulich beschriebene Szenen aus Gerichtsverhandlungen sind eine andere Variante. Der Prozess wird als kurzes Drama erzählt; Prozessrecht spielt, wenn überhaupt, nur als bürokratische Erschwernis eine Rolle. Schuld oder Unschuld stehen oft fest; entweder die Einlassungen von Angeklagten und Verteidigern oder die Aussagen von Belastungszeugen erscheinen in der Schilderung als evident falsch. Am Ende steht ein personalisiertes Zitat von »Richter X« oder »Richterin Y«, die irgendetwas »sagte«, was sich als moralische Ermahnung formulieren lässt.

Eine Sonderform dieser Strafrechtsthematisierung findet sich in sogenannten Gerichtsshows. Hier werden vorgeblich »wahre« Fälle in Form von scheinbar »dokumentierten« Gerichtsverhandlungen inszeniert; die Justizpersonen werden meist von professionellen Richtern, Staatsanwälten oder Rechtsanwälten dargestellt, um einen Eindruck von Authentizität zu erzeugen; die weiteren Rollen werden von Gelegenheitsschauspielern dargestellt. Befragungen von Mitgliedern der Zielgruppe dieser Formate zeigen, dass viele die Künstlichkeit der Inszenierung nicht durchschauen.

In beiden Fällen dominiert die Darstellung von einfach strukturierter Alltagskriminalität; das sind insbesondere kleinere Eigentums- (Diebstahl) und Vermögenskriminalität (Kleinbetrügereien, Erpressungen) sowie Gewaltdelikte im weiteren Sinn (Körperverletzung, Nötigung, Bedrohung, Nachstellung): Die angeblichen »Hintergründe« der Tat sind regelmäßig in Partnerschafts-, Familien- oder anderen individuell und sozial übersichtlichen Konflikten zu finden. Kennzeichen dieser Art von Berichterstattung ist die Darstellung sozialer Distanz zwischen Berichterstatter und Leser/Zuschauer einerseits, Verfahrensbeteiligten andererseits. Verfehlungen von Beschuldigten, Lügen von Zeugen, Verantwortungen Dritter für Fehlentwicklungen beruhen auf leicht durchschaubaren Fehlentscheidungen über einfache Fragen moralischer Art; die jeweils »richtige« Handlungsvariante liegt offen zutage.

Vertreter der Strafjustiz werden meist als überlegen in Macht, Intellekt und Distanz beschrieben, aber auch gern als Stereotype einer als formal und lebensfremd agierenden Justiz. Aus der Kombination verschiedener Rollenvarianten ergibt sich hier eine überschaubare Variabilität: Vom verbohrt-ignoranten »Paragrafenreiter« über den ironischen Wirklichkeits-Kommentator bis zum hemdsärmeligen »Praktiker« reicht die Palette. Eine spezielle Variante des Genres ist die sozial »engagierte« Reportage mit ausdrücklich oder hintergründig moralischen Vorwürfen an »die Gesellschaft«, »die Umstände« oder »die Zeiten«. Man findet hier auch die pejorative Darstellung einer angeblich empathielosen Justiz und einer schicksalhaften Bedrückung der Beteiligten.

Deutlich anders sind Darstellung und Erörterung sogenannter »großer Fälle« und spektakulärer Verbrechen und Strafprozesse. Die Kriterien, nach denen Taten oder Verfahren in diese Kategorie aufrücken, werden kaum diskutiert oder offengelegt; Begründungen bewegen sich im zirkulär-bestätigenden Umfeld (»Interesse des Publikums«). Tatsächlich hängt die Auswahl von einer Vielzahl von Vor-Entscheidungen, Wertungen, Definitionen und Verständnissen ab, deren Struktur, Inhalt und Auswirkung für Konsumenten kaum erkennbar und verständlich sind. Medial »große Fälle« sind selten *an sich* bedeutend. Sie müssen, um in diese Kategorie aufzusteigen, einen medialen Filter durchlaufen, der von Kriterien und Maßstäben gesteuert ist, die außerhalb des strafrechtlichen Bezugsrahmens stehen.

Der Rahmen, in welchem die Leitmedien (Fernsehen, Print-Presse, Online-Angebote der etablierten Medienunternehmen) berichten und kommentieren, ist der des Werbemarkts, also ein Bezugssystem, in welchem der Inhalt der Kommunikation zweitrangig ist: Anders als gemeinhin behauptet, ist nicht die Abhängigkeit des Journalismus von der Werbewirtschaft eine bedauerliche Begleiterscheinung der »Content«-orientierten Publikation, sondern umgekehrt die Erzeugung von Umgebungscontent die Produktionsbedingung von Werbung. Hieraus ergibt sich die Filterstruktur, die aus kleinen Fällen große, aus Randerscheinungen Meldungen, aus Momentaufnahmen Trends macht.

Medial große Fälle entstehen selten aus Rechtsgründen, sondern gewinnen ihre Charakterisierung aus unterschiedlichen Quellen: spektakuläres Tatbild, öffentliche Erregung über bestimmte Kriminalitätsfelder, Beteiligung von prominenten Personen. Beispielhaft können die Strafverfahren gegen Manager wie *Ackermann* und andere (2004), *Zumwinkel* (2009), *Middelhoff* (2014) oder *Schlecker* (2017) genannt werden; neuerdings auch strafrechtliche Beschuldigungen gegen Vorstände des VW-Konzerns *(Winterkorn; Stadler):* In allen Fällen lag der Fokus der Berichterstattung nicht auf Erklärungen der den Beschuldigten vorgeworfenen Taten und ihrer komplizierten wirtschaftlichen und rechtlichen Zusammenhänge, sondern auf (angeblichen) Charaktereigenschaften, Verfahrensverhalten und Karrierefragen der Beschuldigten und theoretischen Auswirkungen der Verfahren. Auch dort, wo es um kriminogene Strukturen und die oftmals schwierigen Abgrenzungen zwischen legalem und kriminellem Verhalten im Bereich wirtschaftlichen Handelns geht, steht eine personalisierte Berichterstattung im Vordergrund, die von »Gier«, unverdientem Luxusleben und dem »tiefen Fall« der Protagonisten erzählt. Die Gesetzmäßigkeiten und Bedingungen solcher Zuschreibungen werden nicht erörtert; auffällig ist die Diskrepanz zwischen einer neidvoll-bewundernd dargestellten Grundlage von großem Reichtum und den oftmals geringfügigen Anlässen kommunikativ vermittelter sozialer Verachtung.

Eine Anklage gegen den VW-Manager Winterkorn in den USA im Mai 2018 wurde in beinahe allen deutschen Presseorganen mit einer Mischung von Häme und scheinbarer Überraschung kommentiert. Es folgte eine empörte Berichterstattung darüber, dass der Beschuldigte 3100 € Ruhestandsbezüge pro Tag erhalte (eine Million pro Jahr). Zuvor hatte Winterkorn zehn Jahre lang pro Tag zwischen 15 000 und 40 000 € Bezüge (zehn Millionen pro Jahr) erhalten, also ungefähr so viel wie ein

Führungsspieler des Fußballunternehmens FC Bayern München. Dies galt nicht als kriminelle Untreue, sondern wurde als notwendige Anpassung an internationale Standards angesehen.

Auch im Zentrum der »großen« Kriminalberichterstattung dominieren Fälle oder Vorwürfe einer eher übersichtlich-schlichten Kriminalität: Vergewaltigung durch Fernsehstar; Sexualmord an Volksschauspieler; erpresserischer Menschenraub an Milliardär; Kindesmord trotz Aufsicht des Jugendamts. Die Taten werden regelmäßig so dargestellt oder »aufgearbeitet«, als seien sie durch bessere Kontrolle, schärfere Gesetze oder höhere Moral unschwer vermeidbar gewesen. Sie werden mit Bedeutungen, Analysen und Implikationen aufgeladen, die sie als Symptome »gesellschaftlicher Entwicklungen« und als »aufrüttelnde« Symbole deuten.

Hier ist auch der Ort einer breiten Berichterstattung über tatsächliche oder mutmaßliche Opfer von Verbrechen; eine Sonderform ist die Nachricht von einzelnen Taten der normalen Kriminalität, bei denen nicht prominente Personen Opfer von unbekannten, plötzlich aus dem Alltag heraustretenden Verbrechern werden: schwere, als »grundlos« oder anlasslos beschriebene Gewalttaten, Vergewaltigungen durch Unbekannte im öffentlichen Raum, Gewaltdelikte gegen Kinder. Hierzu zählen Berichterstattungen, die gerade die Zufälligkeit und Ungerechtigkeit der Opferrolle hervorheben und die Taten als symptomatisch für gesellschaftliche »Missstände« oder Fehlentwicklungen sowie das angebliche »Versagen« der Sicherheitsbehörden beschreiben: Sexualdelikte durch Migranten, exzessive Gewalt durch jugendliche Täter usw.

In den öffentlichen Darstellungen von vorgeblich großen Fällen geht es selten um Rechtsfragen, stets aber um (vorgebliche) *Wahrheit* von Aussagen über Vergangenheit und Zukunft: War der Beschuldigte der Täter? Was könnte ihm »drohen«? Wie tief könnte er fallen? Welche Leidenschaften brachten ihn zur

Riskierung seiner bürgerlichen Existenz? Welche *wahre* Wahrheit lauert dahinter? Wer hat warum gelogen? Die stete Frage, wie viel von Ecclestone, Bartsch, Middelhoff, Degowski, Kujau »in uns allen« stecke und auf welch dunkle Weise der bürgerliche Alltag mit dem Verbrechen verbunden sei, ist notorisch unergiebig, bietet aber in immer wiederkehrenden Schleifen Gelegenheit zur Deutung, »Verarbeitung«, Selbstdefinition und Bestätigung von Moral.

All dies führt in einer aufgeregten Nachrichten- und Meinungslage zu unübersichtlichen Metadiskussionen, die nicht kriminologische Fakten, sondern eher allgemeine, aktuell etwa migrationspolitische Konzepte zum Gegenstand haben. In diesem Bereich findet eine erstaunliche, meist unreflektierte Vermischung von »Gefühls«- und Recherchejournalismus statt, die ihre Wurzeln einerseits in einer Auflösung des überkommenen Verlautbarungsstils früherer Zeiten und der Propagierung eines »teilnehmenden«, empathischen Darstellungsstils hat, andererseits in einer hierdurch begünstigten wohlfeilen Beliebigkeit: »Postmoderne« Kriminalberichterstattung ist hier, 30 Jahre nach Erfindung des Begriffs, in einer Schleife zynischen Selbstzitats angelangt.

5. Berichte über Sicherheit – Verständigungen über Wahrheit nach unerklärten Regeln

Die Sicherheitslage, also das Maß von Bedrohung für individuelle und kollektive Rechtsgüter, ist für die Bevölkerung zu jeder Zeit von höchstem Interesse, denn das Bedürfnis nach Freiheit von Gewalt, Angriffen, Bedrohungen, Angst ist eine anthropologische Grundkonstante. In einer Massengesellschaft kann eine individuelle Vorstellung und Einschätzung der Sicherheitslage sich allenfalls in sehr geringem Ausmaß auf persönliche Erfahrung stützen. Selbstverständlich wird jede Person, die Opfer von Straftaten geworden ist, die eigene Lage als »bedroht« ansehen und hieraus möglicherweise auch entsprechende Konsequenzen für eine allgemeine Beurteilung ziehen. Aber zum einen ist fast jedem klar, dass solche Beurteilungen sich nicht auf verlässliche, allgemein geteilte »Wahrheiten« stützen können und stets unverbunden neben anderen, möglicherweise abweichenden und gegensätzlichen Erfahrungen stehen. Zum anderen sind die persönlichen Risikoeinschätzungen und -toleranzen sehr unterschiedlich: Alte Menschen haben regelmäßig eine deutlich höhere Bereitschaft zu Bedrohtheitsgefühlen als junge; Gefahren im eigenen, vertrauten sozialen und örtlichen Umfeld werden regelmäßig geringer eingeschätzt als solche außerhalb dieses Rahmens, sodass sich bei Umfragen das erstaunliche Bild ergibt, dass fast alle Befragten die eigene, persönliche Sicherheitslage als positiver einschätzen als die allgemeine Lage. Daher kommt der medialen Berichterstattung insoweit eine überragende Bedeutung zu; nicht von ungefähr erhält die Berichterstattung über und Kommentierung von Straftaten, Fahndungen und Strafprozessen durchweg ein Maximum an Aufmerksamkeit und zählt zu den zentral wichtigen Themen der Presse.

5.1. Sachkunde – Wissen Journalisten, was sie über Strafrecht schreiben?

Nicht zuletzt deshalb muss es erstaunen, wie wenig Sorgfalt und Sachkenntnis viele Medien in diesem Bereich aufwenden und wie häufig die Berichterstattung schon auf einfachen und grundsätzlichen Ebenen der Information eher für Verwirrung als für Aufklärung sorgt. Viele Journalisten haben auch nach vielen Jahren der Kriminalberichterstattung kaum Kenntnisse von grundlegenden Verfahrensregeln oder Begriffen des materiellen Strafrechts, verstehen daher den Gang und die Schwerpunkte von Strafverfahren nur unzureichend und beschränken die Berichterstattung auf recht oberflächliche, nicht selten auch schlicht unzutreffende Fragestellungen. Auch soweit Fachkenntnisse aus strafrechts-nahen Wissensgebieten (z. B. Kriminologie, Soziologie, Psychiatrie und Psychologie) erforderlich sind und eingebracht werden, sind die Kenntnisse von Journalisten selbst renommierter Presseorgane oft gering. Zunehmend ist dagegen der – durchaus unangenehme – Trend zu beobachten, dass Journalisten »aktiv« in Strafverfahren eingreifen, etwa indem sie öffentlich »begleitende« Beweiswürdigungen vornehmen, Zeugen präsentieren, Aussagen überprüfen, Beweisanträge anregen oder Empfehlungen für die Gerichtsentscheidung geben. Beispielhaft kann hier das Verfahren gegen *Jörg Kachelmann* (2011) genannt werden, in dem *Bild* und *Zeit* während des laufenden Verfahrens öffentlich über die Schuld des Beschuldigten verhandelten und sogar in den Verfahrenslauf eingriffen.

Das ist schon vielfach kritisiert worden; ebenso oft wird die Kritik von Vertretern der Presse zurückgewiesen: Es gebe nicht »die« Presse, und jeder Einzelfall müsse gesondert bewertet werden; die Leser, Hörer und Zuschauer seien nicht gebildet und interessiert genug, um hochdifferenzierte Analysen zu verstehen; es komme nicht auf juristische »Spitzfindigkeiten« und

Begriffsgenauigkeit, sondern auf andere Dimensionen der Information an. Alle Argumente sind nicht von vornherein falsch, können aber nicht rechtfertigen, dass es den betreffenden Journalisten selbst oftmals an der Qualifikation fehlt, die Unterscheidungen zwischen differenzierter und vereinfachender Berichterstattung sachgerecht zu treffen. Anders gesagt: Inkompetenz des Publikums rechtfertigt nicht Inkompetenz der Medien, sondern müsste Anlass zu besonderer Anstrengung sein.

Es liegt nahe, dass in jedem Fach die jeweils professionell Tätigen die für das breite Publikum bestimmte allgemeine Berichterstattung bemängeln, als zu oberflächlich oder zu wenig informiert empfinden. Dennoch scheint es so, als sei dies im Bereich des Rechts und namentlich des Strafrechts besonders ausgeprägt. Man kann sich schwer vorstellen, dass Personen viele Jahre lang als Journalisten mit dem Fachgebiet »Medizin« für große Medien tätig sind, die notorisch Leber und Galle verwechseln, das Einsetzen eines Herzschrittmachers als »Herzoperation« bezeichnen oder den Unterschied zwischen einer Intensivstation und einer Isolierstation nicht wirklich verstanden haben. Auch Technik-Journalisten, denen zum Hochhausbau immer nur einfällt, wie schnell der Aufzug fährt und wer schwindelfrei ist, hätten vermutlich keine große Zukunft. Im Strafrechtsbereich ist Entsprechendes nicht die Ausnahme, sondern eher die Regel. Wer im Fernsehen zum Elfmeter »Freistoß« sagt, kann die Sportreporter-Karriere vergessen. Wer in sieben Kommentaren »Berufung« zur Revision sagt, kann immer noch behaupten, er verbitte sich kleinkarierte Kritik an Nebensächlichkeiten.

Man mag überlegen, warum dies so ist, warum die Bewertungen so weit auseinandergehen, und vor allem, ob es möglicherweise mit dem Gegenstand der Berichterstattung zusammenhängt. Es könnte ja sein, dass es für die kommunikative »Wahrheit«, die durch die Strafrechtsberichte hergestellt wird, auf Präzision, Differenzierung, Sachkunde gar nicht in demselben

Maß ankommt wie in Bereichen der Naturwissenschaften, der Technik oder der Literatur, ja sogar weniger als in klassisch »offenen« Bewertungsbereichen wie der Politik. Wenn dies so wäre – was hier nicht endgültig beantwortet werden soll –, würde es darauf hindeuten, dass »Sicherheit vor Straftaten« und »Bestrafen von Verbrechern« in einem noch viel höheren Maß allein symbolische, auf Genauigkeit gar nicht angewiesene Systeme der Kommunikation sind, als gemeinhin angenommen wird. Der Gegenstand »Sicherheit« hätte dann zwar ein – den Fachleuten vorbehaltenes – empirisches Fundament, das je nach Gelegenheit und Stimmung aktiviert werden kann, befände sich aber in der sozialen Kommunikation nicht in der Bedeutungs-Zone von »Technik«, »Medizin« oder »Digitalisierung«, sondern im Bereich von »Familie«, »Freundschaft«, »Geborgenheit« usw. – Gegenständen also, denen ein Höchstmaß an subjektiver Bewertungs- und Definitionsfreiheit zugeschrieben wird und für die quasi per definitionem jeder Einzelne zuständig ist und sich kompetent fühlen darf.

5.2. Sicherheitslage – Soziale Wirklichkeit zwischen Hype, Fake und Weltuntergang

Wie auch immer: Niemand kann (vorerst) im 21. Jahrhundert »gefühlte« Theorien, Berichte und Bewertungen über Kriminalität und Sicherheit aufstellen allein unter Hinweis auf subjektive Gefühle. Stets muss vielmehr zumindest scheinbar und ausdrücklich Bezug genommen werden auf das Wahrheits-System der Faktizität, Rationalität, Wissenschaft. Die Nachricht, dass sich jeder zweite Rentner in einem großstädtischen Wohnviertel auf der Straße nicht sicher fühlt, kann daher nicht *unmittelbar* als Darstellung der Sicherheitslage verwendet werden. Sie muss vielmehr eingeordnet werden in ein rationales Argumentationssystem, aus welchem sich (gemeinsame) »Wahrheit« generieren lässt: Welche Sicherheitsanforderungen haben Rentner? Welche Schicht von Rentnern lebt in dem betreffenden Viertel? Wie hoch ist der Rentneranteil, und (wie) hat er sich verändert? Wie viele Angriffe auf Rentner gibt es dort, und wie hat sich dies verändert? Wie ist die Sozialstruktur des Stadtviertels insgesamt? Wie ist die Präsenz von Institutionen des Staats, der Versorgung, der Kommunikation? usw. All diese (und andere) Fragen kann man auf unterschiedlichem Niveau stellen und beantworten; aber es ist nicht möglich, sie gar nicht – zumindest implizit – zu stellen. Hier zeigt sich, dass die rationalen Grundmuster der modernen Wahrheits-Definition sehr tief im kollektiven Wissen und in der Lebenswelt der Menschen verankert sind. Das ist eine gute Nachricht.

Die Berichterstattung über Kriminalität, Strafjustiz und Strafrechtspolitik greift gern auf Daten aus statistischen Erhebungen zurück. Die bei Weitem populärste ist die Polizeiliche Kriminalstatistik (PKS). Fast nie wird hingegen berichtet über Ergebnisse der Rechtspflegestatistik der Justiz, die für das Verständnis der Wirklichkeit ebenso wichtig wäre, aber schwieriger zu verstehen ist als die PKS. Dieser Unterschied führt dazu, dass auch erfahrene Journalisten nicht wissen, wo man die Rechtspflegestatistik finden und wie sie interpretiert werden kann. In der Berichterstattung wird sie kaum jemals erwähnt; den meisten Bürgern ist sie unbekannt.

Wenn die PKS medial erwähnt wird, geschieht dies regelmäßig unter Verschweigen ihrer eingeschränkten Bedeutung, insbesondere des Umstands, dass sie nur Beschuldigungen und behauptete, nicht aber erwiesene Taten erfasst. »Zahl der … Taten gestiegen/gesunken« als Meldung über den Inhalt der jeweils neuen Polizeilichen Statistik ist daher in jedem Fall falsch, zumindest lückenhaft und missverständlich. Die »Anzahl der Verurteilungen« aus der Rechtspflegestatistik dient regelmäßig allenfalls zum – angeblichen – Beleg der »Unfähigkeit« (oder des Unwillens) der Justiz, den Phänomenen der in der PKS offenbarten Kriminalität Herr zu werden, indem die Anzahl der Verurteilungen derjenigen der Anzeigen angenähert wird. Man könnte selbstverständlich auch sagen, die gegenüber den Anzeigen deutlich geringere Zahl der Verurteilungen belege, wie fehlgeleitet das Anzeigeverhalten und das Ermittlungsverhalten der Polizei sei. Das wäre allerdings ebenso falsch.

Weil die Zusammenhänge nicht verstanden werden, sind viele journalistische Analysen der angeblichen Widersprüche eher Bekenntnisse rechtspolitischen Glaubens als Belege fachlicher Qualifikation. Es handelt sich dabei um *strukturelle* Fehlerquellen, die sich von oben nach unten fortpflanzen. Sie prägen die *Bedeutungen* von Informationen und formen diese umgekehrt.

Polizei denkt, informiert und strukturiert stets aus »polizeilicher« Perspektive. Polizei ist – so formulierte es einst das Preußische Allgemeine Landrecht von 1792 – »das Amt, die nöthigen Anstalten zur Erhaltung der öffentlichen Ruhe, *Sicherheit,* und *Ordnung,* und zur Abwendung der dem Publico, oder einzelnen Mitgliedern desselben, bevorstehenden Gefahr zu treffen.« Diese Aufgabe (»Amt«) der Abwehr von »Gefahren« für die »Sicherheit« ist ihrer Natur und Aufgabe nach offen, unbegrenzt und daher tendenziell auch totalitär: Es gibt keine »natürliche« Obergrenze von Sicherheit, so wie es auch keine natürliche Untergrenze von Freiheit gibt. Polizei (als Denk- und Definitionsstruktur) will immer das Maximum an Sicherheit, um ein Minimum an Freiheit zu gewährleisten. Das ist weder überraschend noch verwerflich, aber stets kritik- und kontrollbedürftig. Denn es handelt sich ja bei »Polizei« nicht um eine belanglose Veranstaltung, einen interessanten Arbeitsplatz oder eine Sammlung von guten Kameraden, sondern um den Inbegriff der Gewalt, die ein Staat gegen seine Bürger ausüben kann. »Polizei« verantwortet andernorts zahllose rechtsstaatswidrige Zustände und

Verfolgungen, die in deutschen Medien zu Recht gegeißelt werden. Sie tut dies mit formal denselben Begründungsformeln, mit denen sie in Deutschland Gefahren und Kriminalität »bekämpft« und hierzu meist neue Kompetenzen fordert, weil anders die Bedrohungen der Sicherheit angeblich nicht zurückgedrängt werden können.

Diese strukturelle Gleichartigkeit der Begründungen für rechtsstaatliche und rechtsstaatswidrige Strukturen, Kompetenzen und Handlungen zu verstehen und kritisch zu diskutieren ist eine wichtige Aufgabe von Medien, die sich mit den Begriffen und Bedingungen von Sicherheit unter freiheitlich-rechtsstaatlichen Bedingungen inhaltlich auseinandersetzen. Dies findet auch vielfach statt; andererseits wird – oft aus Unkenntnis, gelegentlich auch aus verschwiegenen Interessen – oft so getan, als sei »Sicherheit« (in Deutschland) ein objektiver, wertfreier und daher stets fraglos positiv zu bewertender Zustand, »Polizei« ein bloß technisches System, das sie »herzustellen« oder zu »garantieren« habe. Kritik beschränkt sich dann auf wenige Bereiche (Datenschutz), bringt aber selten die grundsätzlicheren Fragen in eine den Bürgern verständliche Form.

5.3. Polizei, Justiz – Helden, Versager, Besserwisser?

Den Instanzen formell-strafrechtlicher Sozialkontrolle (Polizei, Staatsanwaltschaft, Strafgerichte, Strafvollzugseinrichtungen) nähert sich die professionelle Presseberichterstattung mit einer ambivalenten Haltung: einerseits mit einem gelegentlich zur Unterwürfigkeit verzerrten Anspruch auf Machtteilhabe und -delegation; andererseits mit einer jederzeit formelhaft und symbolisch aktualisierbaren »kritischen« Distanz, die sich sowohl formal als auch inhaltlich definiert. Das hat erhebliche Rückwirkungen auf die genannten Systeme selbst.

Berichte über strafgerichtliche Verfahren und Verhandlungen sind häufig von Personalisierungen bestimmt. Anklagen erscheinen durchweg als »persönliche Anliegen« des sachbearbeitenden (oder des in der Hauptverhandlung auftretenden) Staatsanwalts; Entscheidungen von Kollegialgerichten werden durchweg als solche »des Richters« oder »des/der Vorsitzenden« bezeichnet. Beisitzer und Schöffen spielen praktisch keine Rollen. Dahinter steckt natürlich viel mehr als bloße »Vereinfachung« für die angeblich notorisch intellektuell überforderten Konsumenten. Denn jeder persönliche Kontakt mit den Protagonisten der Medien-Wahrheit zeigt ja, dass diejenigen Personen, die medialen Sinn in angeblicher Distanz zum »lieben Leser« und Konsumenten erzeugen, in der Lebenswirklichkeit oft kein bisschen gebildeter, weiser, sachkundiger oder differenzierter sind als das verachtete Publikum. Konkret: Journalisten sind so souverän oder sachkundig wie alle anderen auch, über deren Handeln sie berichten und urteilen, sind aber von vielen qualitativen Regeln weitgehend freigestellt.

Im Extrem: Jeder Dummkopf kann öffentlich und mit der geliehenen Autorität der »freien Presse« behaupten, ein Strafverfahren sei von Verfahrensfehlern, Fehlentscheidungen und unsachlichen Emotionen von Verfahrensbeteiligten dominiert. Das ist zulässig und ganz in Ordnung, weil und soweit es vom Grundrecht der Meinungs- und Pressefreiheit getragen ist, das in seiner Substanz für die Demokratie »schlechthin konstituierend« ist, wie es das BVerfG formuliert hat. Das bedeutet nicht, dass es im Einzelfall intellektuell, rechtspolitisch, moralisch und kommunikativ akzeptabel ist.

Ein Beispiel: »Staatsanwalt ermittelt gegen Deutschlands Asyl-Chefin«, lautete die Schlagzeile auf Seite eins der *Bild*-Zeitung am 23. Mai 2018. Der Bericht ist hier deshalb als Beispiel ausgewählt, weil er nicht im spezifischen Sprachstil der genannten Zeitung verfasst und daher austauschbar ist. Die Schlagzeile enthält wenige sachliche und deutlich mehr Subtextinformationen. Nur folgende sollen angedeutet werden: »Staatsanwalt ermittelt« verknüpft mehrere Informationen, die sachlich zutreffend, aber im kommunikativen Kontext jeweils für sich verfremdet sind, zu einer neuen Wahrheit. »Staatsanwalt« ist die Dienstbezeichnung für eine Person, die als Bedienstete einer Behörde (Staatsanwaltschaft) zuständig ist für die Bearbeitung eines Verwaltungsverfahrens, das »Ermittlungsverfahren« heißt und in den §§ 151 ff. StPO gesetzlich geregelt ist. Nach § 152 Abs. 2 StPO sind die örtlich jeweils zuständigen Staatsanwaltschaften verpflichtet zu ermitteln, »sofern zureichende tatsächliche Anhaltspunkte vorliegen«. Diese Schwelle ist sehr niedrig und schließt nur solche Sachverhalte aus, bei denen von vornherein jeder Anhaltspunkt dafür fehlt, dass eine Straftat vorliegen könnte: Die Staatsanwaltschaft ermittelt also zum Beispiel nicht, wenn jemand anzeigt, er sei von einem UFO entführt worden. Sie ermittelt aber, wenn jemand behauptet, er sei vor vier Jahren in einer Kneipe um sechs Euro betrogen worden.

»Staatsanwalt ermittelt« ist somit weder eine Sensation noch überhaupt eine sinnvoll verständliche Nachricht, sondern allein der Hinweis darauf, dass eine Behörde nach den für sie geltenden Verfahrensregeln eine Tätigkeit entfaltet habe. Die Konnotation, untergründige Behauptung, wenn schon »Staatsanwalt ermittelt«, müsse ja wohl etwas Schlimmes und Strafwürdiges vorliegen, ist schlicht falsch und daher in den meisten Fällen auch eine »Lüge durch Wahrheit«: Die Presse weiß ja, was ein Ermittlungsverfahren ist, und sie weiß zugleich, dass sie bei der großen Masse der Nachrichten-Konsumenten notorisch und vorsätzlich den unzutreffenden Eindruck erzeugt und bestärkt, ein »Ermitteln« der Staatsanwaltschaft sei mindestens der erste Schritt in die Feststellung von Schuld und den Vollzug von Sanktionierung.

Daher kann die Nachricht, dass der »Staatsanwalt ermittelt«, von der Presse wie eine eigene Verfahrens-Wirklichkeit definiert und eingesetzt werden, und zwar gänzlich willkürlich: einmal mit der Konnotation, dass es sich »nur« um ein (vermutlich unberechtigtes) Ermittlungsverfahren handele, einmal mit der gerade entgegengesetzten Konnotation »Jetzt ermittelt der Staatsanwalt«, also einer fiktiven Identifikation mit einer übermächtigen Staatsgewalt, welche die Bewertung des jeweiligen Redakteurs angeblich teilt, da sie ja sonst nicht »ermitteln« würde. Die Varianten solcher skrupellos-manipulativen Darstellung sind überschaubar, ihre Wirkungen sind die beabsichtigten: Desinformation, Tendenz und Meinungsbeeinflussung im Gewand von Information.

Die Behörde »Staatsanwaltschaft« heißt in der zitierten Schlagzeile »Staatsanwalt«. Das steht in zunächst erstaunlichem Widerspruch zu einer von Massenmedien nicht selten gepflegten verächtlichen Beschreibung von Staatsanwälten als weisungsabhängige Verwaltungsbeamte. »Staatsanwalt« als Name für das Subjekt einer Handlungsbeschreibung knüpft nicht an reale beamtenrechtliche Funktionen nach deutschem Strafprozessrecht an, sondern an mediale Vermarktungsbilder aus anderen Rechtsordnungen, insbesondere dem US-amerikanischen Recht. Dort heißt »der Staatsanwalt« eine Person, die eine dezidiert politisch-inhaltliche Position bekleidet und mit einem politischen Beamten in der Position eines deutschen Generalstaatsanwalts vergleichbar ist.

Personen, die hierzulande »Staatsanwalt/Staatsanwältin« heißen, tragen in den USA den Titel »Assistent des Staatsanwalts«, allerdings in einer insgesamt ganz anderen Funktion. Denn das US-amerikanische Strafrecht ist im Grundsatz ein *Parteien*-Recht: Die Staatsanwaltschaft ist dort nicht »objektive Behörde«, sondern klagende Partei; sie klagt an, »lässt Anklagen fallen«, dealt, verfolgt, beantragt, was sie will, nach Maßgabe inhaltlicher Bewertungen, politischer Opportunitäten und demokratischer Prozesse der Meinungsbildung.

Das entspricht dem allgemeinen Grundgerüst des US-amerikanischen Rechts, so wie das Vertrauen auf demokratische *Prinzipien* das Grundgerüst von Schwurgerichtsverfahren ist: Sechs oder zwölf Bürgerinnen, repräsentativ ausgewählt, entscheiden aufgrund von – wie auch immer definierten – Mehrheitsregeln, und es gibt keine legitimierende Begründung für ihre Macht außer dieser Regel. Eine solche Legitimation für Strafverfahren und Strafe erscheint europäischen, besonders deutschen Rechtsordnungen heute fremd.

Aber nicht darauf kommt es hier an, sondern auf den medialen Missbrauch entsprechender Sprachbilder. »Staatsanwalt ermittelt« nimmt Bezug auf qualitative, inhaltliche Bewertungen und parteiliche Vorentscheidungen, deren Zitierung einem Rechtskreis entnommen ist, den die betroffenen Leser allenfalls aus Unterhaltungsformaten kennen und welcher der angedeuteten Verfahrensstruktur (»ermittelt«) gar nicht entspricht.

Zugleich wird mit dem Subjekt »Staatsanwalt« auf eine inhaltliche Bewertung Bezug genommen, die in jeder Hinsicht prekär ist: Wenn »Staatsanwalt« ermittelt, ist die Botschaft, muss es sich gewiss um eine schwerwiegende Verfehlung handeln. Dieselben Medien können aber schon morgen wieder als »Skandal« verkünden, dass »Staatsanwalt« *nicht* ermittelt oder das Verfahren eingestellt hat. Das nimmt Bezug auf eine »höhere« Instanz der Beurteilung, die, warum auch immer, es besser weiß als »Staatsanwalt«. Mit anderen Worten: *Staatsanwalt* darf sich keinesfalls sicher sein, dass *Zeitung* seine Autorität, auf die sie sich nach Belieben beruft, aus substanziellen Gründen auch dann anerkennt, wenn *Staatsanwalt* nicht das tut oder meint, was *Zeitung* richtig findet. Der Konflikt, der dahinterliegt, befindet sich nicht auf der oberflächlichen Ebene von Meinung oder Gegenmeinung, auf welcher Journalisten ihn ansiedeln, sondern reicht an die Substanz von Legitimität aus Kommunikation *über* Legitimität.

Betroffene der Nachricht »Staatsanwalt ermittelt« ist in der oben zitierten Schlagzeile »Deutschlands Asyl-Chefin«. Es gibt keine Position, die so heißt; die Beschreibung ist auch nicht kürzer oder genauer als die tatsächliche Funktionsbezeichnung, sondern eher absichtlich infantilisierend – als ob die Bundesfamilienministerin »Kinder-Chefin« oder die Leiterin einer Baubehörde »Wohn-Chefin« genannt würde. Die Aufgaben, Zuständigkeiten und Strukturen des betroffenen Bundesamts kennt von den Lesern vermutlich kaum jemand näher; und es besteht eine außerordentlich hohe Wahrscheinlichkeit, dass auch niemand, der es bisher nicht wusste, die Meldung zum Anlass nehmen wird, sich kundig zu machen.

»Asyl-Chef« ist daher einerseits eine vage Umschreibung einer Person, die *zugleich* individualisiert und anonymisiert wird, andererseits eine assoziativ hochgradig konkretisierte Definition von Bedeutung und individueller Zuschreibung. Die kommunikative Nachricht, welche in solchen Personalisierungen steckt, ist also nicht informatorisch neutral, sondern transportiert in der Camouflage offener Information in der Wirklichkeit geschlossene Deutung und Tendenz.

Die genannte Meldung taucht auch in anderen Formen immer wieder auf: »Jetzt ermittelt der Staatsanwalt« ist die häufigste davon. Sie suggeriert, wie die erstgenannte, dass es einer hochverdächtigen Person nun an den Kragen gehe und die Feststellung von Täterschaft und Schuld kurz bevorstehe. Nur am Rande sei vermerkt, dass »Asyl-Chefin« auch wieder nur eine Symbolisierung darstelle und unter der Hand eine Vielzahl von schwerwiegenden Vorwürfen der Korruption, vorsätzlichen Pflichtverletzung, Willkür behauptet, angedeutet und öffentlich verhandelt wurden, für welche es jedenfalls zum Zeitpunkt der Berichterstattung keine Belege gab und die eher einem taktischen, parteipolitischen Definitions-Interesse entsprangen als der Wirklichkeit.

6. Schuld und Presse – Verantwortung in kleinem Karo

Massenmedien verhandeln über Schuld. Sie tun dies auf sehr mittelbare Weise: zum einen in unzähligen Formen der Darstellung, Berichterstattung, Dramatisierung, Banalisierung, Verallgemeinerung, zum anderen in einem System stellvertretender Verhandlung. Beide Gesichtspunkte sind durch die Entwicklung digital vermittelter Kommunikation unter Druck und in krisenhafte Zustände geraten. Hier geht es zunächst nur um allgemeinste inhaltliche Anliegen und formale Bedingungen.

Das Bild krimineller Handlungen ist viel mehr als früher kommunikativ und nicht durch persönliches Erleben bestimmt. Die praktisch verzögerungsfreie Gleichzeitigkeit der neuen – scheinbar neutralen – Informationstechnologie führt zu vollkommen neuen, früher unbekannten und bislang nicht durchschauten oder bewältigten Problemen der Wirklichkeitswahrnehmung, nicht zuletzt auch im Bereich der Sicherheit. Eine solche Auffächerung von öffentlicher Kommunikation über Identität, Gefahr, Sicherheit ist nicht neu und nicht wunderlich; sie ist eine Grundbedingung menschlicher Zivilisation. Man soll daher nicht fordern, die Mechanismen von Verstärkung, Gerüchten, Verzerrung, Sensationalisierung und kommunikativer Dramatisierung, welche der Alltag zwangsläufig hervorbringt, »abzuschaffen«. Es ist aber verwerflich und verantwortungslos, sie gezielt zu verstärken oder gar erst zu erzeugen.

»Betroffenheit« muss zunächst jeweils erst hergestellt werden, indem *Nähe* suggeriert und imaginiert wird. Kenntnis oder Vertrautheit beruhen durchweg auf medialen Berichten und deren vielfach abgeleiteten Verwertungen. Die Bedingungen dessen, was »Betroffenheit« genannt wird, haben sich dramatisch verändert, ohne dass dies von den Medien verstanden und berücksichtigt wird: Es kommt heutzutage nicht alle 20 Jahre jemand vom Acker gelaufen und bricht weinend zusammen, weil am Waldrand eine Magd vergewaltigt oder ein Hirsch gewildert wurde, sondern pro Tag erreichen den Bürger, ganz nach Bedarf, Lust oder Toleranz, zehn, hundert oder tausend grauenhafte Ereignisse, die als »Kriminalfälle« gedeutet werden, stets aber auch etwas anderes sein könnten: Schicksal, Vorboten des Untergangs, Folgen von Versagen, Pornografie, Lüge. Wie soll der Einzelne entscheiden, welche dieser Varianten wahr ist?

Die Vorstellungen vom Zustand der Gesellschaft, der Sicherheitslage anerkannter Rechtsgüter und der Wirkung formeller Sozialkontrolle durch (Straf-)Recht sind von persönlichen Erfahrungen in erheblichem Maß abgetrennt; umgekehrt werden diese Erfahrungen in außerordentlich hohem Maß und radikal beschleunigtem Zeiterleben durch öffentlich-mediale Kommunikation gesteuert und geprägt. Die Probleme der Ungleichzeitigkeit zwischen Stadt und Land, Zentren und Peripherien, »Modernität« und Rückständigkeit, haben dadurch unendlich zugenommen und bilden eine eigene, gern »virtuell« genannte Wirklichkeit der Kommunikation.

Die Kommunikationsindustrie weiß das alles selbstverständlich. Sie verschweigt und benutzt es aber, weil sie daraus wirtschaftlichen Gewinn erzielt. Die Industrie der Berichterstattung verwendet Worte wie »Betroffenheit«, Opfer«, Mitleid«, »Empathie«, »Schicksal«, Schuld«, wie die Kosmetikindustrie die Begriffe »Schönheit«, Reinheit«, Klarheit«, »Gesundheit« benutzt: als Trigger-Botschaften an soziale und individuelle Bedürfnisse und emotionale Gestimmtheit, zugleich als zielgerichtete Steuerungen von sozialen Definitionsmustern und rechts-politischen Interessen.

»Schuld« als zentraler Grundbegriff der neuzeitlichen Vorstellung vom Strafen und des geltenden, an Menschenrechten orientierten Strafrechts verliert in diesem Nebel jede begriffliche

Kontur: In der medialen Darstellung wird sie zu einer undefinierbaren Mischung aus »Beweis«, Zumutung, persönlichem Versagen, Lebensführungsschuld und vagen Zuweisungen von »Verantwortung« an beliebig erscheinende »Institutionen«, »Strukturen« oder Personen. Das kann ein grausamer Vater sein, eine abwesende Mutter, eine schlechte Schule, im nächsten Fall eine sogenannte Traumatisierung durch sexuellen Missbrauch, und so weiter. Und im übernächsten Fall spielt das alles keine Rolle, weil man sich gefälligst zusammenzunehmen hat, schon dreimal vorbestraft ist, und wo kämen wir denn da hin.

Dieses Desaster der Beliebigkeit wird dem Publikum als Abbild der Realität und der Strafjustiz vermittelt. Das trifft aber nicht oder jedenfalls nur zu einem recht geringen Teil zu; vielmehr ist es eher das Abbild der weitverbreiteten Unkenntnis von Journalisten und Unwilligkeit von Redaktionen, sich auf den inhaltlichen Gegenstand überhaupt einzulassen.

Über »Schuld« wird in der ganz überwiegenden Zahl der Fälle nur so berichtet, als handle es sich dabei um den (gelungenen) Beweis der Täterschaft. Dabei ist »Schuld« im strafrechtlichen System etwas ganz anderes: Die »Zuschreibung«, Konzentrierung, Verdichtung eines Vorwurfs auf eine (individuelle) Person. »Schuld« in diesem Sinn unterscheidet sich von »Rechtswidrigkeit« und selbstverständlich auch von allgemeinen Zuweisungen von moralischer Verantwortung, die kommunikativ völlig beliebig behauptet werden kann, solange es nicht eine staatlich »vorgeschriebene« Moral gibt.

Wenn »Schuld« in dem spezifischen, strafrechtlichen Sinn in der Medienberichterstattung einmal vorkommt, sind »Gutachter« nicht weit: Es handelt sich dann in der Regel um das weite Feld der psychodiagnostischen Beurteilung der »Schuldfähigkeit«. Das ist ein (in § 20 StGB) gesetzlich verankertes »Konzept« von Verantwortung von Individuen für die (möglichen oder tatsächlichen) Folgen ihres Handelns. Wie jedes Konzept, wie viele historisch vergangene oder kulturell andere, handelt es sich um ein *soziales* Phänomen, nicht um eine natur(-wissenschaftliche) Gesetzmäßigkeit. Es muss daher unbedingt verstanden, erklärt, begründet werden; man kann es nicht einfach »anwenden« wie einen Lehrsatz des Pythagoras.

Die Anzahl der Journalisten, die sich um dieses Verständnis und seine Vermittlung an die Öffentlichkeit bemühen, ist sehr gering. Berichtet wird über angebliche »Gutachterschlachten«, über banale, fernliegende oder in der Sache unerhebliche »Siege« oder »Niederlagen« von Gutachtern; die Bewertung der Ergebnisse wird aus dem Sieg oder Nicht-Sieg und aus dem Urteil des betreffenden Gerichts abgeleitet. Das ist eine Methode, die Sachkenntnis vortäuscht und tatsächlich auf eine Oberfläche von Unkenntnis fixiert ist. Sie missachtet und verachtet die »lieben Leser«, denen sie angeblich dient.

In diesem Spannungsfeld liegen auch die Probleme der sogenannten »Verdachtsberichterstattung«, einer Presseberichterstattung über das Vorliegen des Verdachts einer Straftat, die nicht (oder noch nicht) nach den Kriterien der legitimen Wahrheits-Definition erwiesen ist. Der Bundesgerichtshof und das Bundesverfassungsgericht haben hierzu über Jahrzehnte eine differenzierte Rechtsprechung entwickelt, die versucht, zwischen dem Grundsatz der Pressefreiheit, dem Informationsinteresse der Bevölkerung und den Persönlichkeitsrechten (insbesondere aus Art. 1 Satz 1 GG: »Die Würde des Menschen ist unantastbar.«) einen vertretbaren Kompromiss zu finden.

Die öffentliche Diskussion hierüber findet oft mit nebelhaften Begriffen und interessengeleitet statt, denn die Beteiligten vertreten jeweils vor allem eigene Interessen, die sie als Allgemeininteressen zu definieren versuchen. Eine starre Grenze des Zulässigen gibt es nicht. Das liegt in der Natur der Sache, denn es handelt sich ja um den Versuch, öffentliche Kommunikation in rechtliche Grenzen und Begriffe zu fassen – einen Gegenstand also, der Inhalt, Form, Struktur, Richtung und Bedeutung ununterbrochen verändert und sich gerade hierdurch definiert und (zu Recht) legitimiert. Zudem ist der hier betrachtete Beteiligte – die Presseunternehmen – selbst ein entscheidender Akteur dessen, was verhandelt wird: Denn außerhalb der »Presse«-Kommunikation erfährt man nicht, was Inhalt der (rechtlichen) Diskussion über Pressekommunikation ist.

Was ist »Schuld« im Spiegel der Presse und der öffentlichen Kommunikation? Es ist außerordentlich erstaunlich, dass diese Frage kaum jemals dezidiert gestellt wird, obgleich doch die Abgrenzung zwischen Schuld und Unschuld von existenzieller Bedeutung für das soziale Leben ist und obgleich sich zu jeder Zeit unendliche öffentliche Diskussionen über Abgrenzungen wie »Foul oder gesunde Härte«, »Abseits oder gleiche Höhe«, »Unfairness oder Sportlichkeit«, »kriminelle Energie oder Schlitzohrigkeit« entfalten. »Schuld«, das allerwichtigste und zentrale Kriterium sozialer Differenzierung, scheint dagegen auf seltsame Weise unwirklich, als spiele der Begriff gar keine Rolle oder sei für spezielle Instanzen reserviert: Kirche, »Überzeugung«, Staat. Tatsächlich beschäftigen sich 100 Prozent aller Bürger an jedem Tag ihres Lebens mit der Definition, Zuweisung, Begründung, Abwehr von »Schuld«. In jedem noch so banalen und kleinen sozialen Zusammenhang wird über »Schuld« verhandelt. Vom Ohnsorg-Theater bis zum »Rheingold«, von der »Ilias« bis zu Beckett, vom »Schlager« bis Beethoven, von der bedeutendsten Filmkunst bis zum blödesten Tweet geht es immerzu um Schuld und Unschuld, um Ich und Du, um Angst, Verantwortung, Sieg, Friede, Selbst-Behauptung.

7. Vermittlungen

All dies ist nicht »Natur«, sondern Gesellschaft und Natur zugleich. Es ist nicht vorgegeben; die Worte und Begriffe der Verantwortung, der Schuld und des Strafens werden nicht auf die soziale Wirklichkeit »angewendet«, sondern entspringen ihr und formen sie in demselben Moment, in welchem sie die zu beschreiben behaupten. Öffentliche Kommunikation über Schuld ist daher eine Konstante von Kommunikation überhaupt: Warum sonst sollten menschliche Individuen sich austauschen, wenn nicht aus dem Grund, »Verantwortungen« für Gegenwärtiges und Zukünftiges zuzuweisen? Die Vergangenheit spielt dabei eine nur mittelbare, symbolische Rolle: Es ist im Grundsatz ganz egal, ob jemandem »Schuld« zugewiesen werden kann für ein vergangenes Unglück. Nur wenn man »symbolisch« und abstrakt denkt, gewinnt die Frage Bedeutung; nur dann hat »Strafe« überhaupt einen Sinn: als Ergebnis einer symbolischen Verhandlung über gemeinschaftlichen Sinn.

Dieser Erkenntnis wird die professionell-mediale Berichterstattung weithin nicht gerecht. Sie minimiert und ridikülisiert »Schuld« auf ein erbärmliches Niveau von lebensweltlicher »Empörung« und moralischer »Überzeugung«, ohne den Bürgern deren Zusammenhänge mit der Wirklichkeit zu erläutern. Sie erschöpft sich in Wiederholungen eines Immergleichen, das seine Kraft durch die schlichte Unendlichkeit der Kopie verloren hat.

III.
Strafrecht und Gerechtigkeit

1. Wahrheit –
Was soll der Strafprozess über die Vergangenheit sagen – und warum?

Die Frage, was »Wahrheit« sei, beschäftigt die Menschen seit Anbeginn; sie ist eine notwendige Folge des Selbst-Bewusstseins und der Abgrenzung von den anderen. Man hat sich der Frage unter vielen verschiedenen Gesichtspunkten genähert, die nicht allein »Methoden« von Wahrheitserkenntnis sind, sondern den Inhalt dessen prägen, was als Wahrheit überhaupt erkennbar ist. Ob, beispielhaft, »Übersinnliches« auch »Wahrheit« sein kann, und, wenn ja, in welcher Weise dies definiert, *»wahr-genommen«* und sozial interpretiert wird, ist in unterschiedliche Zeiten und unterschiedlichen Kulturen ganz verschieden beurteilt worden. Wer etwa, wie australische Aborigines, die Zeit nicht als lineare Wirklichkeit wahrnimmt und die Orte nicht als sich gegenseitig ausschließende Gegebenheiten, hat eine im Grundsatz andere Vorstellung davon, was »Wahrheit« sein kann, als ein etwa in London oder Berlin sozialisierter Mensch. Dass es »Wunder« gibt, welche nicht durch Zufall, sondern durch den steuernden Einfluss einer höheren Macht bewirkt werden, ist bekanntlich eine auch heute noch weitverbreitete Ansicht.

Eine religiös durchdrungene Wirklichkeitsvorstellung nimmt als »wahr« auch Gegebenheiten auf, die sich sinnlicher Vermittlung und intersubjektiver Überprüfung entziehen: Der religiös

Erleuchtete tut in der wirklichen Welt nicht deshalb »Wunder«, weil er Zaubertricks vorführen will oder Mitleid mit Kranken hat, sondern um die »Wahrheit« des Glaubens zu zeigen. Denn es wäre nach den Maßstäben der Alltagswirklichkeit grob ungerecht, den einen Lahmen zu heilen oder den einen Toten zum Leben zu erwecken, alle andere aber leiden und sterben zu lassen. Daher geht es bei den Charismatikern und Wundertätern stets um die »Begnadetheit«, die aus einer anderen Wahrheit stammt und in der Welt der Kommunikation deren Zeichen setzt und findet.

Das Denken der »Moderne« ist radikal anders. Es eliminiert die nicht intersubjektiv überprüfbaren Wirklichkeiten aus dem Bereich der Wahrheit und weist sie Nebenreichen des »Wahn-Sinns« des »Aberglaubens« und der Rückständigkeit zu, die nicht zugleich mit der Wahrheit der Vernunft bestehen können. Die Stimmen, die ein an Schizophrenie erkrankter Mensch hört, sind für den modernen Menschen ganz ohne jeden Zweifel nicht *als solche* »wahr«, sondern nur als Erscheinungsformen eines *kranken* Gehirns, und zwar unabhängig davon, ob diese Erscheinungen subjektives Leiden verursachen oder nicht. Einem Schamanen der amerikanischen Ureinwohner wäre diese Vorstellung fremd; für ihn sind Stimmen von Geistern und Ahnen ein selbstverständlicher und »wahrer« Teil der Natur. Wenn man einen Schamanen auf einen Zeugenstuhl setzen und einen forensischen Psychiater beauftragen würde, seine Aussage auf Anzeichen von Geisteskrankheit zu untersuchen, entstünde allseits große Verwirrung.

Im Strafprozess unseres Rechts müssen Zeugen »die Wahrheit« sagen. Sie werden vor ihrer Vernehmung »zur Wahrheit ermahnt« und darüber informiert, dass sie bestraft werden, wenn sie »falsch« aussagen (§ 153 StGB) oder »falsch schwören« (§ 154 StGB), also die Unwahrheit sagen und beschwören, dass dies die Wahrheit sei. Die Beteuerungsformel, die ein Zeuge bei der Vereidigung sprechen muss, lautet: »Ich schwöre, dass ich nach bestem Wissen die reine Wahrheit gesagt und nichts verschwiegen habe.« (§ 64 StPO) Auch die Verpflichtung von Sachverständigen bezieht sich darauf, dass sie ihr Gutachten »nach bestem Wissen und Gewissen« erstattet haben, womit nicht allein Bewertungen und Schlussfolgerungen, sondern auch eine an der Erkenntnis der Wahrheit orientierte Erhebung der Grundlagen des Gutachtens gemeint ist.

Es geht also, in ausdrücklicher und symbolischer Überhöhung, nicht um eine allgemeine, mittelmäßige, *halbwegs* wahre Wahrheit, sondern um die »reine«. Im amerikanischen Kriminalfilm (und in der dortigen Wirklichkeit) sagt man sogar, dass man »die Wahrheit und nichts als die Wahrheit« zu sagen beabsichtige. Der Unterschied liegt weniger in diesen lyrischen Formulierungen als vielmehr darin, dass man in den USA *vor,* in Deutschland *nach* der Aussage schwört, und vor allem auch darin, dass in den USA (und daher im amerikanischen Film, der auch hierzulande vielfach das laienhafte Bild vom Strafverfahren prägt) auch der *Angeklagte* verpflichtet ist (und schwören muss), die Wahrheit »und nichts als sie« zu sagen. Jeder deutsche (potenzielle) Beschuldigte (oder, in Ordnungswidrigkeitenverfahren: »Betroffene«) erfährt aber, dass dies in Deutschland nicht so ist: Beschuldigte dürfen vielmehr lügen, dass sich die Balken biegen, oder einfach gar nichts sagen. Sie sind nicht, wie in den USA, »Zeugen« im Verfahren gegen sich selbst.

»Die Ermittlung der materiellen Wahrheit«, so hat es das Bundesverfassungsgericht in ständiger Rechtsprechung formuliert, ist ein nicht disponibles, höchstrangiges Ziel des Strafprozesses, »ohne das Gerechtigkeit nicht verwirklicht werden kann.« Diese Formulierung verknüpft in bemerkenswerter Weise zwei Begriffe, Ebenen und Sphären miteinander: »Wahrheit« als eine empirische Tatsache und »Gerechtigkeit« als ein normatives Postulat, und stellt eine Kausalität und Abhängigkeit her, die ihrerseits allein auf der tatsächlichen Seite zu liegen scheint.

1.1. Wirklichkeit und Wahrheit – Ist Facebook wahr, die Bibel oder der Koran?

Gläubige Christen halten es für »Wahrheit«, dass Gott existiere und Schuld vergeben könne. Gläubige Moslems erachten (auch) für wahr, dass eine endgültige Erlösung durch einen Gott bevorstehe. Naturwissenschaftler meinen, dass das Gravitationsgesetz wahr sei. Über »Wahrheit« wird auf allen denkbaren Ebenen diskutiert, bis zum Streit, ob es »wahr« sei, dass Ronaldo/Messi/Neymar der (jeweils) beste Fußballspieler der Welt sei und ob der längste Fisch des Amazonas »mehr als 2,30 Meter« messe. Schon diese willkürliche Auswahl von Behauptungen, die im Alltag mit dem Attribut »wahr« versehen werden, zeigt, dass der Begriff vielschichtig in seinen Bedeutungen und schwierig in seinem Inhalt ist. Überlegungen, was »Wahrheit« sei und wie man sie erkennen (und sich darüber einigen) könne, haben im menschlichen Denken von Anfang an und in allen Gesellschaften einen wichtigen Raum eingenommen. Man kann diese Frage geradezu als Kennzeichen menschlichen Lebens ansehen, denn sie setzt die erstaunliche Fähigkeit zum »Denken über das Denken« voraus, die wir als spezifisch menschliche Eigenschaft ansehen. Die meisten Menschen unterscheiden im Alltag nicht zwischen »Wirklichkeit« und »Wahrheit« und halten beides für eine quasi natürliche Beschreibung desselben. In welchem Maß diese Beurteilung sich spontan aufdrängt, zeigt sich schon auf schlichter, biologischer Ebene: Bienen können Lichtwellenlängen sehen, die für Menschen unsichtbar sind, Fledermäuse und Tiefseefische können ohne Licht sehen, Schmetterlinge oder Hunde können mittels Nase aus drei Kilometern oder drei Monaten Entfernung rekonstruieren, was »Wirklichkeit« ist; Haie riechen einen Tropfen Blut in einem Olympia-Schwimmbecken. Auf der Ebene der Kleinlebewesen der Erde ist selbst der Tod ein »relativer« Begriff: Sie stellen jahrzehntelang ihren Stoffwechsel ein und erwachen dann frisch gestärkt zu neuer Zellteilung.

Was »wirklich« ist, erlebt der Mensch an und in sich selbst. Es ist vermittelt über biologische Rezeptoren und Verarbeitungsstrukturen des Gehirns und an dessen Möglichkeiten gebunden. Die Wirklichkeit der Farbe ist für einen von Geburt an blinden Menschen ähnlich »wahr« wie die Wirklichkeit von Tonfrequenzen jenseits von 30 000 Hertz für alle Menschen: kann sein. Wahr ist, dass das menschliche Gehirn etwa 86 Milliarden Neuronen (Nervenzellen) hat. Was diese Wahrheit in der Wirklichkeit bedeutet, können wir nicht erkennen, nicht messen und nur zu einem sehr geringen Teil steuern. Dies ist die einzige Grundlage für die Erkenntnis von »Wahrheit« – und selbstverständlich auch für die Reflexion darüber, was dieser Begriff bedeuten könnte. Wir gehen in der Regel davon aus, dass jedenfalls *Tiere* keine »Wahrheits«-Erkenntnis haben, sondern sich (ausschließlich) in einer Sphäre der unreflektierten »Wirklichkeit« aufhalten. Ob das in jedem Fall stimmt, wissen wir nicht genau: Ob und welche Erinnerung träumende Hunde nach dem Erwachen haben, ist unbekannt.

Von den natürlichen Bedingungen einer Reflexion über Wahrheit bis zum Wahrheits-Anspruch des Strafens und des Strafrechts ist es ein weiter Weg: evolutionär, sozial und individuell. Strafen als inhaltlicher und formaler Prozess formaler Ausgrenzung aus sozialen Strukturen kann sich – selbstverständlich – nicht mit bloß subjektiver Wirklichkeit (was nicht dasselbe ist wie beschränkte »Lebenswelt«) zufriedengeben. Denn dann wäre die Gesellschaft auf einem zivilisationsfernen Niveau von Emotion, Eindruck, Sentiment und Spontanrache.

»Recht« beruht zu einem großen Teil darauf, dass im kommunikativen Austausch zwischen individuellen *Wirklichkeiten* eine gemeinsame *»Wahrheit«* hergestellt – das heißt: »konstruiert« – wird. Der Begriff »Konstruktion« ist hierbei keineswegs abwertend gemeint. Er bedeutet, dass sozial anerkannte Wahrheit niemals eine »reine«, ungefilterte, sozusagen »analoge« Abbildung einer bloßen Summe von Wirklichkeiten ist. Wahrheit wird hergestellt, indem Wirklichkeiten definiert, gefiltert, bewertet, komprimiert, ausgelesen, verworfen oder befördert werden – aus welchen Gründen, Motiven und Bedingungen auch immer.

Was wir heute als Wahrheit den Definitionen, Begründungen, Rechtfertigungen und der Praxis des Strafens zugrunde legen, ist keineswegs überzeitlich und abstrakt. Es ist vielmehr eine kollektive Deutung von sozialen Gegebenheiten, die ihrerseits zu einem nicht unerheblichen Teil wiederum aus den jeweils vorausgegangenen Deutungen und ihren Manifestationen in Körpern, Gewalt, Macht, Interessen abgeleitet sind. Da das Strafen eine von vornherein soziale Institution ist, findet es in einem unendlichen, vielgestaltigen und kaum exakt berechenbaren Feld gegenseitigen Austausches und wechselseitiger Beeinflussung einer unüberschaubaren Vielzahl von Akteuren, Subjekten und Einflussfaktoren statt. Die Ergebnisse werden dabei wiederum zu »sozialen Wahrheiten« vereinfacht, verdichtet und interpretiert, weil nur so das »wirkliche« Maß von Komplexität auf ein Maß reduziert werden kann, das eine vernünftige, sozial förderliche Verständigung über Sinn und Unsinn ermöglicht. »Vereinfachung« ist eine Grundbedingung dafür, dass die Menschen intellektuell und emotional quasi »dreidimensional« – in Vergangenheit, Gegenwart und Zukunft – leben können, denn nur indem aus den zu jedem Zeitpunkt unermesslich zahlreichen Ereignissen, Einwirkungen, Vorgängen und Wahrnehmungen einfache Strukturen von »Sinn« herausgefiltert werden, ist Orientierung möglich. Eine solche Vereinfachung ist nicht eine bloße Verkleinerung, sondern eine hochkreative und hochindividuelle Leistung.

Das alles klingt abstrakt und für manche vielleicht eher fernliegend, weil es scheinbar wenig mit der in unendlichen Konstellationen immer neu gestellten (scheinbar schlichten) Frage zu tun hat, ob der jeweils Beschuldigte *»es war oder nicht«* – also der vorgeblichen Zentralfrage des Strafrechts. Das ist aber ein Irrtum: Die scheinbar zeitlosen Fragen nach dem Schuldigen sind tatsächlich in hohem Maß von Voreinstellungen, Annahmen, Rezeptionsmöglichkeiten bestimmt. Und ebenso variabel und zeitbedingt ist die Auswahl von Antworten, die jeweils als »akzeptabel« angesehen werden.

Beispiel: Wenn im Jahr 2018 ein deutsches Landgericht die Verurteilung eines Angeklagten wegen Tötung eines Konkurrenten darauf stützen würde, dass es durch ein Geständnis des Beschuldigten erwiesen sei, dass er einen Pakt mit dem Teufel geschlossen habe, wonach der Teufel dafür sorgen müsse, dass der Feind an Blasenkrebs sterbe, und der Vertragspartner ihm dafür seine Seele übereigne, würde dies ohne Zweifel Aufsehen erregen: Man würde ein solches Urteil auf die Revision des Angeklagten oder der Staatsanwaltschaft aufheben, den Angeklagten psychiatrisch untersuchen lassen – und die Richter gleich dazu. Eine solche Urteils-Begründung, die vor 500 Jahren als wissenschaftlich einwandfrei angesehen worden wäre, könnte heute nur Heiterkeit oder Entsetzen hervorrufen. Die Frage ist: Ist dies das Ergebnis von Wahrheit oder das Ergebnis von Wahrheits-*Empfinden?* Anders gefragt: Kommt es darauf an, ob es den »Teufel« in einer unerforschbaren Wirklichkeit tatsächlich gibt, ob er als Mephisto durch das Identitäts-Narrativ der bürgerlichen Rationalität wankt, oder ob er als Verbildlichung einer behandlungsbedürftigen Persönlichkeitsstörung im Sinne des ICD-10 (Diagnose-Manual psychischer Erkrankungen) angesehen wird?

Über viele Jahrhunderte hat man (auch) in Europa Delikte verfolgt wie »Zauberei«, »Buhlschaft mit dem Teufel«, »Gotteslästerung«, »Schadenszauber«. Tausende Jahre lang war das Erschlagen eines (fremden) Sklaven nicht Mord, sondern eher Sachbeschädigung, das Töten des eigenen Sklaven das »gute Recht« des Herrn. 3000 Jahre lang haben Hochkulturen Menschen dafür bestraft, dass sich »Wahrheiten« erwiesen hatten, die das breite Publikum heute nur noch als historische Skurrilität bestaunt. Heißt das, dass alles »falsch« war? Waren alle Strafprozesse aus 5000 Jahren »Rechtsbeugung«, alle Richter Verbrecher, alle Zeugen Lügner? Da das ebenso wenig angenommen werden kann wie die Behauptung, alle Ureinwohner Afrikas, Südamerikas oder Asiens seien »Verbrecher« und Wahrheitsverkenner gewesen, weil sie die deutsche Strafprozessordnung nicht befolgt haben, muss die Lösung anderswo, im Begriff der »Wahrheit« selbst gefunden werden.

Polizei, Staatsanwaltschaft, Gericht und selbst schlichteste Zuschauer und Leser wissen, dass die Wahrheit verhüllt wird, wenn Zeugen lügen oder Spuren verloren sind. In diesem Fall spaltet sich die Wirklichkeit auf in eine spannungsgeladene Beziehung zwischen lebensweltlicher Wahrheit, fiktiv erzeugter Wahrheit und dem mehr oder minder erfolgreichen Bemühen einer »Gerechtigkeitsagentur«, beides in Übereinstimmung zu bringen. Tatsachen können nicht unabhängig vom Erkenntnisprozess selbst und vom Erkenntnisinteresse gedacht werden.

Auch die prozessuale Ebene ist insoweit problematisch. Kann man sagen, die Einhaltung von Verfahrensregeln führe unabhängig von der Wirklichkeit zu richtigen, der Verstoß gegen sie automatisch zu falschen Urteilen? Wenn man zum Beispiel das Folterverbot (§ 136a StPO) als Beispiel für eine Verfahrensregel nimmt, ergeben sich schwierige Fragen.

Strafrechts-historisch war die Folter (»peinliche Befragung«) ein Anliegen der *Rationalität:* Sie wandte sich von ersichtlich unzuverlässigen Beweismethoden ab und einer Ermittlung der *Wahrheit* durch Geständnis zu. Dabei war durchaus klar, dass unter dem unmittelbaren Einfluss der Folter mit Wahrheit kaum zu rechnen ist. Die Prozeduren und Verfahrensgänge waren daher nicht schrankenlose Grausamkeit, sondern überlegt, abgestuft und mit eingebauten Sicherungen. Man wird kaum sagen können, dass die nach Einsatz von Folter gefällten Urteile aus vielen Jahrhunderten allesamt Fehlurteile waren. Es liegt auf der Hand, dass nach heutigen Maßstäben menschenrechtswidrige Verfahrenshandlungen und Strafrechtsvorstellungen vergangener Epochen und fremder Kulturen nicht in ahistorisch-moralisierender Weise allein aus aktueller Sicht beurteilt werden dürfen.

Stimmt es, dass Folter nur Lüge und nicht Wahrheit produziert? Haben sich nicht die in Guantánamo und in den von den USA in Osteuropa eingerichteten sogenannten Foltercamps *erfolterten* Aussagen von Islamisten als wahr erwiesen? Stützt sich darauf nicht eine Vielzahl von Prognosen und Maßnahmen auch deutscher staatlicher Stellen, die auf ihre Erfolge im Kampf gegen den internationalen Terrorismus stolz verweisen? »They ask me: What do you think about waterboarding? I say: I like it. I don't think it's stuff enough.« Dies sagte der heutige Präsident der USA im Jahr 2016 öffentlich; auch als Präsident hat er in mehreren Interviews bestätigt, dass er die Wasserfolter befürwortet und jederzeit einsetzen will, um »das Land sicher zu halten« (»Waterboarding is peanuts«).

Das mag eine erstaunliche öffentliche Bankrotterklärung der wichtigsten Symbolfigur der sogenannten westlichen Werte-Gemeinschaft sein; gegebenenfalls auch die Offenbarung eines frappierend niedrigen individuellen Moral-Niveaus. Es ist aber nicht irrational und verlässt daher, trotz einer eher der »Fantasy«-Literatur und der Werbe-Kommunikation zuzuordnenden Rhetorik der US-amerikanischen Gewaltkultur, nicht den Deutungszusammenhang der Moderne: Folter funktioniert, ist die zutreffende Aussage. Deshalb wird sie weltweit eingesetzt. Die Frage ist also nicht, ob mittels Folter zuverlässige Wahrheit ermittelt werden kann: Professionelle Folterer sind keine irrationalen Sadisten, sondern spezialisierte Fachleute mit Erfahrung, Fortbildung und Urlaubsanspruch. Sie wissen, dass (fast alle) Menschen unter der Folter (fast) alles sagen. Sie wissen auch, wie man das relativiert, überprüft, auswertet. Die Ächtung der Folter kann sich nicht darauf stützen, dass sie nicht »Wahrheit« hervorbringt. Sondern sie muss den Begriff einer solchen Wahrheit selbst infrage stellen.

Das gilt auch auf weniger spektakulären Ebenen: Nehmen wir an, ein Mörder schreibt in sein Tagebuch: Heute habe ich einen Mord begangen. Oder er sagt dies in einem Moment der vermeintlichen Einsamkeit im Selbstgespräch beim Duschen, beim Autofahren, im Krankenhaus, im Schlaf …

Frage: darf man »Wahrheit« feststellen, indem man die Menschen in all diesen und vielen anderen Situationen abhört, ausforscht, filmt, dokumentiert? Darf es als »Wahrheit« gelten, was heimlich von Sicherheitsbehörden aktivierte Handy-Mikrofone und -Kameras aus dem Schlafzimmer oder der Toilette von Verdächtigen aufgezeichnet haben? Gibt es eine Wirklichkeit, und muss es sie geben, die sich der Feststellung von »Wahrheit« entzieht? Hier geraten in den Blickwinkel einer einfachen Frage (wahr/unwahr) Gesichtspunkte, die damit scheinbar gar nichts zu tun haben, im historisch-sozialen Leben aber fast alles steuern.

Um diese Fragen zu beantworten, darf man natürlich nicht stets schon voraussetzen, was erst zu beweisen ist: dass ein Beschuldigter auch tatsächlich »Täter« ist. Anders gefragt: Darf der Staat alle Tagebücher und Festplatten durchsuchen, alle Schlafzimmer und Badezimmer abhören, alle Handy-Mikrofone heimlich einschalten, um erst einmal herauszufinden, wer *möglicherweise* ein Mörder ist? Wenn einer gefunden wird, ist die Begeisterung regelmäßig groß; aber wie viel »Wahrheit« darf ermittelt, gedeutet, ausgewertet, verglichen werden, um einen Mörder unter einer Million Nichtmördern zu finden? Das ist eine aktuelle Fassung der sehr alten Frage, was der Gesellschaft als Wahrheit ausreichend und akzeptabel erscheint.

Dass eine subjektiv empfundene Wirklichkeit nicht stets, ja sogar in den wenigsten Fällen dem entspricht, was allgemein als »wahr« akzeptiert wird, ist ein Phänomen, das jeder aus dem Alltagsleben kennt: Wenn zehn Personen einen Film sehen, einen Verkehrsunfall beobachten oder eine längere Äußerung einer fremden Person hören und anschließend aufgefordert werden, das Erlebte »wahr« wiederzugeben, kommen mit hoher Wahrscheinlichkeit zehn verschiedene Wirklichkeiten heraus, deren »Wahrheits«-Gehalt von außen schwierig zu beurteilen ist. Die Spanne reicht von kleinen Abweichungen in Ablauf, Bedeutung und Wichtigkeit einzelner Elemente bis hin zu komplett unvereinbaren Aussagen zu bestimmten Geschehnissen (»Das blaue Auto kam von rechts / von links / es war kein blaues Auto da«).

Diese Abweichungen beruhen meist nicht auf bewussten Falschaussagen (Lügen), sondern darauf, dass menschliches Erleben und Erinnern in hohem Maß subjektiv bestimmt sind und dass dies in der Regel nicht wahrgenommen werden kann. Unser Gedächtnis funktioniert nicht wie ein Datenspeicher, in dem unverändert reproduzierbare Inhalte »abgespeichert« werden. Merken und Erinnern sind vielmehr stark mit Emotionen, einer Gesamtheit von sensorischen, unbewussten und reflektierten Prozessen verbunden. Erinnerungs-»Speicher« liegen nicht wie Festplatten, umgeben von einer versorgenden »Peripherie« des übrigen Körpers, im Gehirn, sondern sind Teil des Gesamtkörpers. Erinnerung ist nicht das Öffnen einer Datei, sondern die Neukonstruktion einer Gesamtsituation, die ihrerseits wieder ein Gefühls- und Reflexionsprozess ist, der »verarbeitet« wird und seinerseits Einfluss auf das Ergebnis des Erinnerns hat.

So entsteht jedes Mal ein (etwas) anderes Bild der Vergangenheit. Durch gezielte oder unbeabsichtigte Einflussnahmen ist es ohne Weiteres möglich, in Personen lebhafte »Erinnerungen« an Geschehnisse hervorzurufen, die tatsächlich niemals stattgefunden haben. Auch solche scheinbaren Erinnerungen werden von den betroffenen Personen schließlich als »Wahrheit« akzeptiert und selbstständig mit immer neuen »passenden« Erinnerungen und sogar Erinnerungen an angebliche Reflexionen und Gefühle ausgebaut und »abgerundet«, die ihrerseits aus anderen Zusammenhängen stammen oder vollständig fiktiv sein können.

Eine in den letzten Jahren verstärkt zu beobachtende sozialpsychologische Erscheinung ist das Entstehen von »parallelen« Wahrheiten, die nicht allein Wertungen und Beurteilungen umfassen, sondern sich explizit auf Tatsachen beziehen. Dies sind zum einen die erstaunlich verbreiteten Verschwörungstheorien, die beliebige Tatsachen zu geschlossenen, wahnhaft erscheinenden Deutungssystemen integrieren. Zum anderen sind es die politisch, ideologisch oder religiös (oft kombiniert) motivierten Weigerungen, Tatsachen außerhalb des eigenen, gruppen- oder individualbezogenen Deutungskontexts überhaupt oder als potenziell wahr zur Kenntnis zu nehmen. Sprichwörtlich sind insoweit die Begriffe »Fake News« und »Alternative Facts« beide nicht zufällig aus dem Bereich der US-amerikanischen öffentlichen Kommunikation, in welcher eine Kombination von »Meinungen« mit Tatsachen und Spaltung des Wirklichkeitsempfindens ein früher kaum vorstellbares Ausmaß erreicht hat.

Auch dies bleibt nicht ohne Einfluss auf die Wahrheitsfeststellung im Strafverfahren, weil zusätzlich zu den verfahrensimmanenten Beschränkungen und Fehlerquellen noch bestimmte »Konzepte« in das Verfahren hineinwirken, die die Auswahl, die Behandlung und die Bewertung von Beweismitteln beeinflussen. Alltagstheoretische Behauptungen etwa darüber, was welche Gruppen von Beweispersonen (Zeugen) im Strafprozess »sich ausdenken« könnten oder nicht, welcher »Art« von Zeugen stets zu glauben oder welchen Einlassungen immer zu misstrauen sei, sind in der Regel verfehlt. Das gilt insbesondere auch, wenn solche allgemeinen Vorab-»Beweiswürdigungen« mit rechtspolitischen Konzepten (Opferschutz; Sexualstrafrechtsreform; »Bekämpfung« bestimmter Kriminalitätsarten) kombiniert werden und auf diese Weise zusätzlich ein quasi ideologischer Filter in die Wahrheitsfeststellung eingebaut wird.

1.2. Erkenntnisanspruch – Die Grundlagen von Wahrheit

Wir leben seit 500 Jahren – vorwiegend – in einer Kultur der Rationalität: »Vernunft« im Sinn einer Systematisierung von Erkenntnissen ist das Prinzip unseres Denkens und das Garantieversprechen unserer Wahrheits-Definition. Es wird den Menschen (heute) nicht als abstraktes Prinzip zugeschrieben, sondern als *individuelle* Eigenschaft und Pflicht: Selbst-Bewusstsein, Selbst-Verantwortung, Selbst-Bestimmung. Im Zentrum des Denkens der Moderne steht der Mensch als Ich, Selbst, *Subjekt*.

Wo man die Wurzeln dieser Wirklichkeitsdeutung historisch ansetzt (etwa schon in der Antike, in der Bewegung des Christentums, im spätmittelalterlichen »Humanismus« oder in der kapitalistischen Ethik der frühen Neuzeit), ist hier nicht von Belang: Es ist in der Welt am Ende des 20. Jahrhunderts jedenfalls nicht mehr mit Aussicht auf Erfolg bestreitbar, dass es bei der Beurteilung von (abweichendem) Verhalten um individuelle Schuld und Verantwortung geht und dass dies eine »wahre«, das heißt rational nachvollziehbare, legitime und allgemein akzeptable Zuweisung von Schuldvoraussetzungen erfordert: Es reicht zur Bestrafung wegen Mordes also nicht aus, dass Personen durch »Eingebung«, Traum oder kraft Tradition überzeugt sind, ein Beschuldigter habe (irgendwie) »dafür gesorgt«, dass eine andere Person starb; ebenso wenig, dass eine Person mit einem möglichen Täter verwandt oder sozial verbunden ist. Wahrheit muss nach Maßstäben festgestellt werden, die rationalen Sinnzusammenhängen folgen, menschenrechtliche Standards einhalten und am Prinzip individueller Schuld orientiert sind, ohne soziale Zusammenhänge zu vernachlässigen. Schuld muss als *wahr* erkannt werden und auf *Gründen* beruhen, die angegeben und kommunikativ überprüft werden können.

Das klingt banal, ist aber auch heute nicht selbstverständlich: In der Welt der »sozialen Medien« wird Schuld – auch strafrechtlich relevante, kriminelle Schuld – zugeschrieben aufgrund von selbstverstärkenden Anhäufungen subjektiver Meinungen, denen aufgrund der Kommunikationsstruktur und auf der Grundlage einer Ideologie von angeblich technisch (»digital«) vermittelter Authentizität ihrerseits die Qualität von Tatsachen zugeschrieben wird. Sie stehen scheinbar gleichberechtigt nebeneinander und geben vor, eine durch bloße Zugänglichkeit reflektierte soziale Wirklichkeit abzubilden. Tatsächlich ist das nicht der Fall: Die Ausschaltung sinnstrukturierender und -hierarchisierender Filter der öffentlichen Kommunikation führt nicht automatisch zu einer technisch induzierten »Demokratisierung«, sondern kann ebenso gut – und unter den gegebenen Bedingungen besonders leicht – eine Herrschaft von Drohung, Einschüchterung und Beschränktheit begründen.

Das führt unter anderem dazu, dass sich vollständig fiktive Scheinwahrheiten über angebliche Verbrechen, Ursachen, Folgen usw. bilden, in kürzester Zeit weit verbreiten und ihrerseits neue Wellen von Fehlmeldungen, Tatsachen und Reaktionen initiieren können. Es hat auch zur Folge, dass die Verfahren, welche das Recht und die »alte« – als überholt angesehene – Kommunikationsstruktur zur Herstellung, Prüfung und Absicherung von Wahrheit bereithalten, als lästig, ineffektiv, hinderlich angesehen werden: Ob eine Person, die des vielfachen sexuellen Missbrauchs von Kindern beschuldigt wird, tatsächlich »schuldig« ist, wird im Rechtssystem innerhalb eines langwierigen und komplexen Verfahrens geklärt, das mit der Wirklichkeit von Kurznachrichtendiensten überhaupt nicht kompatibel ist.

»Wahrheit« ist also jedenfalls insoweit nicht »absolut«, als es sich um eine Voraussetzung und Schlussfolgerung aus sozialen *Bewertungen* handelt. Die Strafjustiz diskutiert oder streitet nicht über Wahrheit als philosophischen Begriff oder als naturwissenschaftlichen Beweis, sondern über die Gegebenheit, die Annahme, die »Bewiesenheit« von Tatbestandsmerkmalen, also Umständen, die ihrerseits in hohem Maß wertungsabhängig sind.

Schon hierin liegt eine erste, wichtige Einschränkung: Gegenstand von Strafverfahren sind Ereignisse der Wirklichkeit nur insoweit, als sie straf-*rechtlich* überhaupt erfasst werden können, also durch den Filter von Rechtsbegriffen, die Wirklichkeit nicht einfach abbilden, sondern deuten, werten und strukturieren.

Beispiel: Was eine »Körperverletzung«, ein »Zwang«, eine »Drohung« ist, ergibt sich nicht unmittelbar aus der Lebenswirklichkeit, und in vielen Fällen können Begriffsinhalte zwischen subjektivem Erleben und rechtlicher Bedeutung voneinander abweichen. Rechtsbegriffe müssen *operationalisiert,* mithin in feststellbare Tatsachenkerne zerlegt werden, die bewiesen oder nicht bewiesen werden können, »wahr« oder »nicht wahr«, bewiesen oder unbewiesen sind. »Körperverletzung« zum Beispiel wird im Gesetz (§ 223 StGB) in einer Tatvariante als »Misshandeln« beschrieben. Dieser Begriff ist nur eine wertende Umschreibung und muss daher weiter »ausgelegt« werden: Misshandeln, so sagen es die ständige Rechtsprechung und die Mehrzahl der Kommentierungen und Lehrbücher, ist »eine üble, unangemessene Behandlung, die entweder das körperliche Wohlbefinden oder die körperliche Unversehrtheit nicht nur unerheblich beeinträchtigt«. In dieser Definition stecken bei näherem Hinsehen sechs weitere Wertungen: übel, unangemessen, Wohlbefinden, Unversehrtheit, nicht unerheblich, beeinträchtigen. Und dabei ist der Begriff »körperlich« noch gar nicht mitgezählt, über dessen Abgrenzung etwa zu »seelisch«, »psychisch«, »vegetativ« usw. man ebenfalls nachdenken kann.

1.3. Verdichtung – Zusammenhang von Wirklichkeit und Wahrheit, Ich und Wir

In der Alltagspraxis scheinen solche Überlegungen überkomplex und unnötig; sie werden daher gern als »typisch juristische Spitzfindigkeiten« geschmäht. Was eine körperliche Misshandlung ist, so scheint es, »weiß doch jeder«. Wenn Strafanzeigen wegen Körperverletzung erstattet werden, weil die Musik zu laut oder der Nachbarsgrill zu stinkend war oder weil der Anzeigeerstatter sich nach einem Streit »unwohl« fühlte, fallen die Antworten schon weniger sicher aus. Und warum – beispielhaft – das Verkaufen von Pommes frites mit Acrylamid oder das Überfliegen eines Wohngebiets zum Start von Großraumflugzeugen keine tatbestandliche »Misshandlung« ist, weiß man erst recht nicht. Es sind also bereits die strafrechtlichen Tatbestände, die einen ersten Filter vor die Feststellung von Wahrheit setzen.

Ein entscheidender Wahrheits-Filter ist das Strafverfahren, und zwar durch seine formelle Struktur selbst: Eine Strafanzeige (durch Bürger) oder eine von Amts wegen erfolgende Verfahrenseröffnung durch die Staatsanwaltschaft und/oder ihre weisungsabhängigen polizeilichen »Ermittlungspersonen« führt in der Praxis dazu, dass ein »Sachverhalt aufgeklärt« wird. Das darf man sich nicht als so schlichten Sachverhalt wie im Fernsehkrimi vorstellen, wo regelmäßig vorausgesetzt und unterstellt ist, dass es etwas gibt, was aufzuklären ist: Die Leiche ist gefunden, die Kasse leer, die Tresortür aufgeflext. In der Wirklichkeit muss oft erst geklärt werden, ob überhaupt irgendein »Sachverhalt« vorliegt, der einer Wahrheits-Ermittlung zugänglich ist.

Es ist auch nicht so, dass die Polizeidienststellen unentwegt Leichen, aufgebrochene Geldschänke oder zusammengeschlagene Opfer auffinden. In solchen Fällen ist es einigermaßen klar, was »aufzuklären« ist. Wenn aber nachts um drei ein Tourist kommt und erzählt, ihm sei vermutlich der Geldbeutel entwendet worden, oder wenn ein Schreiben eines »Opferanwalts« eingeht, wonach seine Mandantin vor zwölf Jahren von ihrem Stiefvater sexuell genötigt worden sei, oder wenn eine betrunkene Frau über Notruf mitteilt, ihr Lebensgefährte habe soeben versucht, sie zu ermorden, sieht das schon anders aus: Es muss zunächst einmal geklärt werden, ob überhaupt ein ernsthafter Anhaltspunkt dafür besteht, dass etwas »aufzuklären« ist.

Etwas anders ist die Lage bei »Initiativ«-Ermittlungen der Polizei, die wiederum unterschiedliche Grundlagen haben können: Man kann zum Beispiel mit einem Streifenwagen langsam durch eine Stadt fahren und »mal schauen«, ob sich irgendwo ein Verdacht auf eine Straftat zeigt. Das ist das Feld der »polizeilichen Erfahrung« und des »kriminalistischen Bauchgefühls«. Sie führen, wie bekannt ist und vielfach kritisiert wurde, zu einem »Profiling« nach Maßgabe von Stereotypen und Machtstrukturen: Auffällig oder abweichend aussehende Personen werden viel häufiger »verdächtigt« und kontrolliert als andere; spontane Eingriffsmaßnahmen werden viel häufiger gegen sozial niedrig angesehene als gegen sozial geachtete Personen durchgeführt. Beispiel: Niemand findet es überraschend, wenn ein dunkelhäutiger Mann im Görlitzer Park in Berlin angehalten und durchsucht wird, weil ein Anfangsverdacht des Drogenhandels besteht. Kaum jemand hätte Verständnis dafür, wenn in der

Mittagspause der Frankfurter Investmentbanker verdachtsbasierte Durchsuchungen ihrer Smartphones durchgeführt würden.

In beiden Fällen durchläuft – einmal vorab, einmal nachträglich – die Begegnung der strafverfolgenden Polizei mit der Wirklichkeit einen »Definitionsfilter«. Dieser ist nicht neutral, sondern von Einstellungen, Persönlichkeit, Dienstanweisungen, Arbeitsbelastung und anderem geprägt. Polizisten sind keine Sozialarbeiter. Sie haben bestimmte Vorstellungen davon, was »normal« und war tolerabel ist. Wenn eine stark angetrunkene Frau ihnen berichtet, sie sei von ihrem Ehemann bedroht worden, werden sie in einer Mehrzahl von Fällen nicht ein aufwendiges Strafverfahren wegen Bedrohung (§ 241 StGB) einleiten und eine formelle Zeugenvernehmung durchführen, sondern die Sache »herunterdefinieren«: Alles halb so schlimm; Streiterei unter Besoffenen; »häusliche Streitigkeit«. Es folgt ein Platzverweis (mutmaßlicher Schläger muss die Wohnung verlassen) und ein Eintrag ins Einsatztagebuch: Sache erledigt. Dies ist ein vereinfachtes Beispiel. Es beschreibt nicht ein verwerfliches Verhalten der Polizei, sondern eine aus der Sachrationalität der Aufgabendualität von Prävention (Gefahrenverhinderung) und Repression (Strafverfolgung) naheliegende und gut verständliche, jedenfalls unvermeidliche Selektionsstruktur.

Anders ist es, wo Initiativermittlungen durchgeführt werden, »Vorfeldbekämpfung« angeordnet ist, gar sogenannte Tatprovokationen eingesetzt werden: Hier ist es häufig aus Sicht der Polizei besonders lohnend, einen möglichst hohen Grad von krimineller Energie und Tätigkeit zu dokumentieren. Auch dies hat strukturelle, persönliche, wirtschaftliche, soziale Gründe, ist nicht per se verwerflich, aber geeignet, die Wahrnehmung von Sachverhalten zu prägen und daher »Wahrheit« in einer bestimmten Weise vorab zu strukturieren.

Das setzt sich in den polizeilichen Ermittlungstätigkeiten fort. Etwa sechs Millionen Strafverfahren werden pro Jahr in

Deutschland eingeleitet, mehr als 16000 pro Tag. Sie werden abgearbeitet, in den weitaus meisten Fällen nach zwangsläufig schematischen Regeln bürokratischer Verwaltungsverfahren. Die Kriminalkommissare und -hauptmeister verbringen 90 Prozent ihrer Zeit an Bildschirmen und mit dem Schreiben von »Vermerken«, nicht mit dem Herumfahren in schicken Autos, Verfolgungsjagden oder dramatischen Vernehmungen. Vernehmungen von Beschuldigten und Zeugen verlaufen oft so, dass eine (längere) Befragung stattfindet und an deren Ende dann eine zusammenfassende, nachträgliche Protokollierung erfolgt. Die Formulierungen der Aussagen in dem Protokoll stammen dann nur bestenfalls mehr oder weniger von der vernommenen Person; meist sind sie »Zusammenfassungen«, Deutungen und Interpretationen der Vernehmungsperson oder bloße Bestätigungen vorformulierter »geschlossener« Fragen (Beispiel für offene Frage: »Was haben Sie mit der Pistole gemacht?«, geschlossene Frage: »Haben Sie die Pistole weggeworfen oder versteckt?«). Der Unterschied zwischen ausdrücklichen und impliziten Vorgaben einerseits und ausdrücklichen oder »interpretierten« Antworten andererseits nimmt umso mehr zu, je größer der Bildungsunterschied, je höher der Druck der Vernehmungssituation und je unterschiedlicher der Erfahrungsgrad der beteiligten Personen ist. Die große Mehrzahl der »Krimi-erfahrenen« Laien wäre, wenn sie sich in einer echten Beschuldigungs- und Vernehmungs-Situation mit extrem hohem emotionalem Druck, ohne Verfahrens- und Rechtskenntnis und in der Konfrontation mit Personen befänden, die speziell für diese Situation ausgebildet und langjährig erfahren sind, vollständig überfordert. Sie könnten nicht zwischen Ermittlungstaktik und Zuwendung, Angebot und Drohung unterscheiden und erst recht nicht beurteilen, welche Implikationen und Weiterungen irgendwelche Formulierungen enthalten, die in ein Protokoll aufgenommen werden.

Klassisches Beispiel für dieses Problem ist die polizeiliche Erstvernehmung von Beschuldigten in Tötungs-Verfahren. Hier wird oft und gern vonseiten der Ermittler ein informelles »Angebot« ausdrücklich formuliert oder sinngemäß nahegelegt, wonach es emotional, formal und rechtlich günstig und »entlastend« sei, wenn der Beschuldigte »reinen Tisch« mache oder zumindest den »Grund« seiner Tat angebe. In nicht wenigen Fällen entscheidet sich bereits hier, ohne dass der Beschuldigte es ahnt, die Frage, ob er mit lebenslanger Freiheitsstrafe wegen »Mordes« oder mit zeitiger Freiheitsstrafe »wegen Totschlags« bestraft wird. Denn jede Angabe eines »Grundes« bringt den Beschuldigten einen Schritt in die Nähe der Voraussetzungen eines »Mordmerkmals«:

»Ich konnte es nicht ertragen, dass sich mein Ehemann am Hochzeitstag mit seiner Geliebten traf«, sagt die wegen »Mordes aus niedrigen Beweggründen« Beschuldigte. Sie glaubt, dass sie damit eine menschlich nachvollziehbare, sozial verständliche Deutung liefert, die ihr im Strafverfahren nützt. Aber was bedeutet »Nicht-ertragen-Können«? Wie wird das im weiteren Verfahren interpretiert? Ist sie krankhaft eifersüchtig, ist sie egozentrisch besitzergreifend, ist sie berechnend kalt, ist sie ein gedemütigtes Opfer? Lauter »Wahrheiten«, die zur Verfügung stehen, jeweils verbunden mit und gestützt auf Assoziationen, Bilder, Verkürzungen. Eine Person, die eine andere tötet, denkt dabei nicht (ausdrücklich) »ich kann es nicht ertragen«, sondern irgendetwas anderes: »Du Schwein«, »Das geschieht dir recht«, »Das hast du jetzt davon« – was auch immer. Die Beschuldigte, die zur Erklärung ihrer Tat angibt, sie habe es »nicht ertragen« können oder wollen, schafft mit dieser Aussage eine verdichtete Interpretation von »Wahrheit«, die von den Ermittlungsbehörden mit ihren eingeschränkten Instrumentarien und Kriterien erfasst wird. Diese Wahrheit, die bedrohlich dicht an der Definition eines »niedrigen Beweggrunds« liegt (»Eifersucht«), wird sich von nun an durch das Strafverfahren ziehen und entwickelt ein eigenständiges Gewicht, das, wenn es einmal im Revisionsverfahren angekommen ist, mit der Lebenswirklichkeit des Tat-Moments kaum noch etwas zu tun hat. Aber es ist »Wahrheit« und wird als solche formell (im Verfahren) und informell (sozial) akzeptiert.

Es können hier natürlich auch bewusste Verzerrungen und Fehlinterpretationen in das Verfahren einfließen. Wichtiger ist an dieser Stelle aber, dass auch bei pflichtgemäßer Protokollierung die ursprüngliche Wirklichkeit und die Erinnerung der betroffenen Person in eine »Aktenwirklichkeit« umgeformt werden: Die Vernehmungsperson fragt, was sie für wichtig hält, und formuliert die Antworten, die in ihrer logischen Struktur zu den Fragen passen. Die Form der Aussagen verändert sich, indem von der Vernehmungsperson Sätze formuliert werden, die das Gesagte »zusammenfassen« und in eine Struktur bringen.

In dieser Form, versehen mit einem »Schlussvermerk« der ermittelnden Polizeidienststelle, gelangen die Fälle (Akten) zur Staatsanwaltschaft und werden dort wiederum gefiltert: In einer Anklageschrift wird die Lebenswirklichkeit als »Anklagesatz« zu einem »Sachverhalt«, in welchem die Voraussetzungen der Tatbestandsmerkmale dargestellt sind, die die Anklagebehörde als gegeben ansieht.

Auf dieser Grundlage erfolgt schließlich eine Rekonstruktion der in der Vergangenheit liegenden Geschehnisse in der Hauptverhandlung, also einer »künstlichen«, hoch formellen und für die meisten als Beschuldigte oder Zeugen vernommenen Personen mit erheblichem Stress und Belastung verbundenen Situation. Die realen Bedingungen, Stimmungen, Emotionen und Abläufe der oft lange zurückliegenden Geschehnisse sind dabei in hohem Maß verdichtet, reduziert auf das »Erhebliche«; sie müssen überdies in einer kommunikativ meist stark hierarchischen Sprechsituation »aufgeklärt« werden.

Akademisch gebildete, auf das Verfahren fixierte, an juristischer Begrifflichkeit geschulte Richter aus regelmäßig gebildeten, sozial gehobenen Milieus befragen oft sprachlich unbeholfene, häufig eingeschüchterte, nicht selten auch wenig differenzierte Menschen danach, was sie vor Monaten oder Jahren in einer bestimmten Situation »gedacht haben«, »sich vorgestellt haben«, »im Einzelnen wollten«, hörten oder sagten.

Schließlich wird, *nachdem* eine Entscheidung (Urteil) ergangen ist, die schriftliche Urteilsurkunde hergestellt. Dieses schriftliche Urteil, das die »Gründe« für die Entscheidung darstellt, wird in der Regel erst Wochen, manchmal Monate nach der Urteilsverkündung geschrieben. Im Abschnitt »Beweiswürdigung« enthalten diese schriftlichen Gründe dann eine Zusammenfassung dessen, was die Vernehmungen in der Hauptverhandlung ergeben haben und warum das Gericht von den »Feststellungen« überzeugt ist. Auf jeder dieser Ebenen fließen bewusste und noch mehr unbewusste Deutungen, Vorverständnisse, formale Verkürzungen ein, findet ein »Ausfiltern« von – angeblich oder tatsächlich – Unerheblichem statt. Denn jeweils entscheiden Menschen nach den jeweils geltenden individuellen und sozialen Bedingungen darüber, was »erheblich« genug ist, um in die Definition der Wahrheit eingehen zu können oder gar zu müssen. Dabei ist zu beachten, dass Strafrecht sich ja im Kern stets auf Vergangenheit bezieht: Es geht nicht darum, ob gerade jetzt der Himmel »blau« oder »farblos« ist, sondern was Herr A vor sieben Monaten dachte und Herr B tat.

Es ist offenkundig und unvermeidlich, dass zwischen dem realen Erleben des (Tat-)Geschehens und den Schilderungen in schriftlichen Urteilen erhebliche Differenzen bestehen. Nicht von ungefähr haben Zeugen oder Beschuldigte oft das Gefühl, das für sie »eigentlich« Wichtige stehe gar nicht in dem in »ihrem« Verfahren ergangenen Urteil, habe im Verfahren kaum eine Rolle gespielt und sei den entscheidenden Richtern gar nicht verständlich geworden. Strafverteidiger beklagen nicht selten, beim Lesen der schriftlichen Urteilsgründe hätten sie den Eindruck gehabt, dort werde über eine *andere* Verhandlung berichtet als die, an welcher sie teilgenommen haben.

Solche Effekte *können* auf bösem Willen beruhen, etwa weil Fehler, die in der Verhandlung oder in der Urteilsberatung gemacht worden sind, nachträglich auffallen und dann in den schriftlichen Gründen verdeckt werden sollen. Das ist aber eine seltene Ausnahme; in Kollegialgerichten würde sie überdies eine verschwörungsartige Absprache zur Unwahrheit voraussetzen, die für die Beteiligten ein hohes Risiko späterer Offenbarung bedeutete.

Die meisten Verzerrungen entstehen daher nicht böswillig, sondern sind eine fast notwendige, nur mit großer Aufmerksamkeit abzumildernde Folge des Verfahrensgangs, seiner Voraussetzungen und Kommunikationsstrukturen. Hieraus lässt sich aber nicht ableiten, dass der Strafprozess nicht auf die Erkenntnis von »Wahrheit« gerichtet wäre oder sich von diesem Anspruch lösen dürfe. Die Ungenauigkeiten und Beschränkungen der Wahrheits-Erkenntnis sind nur zu einem geringen – allerdings jeweils skandalösen – Teil das Ergebnis der Missachtung von allgemein vorausgesetzten Regeln der Erkenntnis. Zum größten Teil sind sie immanente Beschränktheiten. Die jeweiligen Protagonisten haben zu jeder Zeit geschworen, dass sie, wenn sie denn überhaupt existieren würden, jedenfalls vollständig unvermeidbar wären, dass ihre Kritik oder jeder Vorschlag zu ihrer Auflösung eine unvorstellbar schwierige Aufgabe sei und dass *daher* ein jeder, der das Gegenteil behauptet, ein Zerstörer der Wahrheit und der Legitimität sei. Die Erfahrung lehrt, dass das nicht immer, aber doch gelegentlich täuscht.

1.4. »Prozessuale Wahrheit« – Produzieren Strafprozesse lauter Lügen?

Es muss der oft verwendete Spruch in Zweifel gezogen werden, es sei zwischen der »wirklichen« (oder »materiellen«) und der »prozessualen« Wahrheit zu unterscheiden. Dies gilt im deutschen Recht am ehesten im Bereich des Zivilrechts, wo der »Beibringungsgrundsatz« gilt: Es wird im Zivilprozess davon ausgegangen, dass jede »Partei« die für sie günstigen Tatsachen vorbringt; Beweis ist grundsätzlich nur zu erheben, wenn eine für den Verfahrensausgang wichtige Tatsache zwischen den Parteien streitig ist. Damit gilt, dass das, was nicht bestritten wird, als »unstreitig« zugrunde gelegt werden kann und muss; das Zivilgericht ist nicht berechtigt, von sich aus zu erforschen, ob einseitig behauptete, aber nicht bestrittene Tatsachen »wirklich wahr« sind.

Ein Strafprozess funktioniert ganz anders, denn hier stehen sich – in Gestalt von Staatsanwaltschaft und Beschuldigtem – nicht gleichberechtigte »Parteien« gegenüber, sondern der Staat nimmt einseitig und »von Amts wegen« (§ 152 StPO) Zugriff auf den beschuldigten Bürger. Daher ist übrigens auch die häufig formulierte Sicht der Dinge verfehlt, wonach die Staatsanwaltschaft als Anklagebehörde Strafprozesse »verliere«, wenn keine Verurteilung erfolgt (und andernfalls entsprechend »gewinne«). Das ist eine am US-amerikanischen Parteienrecht orientierte Sichtweise, die nicht nur »falsch« ist, sondern das Wesen des in Deutschland geltenden Strafverfahrensrechts grundsätzlich missversteht.

Daran ändert auch das Schlagwort von der »Waffengleichheit« zwischen Anklagebehörde und Verteidigung nichts, denn dies betrifft die Verfahrensfairness, nicht aber den Prozessgegenstand. Staatsanwälte, die es als »Niederlage« empfinden oder gar »beleidigt« sind, wenn ein Strafgericht ihrem Antrag auf

Verurteilung (oder: Freispruch) nicht, nicht vollständig oder nicht in allen Punkten folgt, haben ihren Job nicht begriffen und fallen subjektiv auf Bilder herein, die der Sache nicht angemessen sind. Denn die Annahme, es sei Aufgabe, Wesen oder Pflicht von Staatsanwälten, möglichst hohe Strafen gegen Beschuldigte zu erwirken, ist nicht mehr als eine – in der Realität leider überaus wirksame – Verdrehung der rechtsstaatlichen Aufgabe.

Dahinter steckt eine vertrackte Denk- und Argumentationsstruktur, die in einem Brei von Realität und Fiktion, Gerechtigkeitsanspruch und medialer Verdrehung immerzu auf das *Eine,* Wirkliche und daher *Zweifelsfreie* zielt: auf die »Wahrheit« von Schuld und Unschuld, Täter und Opfer, »Grund« und »Zufall«. Eine exzessive Kriminalliteratur, die vom Publikum mit obsessiver Neugier zur Kenntnis genommen wird, befasst sich mit dieser Rationalität, ganz überwiegend ohne jeden Ausweg aus den schlichten Konstruktionen des jeweils »wahren Mörders« (Wer schüttete das Gift in den Sherry von Lady XY?).

Dahinter stehen, durchweg unbewusst, mächtige Denkstrukturen und emotionale Bedürfnisse, die man nicht allein durch wissenschaftliche Erläuterungen verdrängen kann. Dies ist eine Erkenntnis, die als zugleich furchterregend und beeindruckend empfunden werden kann: Die Definition von Wahrheit und die Zuweisung von Verantwortung vollziehen sich in den Gesellschaften offenkundig in wesentlich längeren, unüberschaubareren Bewegungen, als man es aus jeweils normativen, rechtspolitischen Programmsätzen entnehmen könnte (oder können soll).

Schlussfolgerung: Wir können den vom Bundesverfassungsgericht und vom Bundesgerichtshof oft wiederholten Grundsatz, Aufgabe des Strafprozesses sei »die Erforschung der materiellen Wahrheit«, auf der Grundlage unserer Vorstellungen von Rationalität und Wirklichkeit nicht aufgeben. Es drängt sich aber auf, dass dieser Grundsatz nur einen (vielleicht gar kleinen) Teil der sozialen Wirklichkeit erfasst und dass mindestens gleichberechtigt daneben Bedürfnisse nach Rechtsfrieden, Gewaltverteilung, Staatslegitimation und Gerechtigkeit stehen. Diese Ziele stehen nicht neben, unter oder über dem Postulat von Wahrheit, sondern sind Teil ihrer sozialen, kommunikativen Konstruktion: Vereinbarungen über die Abgrenzungen von relevanten und irrelevanten Bedingungen des Strafens. »Wahrheit« und »Wahr-haben-Wollen« (und -Können) stehen in einem außerordentlich engen, im Rückblick nicht selten peinlich verschmolzenen Zusammenhang. Es war ja »die Wissenschaft« und nicht etwa der in Propaganda-Kampagnen beschworene »unerschütterliche Glaube«, der zwischen 1933 und 1945 in Deutschland zur »Wahrheit« von angeblichen Verbrechen definierte, dass vorgebliche Verbrechen durch Menschen begangen wurden, welche man als minderwertige Fremde ausgrenzte. Selbst diese vollständig irrationale NS-Theorie konnte sich also keineswegs, wie sie behauptete, auf »germanische«, »unvordenkliche« oder gar »biologische« Legitimationen berufen.

Insofern ist selbst der deutsche Triumph des scheinbaren Irrationalismus überaus ambivalent: Selbst die fanatisierten, aufgehetzten und verängstigten Massen des sogenannten »Dritten Reichs« (oder sagen wir: des »Tausendjährigen Reichs«, einer von Hitler plagiierten Figur aus der Offenbarung des Johannes, mit Herrn Hitler in der Rolle des Messias) hätten nicht wirklich »geglaubt«, dass dem Frauenschwarm Hitler allnächtlich die Vorsehung erscheine und offenbare, wer zu ermorden, wer zu enteignen und wer zu berauben sei. Die deutsche Frau an der Front des Glaubens und ihr deutscher Mann an der Front der Vernichtung des Unterwertigen waren vielmehr davon »überzeugt«, dass »die Wissenschaft« festgestellt habe, das europäische Judentum müsse vernichtet und Stalingrad müsse gehalten werden. Selbst im Sportpalast am 18. Februar 1943 beschwor Josef Goebbels nicht etwa den Glauben an die Germanengötter und rief nicht Thor und Odin als Vollstrecker von Wahrheit herbei. Sondern er fragte die Bereitschaft der Bevölkerung ab, den Verwaltungsvorschriften der Herren Speer und von Schirach zu folgen. Das macht in erstaunlicher Weise deutlich, wie unglaublich tief sich die Denk-Strukturen der Aufklärung und der Rationalität im individuellen und kollektiven Bewusstsein verankert haben: Selbst vollkommen durchgedrehte, irrationale Legitimations-Behauptungen können nur reüssieren, wenn sie den Eindruck erzeugen, im Bund mit der »Wissenschaft« zu sein. Vor 1000 Jahren, also am Beginn der von einem Vorsitzenden der Partei »AfD« im Juni 2018 behaupteten »tausendjährigen deutschen Erfolgsgeschichte«, wären Argumentationen, die auf eine Wissenschaft von der »Leitkultur« oder eine Wissenschaft vom Islam abhoben, als ketzerischer Unsinn mit dem Tod bestraft worden.

1.5. Beispiele

Nirgendwo kann man das besser sehen als in der Diskussion über die »objektive Zurechnung« und strafrechtlich relevante Kausalität. Ein Beispiel: (1) 100 000 Menschen pro Jahr sterben in Deutschland an Lungenkrebs. (2) 90 Prozent aller tödlichen Lungenkarzinome werden durch Tabakrauchen verursacht. (3) Bedingt vorsätzliche Tötung von Menschen wird mit Freiheitsstrafe von fünf bis fünfzehn Jahren bestraft. (4) Noch niemals ist in Deutschland eine Person wegen vorsätzlicher (oder auch nur fahrlässiger) Tötung anderer Menschen durch Herstellung, Vertrieb, Werbung oder Unterstützung von/für hochgiftige Tabakprodukte verurteilt worden. Wenn man unterstellt, dass die Anwendung der geltenden »Äquivalenzregel« der Kausalität (dies bedeutet: alle Ursachen sind »äquivalent«, also gleich viel wert) ohne jeden Zweifel dazu führt, dass Tabakvertreiber »kausal« für den Tod von 90 000 Menschen verantwortlich sind, und weiterhin, dass jeder professionell damit Befasste dies weiß, kommt man auf 90 000 nicht verfolgte und nicht geahndete Tötungsdelikte (§ 222 oder § 212 StGB) pro Jahr allein aus dieser Industrie. Wie legitimieren dies die Strafrechtswissenschaft und -praxis? Ist es »wahr«, dass die Manager von Tabak-Unternehmen in jedem Jahr in Deutschland 90 000 Verbrechen des Totschlags begehen, ohne dass irgendeine Strafverfolgungsbehörde auch nur erwägt, dies zum Anlass für Strafverfolgung zu nehmen? Oder ist es eine »tendenziöse« Behauptung ohne legitimen Wahrheits-Anspruch?

In der Strafrechtstheorie heißt das für solche Fälle reservierte Zauberwort seit 30 Jahren: »objektive Zurechnung« – wenn alles für alles »kausal« ist, muss man eine Auswahl treffen, damit nicht am Ende jeder und jede für alles und jedes Schadensereignis verantwortlich gemacht werden können. Denn siehe: Die Mutter des Serienmörders ist ohne Zweifel *kausal* für dessen Taten, denn sie hat ihn geboren und gefüttert. Vor 1000 Jahren hätte man sie vielleicht schwer bestraft, weil sie schuldig gewesen sei an der Hervorbringung des Unglücks. Im Jahr 2018 wird man das nicht tun, sondern ihr die Selbsthilfegruppe »Mein Sohn ist ein Mörder« empfehlen.

Nicht anders liegt die Problematik in vielen anderen Fällen: Sind (deutsche) Politiker des Totschlags (durch Unterlassen) schuldig, wenn (sicher erwartbare) Migranten im Mittelmeer ertrinken oder (sicher erwartbare) Kinder im Südsudan verhungern? Ist ein Innenminister »schuldig«, wenn ein Strafgefangener ausbricht und eine schwere Straftat begeht? Sind Sozialarbeiter, Nachbarn, Verwandte wegen Totschlags durch Unterlassen oder fahrlässiger Tötung zu bestrafen, wenn Kinder gequält oder missbraucht werden? Die öffentlichen Empörungswellen bedienen solche Fragen oft mit schlichten und widersprüchlichen Antworten: Wer heute als »Opfer der Umstände« gilt, kann schon morgen als verachteter Täter ausgegrenzt sein.

Das Recht kann sich an solchen Stimmungen nicht orientieren. Strafrecht besteht aus *Regeln,* die ihrer Natur nach über den Einzelfall hinausreichen und daher eine Entscheidungsstruktur vorgeben müssen, was »kausal« – meint: wichtig, verhandelbar, zu verantworten – ist. Zwischen die Regeln der »reinen« (wie wir gesehen haben: allemal schon sinnhaft vorgeprägten) Kausalität (Ursache – Wirkung) fügt das Recht daher nochmals normative Puffer ein: Abfederungselemente, die verhindern, dass aufgrund mechanischer Ursachenzurechnung eine unüberschaubare Zahl von Verantwortlichen entsteht. Eines dieser Elemente ist der Gesichtspunkt der »Eigenverantwortlichkeit«. Er ist seinerseits nicht von überzeitlicher Natur, sondern in hohem Maß abhängig von sozialen Vereinbarungen und gesellschaftspolitisch geprägten Ansichten darüber, ob es das überhaupt gibt, was es sein und ob es eine Bedeutung haben soll.

»Objektive Zurechnung« heißt im juristischen Jargon die theoretische Pufferkonstruktion, die verhindert, dass deutsche Minister für die Katastrophen im Kongo oder das Ertrinken von Migranten im Mittelmeer, deutsche Manager für Krebserkrankungen durch Feinstaub und Tabakrauch oder deutsche Bürger für das Verhungern von Säuglingen in Niger als »kausal« und »verantwortlich« angesehen werden. Diese Zurechnungs-Methoden gelten vielfach als selbstverständlich, sind es aber nicht. Unter Ramses II. oder Kaiser Karl V. hätte sich kein Minister damit herausreden können, dass die Sache gut gemeint, aber die Bürger leider nicht willens gewesen seien. Und als fernes Echo jener Zeit erklären uns auch heute noch aufgeregte »Live«-Reporter von den fiktiven Orten des Geschehens, wer hier oder da »politisch verantwortlich« oder als »Bauernopfer« vernichtet oder »nicht mehr vermittelbar« sei: Menschen ohne jede persönliche Schuld außer der, nicht getan zu haben, was auch sonst niemand getan hat oder in Erwägung zog zu tun. Pure Symbolik also. Erhellend ist die Erfahrung, dass diejenigen Personen, die es trifft, jeweils jede Symbolik bestreiten.

»Wahrheit« ist also, gerade auch im Strafrecht, eine durchaus schwierige Angelegenheit, denn zum Ersten ist nicht von vornherein klar, was überhaupt Gegenstand und Inhalt von Wahrheit ist. Zum Zweiten sind die stets eingeschränkten Möglichkeiten zu bedenken, »wahre« Tatsachen zu erkennen und sich kommunikativ darauf zu einigen. Zum Dritten setzen Regeln des Verfahrens, denen Wertungen zugrunde liegen, der Wahrheitsermittlung Grenzen. Dennoch können Gesellschaft und Justiz die schwierige Aufgabe, sich um Wahrheit zu bemühen, obwohl zugleich deren Begriff selbst sich verändert, nicht einfach »aufgeben« oder radikal vereinfachen. Es geht um ein Fundament, das sich nicht auf die »Wirklichkeit« des (jeweils) eigenen Erlebens beschränkt, sondern um ein Bewusstsein von »Wahrheit«, das auf sozialer Verantwortung, Kenntnis und Reflexionsfähigkeit beruht. Diese Basis haben die modernen Gesellschaften mühsam genug erreicht.

Eine letzte Stufe der Verdichtung und Abstraktion erlangt die Lebenswirklichkeit des Verbrechens auf der Stufe der »Revision«, die bei allen Verfahren, die in erster Instanz beim Landgericht oder Oberlandesgericht geführt werden, das einzige zulässige Rechtsmittel gegen das Urteil ist. Hier verwandelt sich die Wirklichkeit in der Form, die sie durch die erste Instanz erhalten hat, endgültig in ein Verfahren im weiteren Sinn, eine hoch verdichtete Sachverhaltskonstruktion, deren Zusammenhang mit dem Ausgangsereignis nicht nur vielfach vermittelt, sondern auch inhaltlich aufgelockert ist und den Anspruch, Wirklichkeit abzubilden, auf die Ebene von Postulaten verlagert. Das sogenannte tatrichterliche Urteil tritt hier an die Stelle der lebensweltlichen Fakten, denn Revisionsrichter sehen und hören nicht Beschuldigten, Zeugen und Sachverständigen zu, sondern lesen allein das schriftliche Urteil der ersten Instanz und prüfen, ob darin »Rechtsfehler« enthalten sind.

Wenn in einem Urteil steht, der Angeklagte sei verurteilt

worden, weil der Zeuge X glaubhaft ausgesagt habe, dass er den Angeklagten bei der Tat gesehen habe, dann kann das in der Revision nicht mit der Behauptung angegriffen werden, X sei gar nicht vor Ort gewesen oder X habe genau das Gegenteil gesagt: Ein »Rechtsfehler« ist aus dem Urteil nicht erkennbar, und bloße Tatsachenfehler können zwar mit der Berufung, aber grundsätzlich nicht mit der Revision gerügt werden.

Der Begriff des »revisionssicher« geschriebenen Urteils wird gern mit einer gewissen Abschätzigkeit verwendet. Dahinter steckt die unausgesprochene Behauptung, Revisionssicherheit bestehe in einer mehr oder minder »hingebogenen«, illegitimen Veränderung, Beschönigung oder Verheimlichung der »wirklichen Wahrheit«, insbesondere der Ergebnisse der Beweisaufnahme. Dies sind Vermutungen, die man je nach Geschmack und Einstellung vertreten kann oder nicht; Beweise dafür sind, solange nicht die gesamte Hauptverhandlung aufgezeichnet wird, sehr selten möglich. Deshalb sollte man sich nicht mit denunziatorischen Mutmaßungen aufhalten, sondern potenzielle Fehlerquellen beseitigen.

Im hier angesprochenen Zusammenhang ist wichtig: Selbst wenn es so wäre, würde es sich nicht um eine fernliegende Fehlfunktion des Verfahrens handeln, sondern um einen bloßen Ausdruck seiner Regelhaftigkeit. Es ist unvermeidlich, dass mit der Entfernung des Revisionsgerichts von der Lebenswelt und mit der formalen Synchronisierung von Tatsachen und Akten eine gravierende Entfremdung und Entfernung eintritt. Die Wirklichkeit des Lebens wird im Revisionsverfahren auf das Maß der Akte reduziert. Diese Entfremdung ist für Beteiligte des Ausgangsverfahrens subjektiv schwer erträglich und wird daher mit allerlei personalisierenden Mutmaßungen umgeben, die selbst dann, wenn sie stimmen würden, weithin unerheblich wären.

2. Gerechtigkeit – Ewiges Konzept oder veränderliche Konvention?

Ohne die Erforschung der materiellen Wahrheit, so sagt das Bundesverfassungsgericht, »kann Gerechtigkeit nicht verwirklicht werden«. Das ist eine Aussage, die starke und dezidierte Programmsätze enthält: Es gibt materielle, also »wirkliche« Wahrheit und Unwahrheit; es gibt ein normatives und empirisches Konzept, auf dessen Grundlage zwischen beidem unterschieden werden kann, und es gibt eine (zumindest heute gültige) Vorstellung von Gerechtigkeit, die mit der Wahrheit oder der Verpflichtung zu deren Vorstellung nicht substanziell und zwingend verbunden ist: »Ohne Wahrheit keine Gerechtigkeit«, könnte man daraus schließen, würde aber überinterpretieren.

Denn was Wahrheit wirklich ist, und ob sie im Einzelfall zutreffend und ausreichend erforscht wurde, weiß das Verfassungsgericht auch nicht: Man liest in den Entscheidungen mal dieses, mal jenes, mal »Korrespondenztheoretisches«, mal »Konvergenztheoretisches«, mal »Kommunikationstheoretisches« über die Wahrheit, je nachdem, welcher Professor für Staatsrecht gerade Berichterstatter ist oder welcher wissenschaftliche Mitarbeiter den Beschlussentwurf geschrieben hat. Das ist nicht schlimm, denn bei allem begrifflichen Weihrauch hält sich das Gericht aus dem philosophisch-soziologischen Konzeptstreit weise heraus und tut, was Gerichte können: Es entscheidet über Einzelfälle auf der Grundlage plausibler und legitimierbarer Regelsätze. Wenn man ein Gericht zur Hälfte mit habilitierten Rechtsprofessoren besetzt, erlangt man im Zweifel Entscheidungen, deren Denk- und Wahrheitsstruktur derjenigen von habilitierten Rechtsprofessoren entspricht.

Man könnte daher vielleicht behaupten: »Gerechtigkeit« sei nur ein sprachliches Konzept über dem viel wichtigeren Postulat von »Wahrheit« und »wirklicher Kommunikation«; ihre endlos um sich selbst kreisenden Beschreibungen seien nur »verschiedene Interpretationen der Welt« (Karl Marx), auf die es nicht ankommt angesichts der Aufgabe, »sie zu verändern«.

Ob es »gerecht« war, im Jahr 33 in Jerusalem einen Wanderprediger aus (angeblich) Nazareth wegen staatsfeindlicher Hetze zu einer überaus brutalen (aber nicht ungewöhnlichen) Todesstrafe zu verurteilen, darüber hatten die Fachleute der römischen Präfektur in dem extrem unruhigen und permanent terroristisch verunsicherten Außenposten der Pax Romana gewiss eine andere Ansicht als Wohlfühl-Follower von 2018. Entsprechendes gilt für 99,9 Prozent aller anderen Strafentscheidungen der letzten 5000 Jahre.

Damit soll keinesfalls gesagt sein, die Hinrichtung von »Ketzern«, die Verstümmelung oder Vernichtung von sozial Abweichenden, die Verfolgung von armen Schluckern oder intellektuell Widerspenstigen sei gerecht oder jedenfalls gut gemeint gewesen. Sondern eher, dass der Begriff der Gerechtigkeit keine weitreichendere Bedeutung hat außer der, das jeweils »Richtige« zu bezeichnen.

Das impliziert zweierlei: Zum Ersten kann »Gerechtigkeit« nicht in einem ahistorisch-populären Sinn verwendet werden. Wenn Frauen ägyptischer Pharaonen getötet und mit diesen begraben wurden, war dies zweifelsohne »barbarisch« aus der Sicht des 21. Jahrhunderts. Ob es »ungerecht« war, ist eine unterkomplexe Fragestellung. Denn Gerechtigkeit ist nicht ein Konzept, das den Menschen aus einer höheren Perspektive gegeben oder gar als Pflicht »aufgegeben« ist; es gibt – nach moderner Auffassung des säkularen Staates – keine moralisch überzeitliche Instanz, die eine solche Norm und ihre Maßstäbe bereithält und die Jahrtausende danach bewertet. »Gerechtigkeit«

ist ein Begriff von Menschen in ihrer konkreten sozialen Existenz, also: eine Funktion von Kommunikation.

Zum Zweiten aber kann nicht wahllos zwischen Ebenen der Bedeutung gewechselt oder gewählt werden: Wenn und solange man erkannt hat, dass die Definition der Welt bestimmt wird vom Prinzip des Subjekts und der Person, also der persönlichen Verantwortung, kann man nicht mit dem Hinweis auf »Gerechtigkeit« Menschen wegen ihrer bloßen Zugehörigkeit zu ethnischen, religiösen oder sozialen Gruppen »bestrafen« oder präventiv ausgrenzen. Es steht politischen Systemen nicht (»philosophisch«) frei, aus ideologischen Gründen zu irgendwelchen Konzepten von angeblicher »Gerechtigkeit« überzugehen oder zurückzukehren, die sich mit dem Stand der Zivilisation und sozialen Entwicklung nicht vereinbaren lassen. Das ist keine Funktion aus bloßer Normativität: Es kommt also letzten Endes nicht darauf an, ob die Vereinten Nationen oder andere internationale oder nationale Gremien *beschlossen* haben, was Gerechtigkeit sein soll und dass man sich danach zu richten habe. Vielmehr sind solche normativen Regeln ihrerseits Ergebnisse sozialer Verständigung auf jeweils gegebener Grundlage.

Eine zum Beispiel völkisch-rassistisch begründete angebliche Gerechtigkeit, wie sie heute von rechtspopulistischen Bewegungen vertreten wird, hat daher keinerlei Legitimation. Das bedeutet nicht, dass ein Zerfall von kulturellen Standards solche Legitimationen nicht wieder hervorbringen könnte. Es gibt keine Zwangsläufigkeit oder »historische Notwendigkeit« von Moderne und Fortschritt, wie sie etwa ein sogenannter »Marxismus« behauptet (hat).

Dennoch gibt es, soweit ersichtlich, anthropologische und soziale Konstanten in der Definition von Gerechtigkeit. Diese liegen selbstverständlich nicht im Einzelfall oder auf der Ebene spezieller Norm-Systeme, sondern berühren Grundlagen der sozialen Existenz. Das Prinzip der *Reziprozität,* das heißt der (»fairen«) Gegenseitigkeit, ist eine Konstante, die sich über lange Zeiträume in zahllosen menschlichen Kulturen findet. Es hat mit den Funktionen von Empathie und Gesellschaft überhaupt zu tun und reflektiert auf normative Weise die Bedingungen von Herrschaft und Unterordnung: »Gerecht« ist, Gleiches mit Gleichem zu beantworten, Vertrauen nicht zu missbrauchen, dem anderen »Chancen« einzuräumen, Individualität zu verwirklichen und sich seinerseits als »gerecht« zu erweisen.

Gerechtigkeit ist ein moralisch-normatives Konzept, das tief in der Alltagskultur, in Denken und Sprache verwurzelt ist. Fast jeder hat eine »spontane« Meinung darüber, was in einer gegebenen Sachlage »gerecht« ist; die Frage ist außerordentlich häufig Gegenstand von Kommunikation im öffentlichen und privaten Bereich. Trotzdem ist beinahe jedem klar, dass es nicht ausreichen kann, eine jeweils subjektiv definierte Gerechtigkeit zu fordern, und dass die Beurteilungen in hohem Maß von Interessen abhängig sind, die in der jeweils behandelten Sache verfolgt werden.

Das Recht, gerade auch das Strafrecht, soll daher eine »allgemeine« Gerechtigkeit herstellen: eine, die zwischen den bloßen Interessen ausgleicht, die quasi neutral und übergeordnet ist. Deshalb kann eine Justiz nicht glaubwürdig sein, die rechtliche Entscheidungen mit subjektiven Interessen vermischt, etwa indem Richter selbst – unmittelbar oder mittelbar – »Partei« des Verfahrens sind: Ein Richter, der mit dem Beschuldigten oder dem mutmaßlichen Tatopfer verwandt ist, ist per Gesetz von der Entscheidung ausgeschlossen, denn es wird von ihm nicht erwartet, dass er »gerecht« urteilt. Es ist daher ein wenig überraschend, dass viele Personen, die Prozesssubjekt, Betroffene, Beschuldigte von (Straf-)Verfahren sind, gleichwohl meinen, ihre eigene subjektive Sicht der Dinge sei »gerecht« und das Gericht habe diesen Auftrag verfehlt.

Der viel zitierte Sinnspruch einer ehemaligen DDR-Bürgerrechtlerin, bezogen auf die Folgen der deutschen Wiedervereinigung, lautet: »Wir haben auf Gerechtigkeit gehofft und das Recht gekriegt.« Das ist larmoyante Moral pur, eine Klage an eine übergesetzliche Instanz. Sie ist nicht illegitim, aber verzerrend, denn die Sprecherin könnte ja, wenn sie angeben sollte, worin die (nicht eingetretene) Gerechtigkeit bestanden hätte, nur Postulate aufstellen, die schon eine Minute später von anderen bestritten würden.

Man muss also, um in der sozialen Wirklichkeit dem Anspruch auf Gerechtigkeit Genüge zu tun, ihn in Regeln umsetzen, die allgemein akzeptabel sind. Gerichtsbarkeit, staatliche Justiz, Justizförmigkeit, Unabhängigkeit der Richter, Subjekt-Stellung der Verfahrensbeteiligten – all dies sind Institute und Systeme, die dem Rechnung tragen (sollen). Das Erste, was eine Gesellschaft macht, um ein System von »Gerechtigkeit«, also Fairness und Ausgleich zu schaffen, ist, eine legitimierte Entscheidungsinstanz zu bilden und aus der unmittelbaren Konfrontation der Interessen auszugliedern; Entscheider, Neutrale, Schlichter, einen Rechtsstab. Das wird, historisch betrachtet, immer wieder durchbrochen von (im Sinne Max Webers: »charismatischen«) Aufbrüchen und Aufwallungen: Gerechtigkeit als revolutionäre Idee, als erlösende Eingebung oder als Programm einer wie auch immer begründeten »Gesendetheit«. Das hält aber, zwangsläufig, nicht lange.

3. Integration und Prävention – Welche Zwecke verfolgt Strafrecht?

Wozu *dient* Strafrecht? Sogenannte »absolute« Theorien beantworteten das früher mit Verweisen auf überhistorische, »natürliche«, religiöse Prinzipien: »Vergeltung«, »Ausgleich von Schuld« und anderes. Solche Theorien halten der Überprüfung nicht stand, weil sie sich auf einer rein begriffsfixierten Ebene bewegen. Sie nehmen die Worte und Begriffe für die Wirklichkeit. Denn was zum Beispiel »Schuld« und was »Ausgleich« ist, ist ja gerade die Frage, und diese ist nicht absolut zu beantworten, sondern nur nach Maßgabe der jeweils historisch geltenden Rationalität. Das »Absolute« in der menschlichen Zivilisation ist, wie die Geschichte lehrt, in jeder Hinsicht *relativ*.

Gerechtigkeit *durch* Strafrecht muss daher anders definiert werden: als soziales Phänomen, Ergebnis und Struktur einer Verständigung zwischen wirklichen Menschen, nicht zwischen »Ideen«. Strafrecht – allgemeiner: formelle Sanktionierung von abweichendem Verhalten – dient dazu, abweichendes Verhalten zu verhindern. Das ist banal und kompliziert zugleich. Es bedeutet aber vor allem, dass, genau besehen, das System des Strafens nicht »für« die fünf Prozent einer Gesellschaft besteht, die als »abweichend« ausgewählt und sanktioniert werden, sondern um der Gesamtheit, jedenfalls der 95 Prozent Übrigen willen.

Strafe ist ein formeller Teil sozial negativer Sanktionierung von als abweichend angesehenem Verhalten. Es liegt auf der Hand, dass eine solche Sanktionierung erfolgt, um das bestrafte Verhalten zu verhindern: Die Mitglieder der Gesellschaft sollen es aus Furcht vor Strafe unterlassen, Handlungen zu begehen, die mit Strafe bedroht sind. Diese Funktion nennt man »Abschreckungsfunktion« oder »negative Generalprävention« – »negativ«, weil sie auf das Unterlassen, also ein Nicht-Handeln abzielt; »general«, weil sie nicht auf eine bestimmte Person, sondern auf einen allgemeinen Abschreckungseffekt setzt.

Dieser Effekt steht in der öffentlichen Diskussion oft weit im Vordergrund, weil er einerseits einen Rückgriff auf reine »Rache«-Motive des Strafens vermeidet, die in unserer Gesellschaft in der Regel nur noch unmittelbar Betroffenen zugestanden werden, öffentlich aber als eher unzivilisiert gelten, und weil er andererseits eine fast beliebige Spekulation über die »Wirkung« von Strafdrohungen erlaubt. Dies hat erhebliche kommunikative Vorteile, wenn es etwa darum geht, die eigene Überzeugung zu demonstrieren, dass Verbrechen nicht begangen werden sollten, und die eigene Entschlossenheit, dieses Ziel zu erreichen. In der schlichtesten, aber leider häufigsten Version liegt dem ein quantitatives Konzept zugrunde: Je höher die Strafdrohung, desto geringer die Neigung, die betreffende Straftat zu begehen. Auf dieser Grundlage beruht die endlos wiederkehrende rechtspolitische Forderung, gesetzliche Strafdrohungen zu erhöhen.

Das Konzept ist nicht von vornherein falsch, aber viel zu banal. Wäre beispielsweise die vorsätzliche Tötung von Menschen mit einer Höchststrafe von einem Jahr Freiheitsentzug oder Geldstrafe bedroht, könnte man annehmen, dass die Zahl der »abwägenden« Tötungsdelikte zunehmen würde, weil viele Menschen, unabhängig von moralischen Erwägungen, zu der Erkenntnis kämen, das sei es ihnen »wert«. Es gibt also eine gewisse funktionale Untergrenze für Sanktionsdrohungen. Andererseits spricht aber nichts dafür, dass ein zu Wohnungseinbrüchen geneigter Mensch eine Höchststrafe von zehn Jahren »einkalkuliert« und in Kauf nimmt, eine solche von zwölf Jahren ihn aber von der Tat abhalten würde.

Strafrahmendifferenzierungen des Gesetzes haben daher häufig eher systematische als kriminologische Plausibilität: Wenn etwa beim Raub (§§ 249, 250, 251 StGB) verschiedenste Normalstrafrahmen von einem Jahr bis zu lebenslang angedroht sind, die sich bei Anwendung von Vorschriften des Allgemeinen Teils auf einen Rahmen von fünf (!) Tagessätzen à einen (!) Euro bis lebenslang erweitern lassen, liegen dem Erwägungen zugrunde, die in der Realität der Tatbegehung kaum eine Rolle spielen.

Beispiel: Ein Überfall auf eine Tankstelle ist mit einer Strafe von drei bis 15 Jahren bedroht, wenn der Täter mit einer täuschend echt aussehenden ungeladenen Schreckschusspistole droht; ebenso, wenn er in der Hosentasche ein Taschenmesser hat, mit dem er *nicht* droht. Wenn die Schreckschusspistole *geladen* ist, steigt die Mindeststrafe auf fünf Jahre. Wenn der Täter der Kassiererin eine ungefährliche Spielzeugpistole in den Rücken drückt, liegt die Mindeststrafe bei drei Jahren; wenn er dazu den Zeigefinger oder einen Kugelschreiber nimmt, beträgt sie ein Jahr, obwohl die Todesangst des Opfers genau gleich ist.

Solche Erwägungen spielen im Bewusstsein der realen Täter in der Lebenswirklichkeit kaum eine Rolle. Denn die Täter und Täterinnen kalkulieren, von einer gewissen Grenze an, nicht mit der Strafdrohung, sondern mit der Wahrscheinlichkeit ihrer Ermittlung und Verurteilung. Ein Besitzer von kinderpornografischen Darstellungen wird nicht dadurch von der Tat abgeschreckt, dass die Mindeststrafe von einem auf drei Monate heraufgesetzt wird, sondern dadurch, dass statt fünf Prozent 20 Prozent der Täter ermittelt werden.

An der obersten – in Deutschland nicht relevanten – Grenze gibt es eindrucksvolle Belege dafür, dass die bloße Steigerung von Strafdrohungen keine real präventive Wirkung hat: In den USA lässt sich eine unterschiedliche Tathäufigkeit von Tötungsdelikten in Staaten mit und solchen ohne Androhung von Todesstrafen seit Jahrzehnten nicht feststellen: Niemand begeht einen Mord mit der Überlegung, »lebenslang« sei ihm/ihr das wert, und nur äußerst wenige Menschen unterlassen einen Mord mit der Begründung, sie nähmen zwar eine lebenslange Inhaftierung, aber nicht ihre Tötung in Kauf.

Andere Fehlerquellen eines schlichten Drohungskonzepts liegen in der Unterschiedlichkeit der Tatbestände und der Tatmotive. Beziehungs-, Spontan-, Neigungs- oder Jähzorntaten werden meist nicht nach Abwägung von Strafrahmen begangen. Vorstandsmitglieder von Aktiengesellschaften entscheiden sich für oder gegen Untreue- oder Betrugstaten nicht nach der Erwägung, ob sie, wenn es schlecht ausgeht, zwei Jahre oder drei Jahre inhaftiert werden könnten. Eine bloß quantitative Abwägung von Strafdrohungen ist daher eine recht naive Analogie eines Schemas von »Angebot und Nachfrage«, »Kosten und Nutzen«, trifft die Realität aber nur eingeschränkt. Wer das nicht glaubt, möge sich überlegen, ob und wie stark eine Erhöhung der Geldbußen für Geschwindigkeitsüberschreitung sein eigenes Fahrverhalten beeinflussen und welche unzutreffenden Angaben in Steuererklärungen er/sie unterlassen würde, wenn die Mindeststrafe für Steuerhinterziehung von einem auf drei Monate erhöht würde.

Soziologisch-funktional betrachtet, ist der Zweck von negativen Sanktionen ersichtlich, den Mitgliedern der jeweiligen Gesellschaft zu signalisieren, was »gut« und was »schlecht« ist: Es sollen möglichst viele Personen dazu gebracht werden, das Schlechte zu unterlassen und das Gute zu tun. Das nennt man in der Fachsprache »Positive Generalprävention«.

Die rechtswissenschaftliche Community traut dieser Sache aber nicht so recht, weil sie so »soziologisch« und allgemein daherkommt, ein wenig nach Systemtheorie riecht und daher, wenn man es zu Ende denkt – was Stärke und Stolz der Juristen ist –, zu Folgerungen führen könnte, die mit einem auf mit Menschenrechten ausgestattete Individuen und persönliche Schuld bezogenen Strafrechtskonzept schwer vereinbar sind. Konkret: Käme es allein darauf an, Menschen vom Raub abzuhalten, wäre es eigentlich egal, ob man zwei *schuldige* Räuber oder zwei *Unschuldige* öffentlich bestraft: Das Volk vernimmt die Botschaft in beiden Fällen und geht gestärkt im Glauben an das Recht nach Hause.

Das ist aber natürlich eine Verzerrung. Sie beruht auf der Neigung von Dogmatikern, ihre eigenen Theorien für die Wirklichkeit zu nehmen und aus dem Ersinnen eines wissenschaftlichen Begriffssystems zu schließen, es handle sich dabei nicht um eine idealtypische Perspektive, sondern um eine Spiegelung der Wirklichkeit. Das ist bei Rechtswissenschaftlern besonders verbreitet, die ihr ganzes Berufsleben in einer Sphäre der Normativität (des »Sollens«) verbringen und daher oft davon überzeugt sind, dass die Welt dreigeteilt sei in (1) eine Ebene des Systematischen, (2) eine Ebene des unzureichend Realen und (3) eine (exklusiv juristische) Ebene des »real Gesollten« (oder »gesollt Realen«), also eine Fantasiewelt des möglichst lebensfernen Umsetzens von Systematik in Bilder einer fiktiven Wirklichkeit. Diese Diskussionsmethode ist unter Juristen verbreitet und führt regelmäßig zu nichts, wird aber deshalb nicht verworfen; vielmehr wird sie oft in einer weiteren Schleife ihrerseits als »Theorie« oder gar »Methode« bezeichnet, was zu neuerlichen Anstrengungen derselben Art Anlass gibt.

»Positive Generalprävention« ist eine Grundbedingung sozialen Lebens. Wie anders als durch »Integration« sollte eine menschliche Gesellschaft existieren? Abweichler werden ausgestoßen, bestraft, getötet: Selbstverständlich immer auch mit dem Ziel, die *anderen* davon zu überzeugen, dass die Norm gilt, die Vorschrift sinnvoll, die Regel gültig, die Macht legitim ist. In einer Schimpansengruppe wird »bestraft«, wer gegen die Regeln der Hierarchie verstößt. Dass hierdurch kleine und/oder machtlose Schimpansen lernen, dass es diverse Regeln gibt und dass sie »gelten«, ist offenkundig und banal, sozusagen »Sinn der Sache« – gleichgültig, wie reflektiert dieses Lernen ist. Menschen reflektieren Normen und Regeln in höchstem Maß; sie sind mit fast nichts so sehr beschäftigt wie damit.

Das schließt aber natürlich nicht aus, sondern impliziert gerade, dass auch die Reflexion selbst wieder zum Gegenstand der Kommunikation und Reflexion wird. »Menschenrechte« sind kein Produkt von Natur, sondern von menschlicher Kommunikation, ebenso wie Strafe. Es ist daher ein (»systematischer«) Fehler, die sogenannten Strafzwecktheorien auf einer »Ebene« wie auf einem Tableau von qualitativ Gleichem anzusiedeln. Jurastudenten lernen diese sogenannten »Theorien« auswendig, als ob es sich um Antworten auf die Frage handelte, welche Sportart die dynamischste sei: Da gibt es dann die »Fußballtheorie«, die »Handballtheorie« und die »Eishockeytheorie«. Das Beispiel klingt albern, ist aber nur wenig übertrieben. Am verheerendsten sind die unvermeidlichen »Vereinigungstheorien«, deren Inhalt es ist, dass alles ein bisschen stimme. Jurastudenten lernen früh, dass man sich, um in Klausuren erfolgreich zu sein, möglichst der »Vereinigungstheorie« – gern auch genannt: »mittlere Theorie« – anschließen sollte: Da kann niemand etwas dagegen haben, und man zeigt obendrein, dass man zum Ausgleich und zur Mäßigung neigt. Tatsächlich ist es aber so, dass »Theorien« dieser Art nicht systematisierte Hypothesen über die Wirklichkeit sind, sondern normative Systematisierungen, welche die Wirklichkeit erst gestalten sollen. Die Grenzen sind im Bereich des Rechts fließend, denn Recht ist nicht als solches »Wissenschaft«, geriert sich aber seit jeher gern als solche.

Strafrecht hat »Funktionen«, »Zwecke« und »Ziele«. Was in diesem Zusammenhang als »Theorie« bezeichnet wird, hat den Namen in der Regel nicht verdient, sondern ist nur eine Beschreibung recht banaler Zusammenhänge. Man kann aus den Theorien auch keinesfalls unmittelbar praktische Folgerungen ableiten. So »ergibt« sich etwa aus der »Theorie der positiven Generalprävention« natürlich nicht, dass man nur die Strafe möglichst hoch und demonstrativ gestalten müsse, um zu einer möglichst hohen Regelanerkennung zu gelangen.

IV. Strafrecht in Deutschland heute

1. Strafrechtssystem – Was ist das Systematische am Konkreten?

Der Begriff des »Strafrechtssystems« ist vieldeutig; im Gespräch über Strafrecht und Sicherheit wird er unterschiedlich verwendet, was zu allerlei Missverständnissen führen kann. Die Ebene der »Systemtheorie« soll hier nur angedeutet werden. Als abstraktes methodisches Modell ist sie durchaus geeignet, komplexe Sachverhalte zu beschreiben, aber für die Zwecke dieses Buches kommt es auf den *Inhalt* von Wissenschaftstheorie nicht an.

»System« in diesem Sinn bedeutet nicht eine unmittelbare oder hierarchische Abhängigkeit von Sinnelementen oder Gliederungspunkten einer Gesamtheit untereinander, wie das Wort im Alltag meist verwendet wird. »System« im Sinn der Systemtheorie ist vielmehr der Begriff für einen beliebigen Funktionszusammenhang, der sich (nur) dadurch auszeichnet, dass er sich von anderen Zusammenhängen aktiv oder passiv abgrenzt, also unterschieden werden kann.

Insofern ist »Strafrecht« ein System, weil und wenn es sich von anderen Funktionskreisen abgrenzt, die *nicht* Strafrecht sind. Positiv ausgedrückt: Strafrecht ist ein System, weil und soweit und solange es Strafrecht ist.

Das klingt, wie Systemtheorie immer, entweder banal oder schrecklich kompliziert, ist es aber bis hierher nicht. Es ist auch nicht banal, denn ein »System« definiert sich selbst gerade durch seine Grenze. Also: Strafrecht ist *deshalb* ein Strafrechts-System, weil es *nicht* ist wie etwa das System der Sozialhilfe oder das System der Pädagogik. Das Strafrechtssystem zeichnet sich dadurch aus, dass es Strafrecht vollzieht, Strafrecht definiert, Strafrecht »denkt« und herstellt. Was nicht Strafrecht ist, ist »fremd«, außen, ein anderes System.

Systeme haben Input und Output. Sie integrieren Bedingungen, Einflüsse, Anregungen, Veranlassungen von außerhalb, definieren und verarbeiten sie nach ihren internen Regeln und geben selbst einen systemspezifischen Output nach außen. Hieraus entsteht auch das Phänomen der sogenannten Selbstreferenzialität: Ein System kann Input regelmäßig nur nach Maßgabe seiner (definitorisch notwendigen) Binnenstruktur verarbeiten; für Einflüsse anderer Art hat es keine Rezeptoren. Beispiel: »Leid« ist ein Phänomen der Lebenswirklichkeit. Es besteht aus Schmerz (physisch oder psychisch), Trauer, individueller Betroffenheit. Dieser »Input« stößt zum Beispiel im System »Therapie« auf Strukturen, welche ihm entgegenkommen, weil sie jedenfalls zum Teil darauf ausgerichtet sind, gerade die Informationen individuellen Leids als solche aufzunehmen und einen Output zu erzeugen, der diesem System entspricht. Sehr vereinfacht: Aus Leid wird Leidminderung.

Im System Strafrecht stößt die einzelne Person dagegen auf Strukturen, die aus »Leid« von vornherein nur »Recht« machen können. Das bedeutet, dass von der hochindividuellen Erfahrung und Lebens-Geschichte schon auf der Input-Seite abstrahiert wird (»Normales« oder überdurchschnittliches Leid? Welche Schäden sind objektivierbar?), die Verarbeitung spezifischen Systemzielen folgt (Was hat das Ergebnis mit der Verantwortung von Beschuldigten zu tun? Wie lässt sich individuelles Leid von Tatopfern in Rechtsfolgen für Täter übersetzen? Welche anderen Faktoren bestimmen die Rechtsfolgen, ohne dass es auf das Leid ankommt?) und der Output (Strafe oder Freispruch) den Erwartungen des Schadensopfers allenfalls sehr vermittelt entspricht und ihm weitere Leistungen abverlangt (Akzeptanz von Rechtsförmigkeit und Abstraktion).

Diese Beschränkungen sind für Betroffene nicht ohne Weiteres einsichtig und werden zudem unter den Bedingungen der heutigen, extrem individualisierten Kommunikations-Ansprüche vielfach nicht mehr in gleicher Weise akzeptiert, wie dies früher der Fall war: Es wird vielmehr vom System »Strafrecht« erwartet, dass es gleichberechtigt oder zumindest als wichtigen Neben-Output auch »Therapie, Zuwendung, Aufarbeitung« produziert. Das ist eine sehr komplizierte Lage und eine Überforderung des Systems Recht. Es ist ein wenig so, als erwarte man von einer Zahnbehandlung zugleich Seelsorge oder von einer Autoreparatur zugleich Finanzberatung.

Stellen Sie sich vor, dass Ihr Partner oder Ihr Kind Opfer eines Tötungsverbrechens wird oder dass Sie selbst Opfer einer Gewalttat werden, die Sie aus sinnlosem, willkürlichem Anlass unschuldig trifft und lebenslange schwere Folgen für Sie hat. Das »Interesse«, mit dem Sie als Geschädigter in ein Strafverfahren wegen einer solchen Tat gehen, hat mit »Strafzwecken«, wie sie im vorigen Kapitel erörtert worden sind, vermutlich nur wenig zu tun. Sie zu akzeptieren und zum Beispiel zu ertragen, dass dem Täter im Verfahren ein hohes Maß an Aufmerksamkeit, Verstehenwollen und Hilfe zuteilwird, ist eine hohe soziale Leistung und beruht auf dem Anerkennen der Systemgrenzen: Strafrecht macht aus Leid »Tatbestandsmerkmale« und »Strafzumessungsgründe«. Für die Personen, die das Leid ertragen müssen, ist dies nicht selten kaum akzeptabel.

Das bedeutet aber noch nicht, dass es illegitim ist. Denn man muss berücksichtigen, dass das »System Leid« umgekehrt für die Gesellschaft nicht akzeptabel wäre, wenn es ungefiltert in »Recht« übersetzt würde: Eine bloße Umsetzung von persönlicher Betroffenheit in »Rechtsfolgen« würde zu einer Herrschaft von Willkür, Rache und Grausamkeit führen, nicht aber zur Befriedung der Gesellschaft. Denn selbstverständlich hält ein jeder das eigene Leid für das wichtigste, schlimmste und vergeltungsbedürftigste. Und sobald man beginnt, über Abgrenzungen zu verhandeln, um den Streit nicht eskalieren zu lassen, steht man schon wieder mit beiden Beinen im Straf-Recht, in der Abstraktion und in der Abwägung nach Maßgabe von Systemgrenzen.

Das ist insoweit ein sehr einfaches Beispiel, als tatsächlich »das Strafrechtssystem« aus einer unendlichen Vielzahl weiterer, sich überscheidnender, einander ausgrenzender, aufeinander reagierender Systeme besteht. Denn der Begriff ist ein methodischer Hilfsbegriff, um Interaktionen zu beschreiben – Handlungsrichtungen, Intentionen, Einflüsse. Dabei sind zwei Gesichtspunkte wichtig: zum einen der notwendige Austausch von Input und Output in ein und aus einem System: Das Rechtssystem lebt nicht aus sich heraus, sondern ist mit zahllosen anderen Systemen verbunden und von ihnen durchdrungen, deren ihrerseits systemspezifischer »Output« sich für das Recht als Input darstellt, der nach Bedingungen des Rechtssystems verarbeitet werden muss. Zum anderen, dass Recht ein in hohem Maß selbstbezügliches (»selbstreflexives«) System ist: Recht kann nur Recht hervorbringen; Recht kann nur durch Recht entstehen.

Diese (system-)theoretischen Anmerkungen haben für die soziale Orientierung im Alltag kaum konkrete Bedeutung. »Systemtheorie« ist sozusagen eine Mathematik der Soziologie, ein methodischer Filter zur Betrachtung von Funktionszusammenhängen. Man kann daraus weder schließen, was »gut« und was »schlecht« noch was »notwendig« oder »gerecht« ist. Wenn Systemtheorie bildlich gesprochen versucht, Modelle für die Bedingungen der Luftbewegung in der Erdatmosphäre zu entwickeln, kann man daraus keine konkrete Wetterprognose ableiten oder die Schwüle an einem Sommernachmittag ermessen. Trotzdem ist es vielfach nützlich, sich die Zusammenhänge modellhaft zu vergegenwärtigen. Wie stets in der Soziologie gilt es dabei zu beachten, dass »Gesetzmäßigkeiten« des sozialen Lebens weder als normative Vorgaben noch als Naturregeln angesehen werden dürfen. Sie leisten nicht mehr, als Zusammenhänge von Handeln und Sinn darzustellen und deren Bedingungen zu beschreiben; dazu zählen jederzeit auch die Bedingungen für die Veränderbarkeit.

In der Strafrechtswissenschaft wird ein ganz anderer Begriff von »System« verwendet. Er ist viel statischer und einfacher und beschreibt den Zusammenhang von Handlung, Handlungserfolg, allgemeiner Bewertung und persönlicher Verantwortung, der in seiner Summe zur »Anwendung« von Strafrecht führt. Dieses »System« ist es, was Jurastudenten als »Allgemeinen Teil« des Strafrechts lernen müssen und was sich Laien nur sehr schwer erschließt, weil es auf ungewohnte Weise formal erscheint und Sachverhalte und Gesichtspunkte analytisch trennt, die für das Alltagswissen und die lebensweltlichen Eindrücke intuitiv zusammengehören. Nichtjuristen, die damit in Berührung kommen, haben nicht selten den Eindruck, es handle sich um willkürliche, »spitzfindige« Auftrennungen von Gesamtheiten, die Gerechtigkeit nicht erzeugen, sondern geradezu verhindern können (und manchmal gar sollen). Dieser Eindruck ist im Ergebnis falsch, aber in Teilen plausibel und nicht allein der Unkenntnis der Laien zuzuschreiben.

Selbstverständlich müssen sich Wissens- und Fachgebiete stets auch darum bemühen, über ihre eigenen Grenzen hinaus für breitere Bevölkerungskreise verständlich zu sein. Das gilt besonders in Bereichen, die vom Verständnis aller geradezu existenziell oder jedenfalls in ihrer Legitimation abhängen: Neben Wirtschaft, Politik, Technik ist das vor allem auch das Recht. Wie bei allen komplexen Gegebenheiten der modernen Welt ist es auch beim Strafrecht so, dass man in der Regel davon ausgehen kann, dass diejenigen, die eine Sache gelernt haben und beruflich betreiben, nicht von vornherein viel weniger davon verstehen als diejenigen, die sich damit nur selten und oberflächlich beschäftigen.

In der Technik, der Kultur, den Sozialwissenschaften zum Beispiel halten es die meisten Menschen für selbstverständlich, dass es eine Systematik gibt, die aus der Sache selbst und der vertieften Befassung mit ihr entspringt, und eine Fachsprache, die dazu bestimmt und geeignet ist, die speziellen Anforderungen des Sachgebiets abzubilden und eine fachliche Diskussion darüber zu ermöglichen, die über das Austauschen alltagstheoretischer Meinungen hinausgeht.

Wenn man lange genug in Wartezimmern beliebiger Ärzte sitzt oder ein paar Tage oder Wochen als Patient in einem Krankenhaus verbringt, erfährt man, dass unter den Mitpatienten eine erstaunlich hohe Anzahl von Fachleuten versammelt ist, die sich aus Anlass ihrer persönlichen Erkrankung in Geheimnisse der Humanmedizin und des Krankenversicherungswesens eingearbeitet haben und auf beiden Gebieten jederzeit fachliche Vorschläge auch für Dritte machen können. Trotzdem weiß man, dass das gegenseitige Vertrauen in diese Erläuterungen und Ratschläge nicht hoch ist, denn den meisten Menschen ist durchaus klar, dass es jenseits des individuellen »Meinens« eine Fachebene gibt, auf welcher zum Beispiel über Risiken, Wahrscheinlichkeiten, Erfahrungen usw. diskutiert und entschieden werden kann.

Ähnlich kann man sich die Lage auch im Bereich des (Straf-) Rechts vorstellen: Es arbeiten auch hier viele recht intelligente Menschen mit hoher Motivation jahrzehntelang an Lösungen für komplizierte Probleme. Sie müssen sich von wenig sachkundigen Journalisten, emotionalisierten Betroffenen oder fernen Lesern oder Zuschauern sagen lassen, dass sie fast alles falsch machen, kaum Ahnung von Schuld, Beweiswürdigung, Gerechtigkeit haben und dass, wenn sie nur mehr »Empathie« und guten Willen aufbrächten, das System des Strafrechts »richtigeres« Recht hervorbrächte.

Es gibt Besonderheiten: Strafrecht ist nicht Autofahren oder Rheumatherapie. Es ist für die meisten Menschen weit entfernt und außerordentlich nah zugleich. Es ist eine Kristallisationsfläche von sozialen Vorstellungen, Konzepten, Forderungen und (Selbst-)Definitionen. Daher sind die meisten Menschen in ungleich höherem Maß daran interessiert, auf diesem Gebiet anerkannt zu werden und sich als Teil der Mehrheit zu fühlen, als es in anderen Bereich des Soziallebens der Fall ist. Das findet schon darin seinen Ausdruck, dass hoch engagierte Stellungnahmen zu Strafrechtsfragen auch solche Menschen beschäftigen, die von »Fällen« und Verfahren gar nicht betroffen sind, sondern nur aus medialer Ferne von ihnen erfahren. Vom Rheuma oder von der Technik des Motorenbaus fühlen sich nur wenige betroffen, vom Strafrecht fast alle.

Das System des Strafrechts besteht in der Innenperspektive aus den Regeln und Rationalitäten, welche das Ganze zusammenhalten und eine halbwegs widerspruchsfreie Anwendung in der sozialen Wirklichkeit erlauben: Wenn es ein »Versuch des Totschlags« ist, wenn A mit Tötungsabsicht auf B schießt und ihn verfehlt, dann steckt in dieser Beschreibung natürlich auch ein *Begriff* des Versuchs als solcher. Man muss also, wenn man A beschuldigt, einen »versuchten Totschlag« begangen zu haben, überlegen und definieren, was ein »Versuch« überhaupt sein soll und warum man etwas bestrafen will, das doch gar nicht zu einem Schaden geführt hat.

»System« in diesem Sinn ist also vor allem Folgerichtigkeit auf der Grundlage von rationalen Methoden der Wahrheits-Definition. Wenn eine Schreckschusspistole eine *»Waffe«* ist, wenn sie zur Drohung verwendet wird, dann kann sie nicht eine *»Nichtwaffe«* sein, wenn sie *nicht* verwendet wird. Diese Feststellung erscheint banal, ist aber – beispielhaft – vor dem Hintergrund einer historisch bemerkenswerten, skurrilen Fehlleistung des »Großen Senats für Strafsachen« des Bundesgerichtshofs durchaus erwähnenswert:

Im Jahr 1998 hat der deutsche Gesetzgeber in den Straftatbeständen des Diebstahls und des Raubs eine höhere Bestrafungsstufe eingeführt, wenn der Täter »bei der Tat eine Waffe oder ein gefährliches Werkzeug mit sich führt«. Was »Waffe« ist, steht zwar – wie so vieles – nicht im Gesetz, war aber bis dahin weithin klar: ein Gegenstand, der zum Verletzen *bestimmt* ist. Keine Waffen sind Gegenstände, deren Zweckbestimmung eine ganz andere ist, die aber zur Verletzung von Menschen *missbraucht* werden können. Beispiel: Mit einer Pistole kann man Nägel einschlagen, aber dafür ist sie nicht gemacht. Mit einem Hammer kann man Schädel einschlagen, aber dafür ist er nicht gemacht. Also: Eine Pistole ist eine »Waffe«, ein Hammer ist ein »gefährliches Werkzeug«. Eine Pistole wird beim Nageleinschlagen »missbraucht«, ein Hammer beim Schädeleinschlagen.

So weit, so gut: Wenn die beiden Gegenstände bei einer Tat verwendet wurden, weiß man im Nachhinein, ob sie »gebraucht« oder »missbraucht« wurden. Aber was ist, wenn sie – wie es das Gesetz seit 1998 in Tatvarianten des Diebstahls und des Raubs vorsieht (§ 244 Abs. 1 Nr. 1a, § 250 Abs. 1 Nr. 1a StGB) – eben *nicht* verwendet, sondern nur »mitgeführt« wurden? Dann ist eine Pistole immer noch eine Waffe, die man als solche erkennen kann. Aber was ist dann ein »gefährliches« Werkzeug? Ein Hammer? Ein Gürtel? Ein Kugelschreiber? Eine Krawatte? Ein Becher heißer Kaffee? Unendlich viele Gegenstände, die von Menschen »mitgeführt« werden, *könnten* »gefährlich« verwendet werden, werden und sollen es aber nicht.

Beispiel: Der Diebstahl eines Schokoriegels wird mit Mindest-Geldstrafe von fünf Tagessätzen zu je einem Euro bestraft. Wenn der Täter ein »gefährliches Werkzeug mit sich führt«, ist die Mindeststrafe sechs Monate Freiheitsstrafe. Muss jeder, der beim Ladendiebstahl einen Gürtel in der Hose, Schürsenkel in den Schuhen oder einen Kugelschreiber in der Tasche hat, besonders schwer bestraft werden? Das kann nicht sein; es wäre völlig unsinnig, wenn »normale« Diebstähle nur noch von *nackten* Menschen ohne jeden mitgeführten Gegenstand begangen werden könnten.

Deshalb fragte der Zweite Strafsenat des Bundesgerichtshofs im Jahr 2000 beim Großen Senat an: »Ist eine geladene Schreckschusspistole ein ›gefährliches Werkzeug‹?« Vieles spricht dafür, denn zwar sind Schreckschusspistolen – wie der Name sagt – nicht zur Verletzung *bestimmt,* aber sie können auch »gefährlich« verwendet werden. Man hätte daher anhand dieses Falles diskutieren müssen, was ein »gefährliches Werkzeug« ist, wenn es (nur) »mitgeführt« wird. Das höchste Gremium der strafrechtlichen Fachgerichtsbarkeit überlegte verzweifelt und fand keine Antwort – aus gutem Grund, denn das Gesetz selbst war systematisch fehlerhaft, sodass man schwerlich eine überzeugende Antwort finden konnte. Man hätte also dem Gesetzgeber sein Werk als verfassungswidrig, da unzureichend bestimmt, vor die Füße legen können/müssen.

Stattdessen entschied der Große Senat Folgendes: »Für die geladene Schreckschusspistole hält der Große Senat am Begriff der Waffe nicht fest« (Beschluss vom 4. Februar 2003, in: Entscheidungen des Bundesgerichtshofs in Strafsachen, Band 48, Seite 197, 201). Das war eine Bankrotterklärung vor den Prinzipien der Systematik und der Logik. Man versteht es besser, wenn man das Beispiel etwas variiert: Nehmen wir an, der Tatbestand laute: »Wer beim Diebstahl einen Hund oder ein anderes Raubtier mit sich führt, wird … bestraft«, und der Senat hätte angefragt: »Ist eine schwarze Katze ein anderes Raubtier?« Dann hätte der Große Senat des Bundesgerichtshofs geantwortet: »Für schwarze Katzen hält der Großen Senat am Begriff des Hundes nicht fest.« Dieser Leitsatz wirkt, als stamme er aus dem Kommunikations-Kosmos des US-Präsidenten Trump. Nicht nur erklärt er Katzen zu Hunden, sondern er behauptet dabei auch, man könne einen systematischen Begriff für einen Einzelfall »aufgeben«: Wenn man »für blaue Autos am Begriff des Fahrrads nicht festhält«, hat man alle Begriffsgrenzen und rationalen Ansprüche gleichzeitig aufgegeben und sich in einen Raum der Beliebigkeit verabschiedet. Der Rechtssatz wurde geprägt, weil der Große Senat es weder fertigbrachte, sich auf eine dogmatisch vernünftige Definition des Begriffs »gefährliches Werkzeug« zu einigen, noch sich traute, die Sache dem Bundesverfassungsgericht vorzulegen, weil das Gesetz nicht hinreichend bestimmt sei.

Zur Rechtfertigung wurde vorgetragen, die Abgrenzung zwischen Waffe und gefährlichem Werkzeug sei belanglos, da ja in den genannten Vorschriften beide gleichwertig aufgeführt seien. Wenn man aber nur einen einzigen Absatz weiterliest, findet man in § 250 Abs. 2 Nr. 2 StGB folgenden Tatbestand: »Wer den Raub als Mitglied einer Bande begeht und bei der Tat eine *Waffe* bei sich führt …« Hier kommt es also gerade auf die Unterscheidung an: Beim Mitführen eines gefährlichen Werkzeugs ist die Mindeststrafe drei Jahre, beim Mitführen einer Waffe beträgt sie fünf Jahre. Sehenden Auges hat der BGH eine Entscheidung getroffen, deren eklatante Unsinnigkeit sich schon bei einer kleinen Veränderung des Sachverhalts zeigen würde. In der Folgezeit geschah auf wundersame Weise, was bei solchen Gelegenheiten oft zu geschehen pflegt: nichts. Seit jener Entscheidung des Großen Senats war, soweit ersichtlich, kein einziger Fall des § 250 Abs. 2 Nr. 2 StGB zu entscheiden. Und auf den unteren Ebenen der Justiz fällt der begriffliche Widersinn gar nicht auf: Dort wird seit 2003 einfach die Schreckschusspistole so behandelt, als sei sie eine dritte, eigenständige Tatbestandsvariante: »Waffe, gefährliches Werkzeug oder Schreckschusspistole« (im Vergleichsbeispiel: Hunde, Raubtiere oder schwarze Katzen).

Das Beispiel ist hier ausführlich geschildert, weil es evident und auf spezielle Weise symptomatisch ist. Man erlebte im Jahr 2003 erstmals ausdrücklich eine höchstrichterliche Auflösung von begrifflicher Folgerichtigkeit in ein postmodernes Begriffs-Chaos. Und erstaunlich: Das Strafrechtssystem hat dies nicht erkennbar bemerkt, die öffentliche Kommunikation erst recht nicht. Es gelingt heute offenbar, selbst eklatante Verstöße gegen immanente Rationalitäts-Regeln unverbunden und unerklärt stehen zu lassen. Wenn man das oben genannte Beispiel im Jahr 2003 in einer Vorlesung vortrug, erreichte man bei Jurastudenten ungläubige Heiterkeit. Im Jahr 2018 wird dasselbe Beispiel völlig unerschüttert aufgenommen und als »*eine* Meinung« (neben anderen) abgespeichert. Man könnte diese Erfahrung pessimistisch deuten: Wenn (und weil) die Moderne nicht mehr weiß, was der Unterschied zwischen Recht und Unrecht ist, entscheidet sie: Für Gewerkschafter halten wir am Begriff des Unternehmers nicht fest, für Kinderschänder nicht am Begriff des Terroristen, für Diebstahl von Mercedes-Benz nicht am Begriff des Raubs. So leicht, so lebensnah und so lustig kann man Recht zerstören.

2. Rechtsgüter – Was soll das Strafrecht eigentlich beschützen?

Der Begriff des »Rechtsguts« ist, wenn es um Strafrecht geht, verbreitet und auch Laien geläufig. Das bedeutet nicht, dass sich diejenigen, die den Begriff verwenden, auch stets einig sind, was damit gemeint ist.

Beispiel: §§ 242 bis 244 StGB bedrohen den Diebstahl mit Strafe: »Wer eine fremde bewegliche Sache in der Absicht wegnimmt, sie sich oder einem Dritten rechtswidrig zuzueignen …« Zu sagen, »Rechtsgut« des § 242 sei der Geldbeutel von Herrn X oder der Pkw von Frau Y, wäre ersichtlich zu schlicht, denn der Gesetzgeber der Diebstahlstatbestände kann weder das eine noch das andere konkret bedacht haben; er hat die Strafdrohung aus einem übergeordneten Gesichtspunkt und Motiv beschlossen. Auch Geldbeutel *als solche* sind dem Gesetz gleichgültig. Und § 242 StGB schützt auch nicht das Bankkonto der Versicherung von Frau Y davor, die gestohlenen Felgen ersetzen zu müssen.

Wie fast immer im Strafrecht, gibt es auch hier eher »formale«, eher »inhaltliche« (materielle) Konzepte. Wenn § 242 StGB (Diebstahl) regelt: »Wer eine … fremde bewegliche Sache … wegnimmt, wird … bestraft«, kann man sagen, das von § 242 geschützte Rechtsgut sei das Fahrrad von Frau B, weil es aus dem Blickwinkel der Diebin A eben eine fremde bewegliche Sache ist. Dann könnte man aber fragen, warum das nicht so im Gesetz steht: »Wer das Fahrrad von Frau B wegnimmt …« Klarer Fall: Frau B hat viele »bewegliche Sachen, und es gibt außer Frau B noch viele Millionen anderer Personen, die ebenfalls unzählige bewegliche Sachen »haben«. Aus diesem Grund verwendet man eine Abstraktion: »… eine fremde bewegliche Sache …«. Spätestens wenn man so weit ist, muss man aber sagen, wie diese Abstraktion denn konstruiert sein und was sie verallgemeinern soll. Konkret: Warum nur »Sachen« und nicht auch »Rechte«? Was bedeutet »fremd«? Ist es ein Diebstahl, wenn der Vermieter einer Sache diese dem Mieter widerrechtlich wegnimmt? Wenn nein: Warum nicht? Was heißt »zueignen«?

Damit ist eine Theorie, die behauptet, »Rechtsgut« von Strafvorschriften sei immer der Gegenstand, der (zufällig oder nicht) beschrieben wird, schon aus dem Rennen. Denn sie stellt sich in ihrer scheinbaren Unterwürfigkeit unter sprachliche Formen dümmer, als die Sprache ist. In Wahrheit geht es um etwas anderes: Nicht *ob* § 242 »fremde bewegliche Sachen« gegen Wegnahme schützt, sondern *warum* und *mit welchem Recht*. Strafrecht schützt nicht – sinnlos – »fremde bewegliche Sachen«, sondern – sinnhaft – *Eigentümer* und *Besitzer* von Sachen gegen deren Wegnahme. Dem Fahrrad von Frau B ist es ganz gleichgültig, ob A oder B darauf zur Arbeit fährt; es muss dagegen nicht »geschützt« werden. Sondern Frau B soll gegen die Wegnahme nur geschützt werden, wenn und weil das Fahrrad ihr »Eigentum« ist und weil sie die körperliche Herrschaft (»Besitz«) darüber hat. Das Strafrecht »schützt« im Tatbestand des Diebstahls also einen sozialen Sachverhalt, der gar nicht aus dem Strafrecht selbst kommt, sondern seinen Ursprung in der Sphäre der Güterzuordnung, der Abgrenzung von Herrschafts-Bereichen, den sozialen Voraussetzungen von »Eigentum« hat. Eigentum wiederum ist keine natürliche Kategorie, sondern ein wertender Begriff für eine soziale Herrschaftsstruktur: Der erste Jäger und Sammler, der um ein von ihm bestelltes Feld einen Zaun zog, weil er verhindern wollte, dass Fremde die Früchte seiner Mühe kostenfrei genießen, erklärte sich zum »Bauern« und erfand »Eigentum« an Sachen, Produkten, Welt. Wer sich statt aufs Jagen von Tieren auf das Herstellen von Werkzeugen zu deren

Zerteilung spezialisiert, erlebt Wirklichkeit, Risiken und Glückseligkeit von »Tausch« und neigt daher dazu, die von ihm hergestellten Fischmesser »Eigentum« zu nennen. So geht es fort und fort.

Hieraus ergibt sich eine »materielle«, inhaltliche Bedeutung des Begriffs des Rechtsguts. Danach kommt es nicht darauf an, *irgendeinen* Gegenstand benennen zu können, dessen Verletzung oder Gefährdung ein Straftatbestand verhindern will. Sondern es muss überlegt werden, ob ein solcher Schutz-Gegenstand es unter Berücksichtigung von Menschenrechten, Verfassung, Systematik und Sinn überhaupt »verdient«, mittels Strafrecht geschützt zu werden.

Früher hielt man in Deutschland die heterosexuelle Orientierung von Männern für ein schützenswertes Gut und bedrohte daher in § 175 StGB a.F. homosexuelle Handlungen unter Männern mit Freiheitsstrafe. Für Frauen war Homosexualität straflos. Das hält man heute in einer Richtung für menschenrechtswidrig, in einer anderen für selbstverständlich. Die »heterosexuelle Sittlichkeit« von Männern wird mit der Begründung nicht mehr als legitimes Rechtsgut angesehen, sie sei eine der (staatlichen) Rechtsgemeinschaft entzogene »Privatsache«. Das klingt einfach, ist es aber nicht. Das Recht, auch das Strafrecht, schützt unzählige »Privatsachen«, ohne dass jemand das skandalös findet. »Strafrecht darf sich nicht in Sittlichkeit und Moral einmischen«, ist ein Leitsatz, dessen Geltung heute bei uns als fast unbezweifelbar gilt. Dass er wirklich gilt und tatsächlich akzeptiert wird, ist aber nicht ganz so sicher, wie aufgeregte Interpretatoren der jeweiligen Moderne meinen.

Im Jahr 2008 hat das Bundesverfassungsgericht im »Inzest-Urteil« ausgeführt, die Bestrafung von Geschwisterinzest (§ 173 Abs. 2 Satz 2 StGB) sei verfassungskonform, weil zu Recht verhindert werden dürfe, dass mögliche Kinder aus inzestuösen Verbindungen sozial diskriminiert werden. Diese Begründung war eine infame, denunziatorische Verdrehung des Rechtsgutsgedankens, zeigte aber, wie überaus flexibel auch insoweit die gesellschaftlichen Definitionen gehandhabt werden können: pure Moral-Strafbarkeit unter dem terminologischen Deckmantel eines rationalen Rechtsgüterschutzes. Das Publikum spendet allemal Beifall, wenn es im Einzelfall den vorgeblich *Richtigen* trifft. Wer unter Hinweis auf Rechts-Regeln dagegenhält, kann in einer Kommunikationskultur der sachfernen Emotion jederzeit als Opfer- und Gerechtigkeitsfeind denunziert werden.

Der Begriff des »Rechtsguts« ist daher ziemlich schillernd, hat aber trotzdem einen inhaltlichen Sinn, weil er für die Schaffung, Systematisierung und Auslegung von Strafrechtsnormen herangezogen werden muss und kann. Das Gesetz selbst unterscheidet in der Systematik seiner Tatbestände nach »Straftaten gegen …« und nimmt daher ausdrücklich auf einen materiellen Gehalt des Begriffs Bezug. Der 13. Abschnitt des »Besonderen Teils« des StGB (§§ 174 bis 184j) etwa hieß früher »Straftaten gegen die Sittlichkeit« und heißt heute »Straftaten gegen die sexuelle Selbstbestimmung«. Es ist offensichtlich, dass dies nicht nur eine redaktionelle Überschriftenänderung (und literarische »Geschmacksfrage«) ist, sondern eine Neubestimmung des Gesetzeszwecks, die auch auf Gestaltung, Auslegung und Anwendung der einzelnen Vorschriften direkte Wirkungen haben muss. Wer nicht die (allgemeine) »Sittlichkeit«, sondern die (individuelle) Selbstbestimmung schützen will, muss nicht nur entsprechende Vorschriften so formulieren, sondern auch bestehende so anwenden.

Strafrecht schützt sozial bedeutsame Gegebenheiten, die als wichtig angesehen werden; das liegt auf der Hand: Auch die Tötung des Opfers X durch den Täter Z wird in Gesellschaften nicht deshalb bestraft, weil X ein netter Mensch war, sondern weil man im Interesse der Gemeinschaft verhindern will, dass beliebige Z in Zukunft beliebige X erschlagen. Das »Rechtsgut menschliches Leben« ist daher von vornherein eine *soziale* Konstruktion, eben weil »Recht« keine aus der *Natur* der (einzelnen) Menschen, sondern aus ihrer Gesellschaft entstehende Organisationsform ist.

Dennoch ist es sinnvoll, auf einer analytischen Ebene zwischen »individuellen« und »kollektiven« Rechtsgütern zu unterscheiden: »Eigentum« oder »Leben«, »Vermögen« und »Ehre«, »körperliche Unversehrtheit« oder »sexuelle Selbstbestimmung« sind individuelle Rechtsgüter. Folge: Es steht jedem Rechtsgutinhaber frei, darüber zu »verfügen« – etwa durch Einwilligung, Zustimmung, Verkauf, Verzicht.

Dagegen sind »öffentliche Ordnung«, »Bestand des Staates«, »öffentlicher Friede«, »Geldwirtschaft«, »Intaktheit der Umwelt« keine persönlichen Rechtsgüter, sondern »öffentliche«. Sie beschreiben in abstrakter Weise *allgemeine* Interessen. Weil sie von konkret-individuellen Abwägungen – also auch den persönlichen Chancen oder Bedrückungen – weit entfernt sind, sind sie eine beliebte Spielwiese von rechtspolitischen Forderungen und Versprechungen.

Vertrackt, demagogisch und eklatant falsch war daher die Formulierung des früheren Bundesinnenministers Schily aus dem Jahr 2001, es gebe ein »Grundrecht auf Sicherheit«, das der Staat mittels Polizei- und Strafrecht zu schützen habe (Rechtsanwalt Schily hatte das aus einer Veröffentlichung des Staatsrechtlers Josef Isensee aus dem Jahr 1982 geschöpft). In diesem Postulat werden die Abwägungen der Rechtsgutsdiskussion mit einem formalen Trick abgeschnitten, indem ein – vorausgesetztes – Ergebnis nachträglich wieder in den angeblichen Abwägungsprozess eingestellt wird. Einfacher gesagt: Mit dem genannten Argument ließe sich (formal) jede beliebige staatliche Maßnahme legitimieren, weil »Sicherheit« eine strukturell unbegrenzte Kategorie ist, deren Priorität eine tendenziell totalitäre Umsetzung intendiert. Die Behauptung eines »Grundrechts auf Sicherheit« ist daher nicht (nur) eine soziologisch vage Banalität, sondern (vor allem) eine gezielte argumentative Zerstörung eben der rechtspolitischen Diskussion, die angeblich geführt wird.

Nicht allein die Definition, sondern auch die Bewertung und die Auslegung von »Rechtsgütern« unterliegt ständigem Wandel, weil sie von den kommunikativen Prozessen, den Meinungs-Herrschaften und Interessen einer Gesellschaft abhängig sind. Es ist daher nicht zutreffend, wenn in der öffentlichen strafrechtspolitischen Diskussion meist so getan wird, als ob die (jeweils eigene) Position und Forderung in der Vergangenheit zu Unrecht nicht »erkannt« worden sei. Tatsächlich ist es so, dass Inhalte und Gewichtungen von strafrechtspolitischen Postulaten sehr stark schwanken und in hohem Maß von kollektiven »Stimmungen« abhängig sind. Ein Beispiel hierfür ist etwa die rasche Veränderung des normativen Inhalts des Rechtsguts »sexuelle Selbstbestimmung« etwa zwischen 1975 und 2018: Im Jahr 1975 wäre selbst Protagonistinnen der Frauenbewegung kaum eingefallen, sexualbezogene verbale Äußerungen als *strafwürdige* Verbrechen anzusehen; heute gelten sie verbreitet sogar als »Gewalt«-Taten, die einer »konsequenten Verfolgung« und harten Ahndung bedürfen. Andere Beispielsbereiche solcher Bewertungsänderungen sind etwa die körperliche Gewalt gegen Kinder, die Korruption oder das Doping im Sport.

3. Straf-Tatbestände – Puzzleteile des Gesetzes

Das Wort »Tatbestand« erscheint den meisten Nichtjuristen als Inbegriff eines »juristischen« Begriffs; es wird nicht selten mit der angeblichen »Lebensfremdheit« und Umständlichkeit, gern auch mit »Spitzfindigkeit« von Juristen assoziiert und in eins gesetzt. Der »Tatbestand« ist der Schrecken all derer, die sich vom Strafrecht vor allem und sofort »Gerechtigkeit« im ganz persönlichen Fall und für ihr Anliegen erwarten. Aber wie meistens ist es so einfach nicht.

Das mag selbst all denen einleuchten, die sich in konkreten Fällen für spontane Gerechtigkeit so begeistern wie der Fußballfan für oder gegen eine Elfmeterentscheidung. Nehmen wir, als Beispiel, irgendeine Rede eines angeblichen Volks-Tribunen der Gerechtigkeit: Selbst dort wird man jederzeit eine Vielzahl von »tatbestandlichen Merkmalen« finden, deren Erfüllung die Vollendung des Richtigen angeblich gebieten. Selbst das NS-Blutschutzgesetz (»Gesetz zum Schutze des deutschen Blutes und der deutschen Ehre« vom 15. September 1935) benötigte willfährige Helfer auf allen Ebenen der Justiz und der Verwaltung, die ab 1945 schworen, gar nichts verstanden, aber alles nach bestem Gewissen richtig gemacht zu haben. Sie setzten zwischen 1935 und 1945 »gewissenhaft« durch, dass man zwar einen sogenannten Halbjuden mit dem Tode bestrafen durfte, wenn er »unter Ausnutzung der Verdunkelung« eine arische Frau geküsst hatte, nicht aber einen arischen Judenmörder einem jüdischen Fahrraddieb gleichstellen (und daher bestrafen). Anders gesagt: Der »Tatbestand« als Rettung vor der puren Willkür ist so tief im Bewusstsein unserer Kultur verankert, dass selbst die dezidiert pure Willkür ihn noch als Legitimationsfigur missbrauchen muss.

»Tatbestand« kann, sogar in der Rechtssprache, unterschiedliche Bedeutungen haben. In manchen Rechtsbereichen (z. B. dem Zivilrecht, auch dem Verwaltungsrecht) wird als »Tatbestand« das bezeichnet, was in einem Fall tatsächlich passiert ist, also die Tatsachen, von denen für ein Urteil oder eine andere Entscheidung auszugehen ist. Diese Tatsachen heißen im Strafrechtsjargon »Sachverhalt«. Wann immer Strafrechtler also von einem »Sachverhalt« sprechen, meinen sie ein reales Geschehen. Wer nach dem Sachverhalt fragt, will wissen: Wie war es? Was sind die Fakten? Dass etwas als »Sachverhalt« bezeichnet wird, bedeutet nicht, dass es wahr, richtig oder bewiesen ist – es ist einfach zunächst einmal die Darstellung von äußeren (»objektiven« = nach außen wahrnehmbaren) und inneren (»subjektiven« = in der Psyche einer Person gegebenen) Tatsachen. Dabei bedeutet »Tatsache« im Strafrecht nicht eine – philosophisch gesicherte – Wahrheit: Philologen und Philosophen ereifern sich gern über den Begriff der »falschen Tatsachen«, der im materiellen und im formellen Strafrecht verwendet wird, und weisen darauf hin, dass es entweder Tatsachen oder Nichttatsachen gebe, aber keine »falschen«.

Geschenkt: Natürlich sind Behauptungen über Tatsachen gemeint, die »nicht wahr« oder »nicht erweislich wahr« oder »falsch« sind (siehe §§ 153, 186, 187 StGB). Jeder weiß dies. Der immer einmal wieder hervorgezogene Streit um die »falschen Tatsachen« verkennt absichtlich das System strafrechtlichen Denkens und bleibt auf einem Niveau besserwisserischer Formalität.

»Tatbestand« im Sinn des Strafrechts ist die Gesamtheit aller äußeren und inneren »Merkmale« – das heißt Umstände, Gegebenheiten –, die in einer Strafrechtsnorm als erste und wichtigste Voraussetzung dafür aufgeführt sind, dass eine Person, die sie verwirklicht hat, schuldig gesprochen und deshalb aus dem angegebenen Strafrahmen bestraft werden kann. Das wird, etwas verkürzt, meist so ausgedrückt, eine Person habe einen »Tatbestand verwirklicht«.

Man unterscheidet äußeren und inneren (objektiven und subjektiven) Tatbestand. Für Laien schwer zu erkennen ist, dass in vielen Normen der Strafgesetze manche Merkmale, die zum Tatbestand gehören, nicht ausdrücklich aufgeführt sind, sondern »mitgedacht« werden müssen, weil sie entweder in einer anderen Bestimmung »vor die Klammer« gezogen sind (wie z.B. der Vorsatz) oder aufgrund der rechtswissenschaftlichen »Auslegung« als sogenannte »ungeschriebene« Merkmale gelten. Wieder andere Merkmale ergeben sich aus der Systematik des Gesetzestextes: Wenn etwa in § 244 StGB mit besonders hoher Strafe bedroht wird, wer »einen Diebstahl« in einem der dort aufgezählten Konstellationen begeht, ist mit »Diebstahl« natürlich der Tatbestand des »einfachen« Diebstahls nach § 242 StGB gemeint; man darf also nicht einfach für die Tat des § 244 eine ganz andere Definition zugrunde legen. »Diebstahl« ist immer das »Wegnehmen einer fremden beweglichen Sache«. Das schließt vieles ein, aber auch vieles aus: Gegenstände, die nicht »Sachen« sind; Sachen die nicht »beweglich« sind, bewegliche Sachen, die nicht »fremd« sind, Handlungen, die nicht »Wegnehmen« sind.

Das klingt einfach, ist es aber schon im Alltag nicht immer. Beispiel: Ein Student, der eine Seminararbeit schreiben muss, versteckt in der Uni-Bibliothek ein wichtiges Buch an einer unauffindbaren Stelle in den Regalen, damit andere (»Konkurrenten«) es nicht finden. Das ist eine unter Jurastudenten seit vielen Jahrzehnten verbreitete frühe Erscheinungsform sozialer Kompetenz und fachlichen Interesses. Es ist ein offensichtlich unmoralisches und albernes Verhalten. Ist es aber auch ein »Diebstahl«? Ist das versteckte Buch »weggenommen«? Ist es überhaupt eine noch »bewegliche Sache«, wenn der Text doch vielleicht auch irgendwo im Internet als Raubkopie aufzufinden ist? Fragen solcher Art und solchen Problem-Niveaus bringt die Lebenswirklichkeit jeden Tag zu Hunderten hervor; und Juristen sind dazu ausgebildet, sie noch einmal zu abstrahieren, zuzuspitzen, aufs Wesentliche zu reduzieren. Laien sind damit in der Regel überfordert. Sie bemühen sich nach Kräften, sich in die Rolle des Diebes einer Armbanduhr einzufühlen. Sie sehen keinen Zusammenhang mit dem Unterschlagen eines Sportwagens oder dem Erpressen eines unberechtigten Schuldanerkenntnisses. Es löst sich ihnen alles in Emotionen über »Gerechtigkeit« und Betroffenheit auf, wie den Rheuma-Patienten alles in Schmerz und Bestrahlung.

Wenn man die allfälligen Ausnahmen und Beispiele einmal weglässt, ist das Verständnis aber nicht schwierig. Die Anforderung der »Bestimmtheit« (Art. 103 Abs. 2 GG) gilt für alle Tatbestandsmerkmale, ist aber in der Praxis nur für die äußeren Merkmale von Belang, denn die inneren (Absicht, Vorsatz oder Fahrlässigkeit) sind zwar inhaltlich recht schwierige Begriffe, haben aber kein Problem mit der gesetzlichen Bestimmtheit: Sie heißen einfach so, wie sie heißen. Deshalb ist es zur Erklärung sinnvoll, zwischen beiden Arten von Merkmalen zu trennen.

3.1. Äußere Merkmale – Handeln, Begrenzungen, Erfolge

§ 211 StGB lautet in Absatz 1: »Der Mörder wird mit lebenslanger Freiheitsstrafe bestraft.« Dabei könnte man es, wenn man eine der heute beliebten, sinnfreien »Blitzumfragen« veranstaltet, nach Ansicht der meisten Bundesbürger vermutlich belassen. Kaum geschehen, kommt allerdings Herr A und erstattet Strafanzeige wegen Mordes gegen X, weil dieser aus Versehen den Hund von A überfahren hat. Frau B zeigt ihren früheren Ehemann Z wegen »versuchten Seelenmords« durch lang dauernde Lieblosigkeit und anschließendes Stalking an. Und Staatsanwalt C erhebt Anklage wegen Mordes gegen einen Arzt, weil dieser eine Abtreibung vorgenommen hat.

Die beiden ersten Sachverhalte sind einfache Fälle, bei denen sich den meisten Lesern aufdrängen wird, dass die jeweils Beschuldigten wohl keine »Mörder« sein können. Im dritten Fall ist es schon schwieriger; da findet sich vermutlich eine erhebliche Anzahl von Menschen, welche die Anklage plausibel finden.

Die Beispiele zeigen, dass es nicht ausreicht, irgendein *Wort* auf den Marktplatz der Gesellschaft zu werfen und zu erwarten, dass es für sich allein Klarheit und Rechtssicherheit erzeuge. Selbst ein scheinbar so überzeitliches und definitives Wort wie »Mörder« muss so bestimmt werden, dass sich Mehrheiten der Gesellschaft – oder jedenfalls die Instanzen der Sozialkontrolle und der Definition von Wahrheit – auf seine Bedeutung einigen und Konsequenzen daraus ziehen können.

Ein deutscher Justiz-Staatssekretär beschrieb einst den »Mörder« im Sinn des Gesetzes so: »Der Gesetzgeber hat ihn nicht aus Tatbestandsmerkmalen zusammengesetzt, sondern einfach so hingestellt, dass der Richter ihn ansehen und sagen kann: Das Subjekt verdient den Strang.«

Schön gesagt, und wäre der »Strang« nicht, könnte man das Zitat gewiss Politikern der Jetztzeit unterschieben, ohne dass es auffiele. Es wurde zu einer Zeit formuliert, als es für Mord die Todesstrafe gab, die sich auch heute noch viele wünschen, wenn man sie über Fälle abstimmen lässt. Der Staatssekretär hieß Roland Freisler und wurde im August 1942 Präsident des Volksgerichtshofs – eines Gerichts, das 5200 Todesurteile verhängte und vollstrecken ließ und zumindest ab 1942 nur noch ein mörderisches Scheingericht war. Das macht die Sache schwierig, aber, wie wir wissen, nicht unmöglich: »Der Kinderschänder«, »der Mörder«, »der Frauenmörder« und »der Terrorist« hätten auch heutzutage im Urteil deutscher Fußgängerzonen wenig Chancen auf Überleben.

Der Beschreibung des Mörders als eines »Menschentyps«, den das Gericht nicht nach bestimmten »Merkmalen« bestimmen, sondern »ganzheitlich« erfassen sollte, entsprach die Auflösung von gesetzlichen Tatbeständen, die schon seit 1935 im Gesetz stand: »Bestraft wird, wer eine Tat begeht, die das Gesetz für strafbar erklärt *oder* die nach dem Grundgedanken eines Gesetzes und nach gesundem Volksempfinden *Strafe verdient*« (§ 2 RStGB in der Fassung des Gesetzes vom 28. Juni 1935). Dieses Analogie-*Gebot* verpflichtete die Strafgerichte, in Fällen, in denen eine Handlung *nicht* in einer Strafvorschrift beschrieben war, nach einer »ähnlichen« Vorschrift zu suchen und den Beschuldigten dann nach dieser zu verurteilen. Voraussetzung war, dass die beschuldigte Person »Strafe verdiente«, also als strafwürdig angesehen wurde.

Der dafür im Gesetz genannte berüchtigte Maßstab des »gesunden Volksempfindens« öffnete die Strafjustiz für fast beliebige Verfolgungen und Bestrafungen aufgrund willkürlicher, unvorhersehbarer Strafwürdigkeitserwägungen. Er spukt auch heute noch in zahllosen Köpfen und veranlasst Menschen, ihre Empörung darüber zu äußern, dass irgendetwas, was ihnen verwerflich erscheint, nicht strafbar ist. Dies soll meist eine skandalöse Schuld von angeblich »formalistisch« agierenden Gerichten oder gleich des komplett versagenden Strafrechtssystems sein. Gerechtigkeit als »gesundes Empfinden« ist das Motto einer solchen Strafrechts-Betrachtung. Sie ist schon durch das Kontrollratsgesetz vom 30. Januar 1946 als typisch nationalsozialistisches Recht und als menschenrechtswidrige Willkür gekennzeichnet und für unwirksam erklärt worden. Das Grundgesetz von 1949 ist zu einer Vorstellung vom Strafrecht zurückgekehrt, die sich – mit vielen Vorläufern – seit dem Beginn des 19. Jahrhunderts in Europa und Deutschland entwickelt hat. Das hat über viele Jahrzehnte bis heute eine verantwortungslose und geschichtsferne Presse nicht gehindert, grundrechtswidrige Vorstellungen auf infame Weise zu mobilisieren, indem sie die Grenze zwischen Recht und Emotion, Tatbestand und Empörung absichtlich vernebelt.

»Bestimmtheit« bedeutet, dass die rechtsunterworfenen Bürger erkennen können müssen, welches Verhalten strafbar ist und welches nicht. Umgekehrt: Sie müssen sich darauf verlassen können, dass nur das strafrechtlich verfolgt wird, was im Strafgesetz beschrieben ist, und dass sie nicht mit unvorhersehbaren Strafverfolgungen und Verurteilungen überzogen werden. Das ist ein Grundpfeiler rechtsstaatlichen Strafrechts. Ohne Tatbestands-Bestimmtheit ist Strafen Zufall und Willkür.

Im Grundsatz leuchtet das jedermann ein: Wer eine *eigene* Sache wegnimmt, möchte nicht wegen Diebstahls bestraft werden, und wer eine Ratte vergiftet, will nicht wegen Totschlags verurteilt werden. Dafür, dass das nicht passiert, sorgen die Straftatbestände des Diebstahls (§ 242 StGB) und des Totschlags (§ 212 StGB), in denen vom Wegnehmen einer *fremden* Sache und vom Töten eines *Menschen* die Rede ist.

Das Erfordernis der Bestimmtheit erfasst alle »Merkmale« eines Tatbestands, ist aber vor allem für die »objektiven« Merkmale, also die in einer Norm beschriebenen äußeren Gegebenheiten, Subjekte, Objekte und Handlungen von Bedeutung. Die meisten Tatbestände können von jedermann verwirklicht werden; Handlungssubjekt kann also jeder sein: »Wer ... (dies oder jenes tut)«, heißt es dann. Manche Tatbestände können nur von Angehörigen bestimmter Berufe begangen werden: Ärzte (§ 203 StGB), Richter (§ 339 StGB), Rechtsanwälte (§ 356 StGB). Wieder andere Tatbestände setzen bestimmte soziale Rollen, Positionen oder Stellungen voraus: Treuepflichtiger (§ 266 StGB), Abgeordneter (§108e StGB), Unterhaltsverpflichteter (§ 170 StGB). Solche Delikte nennt man »Sonderdelikte«, weil sie nur von bestimmten Personen begangen werden können. Von den rein geschlechtsspezifischen Delikten ist nur noch § 183

StGB übrig geblieben: Wegen »exhibitionistischer Handlungen« können sich (sinnloserweise, aber sozial anerkannt) nur *Männer* strafbar machen.

Wie die möglichen Täter sind auch die möglichen Opfer oder Objekte von Tatbeständen ganz unterschiedlich beschrieben: mal alle Menschen (Totschlag, Körperverletzung, Nötigung), mal nur Kinder (sexueller Missbrauch von Kindern) oder Jugendliche (sexueller Missbrauch von Jugendlichen); oder Inhaber von Vermögen (Betrug, Erpressung) oder Eigentümer von Sachen (Diebstahl, Raub). Auch die Allgemeinheit kann »Opfer« sein (Landfriedensbruch, Umweltstraftaten).

Bei der Prüfung, ob ein bestimmtes Verhalten oder das Verursachen eines bestimmten »Erfolgs« (das kann ein Schaden sein, eine Verletzung, eine Gefahr) von einem Tatbestand erfasst wird, muss jedes Merkmal in seiner Bedeutung für sich und im Zusammenhang mit anderen betrachtet und gegebenenfalls »ausgelegt« werden. Das ist eine Tätigkeit, die bei Laien häufig zu anderen Ergebnissen führt als bei Fachleuten.

3.2. Bestimmtheit und Lücken – Strafrecht als Schutzwall

Wer immer eine Handlung, die nach geltendem Recht nicht strafbar ist, gern bestrafen möchte, behauptet, er oder sie habe eine »Gesetzeslücke« entdeckt. Strafrechtspolitiker schätzen das Wort »Lücke« als Beschreibung für einen angeblich schrecklichen Missstand im Gesetz; das »Schließen von Lücken« ist eine Tätigkeit und Aufgabe, deren Ankündigung sich Justizminister und »rechtspolitische Sprecher« aller Parteien mit Hingabe widmen. Erstaunlicherweise handelt es sich meist um angeblich »unerträgliche« Lücken, denen dieselben Politiker zuvor viele Jahre lang mit Gleichmut gegenüberstanden oder die sie gar selbst beschlossen hatten.

Ins Grübeln können die Bürger kommen, wenn sie sich überlegen, wie überaus einfach es wäre, mit dem Missstand der Lücke ein für alle Mal und komplett aufzuräumen: Man müsste doch nur einfach *alles* für strafbar erklären. Wenn man das gesamte menschliche Handeln unter einen Erlaubnisvorbehalt (»Alles ist verboten, was nicht ausdrücklich erlaubt ist«) statt unter einen Verbotsvorbehalt (»Alles ist erlaubt, was nicht ausdrücklich verboten ist«) stellen würde, wäre das Problem gelöst: »Alle nicht ausdrücklich genehmigten menschlichen Handlungen werden mit Freiheitsstrafe von einem Monat bis zu lebenslanger Freiheitsstrafe bestraft. Genehmigungen sind bei der Polizeidienststelle des beabsichtigten Handlungsortes zu beantragen.« Das wäre ein Strafrecht, das übersichtlich, erschöpfend und rechtssicher, vor allem garantiert lückenfrei wäre. Es gäbe wohl ein paar Bürokratie- und Überlastungsprobleme mit dem Genehmigungsverfahren, aber so etwas kriegen der Große Bruder und erst recht die digitalisierten Nachfahren von Hitler und Stalin schon hin. Überdies könnte es wieder Gegenstand weiterer rechtspolitischer Auseinandersetzungen über die Verantwortung für das Vollzugsdefizit sein.

Scherz beiseite: So geht es nicht. Die »Lücke«, über die sich der frühere Bundesjustizminister *Maas* zeitweise einmal pro Woche beklagte, ist nicht die Ausnahme, sondern die zwingende Regel eines Strafrechts, das sich »rechtsstaatlich« nennen will. Totalitäre, rechtsstaatswidrige Herrschaft hingegen tendiert immer dazu, die Grenzen von Tatbeständen aufzulösen und so schwammig zu machen, dass je nach Stimmung, Erfordernis oder »Tendenz« möglichst viele Verhaltensweisen erfasst werden können oder auch nicht. Wer jede »Lücke« als Skandal auf die Titelseite hebt, ist nah dran an Roland Freisler und weit weg vom Grundgesetz.

Das nächstliegende Mittel, allfällige Lücken gar nicht erst zuzulassen, sind, wenn man nicht gleich zur Analogie greift, »offene«, generalklauselartige Begriffe, die alles oder nichts bedeuten können. »Volksempfinden« oder »Volksschädling« waren einst solche Begriffe, aber auch »verwerflich« oder »schädlich« sind es, Bezeichnungen des Täters als »Schädling« oder »Verräter«, der Tat-Handlung als »Untat« oder als »verbrecherisch«.

Gemeinsam ist diesen Begriffen, dass sie nichts Konkretes, Fassbares aussagen und beschreiben, sondern offene Wertungen enthalten, die – nach Belieben – mit Inhalt gefüllt werden können. Deshalb sind sie nach Art. 103 Abs. 2 GG verboten, wenn sie nicht durch konkretisierende Merkmale so eingegrenzt werden können, dass ein klar bestimmter Begriffskern entsteht. Das Grundgesetz (und gleichlautend § 1 StGB) formuliert diese für das gesamte Strafrecht zentrale Vorschrift so: »Eine Tat kann nur bestraft werden, wenn die Strafbarkeit gesetzlich bestimmt war, bevor die Tat begangen wurde.« In diesem Satz sind mehrere Grundsätze und Anforderungen an ein rechtsstaatliches Strafrecht enthalten.

3.2.1. Rückwirkungsverbot – Vertrauen auf Vertrauen

Es darf keine »rückwirkenden« Gesetze geben. Der Gesetzgeber darf nicht ein Verhalten, das bisher nicht strafbar ist, aber jetzt als strafwürdig angesehen wird, mit Wirkung für die Vergangenheit unter Strafe stellen. Gesetzesänderungen in der Folge und als Reaktion auf die Entdeckung von »Gesetzeslücken« führen also nie dazu, dass die aufgedeckten Vorgänge oder skandalösen Verhaltensweisen nachträglich noch bestraft werden können. Strafgesetze gelten immer erst vom Zeitpunkt ihres Wirksamwerdens an für die Zukunft. Daraus folgt, dass auch die Gerichte nicht ein bestehendes Strafgesetz auf Handlungen anwenden dürfen, die vor dem Zeitpunkt des Inkrafttretens des Gesetzes begangen wurden.

Der Grund liegt auf der Hand: Wenn Gesetze auch rückwirkend gelten würden, könnte niemand sicher sein, ob sein heute strafloses Verhalten auch morgen noch straflos sein wird oder ob er vielleicht in ein paar Jahren wegen dieses heute völlig legalen Verhaltens verfolgt und verurteilt wird. Es ist ein Kennzeichen von Unrechtsstaaten und Diktaturen, dass solche Rückwirkungen angeordnet werden, etwa wenn nach einem Putsch Personen, die ihn zu verhindern versucht haben, wegen angeblicher »Verrats«-Taten verfolgt werden.

Das Rückwirkungsverbot kann in der Praxis zu Schwierigkeiten führen, wenn Gesetzesänderungen kurz hintereinander erfolgen. Denn dann sind die Zeitspannen, in denen die jeweilige Fassung der Vorschrift gilt, so kurz, dass es nicht selten schwierig ist festzustellen, in welche Zeitspanne eine bestimmte Handlung überhaupt fiel, und umgekehrt, wann welche Handlung mit welcher Strafe bedroht war. Ein Beispiel hierfür sind die zahlreichen Änderungen des Sexualstrafrechts seit dem Jahr 1997. Sie haben dazu geführt, dass bei langen Tatserien (z. B. vielen Taten des sexuellen Missbrauchs oder der Untreue über viele Jahre) das Gericht oft Schwierigkeiten hat, die Einzeltaten richtig in die Zeitabschnitte einzuordnen.

3.2.2. Gesetzlichkeit – Es gilt das geschriebene Wort

Die Strafbarkeit muss, so sagt Art. 103 Abs. 2 GG, »gesetzlich« bestimmt sein. Das ist ganz wörtlich gemeint: Über die Strafbarkeit eines Verhaltens als kriminelle Tat muss der Gesetzgeber in der Form eines Gesetzes entscheiden. Wer der Gesetzgeber ist, steht ebenfalls im Grundgesetz: Für das Gebiet des Strafrechts, das für das gesamte Staatsgebiet der Bundesrepublik einheitlich sein muss (mit ganz wenigen Ausnahmen von *zusätzlichem* Landesstrafrecht), ist der Bund zuständig (Art. 74 Abs. 1 Nr. 1 GG); die Strafgesetze werden als Bundesgesetze vom Bundestag beschlossen (Art. 77 Abs. 1 GG) und in dem im Grundgesetz genau geregelten Verfahren unter Beteiligung der Länder (Bundesrat) erlassen. Wirksam werden sie, wenn sie nach Unterschrift von Bundespräsident, Bundeskanzler und Fachminister im Bundesgesetzblatt veröffentlicht werden. Von diesem Zeitpunkt an wird erwartet, dass alle Bürger die Gesetze kennen (und befolgen).

Das bedeutet im Umkehrschluss, dass Strafgesetze durch andere Staatsorgane oder Instanzen nicht erlassen werden dürfen. »Gesetze«, die von »Machthabern« erlassen werden, hätten daher keine Wirkung. Das ist freilich nur eine eher theoretische Erwägung, denn »Machthaber«, die eine Gesetzgebungsbefugnis behaupten, haben meistens auch die Macht, dies in dem von ihnen beherrschten Gebiet durchzusetzen.

Die Weimarer Reichsverfassung enthielt in Artikel 48 eine Befugnis des Reichspräsidenten, anstelle des Reichstags durch »Notverordnung« Strafrecht zu setzen. Ab 1933 wurde dieses (noch) formelle Recht in der Sache ganz aufgegeben und durch eine Ausrichtung auf den »Führerwillen« ersetzt, der »Gesetzeskraft« haben sollte. Obwohl dies – einschließlich rechtsstaatswidriger rückwirkender Regelungen (erstmals in der »Lex van der Lubbe« vom 29. März 1933, mit der die »Reichstagsbrandverordnung« und die Anwendung der Todesstrafe rückwirkend ausgedehnt wurden) – im Ergebnis auf die Zerstörung von Gesetzlichkeit und ihre Ersetzung durch bloßen Bestrafungswillen hinauslief, wurden die äußeren *Formen* einer (scheinbaren) Gesetzesgebundenheit während der ganzen NS-Diktatur aufrechterhalten. Selbst fast unverhüllte Ermächtigungen zum Mord wie etwa die sogenannte Polenstrafrechtsverordnung (»Verordnung über die Strafrechtspflege gegen Polen und Juden in den besetzten Ostgebieten« vom 4. Dezember 1941) ergingen noch in der äußeren Form von Gesetzen und wurden im Gesetzblatt veröffentlicht.

Die Regelungen des Grundgesetzes sind als Reaktion auf diese Vernichtung des Rechtsstaats und als Versuch anzusehen, eine ähnliche Entwicklung mit den Mitteln der Verfassung zu verhindern. Nicht zuletzt vor diesem Hintergrund waren die sogenannten Notstandsgesetze vom 30. Mai 1968 überaus umstritten, durch welche die Artikel 115a ff. in das Grundgesetz eingefügt wurden. Sie erlauben bei Feststellung des »Verteidigungsfalls« den Übergang aller Gesetzgebungsbefugnisse von Bundestag und Bundesrat auf einen »Gemeinsamen Ausschuss« und sehen sehr weitgehende Eingriffsrechte der Exekutive (Bundesregierung) vor.

Auch die Anforderung der Gesetzlichkeit von Strafnormen (Vorbehalt des Gesetzes) ist keineswegs nur eine fernliegende Regel ohne Belang für die Alltagspraxis. Ein aktuelles Beispiel ist die Diskussion über die »Wahlfeststellung« im Strafrecht, die in den Jahren 2014 bis 2017 den Bundesgerichtshof beschäftigt hat und in der Rechtswissenschaft schon lange geführt wird:

Das Problem kann man, konkretisiert, kurz so beschreiben: Diebstahl ist strafbar, Hehlerei ebenso. Beide Tatbestände schließen sich gegenseitig aus: Dieb ist, wer eine fremde Sache wegnimmt; Hehler ist, wer eine schon weggenommene Sache erwirbt. Man ist entweder Dieb oder Hehler, aber nicht – auf dieselbe Sache bezogen – beides zugleich. Wie soll man nun entscheiden, wenn bei einer Person Sachen gefunden werden, die unzweifelhaft gestohlen sind, wenn man aber nicht ermitteln kann, ob die verdächtige Person sie selbst gestohlen oder von einem (unbekannten) Dieb erworben hat? Wenn man jeden Tatbestand einzeln prüft, stößt man auf das Problem, dass der Grundsatz »in dubio pro reo« bei jedem einzelnen Tatbestand anzuwenden ist: Bei der Prüfung des Diebstahls ist also im Zweifel anzunehmen, dass der Beschuldigte Hehler ist, und bei der Prüfung der Hehlerei, dass er Dieb ist. Er wäre daher in beiden Fällen freizusprechen. Das erscheint aber ungerecht, vorausgesetzt, dass der Beschuldigte nur entweder das eine oder das andere Vergehen begangen haben kann und eine dritte, straflose Möglichkeit ausscheidet.

Die Rechtsprechung ist für diesen Fall schon früh (zu Zeiten des Reichsgerichts) auf die Figur der »Wahlfeststellung« gekommen: Sie verurteilt den Täter »wahlweise« aus beiden Tatbeständen (»wegen Diebstahls oder Hehlerei«) und wendet dann den niedrigeren Strafrahmen an. Damit ist dem Beschuldigten im Ergebnis gewiss kein Unrecht widerfahren. Allerdings ist ein solches »wahlweises« Verurteilen mit dem Gesetzeswortlaut nicht vereinbar: Es gibt Tatbestand eins und Tatbestand zwei, aber keine »Mischung«.

Im NS-Strafrecht wurde eine Norm in das Strafgesetzbuch eingeführt, die eine solche »Wahlfeststellung« ausdrücklich zuließ und anordnete; diese Norm wurde aber 1946 aufgehoben. Trotzdem ist der am 1. Oktober 1950 gegründete Bundesgerichtshof wenig später zu der alten Rechtsprechung zurückgekehrt; seither wird in vielen Fällen »wahlweise« verurteilt, wenn die beiden nur »vielleicht« verwirklichten Taten »rechtsethisch und psychologisch vergleichbar« sind. Das geht nach dieser Ansicht immer bei »Diebstahl oder Hehlerei«, auch bei »Betrug oder Diebstahl« oder »Betrug oder Untreue«. Wenn der Beschuldigte mit dem Geldbeutel eines Ermordeten in der Hand neben der Leiche gefunden wird und nicht feststellbar ist, ob er das Opfer getötet oder nur der Leiche den Geldbeutel weggenommen hat, wird er aber nicht »wegen Raubmords oder Unterschlagung« verurteilt, weil das nicht »vergleichbar« sei.

Bei der »Wahlfeststellung« liegt strafrechtlichen Verurteilungen also eigentlich kein bestimmtes »Gesetz«, sondern eine richterrechtlich geschaffene Möglichkeit des Bestrafens zugrunde. Richterrecht ohne gesetzliche Grundlage ist aber nur in seltenen Ausnahmefällen zulässig und wird jedenfalls verdrängt und außer Kraft gesetzt, wenn das Gesetz selbst etwas anderes anordnet.

Der Zweite Strafsenat des Bundesgerichtshofs hat im Jahr 2016 die Wahlfeststellung zwischen Diebstahl und Hehlerei für unzulässig gehalten, weil der Gesetzgeber im Tatbestand der »Geldwäsche« – auf den noch einzugehen sein wird – angeordnet hat, dass wegen Geldwäsche zu verurteilen ist, wer sich gestohlene Gegenstände verschafft hat, aber (aus Beweisgründen) nicht wegen Diebstahls oder wegen Hehlerei verurteilt werden kann. Das ist ein sogenannter »Auffang-Tatbestand«; das sind solche Tatbestände, die (»ersatzweise«) eingreifen, wenn ein schwererer Tatbestand nicht nachgewiesen werden kann. Daher hat der Strafsenat angenommen, die Geldwäschenorm (als Gesetz) habe die alte Richternorm (»Wahlfeststellung«) verdrängt und unzulässig gemacht. Der Große Senat für Strafsachen des Bundesgerichtshofs, der in grundsätzlichen Streit- und Zweifelsfragen entscheidet und in dem alle Strafsenate vertreten sind, hat 2017 anders entschieden: Die Verurteilung auf Grundlage der richterrechtlichen Wahlfeststellung ist danach weiterhin mit Art. 103 Abs. 2 GG vereinbar.

3.2.3. Bestimmtheit – Begriffe, Wahrheit, Kommunikation

Die meiste Aufmerksamkeit kommt in Art. 103 Abs. 2 GG dem Merkmal der Bestimmtheit (im engeren Sinn) zu, und zwar aus verschiedenen Perspektiven: Aus dem Blickwinkel der Praxis (Staatsanwaltschaften, Gerichte, Strafverteidiger) liegt hier der Kern dessen, was man juristische »Auslegungs«-Arbeit nennt und was die »Anwendung« von Straftatbeständen ausmacht. Aus dem Blickwinkel des Gesetzgebers bedeutet die verfassungsrechtliche Forderung nach Bestimmtheit, dass genau überlegt werden muss, welches Verhalten man unter Strafe stellen will und wie dieses Verhalten im Gesetz so präzise beschrieben werden kann, dass es einerseits alles erfasst, was strafbar sein soll, andererseits aber eine klare Grenze zum *nicht* strafbaren Verhalten erkennen lässt. Aus Sicht juristischer Laien erscheinen die Bemühungen der (Straf-)Juristen um »Tatbestands-Merkmale« und Begriffe oft wie eine kaum verständliche oder gar überflüssige Geheimwissenschaft, deren Effekt (und, wie ganz scharfe Kritiker meinen: Zweck) darin besteht, das Leben kompliziert, die Entscheidungen schwierig und die Ergebnisse unverständlich zu machen.

Vor allem aber stehen die Begriffsklärungen der Juristen im Ruf, »lebensfremd« zu sein. In Millionen von empörten Kommentaren auf den Webseiten der sozialen Medien erklären Millionen von Menschen sich gegenseitig, die Strafjuristen verstünden nichts vom Leben und von der Gerechtigkeit und verfehlten mit ihren unnötig komplizierten Definitionsproblemen aus purer Eitelkeit oder Verbohrtheit vielfach die »richtigen« Lösungen auf konkrete Fragen.

Dieser Vorwurf ist zum einen nicht nur auf einer intuitiv-persönlichen Ebene unplausibel: Auch wenn 100 000 Fußball-Sachverständige in Kurzbotschaften auf »Twitter« erklären, was die »Wahrheit« über eine bestimmte Spielsituation sei, folgt daraus in der Sache nichts. Es ist, anders gesagt, sachlich ganz gleichgültig, welche Interessen der Werbepartner des Internet-Portals verfolgt.

Zum anderen ist es sehr unwahrscheinlich, dass über einen längeren Zeitraum die meisten Fachleute eines Fachgebiets (fast) alles falsch machen, was Laien schon nach kurzem Nachdenken richtig machen können. Das gilt nicht nur in den Bereichen von Technik oder Naturwissenschaft, sondern auch in den geistes- und sozialwissenschaftlichen Fächern und ebenso in ihrer praktischen Umsetzung in Politik, Verwaltung und Justiz. Und es ist noch unwahrscheinlicher, dass die große Mehrzahl der Fachleute eines Wissensgebiets dauerhaft möglichst viel falsch machen *will,* dass also etwa Rechtspolitiker, Richter und Strafrechtswissenschaftler ernsthaft entschlossen sind, im Strafrecht so viel Ungerechtigkeit und *falsche* Ergebnisse wie möglich zu produzieren, während der Rest der (fachfremden) Gesellschaft fast ohne Anstrengung die jeweils *richtigen* Ergebnisse erkennen kann.

Die Sache ist, wie so häufig, deutlich komplizierter. Denn ebenso falsch wie die Annahme, alle oder die Mehrzahl der Juristen verstünden nichts von der Gerechtigkeit, wäre die Annahme, die meisten Laien verstünden nichts vom Strafen. Das Problem liegt eher darin, dass die Kommunikation zwischen beiden Gruppen oft gestört ist, weil die Herangehensweise an die Materie in Anlass, Fragestellung und Form unterschiedlich ist und dem Recht – im Gegensatz etwa zur Medizin oder zur Technik – von sehr vielen Menschen eine eigene Fachsprache nicht zuerkannt wird. Im (Straf-)Recht spielt Sprache aber eine herausragende Rolle: Sie *beschreibt* nicht nur technisch Sachverhalte, Anforderungen und Zumutungen des Rechts, sondern formt, deutet und interpretiert sie. Strafrecht ist, in weiterem Sinn, sprachliche Kommunikation über Macht und Gewalt. Strafrecht ist nicht »Natur«, sondern Realisierung von sozial konstruiertem Sinn. Ohne Sprache gibt es kein Strafrecht.

3.2.4. Sprache, Begriffe, Grenzen – Worte und Symbole für Wahrheit

Fast alle Menschen nehmen im Alltag die Worte der Sprache, die sie zur Verständigung benutzen, nicht als etwas Besonderes, von ihnen Getrenntes oder Künstliches wahr. Der »Name« einer Sache, einer Handlung, eines Zustands usw. erscheint ihnen vielmehr als ihre quasi »natürliche« Form: Ein Hund *heißt* nicht nur Hund, sondern *ist* ein solcher, und deshalb nennen wir ihn so.

Umgekehrt: Wenn kein Hund da ist, wir aber das Wortsymbol »Hund« aussprechen oder denken, erscheint das »Wesen«

des Hundes, seine Gestalt, das Typische an ihm in unserer Vorstellung. Wir können damit kommunikativ umgehen, denn andere Menschen benutzen dasselbe Wortsymbol für ähnliche Gegenstände. Wenn ein kleines Kind »Hund« zu einer Katze sagt, bringen wir ihm bei, dass das »falsch« sei. Wir lernen, dass es nicht ratsam ist, zu einem anderen Menschen »Hund« zu sagen, und dass »Pistole« ist, was knallt und das Umfallen einer Figur auf dem Bildschirm bewirkt. Das weiß doch jeder!

Dabei ist aber keineswegs ganz *identisch,* was verschiedene Menschen unter »Hund« oder »Pistole« verstehen: Jeder erinnert sich beim Hören oder Lesen dieser Worte an etwas anderes, assoziiert andere Vorstellungen, Bilder, Gefühle, Erinnerungen. Manche werden nur wenig beleidigt sein, wenn man sie »Hund« nennt, andere sehr stark; manche werden gute, andere negative Gefühle oder Angst haben. Schon die Verwendung des einfachen Gattungsbegriffs »Hund« ist also gar nicht so einfach, und die Kommunikation mit seiner Hilfe hat eine Vielzahl von Voraussetzungen, die im Alltag »natürlich« und leicht erscheinen, in Wahrheit aber ein hochkomplexes, evolutionär gewachsenes und sich sozial ständig wandelndes Geflecht von Bedeutungen zur Grundlage hat.

Noch komplizierter ist es, wenn sich die Wörter-Namen nicht auf sichtbare Gegenstände beziehen, sondern auf innere Vorgänge: »Gedanken«, »Wille«, »Vorstellung«. Wenn wir sagen, dass wir »einen Gedanken haben«, versuchen wir nicht, den extrem komplizierten und weithin unerforschten Vorgang des »Denkens« im Gehirn und sein Zusammenspiel mit anderen Teilen des Nervensystems zu rekonstruieren und zu beschreiben, sondern wir nennen in einer sehr groben Zusammenfassung den *Prozess* selbst und *zugleich* sein Ergebnis »Gedanke«. In der sozialen Alltagskommunikation reicht das – jeder kann sich ungefähr vorstellen, wie es sich »anfühlt«, einen »Gedanken zu haben«.

Die schwierigste Stufe erreicht man, wenn man Wörter für *abstrakte* Gegebenheiten verwendet, also nicht nur komplex zusammengesetzte Wirklichkeiten mit Worten wie »Vertrauen«, »Erinnerung«, »Liebe« bezeichnet, sondern Zusammenhängen Namen gibt wie »Wahrheit«, »Ursächlichkeit«, »Angemessenheit«. Hinter den Äußerungen und dem Verständnis schon der einfachsten Sprache steckt eine hohe und voraussetzungsvolle Intelligenzleistung, welche Menschen schon in ihrer durchschnittlichen Ausprägung von allen anderen Tieren unterscheidet.

Sprache besteht aus Symbolen. Die Zusammenhänge der Sprache sind keine bloße quantitative Anhäufung von Wörter-Zeichen. Wenn es so einfach wäre, könnten Computer schon heute besser sprechen (also denken) als Menschen. Das eigentlich Interessante und Faszinierende sind die qualitativen Aspekte der Sprache. Bildlich ausgedrückt: Sprache ist keine Fläche, sondern eine vieldimensionale Form, die sehr direkt mit allen Funktionen des Gehirns verbunden ist und sie symbolisch widerspiegelt. Sie ist mit kognitiven, also »schlicht« erkennenden Funktionen verbunden, zugleich mit Gefühlen, Wertungen, Vergleichen, Erinnerungen. Und sie ist ja vor allem immer grundsätzlich *interaktiv,* das heißt vereinfacht: Wo Sprache, in welcher Form auch immer, als »Output« in die Welt geht, kommt sie auch als »Input« wieder herein und trägt dabei alle *fremden* Symbolgehalte mit sich.

Daraus ergeben sich Folgerungen, die für unser Thema Strafrecht wichtig sind:

Zum Ersten, dass Sprache in hohem Maß mit Intelligenz zusammenhängt, also mit Abstraktionsvermögen einerseits, Erinnerungs-, Gefühls- und Assoziationsvermögen andererseits. Sie ist insoweit eng mit Empathie verknüpft.

Daraus folgt zum Zweiten, dass Sprache stets ein hohes Maß an Individualität hat und behält. Um als das überragend wichtige System der Verständigung und Zusammenarbeit zu funktionieren, das sie in der menschlichen Natur ist, muss sie ununterbrochen im kommunikativen Austausch »geübt«, angepasst, verglichen werden. »Was *meinst* du damit?« ist eine scheinbar banale, tausendfach gestellte, in Wahrheit existenziell wichtige Frage. Sie stellt sich permanent, auch wenn sie nicht ausdrücklich formuliert wird. Das fremde »Meinen« und Bedeuten, der fremde Sinn, sind für unsere Orientierung in der Welt von höchster Wichtigkeit. Wem eine gemeinsame Sprache abhandenkommt, wer den Sinn der Wörter nicht mehr versteht oder die der Mehrheit gemeinsame Logik der Sprachbedeutungen verlässt, den empfinden wir als »verrückt«, außenstehend, furchterregend. Vor »Wahnsinnigen«, aus der gemeinsamen Kommunikation herausgetretenen Menschen hat jeder Angst, denn man kann an ihren Zeichen nicht zuverlässig erkennen, was sie denken, planen, beabsichtigen. Beeindruckende Beispiele hierfür bieten etwa Texte von Schizophrenen.

Zum Dritten ergibt sich, dass der Inhalt der Sprache sich nicht allein deshalb ständig verändert, weil die Sachverhalte, die sie beschreiben soll, anders werden, sondern auch weil die Begriffe selbst »fließend« sind. Sie werden in einem steten Prozess ausgehandelt, verschieben sich, verlieren alte oder gewinnen neue Bedeutungen. Das kann sich, bezogen auf individuelles Erleben, sehr langsam oder sehr schnell vollziehen. Das gilt selbst für scheinbar ganz feststehende, eindeutige Begriffe.

Beispiel: 1990, bei der deutschen Wiedervereinigung, war in den westlichen Bundesländern das Wort »Mutti« als Bezeichnung für eine Mutter zwar noch geläufig; es war aber im Lauf der Siebziger- und Achtzigerjahre von einer allgemein gebräuchlichen Bezeichnung zu einem Begriff geworden, der infolge von sozialen Konnotationen als unmodern, spießig und rückständig galt – quasi als Inbegriff eines kleinbürgerlichengen Familienbildes der unmodernen Vergangenheit. In den neuen Bundesländern hatte das Wort eine solche Bedeutung aber nicht; es war (und ist bis heute) dort allgemein geläufig. Das Wort bezeichnete scheinbar dasselbe, transportierte aber – mit erheblichen Folgen für die kommunikative Wirkung – eine völlig unterschiedliche assoziative Botschaft. Die sprachliche Überwältigung des »unmodernen« Ostens durch den »modernen« Westen traf daher, weit über abstrahierende soziale Sachverhalte (»Genosse«, »Kollege«, »Investor«, »Wohnbereich«, »Kollektiv«) hinaus tief in die Bedingungen von subjektiver Identität – wie auch immer »rückständig«. Es ist ein Phänomen der Moderne, dass die jeweiligen Sieger der Sinn-Definition ein tief und meist sentimental empfundenes Mitleid mit Vertretern vernichteter Kulturen der fernen Vergangenheit durchaus als moralisch und emotional angenehm schätzen, aber Verachtung für Symbole derjenigen Kultur empfinden, die sie selbst soeben vernichten.

Das Zusammentreffen ost- und westdeutscher Sprache offenbarte – trotz der nur 40 Jahre dauernden Trennung und des immerhin (wenn auch nur einseitig) vorhandenen Austausches mittels Fernsehen – eine Vielzahl solcher Verschiebungen, die teilweise bis heute andauern. Dasselbe geschieht, im Alltag meist unmerklich, auch innerhalb eines Sprachraums: Was man heute unter Begriffen wie »Sport«, »Kultur«, »Arbeit«, »Familie« versteht, ist keineswegs dasselbe wie vor 50 Jahren. Beispielhaft: Was heute als (kriminelle) »Gewalt gegen Kinder« beschrieben wird, ging 1960 problemlos als »konsequente Erziehung« durch.

Die Texte eines Gesetzes »verändern« sich in ihren Bedeutungen und Sinn-Zusammenhängen also selbst dann, wenn sie im Wortlaut unverändert bleiben. Je älter Gesetzestexte sind, desto mehr Bedeutungsunschärfen können sich ansammeln. Für das Strafgesetz (wie für jedes andere Gesetz) hat all das erhebliche Folgen: Zum einen muss der Gesetzgeber versuchen, bei der Formulierung von Vorschriften so genau zu sein, dass möglichst wenige Zweifel am Inhalt und an der Bedeutung der verwendeten Begriffe bleiben. Das ist eine Frage der »Bestimmtheit« des Gesetzes: Es muss, so verlangt es Art. 103 Abs. 2 Grundgesetz, für die Bürger aus dem Wortlaut selbst, notfalls aus dem »Sinn« eines Gesetzes und/oder dem Zusammenhang, in dem eine Vorschrift steht, erkennbar sein, was gemeint, also was verboten und was erlaubt ist.

Man kann ein verbotenes Verhalten auf verschiedene Weise beschreiben: indem man einen Erfolg, also ein Ergebnis benennt, das verboten ist, oder indem man eine Handlung beschreibt, die verboten sein soll, oder indem man beides miteinander verbindet und eine bestimmte Handlung verbietet, die zu einem bestimmten Ergebnis führt.

Drei Beispiele: »Die Beleidigung … wird bestraft«, sagt § 185 StGB. Was »Beleidigung« ist und was man tun muss, um eine solche herbeizuführen, steht nicht im Gesetz; das muss man sich selbst zusammenreimen. Im Fall des § 185 StGB ist das nicht sehr schwierig, weil der Begriff seit Jahrhunderten bekannt und gebräuchlich ist und jeder recht genau weiß, was gemeint ist. Trotzdem kann es auch da Schwierigkeiten geben: Wenn der A den B ohrfeigt, ist das meistens eine »Körperverletzung« (»Misshandlung«). Ist es auch eine »Beleidigung«? Das weiß man nicht so genau; um es zu entscheiden, muss man die näheren Umstände kennen: Kennen A und B sich näher? Wie ist ihr soziales Verhältnis zueinander? Was ist der Anlass der Ohrfeige?

§ 316 Abs. 1 StGB lautet: »Wer im Verkehr ein Fahrzeug führt, obwohl er infolge des Genusses alkoholischer Getränke oder anderer berauschender Mittel nicht in der Lage ist, das Fahrzeug sicher zu führen, wird … bestraft.« Ein »Ergebnis« des verbotenen Tuns ist hier nicht erkennbar: Das bloße Fahren reicht schon, selbst wenn weit und breit kein fremdes individuelles Rechtsgut in Sicht ist, das verletzt werden könnte und daher gefährdet ist. Verboten ist also eine (bloße) *Tätigkeit,* die das Gesetz beschreibt als »ein Fahrzeug führen«. In 95 Prozent aller

Fälle ist es nicht schwierig zu erkennen, ob dieses Merkmal gegeben ist, denn unter »Fahrzeugführen« kann sich fast jeder Bürger etwas vorstellen: Fahrzeugführer ist eine Person, die die Fortbewegung eines Fahrzeugs unmittelbar und vor Ort (d.h. in, auf, an dem Fahrzeug) bewirkt.

In den restlichen fünf Prozent wird es dann aber doch schwieriger: »Führt« man ein Fahrzeug eigentlich auch, wenn es steht? An der Ampel, auf dem Parkplatz, im Parkhaus? Wenn man im Auto schläft? »Führt« das Fahrzeug auch der Beifahrer, der dem Fahrer Kommandos gibt? »Führt« der Hersteller eines Navigationsgeräts oder der Kontrolleur einer »führerlosen« Schienenbahn? § 316a StGB bedroht es mit hoher Strafe, wenn man den »Führer eines Kraftfahrzeugs unter Ausnutzen der Verhältnisse des Straßenverkehrs« beraubt. Was ist »Führen« hier nun wieder? Ist es auch gegeben, wenn der »Führer« gerade mal kurz ausgestiegen ist, aber gleich weiterfahren will? Ist es also ein »räuberischer Angriff auf Kraftfahrer«, wenn man eine Person auf der Toilette einer Autobahnraststätte überfällt? Oder einen Taxifahrer ausraubt, der am Taxistand auf Fahrgäste wartet? Das sind nur ein paar von vielen Zweifelsfragen, die von denen, die das Recht anwenden, geklärt werden müssen.

Ein drittes Beispiel: »Wer unbefugt ein Gewässer verunreinigt, wird … bestraft«, ordnet § 324 Abs. 1 StGB an. Klingt einfach, ist es aber nicht, wenn man es sich genau überlegt. Was bedeutet »verunreinigen«? Allgemeines Verständnis: Etwas Reines »unrein« machen, indem man irgendwelche Stoffe ins Gewässer bringt, die das bewirken. Ist damit eine bloße *Tätigkeit* gemeint, wie im Beispiel des Kraftfahrzeugführens? Reicht also zur Strafbarkeit, dass der Täter *ausholt,* um eine Ladung Gift in den Fluss zu werfen?

Das Wort »verunreinigt« spricht – sprachgefühlsmäßig – dagegen; es klingt, als sei auch ein »Erfolg« gemeint, als müsse also eine Verunreinigung – im Sinn einer tatsächlichen Veränderung der Außenwelt – tatsächlich eingetreten sein. Das ist nicht zwingend, wird aber bestätigt, wenn man Absatz 2 anschaut: »Der Versuch ist strafbar.« Daraus kann man folgern: Wenn schon das Ausholen zum Werfen die *Vollendung* der Tat wäre, dann müsste ein »Versuch« noch davor liegen. In unserem Fall wäre das »der *Versuch des Ausholens*«. Es ist sehr unwahrscheinlich, dass der Gesetzgeber schon diese Handlung bestrafen wollte, denn es ist kaum vorstellbar, woran man einen solchen »Versuch« überhaupt erkennen können sollte, wenn der gesamte Ablauf des Ausholens schon jenseits des Versuchs liegt. »Versuch« ist »Unmittelbares Ansetzen zur Tat nach der Vorstellung von der Tat« (§ 22 StGB). Wenn die Vollendung der Tat in der schlichten Ausführung einer abstrakt gefährlichen Handlung besteht, verliert sich ein »Versuch« in einem vagen Vorfeld-Niemandsland. Für § 324 StGB folgt daraus, dass das bloße Ausholen zum Gift-Einbringen nicht schon die Vollendung, sondern erst der Versuch der Verunreinigung ist. Juristisch ausgedrückt: § 324 StGB (Gewässerverunreinigung) ist ein »Erfolgsdelikt«; § 316 (Trunkenheit im Verkehr) ist ein »Tätigkeitsdelikt«.

Das klingt kompliziert, ist es aber nicht. Die Methode, mit welcher dieser Abgleich von § 324 Abs. 1 und § 22 StGB vorgeführt wurde, und die Methode der Überlegung, was § 324 Abs. 2 StGB (Strafbarkeit des Versuchs) über die Voraussetzungen des Abatzes 1 (Tatbestandsmerkmal »Verunreinigen«) sagt, nennt man »systematische Auslegung«: Die Bedeutung einer Vorschrift wird aus ihrem Zusammenhang mit anderen Vorschriften erschlossen. Das ist in etwas vereinfachter Form auch im Alltag geläufig – von der Philosophie des Fußballspiels bis zur Wissenschaft vom Bratwurstgrillen.

Damit sind die Fragen im Detail noch nicht erledigt: Ist es »Gewässerverunreinigung«, wenn sich der Bergwanderer A im bayerischen Bach die Hände wäscht, nachdem er ein Fischbrötchen gegessen hat? Ist der Bach dann »verunreinigt«? Wenn man es genau nimmt: ja, denn Heringsreste und Brotkrümel waren vorher nicht im Wasser. Aber man ahnt: »Brotkrümel in einen Bach werfen« ist nicht das, was man sich unter »verunreinigen« sinnvollerweise vorstellen soll, denn diese Handlung liegt unterhalb jeder Erheblichkeitsschwelle. Anders sieht es aus, wenn die nahe gelegene Brotfabrik jeden Nachmittag eine Ladung von 500 Kilo Brotresten in den Bach kippt: Das wäre dann also wohl ein »Verunreinigen«, und es käme – wie meistens – auf das Wörtchen »unbefugt« an. Das Vertrackte am Umweltstrafrecht ist, dass 99 Prozent aller Verunreinigungen »befugt« geschehen, also mit behördlicher Genehmigung.

3.2.5. Definitionen – Kreativer Freiraum oder Spiegel der Wirklichkeit?

Es kann realistischerweise nicht erwartet werden, dass es gelingt, alle Begriffe in einem Gesetz so genau zu wählen und systematisch so klar zu verbinden, dass für jedermann, stets und auf Dauer eindeutig zu erkennen ist, was gemeint ist. Das kann daran liegen, dass der Gesetzgeber nicht sorgfältig arbeitet. Meistens liegt es daran, dass die Worte der Sprache vieldeutig sind und jedenfalls an den Rändern ihrer Bedeutung Unklarheiten aufweisen. Und schließlich liegt es daran, dass sich das Leben, also die soziale, technische, kulturelle Wirklichkeit aus einem Begriff »wegentwickelt«. Für alle drei Varianten ein Beispiel:

Beispiel 1: Gesetzgeberischer Fehler

Ein Beispiel für einen gesetzgeberischen Fehler ist schon oben aufgeführt worden: Das »gefährliche Werkzeug« in den §§ 244 und 250 StGB ist widersinnig und unbestimmt als Tatbestandsmerkmal genannt, obwohl eine sprachlich plausible Definition nicht zur Verfügung steht.

Eine skurrile Form eines gesetzgeberischen Fehlers findet

sich auch in § 297 StGB (»Gefährdung von Schiffen durch Bannware«), ebenfalls eingefügt im Hoppla-Hopp-Gesetz des Jahres 1998. Da heißt es: »Abs. 1: Wer ohne Wissen des Reeders oder des Schiffsführers oder als Schiffsführer ohne Wissen des Reeders eine Sache an Bord nimmt, deren Beförderung die Gefahr einer Beschlagnahme verursacht …, wird bestraft. Abs. 2: Ebenso wird bestraft, wer als Reeder ohne Wissen des Schiffsführers eine Sache an Bord nimmt …« Danach ist also Täter: (1) Wer die Tathandlung ohne Wissen des Reeders *oder* des Schiffsführers vollzieht; (2) Wer sie als Schiffsführer ohne Wissen des Reeders vollzieht; und (3) Wer sie als Reeder ohne Wissen des Schiffsführers vollzieht. Anders gesagt: Zwei von drei Tatvarianten sind schlichte Wiederholungen der ersten, denn in der Formulierung »ohne Wissen des Reeders *oder* des Schiffsführers« sind alle nachfolgend aufgeführten Varianten bereits enthalten. Das steht so seit 20 Jahren im Gesetz und verwirrt jeden Rechtsanwender, weil alle versuchen, die (vielleicht »verborgenen«) Unterschiede zu finden. Auf die Idee, dass der Gesetzgeber in einer kurzen Vorschrift dreimal hintereinander dasselbe sagt, kommt man normalerweise nicht. Eine Berichtigung erfolgt trotz der unsinnigen Formulierung seit 20 Jahren nicht.

Beispiel 2: Wortlaut und Auslegung

»Die Beleidigung wird mit Freiheitsstrafe bis zu einem Jahr oder mit Geldstrafe und, wenn die Beleidigung mittels einer Tätlichkeit begangen wird, mit Freiheitsstrafe bis zu zwei Jahren oder mit Geldstrafe bestraft.« Das ist der Wortlaut von § 185 StGB: »Beleidigung«. Das Gesetz verwendet diesen Begriff, als ob von vornherein feststehe, was er bedeutet, wie »Regen«, »Gewicht« oder »Brot«. Tatsächlich ist das Problem aber gerade, was »Beleidigung« überhaupt ist. Um das zu klären, muss man aus dem Gesamtzusammenhang des Abschnitts (§§ 185 bis 194 StGB) zunächst einmal herauszufinden versuchen, was »das geschützte

Rechtsgut« ist. Ist es eine »Beleidigung, wenn ein »Löwen«-Anhänger einem »Bayern«-Anhänger, ein Sankt-Pauli-Anhänger einem HSV-Anhänger sagt, dass der jeweils andere Fußballclub »das Allerletzte« sei? Ist es strafbar, wenn der fleißige Herr A zu dem faulen Herrn B sagt, dass dieser faul sei? Und so weiter – die Beispiele sind unendlich, die Emotionen und höchstpersönlichen Ansichten über den Tatbestand der Beleidigung ebenfalls.

§ 185 StGB ist damit ein extremes Beispiel dafür, dass sich aus dem bloßen Wortlaut des Strafgesetzes keineswegs »ohne Weiteres« ergibt, was strafbar und was nicht strafbar ist. Das Gesetz verweigert dem Bürger die Auskunft darüber, was der Begriff »Beleidigung« bedeuten soll. Vor 100 Jahren galt es in Deutschland als schwere Beleidigung, die Gattin (!) eines »Bankbeamten« oder Studienrats oder eine »unbescholtene« unverheiratete Frau mit sexuellen Avancen zu belästigen – wohlgemerkt: als Beleidigung des Ehegatten bzw. des Vaters. Später galt es als strafbar, jemanden als »Juden« oder als »Homosexuellen« oder als »Zigeuner« zu bezeichnen. Heute streitet man sich zum Beispiel darüber, ob und welche Strafe eine öffentliche Spekulation über eine frei erfundene Krebserkrankung eines TV-Stars verlangt; auf den Plattformen der »sozialen Medien« ist die möglichst verachtungsvolle Herabwürdigung anderer Menschen zu vernichtungswürdigen Hass-Objekten zu einer sozialadäquaten Kommunikationsform geworden und wird in der Hochkultur der verstörten Mittelklassen als »Tabubruch« diskutiert.

Im hier besprochenen Zusammenhang kommt es nicht auf Einzelheiten an, vielmehr auf den Hinweis, dass »das Gesetz« oder »der gesetzliche Tatbestand« nicht eine definitive Wirklichkeit allein *abbildet,* sondern eine eigene, hoch komplizierte Wirklichkeit von Sinn, Bedeutung, Assoziation, Metaphorik, Fantasie usw. erst schafft – eine Wirklichkeit, die weder nur fiktiv noch nur real ist, sondern wie alle Sprache auf eine unendliche Geschichte von Worten und Bedeutungen, Geschehnissen und Strukturen verweist: Was bedeutet »zerstören«, »nötigen«, »veranlassen«, »behaupten«? Was ist »Umwelt«, »Körper«, »Vertrauen«, »Pflicht«?

Das Strafrecht ist ein Ozean von solchen Begriffen, die im Alltag als selbstverständlich und leicht verständlich angesehen werden, sich im Einzelfall aber als hochgradig schwierig erweisen. Ein Problem ist, dass das Strafrecht sich (ausschließlich) mit den Ausnahmefällen beschäftigt. Die höhnischen Kritiken aus dem Meer des Normalen an den »Spitzfindigkeiten« der Spezialisten für das Besondere zeigen oft rührende Unbefangenheit. Dies wäre nicht schlimm, wenn die Unbefangenheit der sicheren Begriffs-Häfen nicht von der Zuverlässigkeit der Grenzen abhinge. Im Recht, im Strafrecht allzumal, geht es immer um die *Grenzen,* nicht um das banal Innenliegende, denn nur wenn man sich über die Grenze genau verständigt, kann man das Innen bestimmen und selbstverständlich finden.

Beispiel 3: Herauswachsen des Lebens aus dem Tatbestand

Seit Ende 2017 kann man selbst in Leitmedien kritische Berichte über die Strafbarkeit des »Schwarzfahrens« lesen; erste Gesetzentwürfe im Bundestag schlagen die Streichung dieser Variante im Tatbestand »Erschleichen von Leistungen« (Paragraf 265a StGB) vor. Der Grund, der dafür genannt wird, ist ein wenig merkwürdig: Es müssten zu viele kurze Ersatzfreiheitsstrafen für nicht gezahlte Geldstrafen vollstreckt werden, was zu Platzmangel in den Justizvollzugsanstalten führe und einen Haufen Geld koste. Mit dieser Argumentation könnte man allerdings auch die Tatbestände der Beleidigung, des Ladendiebstahls oder der fahrlässigen Körperverletzung streichen; und warum das Eintreiben von *Ordnungswidrigkeits*-Geldbußen mittels Erzwingungshaft platzsparender oder preisgünstiger sein soll, bleibt erst recht im Dunkeln.

Tatsächlich ist der Paragraf 265a aus einem ganz anderen

Grund interessant, der mit den Tatbestandsmerkmalen zu tun hat. Es heißt dort: »Wer die Leistung eines Automaten oder eines öffentlichen Zwecken dienenden Telekommunikationsnetzes, die Beförderung durch ein Verkehrsmittel oder den Zutritt zu einer Veranstaltung erschleicht, wird mit Freiheitsstrafe bis zu einem Jahr oder mit Geldstrafe bestraft.« Die meisten der hier verwendeten Begriffe sind leicht verständlich; eine Ausnahme macht das Wort »erschleichen«. Es beschreibt die Tathandlung, ist also zur Feststellung, ob der Tatbestand erfüllt ist, von herausragender Bedeutung.

Unter »erschleichen« versteht man in der Alltagssprache ein heimliches, verborgenes Handeln. Aber es ist auch ein *Ergebnis* solchen Tuns in ihm enthalten. Eine Handlung, die »Erschleichen« heißt, aber nichts Erkennbares bewirkt, kann man sich schwer vorstellen; wie die Worte »Stehlen« oder »Verletzen« beschreibt »Erschleichen« daher eine Handlung und zugleich deren Erfolg. Was genau man tun muss, um das Merkmal »Er-Schleichen« zu verwirklichen, lässt sich nur in der Kombination von beidem herausfinden. Beim »Stehlen« etwa muss der Täter irgendetwas wegnehmen, beim »Verletzen« irgendeine Handlung ausführen, die beim Tatopfer zu einer Verletzung führt.

Wie geht »Erschleichen«? Wer eine andere *Person* täuscht und dadurch etwas Vermögenswertes erlangt, »erschleicht« umgangssprachlich auch, aber dieses Tun heißt im Strafgesetz »Betrügen« (§ 263 StGB) und ist mit Freiheitsstrafe bis zu fünf Jahren bedroht; dazu braucht man die Vorschrift des § 265a StGB also nicht. Es kann andererseits aber nicht das bloße unberechtigte *Entgegennehmen* einer fremden Leistung sein, denn dazu bräuchte man keine Handlung, die »Erschleichen« heißen soll. Es ist eine Grundregel unseres Strafrechts, dass das bloße Fehlen einer Berechtigung nicht zur Strafbarkeit führt. Bloßes »Schulden-Haben« zum Beispiel ist nicht strafbar; die »Schuldhaft«

früherer Jahrhunderte ist seit 1868 abgeschafft. Das Erlangen einer Leistung, auf die man keinen Anspruch hat, ist nur dann strafbar, wenn man dazu eine *Handlung* begeht, die verboten ist: Wegnehmen, Täuschen, Drohen. Daraus folgt: Eine Leistung in Empfang zu nehmen, auf die man keinen Anspruch hat, führt nur dann zur Strafbarkeit nach § 265a StGB, wenn man die Handlung »Erschleichen« vollzieht, und dieses Erschleichen kann sich nicht in der bloßen Nicht-Berechtigung erschöpfen, sondern setzt voraus, dass irgendein Hindernis überwunden oder umgangen wird.

Konkret: Wer nach einer Kinovorstellung einfach sitzen bleibt und (unberechtigt) auch den Folgefilm anschaut, macht sich nicht strafbar (er muss allerdings zivilrechtlich die zweite Eintrittskarte bezahlen). Anders ist es, wenn er sich nach dem ersten Film auf der Toilette versteckt, bis der nächste Film anfängt: Das ist, weil der Täter eine Kontrolle umgeht (aber nicht eine Person täuscht; das wäre Betrug), ein »Erschleichen« und wird obrigkeitlich bestraft. Wer ohne Eintrittskarte zu einem Konzert geht, bei dem gar keine Eingangskontrolle stattfindet, »erschleicht« nichts, sondern nimmt nur etwas unberechtigt in Anspruch. Deshalb ist es seit vielen Jahrzehnten herrschende Meinung, dass sich ein Kunde, der an der Supermarktkasse zu viel herausgegebenes Wechselgeld einsteckt, *nicht* wegen »Betrugs« strafbar macht – anders als derjenige, der einen fremden Irrtum nicht nur *ausnutzt,* sondern *erzeugt.*

Wenn man mit diesen dogmatischen Grundkenntnissen an das »Erschleichen der Beförderung« (Schwarzfahren) herangeht, fällt auf, dass Täter dieses Delikts immer dann, wenn sie keine »Sperre« umgehen (weil es solche Sperren aus Kostengründen nicht mehr gibt), genau dasselbe tun wie alle anderen auch: Sie besteigen eine Straßenbahn, setzen sich hin und gucken aus dem Fenster. Das tun auch alle übrigen Fahrgäste. Was also soll die Handlung des »Erschleichens« sein? Man kann ja nicht das Straßenbahnfahren *als solches* als »Erschleichen« bezeichnen, denn dann könnte man den Begriff »Erschleichen« gleich weglassen und einfach »Straßenbahnfahren« als Tathandlung formulieren. Das würde aber zu Recht für Unverständnis sorgen, denn Straßenbahnfahren ist keine Handlung, die als solche eine Vermutung von Strafbarkeit begründet. Und es wäre auch wunderlich, wenn man von all den vielen Tausend Leistungen, die eine Person unberechtigt nutzen kann, ausgerechnet das Straßenbahnfahren zu einer *indiziell kriminellen* machen würde. Man könnte stattdessen einen Straftatbestand »Unberechtigtes Inanspruchnehmen einer entgeltlichen Leistung« oder einen Tatbestand »Nichtbezahlen von Schulden« schaffen. Damit wäre man dann allerdings wieder im frühen 19. Jahrhundert gelandet.

Es gibt im Strafgesetzbuch eine vergleichbare Vorschrift: § 248c StGB bestraft die »Entziehung elektrischer Energie«. Ganz zutreffend ist da als tatbestandliche Handlung aber nicht beschrieben: »Wer elektrische Energie ohne Bezahlung nutzt …«, sondern: »Wer elektrische Energie einer Anlage … mittels eines Leiters entzieht, der (dazu) nicht bestimmt ist …« Vereinfacht: Wer den Stromzähler überbrückt, wird bestraft, wer seinen Rasenmäher in die Steckdose des Nachbarn steckt, ist zwar schadensersatzpflichtig, aber nicht strafbar.

Das Problem ist also, dass Schwarzfahrer sich von Nichtschwarzfahrern in ihrem *Handeln* durch nichts unterscheiden. Der einzige Unterschied ist, dass die einen eine Berechtigung zum Mitfahren haben, die anderen nicht. Nach der oben genannten, unbestrittenen Grundregel reicht das aber nicht aus, um jemanden als Kriminellen zu verfolgen und zu bestrafen. Deshalb hat sich die Rechtsprechung, nachdem die Zugangskontrollen zu Verkehrsmitteln alle abgebaut wurden, etwas einfallen lassen: Sie behauptet seither, die (typisch kriminelle) Tathandlung sei das »Sich-Umgeben mit dem Anschein der Berechtigung«.

Das ist ein überaus schwaches Argument. Denn wenn man fragt, wie das »Sich-Umgeben« konkret aussieht, was eine unberechtigte Person also *tun* muss, um »sich zu umgeben«, stellt sich heraus, dass es wiederum genau dasselbe ist wie bei allen berechtigten Personen: Es »umgeben« sich ja sämtliche Fahrgäste »mit dem Anschein der Berechtigung« – in den meisten Fällen zu Recht, denn sie haben ja eine. Die »Definition« der angeblichen Tathandlung durch die Rechtsprechung ist also ein naiver Taschenspielertrick mit Worten; die angebliche Definition dreht sich im Kreis: Um die rechtspolitisch gewollte Behauptung aufrechtzuerhalten, Schwarzfahrer unterschieden sich von Nichtschwarzfahrern durch irgendetwas anderes als die bloße (zivilrechtliche) *Berechtigung,* erfindet man eine angebliche Tathandlung mit dem schönen Namen »Sich-Umgeben mit dem Anschein der Berechtigung«. Das lässt erstens außer Acht, dass diese Handlung exakt dieselbe ist, die alle Nichtschwarzfahrer ebenfalls vollziehen. Und zweitens ist es in sich absurd, das »Sich-Umgeben mit einem Anschein« als strafbarkeitsindizierende Handlung zu beschreiben, denn ungefähr 99 Prozent aller Menschen »umgeben« sich bei 99 Prozent ihrer Handlungen mit diesem Anschein.

Das weiß natürlich auch die herrschende Meinung. Bei allen anderen Varianten des Tatbestands des »Erschleichens von Leistungen« wird daher richtigerweise am Erfordernis des »Überwindens eines Hindernisses«, also am Erfordernis festgehalten, dass sich die Tat-Handlung irgendwie vom sozialadäquat-richtigen Handeln unterscheiden muss. Auch der oben zitierte Kinobesucher »umgibt sich mit dem Schein« der Berechtigung, ebenso der Konzertbesucher, der mangels Kontrolle und ohne jede Täuschung auch ohne Eintrittskarte Zugang erlangt, oder TV-Zuschauer ohne Gebührenzahlung. In allen Fällen ist sich die Rechtsprechung einig, dass eine Straftat nicht vorliegt, weil das Merkmal »Erschleichen« nicht gegeben ist. Einzig beim

Schwarzfahren wird die Dogmatik kreativ und entscheidet das Gegenteil: weil nicht sein darf, was nicht sein soll.

Gegen diese ständige Rechtsprechung gibt es seit vielen Jahren Widerspruch in der Rechtswissenschaft; er wird nicht beachtet. Statt den Tatbestand so anzuwenden, wie er ursprünglich gedacht war, und zu akzeptieren, dass manche Verhaltensweisen nicht (mehr) von ihm erfasst werden, weil die tatsächlichen Verhältnisse aus ihm »herausgewachsen« sind, hat die Rechtsprechung jahrzehntelang an der Fiktion des historisch längst versunkenen »Schaffnerhäuschens« festgehalten (eine sog. »Bahnsteigkarte« kostete damals 20 Pfennige und musste vom Bahnsteigzugangs-Kontrolleur »abgeknipst« werden).

Seit Neuestem fordert man nun eine Abschaffung des Tatbestands aus Kostengründen: Es sei zu teuer, Ersatz-Freiheitsstrafe für nicht bezahlte Geldstrafen zu vollstrecken. Die eigentliche Problematik des Tatbestands wird damit überhaupt nicht erkannt, das Problem wird auf eine alberne Ebene abgedrängt, die ihrerseits ebenfalls wieder systematisch unklar bleibt: Warum beim Schwarzfahren die zu hohen Kosten der Vollstreckung von Geldstrafen zur Abschaffung des Tatbestands führen sollten, bei der Trunkenheitsfahrt oder beim Hausfriedensbruch aber nicht, ist nicht ersichtlich.

§ 265a StGB ist damit ein Beispiel dafür, welche Bedeutung die Merkmale des Tatbestands in einer Strafnorm haben und wie die Lebenswirklichkeit aus ihnen »herauswachsen« kann. Das passiert, durchaus nicht selten, nicht zuletzt aufgrund einer sich beschleunigenden technischen Entwicklung. Es muss dann immer gefragt und geprüft werden, ob der neue Sachverhalt noch von der »alten« Formulierung umfasst ist. Kann zum Beispiel eine »Abbildung«, deren Verbreitung verboten ist, auch aus elektronischen Daten bestehen? Kann ein »Fuhrwerk« auch ein Kraftfahrzeug sein?

3.3. Vorsatz und Fahrlässigkeit – Der »Tatbestand« in der Reflexion des Subjekts, und umgekehrt

»Objektiver Tatbestand« ist also die Summe all jener »Merkmale« (Umstände, Gegebenheiten, Tatsachen), die »verwirklicht« sein müssen, damit eine Person vom Staat bestraft werden darf. Diese »objektiven« Merkmale sind, vereinfacht gesagt, im *Außen* der handelnden Personen zu finden. Um über »Schuld« zu sprechen, muss man aber auch das *Innen,* also das »Subjekt« betrachten. Aus der Sicht des Strafrechts ist dieses Subjekt das Bewusstsein einer Person: ihr Denken, Fühlen, Wollen; ihr »freier Wille«. Aus dieser Sicht ist es also ein »objektives« Merkmal, wenn eine Person krank, behindert, klein oder groß ist, ein »subjektives« Merkmal, wenn sie das weiß oder darüber nachdenkt. Diese Unterscheidung klingt einfach, ist es aber nicht immer. Denn was aus Sicht des einen »objektiv« ist, kann aus Sicht eines anderen »subjektiv« sein, und umgekehrt.

Beispiel: »Wer einen anderen (...) mit Gewalt oder durch Drohung mit einem empfindlichen Übel zu einer Handlung, Duldung oder Unterlassung nötigt, wird ... bestraft.« So lautet, gekürzt, der Tatbestand des § 240 Abs. 1 StGB: »Nötigung«. »Wer« ist der Täter, »ein anderer« ist das Opfer. Handlung ist »Nötigen«. Eine solche Handlung gibt es aber in der sozialen Wirklichkeit nicht in unmittelbar wahrnehmbarer Form: »Nötigen« heißt Zwingen, und das ist keine Handlungsbeschreibung, sondern die Beschreibung eines Zusammenhangs von Handlung, Bedingung, Kausalität und Erfolg. Aus allen denkbaren Handlungsbeschreibungen greift sich das Gesetz in § 240 StGB zwei heraus: »Gewalt« und »Drohen mit einem empfindlichen Übel«. Nötigen (Zwingen) setzt daneben noch etwas voraus, was in der Vorschrift nicht ausdrücklich erwähnt wird: Es geht nur, wenn das Opfer *nicht zustimmt:* Wer einverstanden ist, kann nicht »genötigt« werden.

Der subjektive Tatbestand der Nötigung ist, was sich der Täter (Subjekt) über die objektiven Voraussetzungen der Strafbarkeit denkt, und zwar »bei Begehung der Tat«, also im Moment seines Handelns. Damit kann also nicht nur ein äußerer Umstand (z.B. Gewalt) gemeint sein, sondern es können auch die inneren Gedanken eines anderen Menschen (Zustimmung oder Widerwille) zu einem aus Sicht des Täters »objektiven« Umstand werden, zu dem er sich »subjektiv« etwas denkt (oder auch nicht). Anders gesagt: Unser Strafrechtsdenken geht mit dem Begriff des Vorsatzes (Tatentschlusses) vom Blickwinkel der Täterperson aus: Sie muss erkennen, wollen, voraussehen usw.

Man könnte das auch ganz anders machen, und über viele Jahrtausende und in vielen Kulturen hat man das auch so gehandhabt. Da ging es nicht darum, was sich jemand »gedacht« hat, sondern darum, was dem Opfer einer Rechtsverletzung *zugemutet* werden konnte, oder seiner Familie, oder der Allgemeinheit. Nun hat aber ein Denken und Weltverständnis, das heute gern »abendländisch« oder »jüdisch-christlich« genannt wird, über lange Zeit die Vorstellung entwickelt, dass es eine »Person«, ein »Ich«, ein »Subjekt« gebe. Diese Person ist danach mit Verantwortung, freiem Willen, Persönlichkeit ausgestattet: Sie ist nicht eine natur-gesteuerte Ameise und auch nicht Teil einer künstlichen Intelligenz. Sie kann Ja oder Nein sagen, Wirklichkeit erkennen und Wahrheit bewerten. Das ist eine Hypothese, die Tausende Jahre alt ist und eine lange Geschichte von sozialen Systemen hinter sich hat. Selbstverständlich ist sie nicht eine ewige Wahrheit. Aber Menschen sind stets Teil der Natur, der subjektiven und sozialen Wirklichkeit. Daher müssen wir heute mit den Traumpfaden der Jungsteinzeit ebenso leben wie mit der Philosophie der europäischen Moderne.

3.3.1. Wissen und Wollen – Die zwei Seiten innerer Einstellung

Im letzten Abschnitt war vom »objektiven Tatbestand« die Rede, also Merkmalen von Straftatbeständen, die sich in der – aus dem Blickwinkel der Täter – äußeren, »objektiven« Welt abspielen: andere Menschen, Sachen, Rechte, Umstände und Bedingungen. Daneben gibt es immer auch die innere, »subjektive« Welt der Täter: ihre Vorstellungen, Wahrnehmungen, Kenntnisse, Motive, Ziele. In alten Rechtsordnungen galt der Grundsatz »Die Tat tötet den Mann«. Damit war im Grundsatz gemeint, dass der bloße Schadenserfolg einer Handlung die Grundlage für Rache oder Buße war. Eine Abgrenzung zwischen »Vorsatz« und »Fahrlässigkeit« im heutigen Sinn war nicht bekannt; es wurde zwischen »böser Absicht« und »Ungefährwerken«, also bloßem Zufall unterschieden, und zwar nach *typischen* Abläufen und *äußeren* Merkmalen: Wer eine Tat zu verschleiern versuchte, hatte wahrscheinlich böse Absicht gehabt; Schäden, die bei gefährlichen Arbeiten auftraten, legten die Annahme von Zufall nahe. Eine solche grobe Unterscheidung hat ihre Wurzeln in einer vorstaatlichen Gesellschaft, in der nicht Individuen, sondern Clans und Sippen die Träger von Verantwortung sind. Auch die »Blutrache« richtet sich daher nicht gegen die Person eines Schuldigen, sondern gegen seine Sippe insgesamt. Die Abgrenzung der (zufälligen) »Ungefährwerke« erlaubte es, für die Mehrzahl der Schadensereignisse auf eine Regulierung durch Bußzahlungen (»Wergeld«) auszuweichen und daher den Bereich der sozial destruktiven Blutrache einzuschränken.

Die moderne Welt kann nach solchen Regeln nicht leben. In Ländern, in denen sie in einer rückständigen ländlichen Bevölkerung noch Bedeutung haben, stehen sie in ständigem Konflikt mit den »modernen« staatlichen Gewalten, die eine Zwischenebene der Verantwortung und Sanktionierungsgewalt zwischen dem Individuum und dem Staat nicht dulden können. Taten aus

»Blutrache« werden daher in solchen Ländern, in denen sie noch eine faktisch wichtige Rolle spielen, oftmals besonders hart bestraft, da sie neben der Verletzung des jeweils individuellen Rechtsguts auch einen Angriff auf die staatliche Autorität darstellen.

Zu den Grundgedanken eines (im weitesten Sinn) »modernen«, aufgeklärten Strafrechts und daher zu den elementaren Voraussetzungen von Strafe in einem rechtsstaatlichen System gehört es, dass Strafe die »Schuld« einer Person voraussetzt, also eine persönliche Verantwortung für ein Unrecht. Dies setzt neben der oben besprochenen »Zurechenbarkeit« (Kausalität im weiteren Sinn) eine subjektive Beziehung einer Person zu einem unrechtmäßigen Handlungserfolg voraus.

Das geltende deutsche Strafrecht befasst sich in den §§ 15 und 16 StGB mit dem Vorsatz und der Fahrlässigkeit.

§ 15 lautet:

»Strafbar ist nur vorsätzliches Handeln, wenn nicht das Gesetz fahrlässiges Handeln ausdrücklich mit Strafe bedroht«,

und § 16:

»(1) Wer bei Begehung der Tat einen Umstand nicht kennt, der zum gesetzlichen Tatbestand gehört, handelt nicht vorsätzlich. Die Strafbarkeit wegen fahrlässiger Begehung bleibt unberührt.

(2) Wer bei Begehung der Tat irrig Umstände annimmt, welche den Tatbestand eines milderen Gesetzes verwirklichen würden, kann wegen vorsätzlicher Begehung nur nach dem milderen Gesetz bestraft werden.«

§ 15 grenzt also zwischen zwei subjektiven Beziehungen des Täters zu seinem (objektiv tatbestandlichen) Handeln ab und bestimmt zugleich, dass die Bestrafung wegen »fahrlässiger« Tat stets voraussetzt, dass eine solche Strafbarkeit im Gesetzestext ausdrücklich vorgeschrieben ist. Bei allen Straftatbeständen, in denen Fahrlässigkeit nicht erwähnt ist, handelt es sich also um

Delikte, die nur vorsätzlich begangen werden können (sog. Vorsatzdelikte). Daher gibt es keinen »fahrlässigen Diebstahl«, »fahrlässigen Raub« und keine »fahrlässige Vergewaltigung«. In vielen Paragrafen des StGB sind Vorsatz- und Fahrlässigkeitsstrafbarkeit in unterschiedlichen Absätzen und mit gestaffelten Strafdrohungen enthalten.

Ein Beispiel ist § 317 StGB:

»(1) Wer den Betrieb einer öffentlichen Zwecken dienenden Telekommunikationsanlage dadurch verhindert oder gefährdet, dass er eine dem Betrieb dienende Sache zerstört (...),wird mit Freiheitsstrafe bis zu fünf Jahren oder mit Geldstrafe bestraft (...)

(3) Wer die Tat fahrlässig begeht, wird mit Freiheitsstrafe bis zu einem Jahr oder mit Geldstrafe bestraft.«

In anderen Fällen stehen Vorsatz- und Fahrlässigkeitsdelikt getrennt nebeneinander. So lautet § 223 Abs. 1 StGB:

»(1) Wer eine andere Person körperlich misshandelt oder an der Gesundheit schädigt, wird mit Freiheitsstrafe bis zu fünf Jahren oder mit Geldstrafe bestraft«,

und § 229:

»Wer durch Fahrlässigkeit die Körperverletzung einer anderen Person verursacht, wird mit Freiheitsstrafe bis zu drei Jahren oder mit Geldstrafe bestraft.«

Gelegentlich werden Vorsatz- und Fahrlässigkeits-Elemente sogar für einzelne Tatbestandsmerkmale unterschieden. So heißt es etwa in § 315c Abs. 1 und 3 StGB:

»(1) Wer im Straßenverkehr ein Fahrzeug führt, obwohl er infolge des Genusses alkoholischer Getränke oder anderer berauschender Mittel (...) nicht in der Lage ist, das Fahrzeug sicher zu führen, (...) und dadurch Leib oder Leben eines anderen Menschen oder fremde Sachen von bedeutendem Wert gefährdet, wird mit Freiheitsstrafe bis zu fünf Jahren oder mit Geldstrafe bestraft.

(3) Wer in den Fällen des Absatzes 1 die Gefahr fahrlässig verursacht oder fahrlässig handelt und die Gefahr fahrlässig verursacht, wird mit Freiheitsstrafe bis zu zwei Jahren oder mit Geldstrafe bestraft.«

Hier gibt es also gleich drei mögliche Begehungsformen: (1) Handlung (betrunken fahren) und Handlungserfolg (konkrete Gefährdung) vorsätzlich; (2) Handlung vorsätzlich, Handlungserfolg fahrlässig; (3) Handlung und Handlungserfolg fahrlässig.

Was die Begriffe Vorsatz und Fahrlässigkeit inhaltlich bedeuten, steht nicht im Gesetz; sie werden vorausgesetzt. Die Rechtsprechung und die ganz überwiegende Meinung in der Strafrechtswissenschaft nehmen an, dass es sich bei beidem um eine (»innere«, also psychologische) *Tatsache* handelt, also um eine bestimmte innere Beziehung des Bewusstseins (des Täters) zu den objektiven Tatsachen, die Merkmale des Tatbestands sind. Dieses Bewusstsein wird in einen »kognitiven« Teil (»Wissen«) und einen »voluntativen« Teil (»Wollen«) aufgeteilt. Strafbarkeit wegen eines Vorsatzdelikts setzt also im Grundsatz voraus, dass der Täter *weiß,* was er tut, und dass dieses Handeln zu dem tatbestandlichen Erfolg führen kann (oder wird), und dass der Täter diesen Erfolg auch *will*. Tatsächlich ist es noch ein bisschen komplizierter, weil ja auch die Handlung (Fahren, Schlagen, Schreiben …) nicht eine ziellose Körperaktion ist, sondern vom Bewusstsein umfasst und »gewollt« sein muss. Wenn es schon daran fehlt, liegt gar keine »Handlung« im rechtlichen Sinn vor (z. B. bei Bewegungen im Schlaf, oder wenn eine Person von einer anderen Person gestoßen wird und dadurch bei einer dritten Person ein Schaden entsteht).

Die Unterscheidung von Vorsatz und Fahrlässigkeit in der deutschen Rechtsprechung kann man anhand eines Beispiels verdeutlichen: Angenommen, eine Person steht mit einer Schusswaffe am Fenster, richtet sie auf die Straße und schießt. Sie kann dabei Unterschiedliches denken:

(1) »Da geht mein Feind B. Ich will ihn erschießen und kann ihn treffen.« Das nennt man »Absicht«, eine besondere Form des Vorsatzes, bei der es dem Täter auf den Taterfolg gerade ankommt: Der angestrebte Erfolg ist *Motiv* des Handelns.

(2) »Da draußen gehen viele Leute. Wenn ich schieße, werde ich sicher jemanden töten. Das tut mir leid, aber es ist unvermeidlich.« Das nennt man »direkten Vorsatz«: A will handeln und hält den Erfolg (Tod) für sicher.

(3) »Da draußen gehen viele Leute. Ich könnte jemanden tödlich treffen. Das ist dann halt Pech.« Das nennt man »bedingten Vorsatz«: Der Täter hält den Erfolg für möglich und nimmt den Erfolg zustimmend in Kauf.

(4) »Ich könnte jemanden tödlich treffen. Ich bin aber ein sicherer Schütze und werde gewiss nur das Verkehrsschild treffen, auf das ich ziele.« Das nennt man »bewusste Fahrlässigkeit«: Der Täter erkennt die Möglichkeit des Erfolgs, will ihn aber vermeiden und nimmt an, dass ihm dies auch gelingt.

(5) »Wenn die Waffe scharf geladen wäre, könnte ich jemanden tödlich treffen. Zum Glück sind nur Platzpatronen im Magazin.« Das nennt man »unbewusste Fahrlässigkeit«: Der Täter weiß (infolge eines Irrtums) gar nicht, dass die Möglichkeit des schädigenden Handlungserfolgs besteht.

Diese Abgrenzungen reichen in der Praxis aus, um die unterschiedlichen Sachverhalte einzuordnen. Sie sind aber selbstverständlich keine unmittelbare Abbildung von individuell-innerer Bewusstseinslage, sondern normative *Modelle*. Im Alltagsbewusstsein haben sie eine hohe Plausibilität: Fast jeder kann sich für sich selbst vorstellen, wie sich der Zustand des »Wissens und Wollens« anfühlt; und jeder hat die Erfahrung gemacht, dass die beschriebenen Bewusstseinslagen tatsächlich vorkommen.

In der Strafrechtswissenschaft gibt es umfangreiche und teilweise kontroverse Diskussionen über viele Einzelheiten und

Grundlagen. In der Strafrechtspraxis liegen die Probleme zwischen den Modellen (3) und (4), also zwischen bedingtem Vorsatz und bewusster Fahrlässigkeit. Sie beruhen zum einen darauf, dass auch mit ausgefeilten Formeln nicht präzise abgebildet werden kann, was »billigendes Inkaufnehmen« (Vorsatz) und »auf einen glücklichen Ausgang Vertrauen« (Fahrlässigkeit) im Grenzbereich unterscheidet, zum anderen darauf, dass die nachträgliche Feststellung auf erhebliche Beweisschwierigkeiten stößt. Denn innere Zustände, Stimmungen, Motive und Gedanken können nicht unmittelbar, sondern nur aufgrund von Indizien (Beweisanzeichen) festgestellt werden. Wenn der Beschuldigte über sie nicht oder nicht zutreffend Auskunft gibt, muss das Gericht sie aus anderen Umständen erschließen: Handlungsformen, Interessenlagen und Motive, objektive Gefährlichkeit der Handlung, Verhalten vor, bei und nach der Tat usw.

Hinzu kommt, dass die Menschen in der Lebenswirklichkeit natürlich nicht in juristischer Formelsprache denken oder fühlen. Niemand, der einen anderen mit einem Knüppel auf den Kopf schlägt oder an einer anderen Person sexuelle Handlungen ausführt, denkt in der Wirklichkeit darüber nach, ob er/sie es »billigend in Kauf nehme«, dass die andere Person versterbe, oder dass sie die Handlung ablehne. All dies verläuft vielmehr auf einer intuitiven, unausgesprochenen Ebene, die in einem Strafverfahren rekonstruiert und auf die Ebene einer »Wahrheit« gebracht werden muss, von der im vorigen Kapitel die Rede war und die ausreicht (oder auch nicht), eine beschuldigte Person mit staatlicher Gewalt zu bestrafen.

Die populären Alltagstheorien und Schlussfolgerungen dazu sind regelmäßig verfehlt. Denn buchstäblich nichts ist insoweit »einfach«, selbstverständlich oder versteht sich von selbst. Dieselben Menschen, die aus der Entfernung einer Medienberichterstattung keinen Zweifel an den subjektiven Vorstellungen einer ihnen völlig fremden beschuldigten Person – bei einem jahrelang zurückliegenden Ereignis von wenigen Sekunden Dauer – haben, geraten regelmäßig in größte Aufregung, wenn ihnen vorgeworfen wird, eine rote Ampel vorsätzlich überfahren oder es »billigend in Kauf genommen« zu haben, dass ein Kleinkind oder eine betrunkene Person schwere Verletzungen erleiden, wenn man sie ins Gesicht schlägt.

Die Strafrechtstheoretiker und -lehrer, die aus der Höhe der Theorie die Justizpraxis kritisieren, unterscheiden sich übrigens, wenn es um ihre eigenen, persönlichen Sachen geht, insoweit überhaupt nicht von den juristisch ungebildeten Laien; und auch Richter und andere Juristen führen gelegentlich erbitterte Rechtsstreite gegen die »Unterstellung« eines gegen sie ergangenen Strafbefehls oder Bußgeldbescheids, sie hätten es »billigend in Kauf genommen«, dass ihre Gartenhütte den Grenzabstand verletzte oder ihre Blutalkoholkonzentration auf dem Heimweg vom Kolloquium ein wenig zu hoch war.

Solche subjektiven Verkennungen sind menschlich verständlich; sie zeigen, wie wichtig es ist, dass das Rechtssystem Vorkehrungen und Filter gegen Entscheidungen auf rein subjektiver Grundlage bereithält. Wenn schon hoch qualifizierte Profis nicht zwischen Wahrheit und Unwahrheit unterscheiden können, sobald die Sache sie selbst betrifft, kann man das von betroffenen Laien gewiss nicht verlangen. Umgekehrt bedeutet das allerdings, dass diese »normalen Bürger« damit leben müssen, dass sich allein aus ihrer subjektiven Überzeugung und Wahrnehmungsperspektive kein Anspruch darauf ergeben kann, dass ihre ganz persönliche Sicht der Dinge als »Wahrheit« angesehen wird.

Wann liegt »bedingter Vorsatz«, wann »bewusste Fahrlässigkeit« vor? Die oben genannten Formeln sind nur Hilfsmittel zur begrifflichen Abgrenzung; man kann aus ihnen nicht unmittelbar eine Entscheidung im Einzelfall ableiten. Denn sehr selten wird eine beschuldigte Person (glaubhaft) berichten, sie habe

»billigend in Kauf genommen«, dass ihre Tathandlung zu einer schweren Schädigung führte.

Eine Abgrenzung findet in der Praxis daher häufig anhand von Erfahrungssätzen des Alltags und von Analysen des konkreten Tatgeschehens statt; dabei spielen auch die Persönlichkeit der beschuldigten Person, Tatmotive, Interessenlagen und die voraussehbaren weiteren Folgen der Tat eine Rolle. Wenn der Täter A dem vor ihm stehenden Tatopfer B mit einer aufgesetzten Pistole in den Kopf schießt oder ihm ein Messer gezielt in die Brust oder den Hals stößt, wird ein Gericht seine Einlassung, er habe geglaubt, das werde »schon gut gehen«, mit höchster Wahrscheinlichkeit nicht glauben. Anders kann die Lage sein, wenn sich A und B in einem körperlichen Kampf befinden und A aus Angst »blindlings« zusticht. Und wieder anders stellt sich die Situation dar, wenn A den B gezielt ins Bein sticht und dabei eine große Arterie trifft, sodass B verblutet. Im letzteren Fall wird man die Einlassung des A, er habe schwere Verletzungen gerade vermeiden wollen, eher für plausibel halten. In allen Fällen wird also die Frage gänzlich auf den tatsächlichen Bereich und auf die Beweiswürdigung verlagert: Wer behauptet, er habe bei einem Stich ins Herz nicht »in Kauf genommen«, dass das Opfer stirbt, dem glaubt man einfach nicht, selbst wenn er noch so dumm ist.

Äußerungen des Täters oder der Täterin vor, während oder nach der Tat können von Bedeutung sein; allerdings müssen hier wiederum das soziale Milieu, die Persönlichkeit, der Alltagsjargon berücksichtigt werden: Nicht jedes »Ich stech dich ab!« oder »Ich schlag dich tot!« ist eine Erklärung über das Vorhandensein eines (mindestens bedingten) Tötungsvorsatzes. Von Bedeutung kann auch sein, was – aus Sicht des Täters oder der Täterin – für weitere Folgen aus der Tat zu erwarten waren. Alkoholisierte und/oder in großer Erregung befindliche Personen agieren oft »ohne Rücksicht auf Verluste«, Konsequenzen und eigene Gefährdungen. Andererseits muss bedacht werden, dass selbst solche Täter eher selten den eigenen Tod, schwerste Verletzungen mit lebenslangen Folgen oder sehr lange Haftstrafen »einkalkulieren« werden. Beispielhaft können die Fälle der Tötung von Säuglingen und Kleinstkindern genannt werden: Immer wieder kommt es durch sogenanntes »Schütteln« von Kindern zu Todesfällen und schweren Behinderungen, weil infolge des Hin-und-her-Schlagens des Kopfes die Brückenvenen im Gehirn abreißen und eine Blutung unter die harte Hirnhaut erfolgt. Die hohe Gefährlichkeit des »Schüttelns« von Kleinkindern ist allgemein bekannt. Dennoch ist es im Einzelfall immer wieder schwierig festzustellen, ob etwa eine entnervte Mutter, als sie ihr schreiendes Kind schüttelte, ernstlich dessen Tod »billigte«, also zustimmend in Betracht zog – einschließlich aller Folgen, die sich mit hoher Wahrscheinlichkeit für sie selbst daraus ergeben würden.

Breit und kontrovers diskutiert worden ist der Fall der »Raser von Berlin«, die bei einem nächtlichen »Rennen« auf dem Kurfürstendamm mit weit überhöhter Geschwindigkeit mehrere rote Ampeln missachteten und schließlich das Fahrzeug eines (bevorrechtigten) Autofahrers rammten, der hierdurch getötet wurde. Das Landgericht Berlin hat die beiden Männer wegen vorsätzlicher Tötung (in der Qualifikationsstufe des Mordes) verurteilt; der Bundesgerichtshof hat das Urteil aufgehoben und die Sache zu neuer Verhandlung zurückverwiesen, weil der (bedingte) Vorsatz der beiden Angeklagten nicht rechtsfehlerfrei festgestellt war.

Anhand dieses spektakulären (zum Zeitpunkt der Manuskripterstellung noch nicht rechtskräftig abgeschlossenen) Falles wurde erneut und auch einer breiten Öffentlichkeit deutlich, wie schwierig und wenig zuverlässig die Abgrenzung zwischen Vorsatz und Fahrlässigkeit sein kann: Hatten die Täter von Berlin tatsächlich mit der Möglichkeit gerechnet, mit hoher Geschwindigkeit ein anderes Fahrzeug zu rammen? Und hatten sie dies – obwohl es zwangsläufig auch für sie selbst höchste Lebensgefahr und auch die Zerstörung ihrer Fahrzeuge bedeutete – »billigend in Kauf genommen«? Hätte es ausgereicht, wenn sie *irgendein* beliebiges – auch weniger gravierendes – Unfallereignis gebilligt hätten? Lässt sich Beweis darüber führen, was diese individuellen Täter in der konkreten Situation dachten, fühlten, berücksichtigten? Haben sie »alle Gefahren ausgeblendet« oder »alles in Kauf genommen«? Reicht es, um den Vorwurf des Vorsatzes auszuschließen, bereits aus, dass man sich aus absurder Verblendung und Selbstüberschätzung der Einsicht in die möglichen Folgen seines Handelns völlig verschließt?

In der Öffentlichkeit ist dieser Fall vor allem unter dem Gesichtspunkt der Gerechtigkeit und des Strafmaßes diskutiert worden. Das ist zwar naheliegend, führt aber nicht wirklich weiter, denn Strafrecht kann, wenn es seine Aufgabe erfüllen soll, nicht nach Maßgabe von bloßer Empörung und Einzelfall-bezogen angewandt werden.

Auch in der Strafrechtswissenschaft hat der Fall aber (erneut) eine lebhafte Diskussion über die Abgrenzungsfragen ausgelöst. Teilweise wird der Vorschlag gemacht, der Gesetzgeber solle von der rein subjektiv, auf das (schwer feststellbare) individuelle Bewusstsein des Täters abstellenden Betrachtung abrücken und stattdessen eine objektivierte, auf die sich nach den Umständen aufdrängende Kategorie der »Leichtfertigkeit« im Sinn einer (allgemeinen) gravierenden Sorglosigkeit gegenüber naheliegenden Gefahren abstellen. Andere meinen, die Anforderungen an die Feststellung »bedingten« Vorsatzes sollten abgesenkt werden.

Dahinter stehen Probleme und Fragen, die sich auf die Gesamtsystematik des Strafrechts auswirken. So muss man etwa bedenken, dass der (bedingte) Vorsatz eines Täters wie der »Raser« von Berlin nicht erst zum Zeitpunkt des Unfalls einsetzen muss und kann, sondern bereits vorher, also beim Losfahren. Da die vorsätzliche Tötung nicht nur bei Vollendung, sondern auch bei bloßem Versuch strafbar (und grundsätzlich mit derselben Strafe bedroht) ist, würde dies, auf den Fall bezogen, bedeuten, dass der Täter im Moment des Renn-Beginns des »versuchten Mordes« schuldig ist, auch wenn *nichts* passiert. Diese Lösung würde an vielen anderen Stellen Fragen aufwerfen, deren Beantwortung nicht leichter wäre: Ist es »versuchter Totschlag«, mit 60 km/h durch eine beidseitig zugeparkte Tempo-30-Zone zu fahren? Ist der unverantwortlich sorglose Umgang mit hochgefährlichen Gegenständen (Gift, Explosionsstoffe, Waffen, Betäubungsmittel usw.) »versuchter Mord«, auch wenn im Ergebnis kein Schaden eintritt?

Andererseits hätte auch die Einführung einer *allgemeinen* Stufe der »Leichtfertigkeit« weitreichende Folgen: Sie würde das Strafrecht ein Stück weit vom auf die individuelle Person bezogenen Erfolgs-Strafrecht in Richtung auf ein objektiviertes Gefährdungs-Strafrecht verlagern. Sie würde vermutlich zu einer allgemeinen Anhebung des Strafniveaus führen, denn es würden gewiss mehr Fälle der heutigen »einfachen« Fahrlässigkeit zukünftig zu »leichtfertigen« heraufgestuft als Fälle von bisher als »bedingt vorsätzlich« eingestuften Taten dorthin herabgestuft. Auch die Abgrenzungsfragen wären nicht beseitigt, sondern nur an andere Stellen verschoben. Denn den »direkten« Vorsatz müsste man, ebenso wie die »normale« Fahrlässigkeit, immer noch von der neuen Kategorie der Leichtfertigkeit abgrenzen. Und schließlich würde eine »objektivierte« Mittel-Kategorie des subjektiven Tatbestands nur schwer zwischen die weiterhin subjektiven, »psychologisierenden« Kategorien von Vorsatz und Fahrlässigkeit passen. Die Sache wird also, wie so oft, umso schwieriger, je mehr man sich den Einzelheiten nähert und die praktischen Konsequenzen zu Ende denkt.

3.3.2. Irrtum – Abweichungen zwischen Wirklichkeit und Vorstellung

Wer nicht weiß, was er tut, hat keinen Vorsatz – er »setzt sich – gedanklich – nichts vor«. Das ist eine schlichte Beschreibung des Grundsatzes, der in § 16 Abs. 1 StGB genauer gefasst ist: »Wer bei Begehung der Tat einen Umstand nicht kennt, der zum gesetzlichen Tatbestand gehört, handelt nicht vorsätzlich. Die Strafbarkeit wegen fahrlässiger Begehung bleibt unberührt.« Einen solchen Irrtum nennt man »Tatbestandsirrtum«.

Das bedeutet: Ein Täter muss, wenn er »vorsätzlich« handeln soll, die »Umstände« des Tatbestands kennen. Damit sind die sogenannten »objektiven«, also die außerhalb des Täterbewusstseins selbst liegenden Merkmale gemeint: »Wer einen anderen Menschen tötet, wird … bestraft«, heißt es in § 212. Wenn der Täter denkt, dass er nicht auf einen Menschen, sondern auf eine Puppe schießt, handelt er also nicht vorsätzlich. Umgekehrt ergibt sich aus § 22 StGB, der Vorschrift über den Versuch: Wer auf eine Puppe schießt und dabei denkt, es handle sich um einen Menschen, wird wegen »versuchten Totschlags« bestraft. Auch hier steht dahinter die Konzeption unseres Strafrechts, das auf eine weitgehend »subjektive«, auf die einzelne Person abzielende Bewertung setzt. Das erschwert das Verfahren, denn man muss dem Täter in jedem Einzelfall beweisen, dass er tatsächlich »die Umstände des gesetzlichen Tatbestands« kannte und wollte. Das ist oft schwierig und scheitert, wenn sich – »im Zweifel für den Beschuldigten« – nach Auswertung aller Beweisergebnisse nicht ausschließen lässt, dass er oder sie sich vielleicht doch irrte.

Das geht von der Grundlage aus, dass »Vorsatz« – das »Wissen und Wollen« – etwas Verwerflicheres sei als bloße Fahrlässigkeit, das »Wissen-Können« und »Vermeiden-Können« ohne Vorsatz. Diese Überlegung ist tief in unserer Moral- und Zuschreibungskultur verankert, und jeder Autofahrer, der wegen einer sekundenkurzen Ablenkung einen Fußgänger übersieht und zu Tode bringt, würde es gewiss für »ungerecht« halten, wenn er wegen »Mordes mit gemeingefährlichen Mitteln« wie ein Raub- oder Sexualmörder zu lebenslanger Freiheitsstrafe verurteilt würde. Dies spiegelt die sich über Jahrtausende erstreckende Wendung von einem reinen Erfolgs-Strafrecht, das den Täter allein als ausführendes Organ einer fremden, bösen, feindlichen Macht, als Funktionsträger des Schadens ansah, zu einem Person-bezogenen Schuld-Strafrecht, welches das Verbrechen als Ergebnis der subjektiven »Entscheidung« einer individuell verantwortlichen Person betrachtet.

Es gibt noch eine andere Art von Irrtum, die von Bedeutung ist, den sogenannten »Verbotsirrtum«. § 17 StGB lautet:

»Fehlt dem Täter bei Begehung der Tat die Einsicht, Unrecht zu tun, so handelt er ohne Schuld, wenn er diesen Irrtum nicht vermeiden konnte. Konnte der Täter den Irrtum vermeiden, so kann die Strafe nach § 49 Abs. 1 gemildert werden.«

Hier geht es nicht um »Umstände«, sondern um Bewertungen. »Unkenntnis schützt vor Strafe nicht« ist ein verbreiteter Sinnspruch des Alltagslebens. Er ist aber, wie sich aus § 17 StGB ergibt, offensichtlich falsch: Unkenntnis schützt vor *Vorsatz*-Strafe, wenn sie sich auf Merkmale des *Tatbestands* bezieht, und vor jeder Strafe, wenn sie sich auf ein gesetzliches Verbot bezieht *und* im konkreten Einzelfall »unvermeidlich« ist.

Die Unvermeidlichkeit ist eine Hürde, die man nur schwer überspringen kann. Es reicht dazu keineswegs aus, das Gesetz nicht zu kennen: Der deutsche Gesetzgeber erwartet von jedem Einwohner, dass er sämtliche Regeln, Verweisungen, Ausführungsverordnungen und Auslegungshinweise aus den Gesetzesmaterialien kennt und zu jeder Zeit reflektiert. Das ist eine offenkundige Fiktion, insbesondere in Anbetracht des Umstands, dass teilweise selbst für Spezialisten nicht mehr erkennbar ist, was in einem Straftatbestand genau geregelt ist. So enthält zum

Beispiel der Tatbestand des § 177 StGB (sexueller Übergriff, sexuelle Nötigung, Vergewaltigung) inzwischen mindestens 30 (!) verschiedene, vielfach verschachtelte Einzeltatbestände, die auch von Fachleuten kaum auseinandergehalten werden können. Anzunehmen, jede(r) habe eine auch nur annähernd konkrete Vorstellung vom jeweils für ihn oder sie geltenden Verbotsumfang, ist mehr als optimistisch.

Ähnliches gilt etwa im Steuerstrafrecht, wo eine schier unüberschaubare Regelungsdichte und beinahe wöchentliche Änderungen einen Überblick des »normalen« Bürgers über die Regelungslage praktisch unmöglich machen. Dennoch hält die Rechtsprechung daran fest, dass jeder und jede erstens das Bundesgesetzblatt lesen und zweitens sich ohne Weiteres durch Nachfrage bei einem Rechtskundigen oder einer Behörde kundig machen kann und muss, wo die Grenze des Erlaubten tagesaktuell verläuft.

4. Versuche und Erfolge, Verletzungen und Gefährdungen – Das Eingemachte der Strafrechtsdogmatik

§ 22 StGB lautet: »Eine Straftat versucht, wer nach seiner Vorstellung von der Tat zur Verwirklichung des Tatbestandes unmittelbar ansetzt«, und § 23 Abs. 1 und 2 StGB: »(1) Der Versuch eines Verbrechens ist stets strafbar, der Versuch eines Vergehens nur dann, wenn das Gesetz es ausdrücklich bestimmt. (2) Der Versuch kann milder bestraft werden als die vollendete Tat (...)«.

Auch hinter diesen kargen Worten verbergen sich ein ganzes

Universum von theoretischen und praktischen Fragen und Problemen, eine lange Geschichte und viele Diskussionen, noch verstärkt dadurch, dass das Gesetz die Möglichkeit eines strafbefreienden »Rücktritts« vom Versuch einräumt (§ 24 StGB). Hier kann nur der allgemeine Grundsatz dargelegt werden.

§ 22 sagt, was ein Versuch ist; § 23, wann er strafbar ist: bei Verbrechen immer, bei Vergehen nur dann, wenn es ausdrücklich gesetzlich angeordnet ist. Was Verbrechen und Vergehen sind, steht in § 12 StGB: Verbrechen sind alle Straftaten, die im Mindestmaß mit einem Jahr Freiheitsstrafe bedroht sind (nach oben offen); Vergehen sind alle Taten, deren Mindeststrafmaß darunter liegt. Beispiele für Verbrechen: Totschlag (§ 212), Raub (§ 249), sexuelle Nötigung (§ 177 Abs. 4), Brandstiftung (§ 306). In diesen Vorschriften ist von der Strafbarkeit des Versuchs nicht die Rede, denn sie ist im Hinblick auf § 23 Abs. 1 selbstverständlich. Vergehen sind etwa Diebstahl (§ 242), Betrug (§ 263), unerlaubtes Entfernen vom Unfallort (§ 142), Trunkenheit im Verkehr (§ 316). Hier kommt es darauf an, ob die betreffende Vorschrift eine Versuchsstrafbarkeit vorsieht. Das ist bei Diebstahl und Betrug der Fall, bei den anderen beiden nicht.

Ein Versuch ist eine Tat, die nicht zur »Vollendung« führt, also ihr Ziel bzw. den »Erfolg«, den der gesetzliche Tatbestand voraussetzt, nicht erreicht, aus welchen Gründen auch immer. Es liegt auf der Hand, dass man ein Verhalten, das keinen schädigenden Erfolg erzielt, nicht ohne Weiteres bestrafen kann – schon weil es sich ja gar nicht von jeglichem anderen Verhalten unterscheiden lässt. Es bedarf daher Ansatzpunkte, damit man überhaupt von einer »Tat« sprechen kann. Diese beschreibt § 22 StGB auf zweierlei Weise: Er spricht von einem »Ansetzen zur Tat«. Damit ist die äußere (objektive) Handlung gemeint, die auf die Verwirklichung (Vollendung) des Tatbestands gerichtet ist, diesen aber noch nicht erreicht: Das Ansetzen zur Körperverletzung ist das Ausholen zum Schlag, das Ansetzen zum

Diebstahl, das Ausstrecken der Hand oder das Einschlagen des Fensters zur Wohnung.

Nun gibt es aber eine unendliche Anzahl von Handlungen, die irgendeinen Tatbestand nicht verwirklichen, aber ein »Ansetzen« sein *könnten* – oder auch nicht: Das Ausholen mit der Hand kann das Verscheuchen einer Fliege sein, das Ausstrecken der Hand nach einer fremden Sache muss nicht auf »Wegnehmen«, sondern kann auf alles Mögliche gerichtet sein (Berühren, Anschauen, Zurechtrücken usw.). Es kommt also darauf an, was die handelnde Person will, was ihr Ziel ist und was sie denkt. Das beschreibt das Gesetz mit dem Begriff »Vorstellung von der Tat«; es ist letztlich nichts anderes als der *Vorsatz,* den Tatbestand zu vollenden.

Das bedeutet dreierlei: Zum Ersten kann es keinen »fahrlässigen Versuch« oder einen »Versuch eines Fahrlässigkeitsdelikts« geben, denn eine fahrlässig handelnde Person hat ja gerade keinen Vorsatz, also keine »Vorstellung« davon, den Tatbestand zu begehen. Wer aus Versehen gegen ein Glas stößt, das daraufhin *nicht* herunterfällt und zerbricht, hat keine »versuchte fahrlässige Sachbeschädigung« begangen.

Zum Zweiten bedeutet es, dass man einen Versuch nur erkennen (und in der Folge bestrafen) kann, wenn man den Vorsatz des Täters kennt. Ohne »Vorstellung von der Tat« würde die ganze Welt aus »Versuchen« bestehen, denn alle handeln ja ständig, und meistens passiert nichts.

Umgekehrt ist es schwierig, einen Vorsatz zu erkennen und festzustellen, wenn ein Schaden nicht eingetreten ist. A wirft einen Stein, der niemanden trifft: War das eine versuchte gefährliche Körperverletzung oder eine kleine Wurfübung? Man weiß es nicht, wenn nicht objektive Anhaltspunkte gegeben sind. Es kann zum Beispiel sein, dass eine geringere Verletzung eingetreten ist, als ein Tatbestand zur Vollendung voraussetzt: A schießt auf B, trifft diesen in den Bauch, B überlebt. Hier kann man sicher sagen: Vollendeter Totschlag (§ 212 StGB) ist es nicht, denn B lebt ja noch. Aber versuchter Totschlag ist gegeben, denn aus dem Schießen in den Bauch kann man den Schluss ziehen (Beweis!), dass A Tötungsvorsatz hatte. Gleichzeitig liegt auch eine (vollendete) gefährliche Körperverletzung vor, denn § 224 StGB setzt ja nur eine »Verletzung« als Erfolg voraus, und die ist eingetreten, also vollendet, und in dem Vorsatz einer Tötung ist logisch immer auch der Vorsatz einer Verletzung enthalten. Der Schuldspruch im Urteil würde also lauten: »versuchter Totschlag *in Tateinheit* mit gefährlicher Körperverletzung«.

Zum Dritten ergibt sich, dass es grundsätzlich gar nicht darauf ankommt, ob das »Ansetzen zur Tat« den Taterfolg überhaupt erreichen kann, denn es kommt nach dem Gesetz eben nur auf die »Vorstellung« des Täters an. Der sogenannte untaugliche Versuch – ein Begriff, der nicht im Gesetz steht – ist deshalb genauso strafbar wie der »taugliche«. Wer also ein Streichholz in eine Lache von Olivenöl wirft, um eine Explosion herbeizuführen, ist wegen »Versuchs des Herbeiführens einer Sprengstoffexplosion« (§ 308) strafbar, wenn er die Vorstellung hatte, Olivenöl sei explosiv oder es handele sich um Kerosin. Und wer auf eine Schaufensterpuppe schießt, weil er sie in der Dämmerung für eine Polizistin hält, die ihn verfolgt, ist wegen »versuchten Mordes« zu bestrafen, obwohl tatsächlich nur eine Sachbeschädigung eingetreten ist.

Nur bei ganz abwegigen Irrtümern gilt das nicht: Wer eine andere Person in den Wald schickt in der »Vorstellung«, dort werde sie von einem Drachen gefressen, oder wer »versucht«, einen Mord durch Zauberei zu begehen, begeht einen »abergläubischen Versuch«, der nach herrschender Meinung nicht strafbar ist: Es fehlt da, so sagt man, schon an einer dem »Sinngehalt« des Strafrechts zuzuordnenden Handlung. Das kann man so sehen, muss es aber nicht. § 23 Abs. 3 StGB sagt ausdrücklich, dass auch Versuche strafbar sind, bei denen der Täter

»aus grobem Unverstand« nicht erkennt, dass seine Tat »überhaupt nicht zur Vollendung führen konnte«; man kann dann nur die Strafe mildern. Das sind aber ganz seltene, meist skurrile Fälle. Beispiel: In einem Fall, in dem eine Frau versuchte, ihren Ehemann zu ermorden, indem sie auf sein Frühstücksbrötchen einen kurzen Sprühstoß eines Insektensprays sprühte, hat der BGH keinen »abergläubischen«, sondern einen strafbaren (»untauglichen«) Mordversuch angenommen, obwohl der Mann zehn große Flaschen von dem Mittel hätte austrinken müssen, um zu sterben. Die Täterin hatte sich aber nicht in der allgemeinen Wirkung des Gifts geirrt, sondern nur die zur Vollendung erforderliche Dosis unterschätzt.

Die Strafbarkeit des Versuchs ist also sehr stark subjektiviert: Alles hängt von Vorsatz und Vorstellung des Täters ab. Dagegen ist schon immer Kritik erhoben worden mit der Begründung, wenn in der Außenwelt (objektiv) keinerlei Schaden eintrete, werde eigentlich nur der »böse Wille«, also die »Gesinnung« des Handelnden bestraft, und das sei mit einem rechtsstaatlich-sekularen Strafrecht nicht vereinbar, das nicht auf das Denken der Menschen abzielt, sondern auf die Verhinderung sozial schädlicher Erfolge. Auch deshalb ist es wichtig, dass die objektive Grenze der Versuchsstrafbarkeit, das »Ansetzen zur Tat« (§ 22), ernst genommen und von bloßen weiter vorgezogenen »Vorbereitungshandlungen« abgegrenzt wird. Wer also zum Beispiel ins Auto steigt und losfährt, um einen Raubüberfall zu begehen, hat noch nicht »unmittelbar zur Tat angesetzt«; auch nicht ein Täter, der sich in die Schlange vor der Kasse stellt, um, wenn er vorn ist, seine Waffe zu ziehen. Das Ansetzen muss »unmittelbar« sein. In der Praxis wird die Problematik der Bestrafung von »bösem Willen« dadurch abgemildert, dass, wenn gar kein nach außen erkennbares gefährliches Ansetzen vorliegt, die Tat praktisch nie entdeckt wird, wenn nicht der Täter sie ausdrücklich einräumt.

Die Strafbarkeit des Versuchs ist eine allgemeine, im »Allgemeinen Teil« des Strafgesetzes angesiedelte Vorverlagerung der Strafbarkeit, wenn man es aus der Perspektive der geschützten Güter und der Tatbestands-Vollendung betrachtet. Denn ein Straftatbestand hat (fast) immer einen »Erfolg«, also den Eintritt eines Schadens, einer Verletzung, eines Verlustes usw. zum Gegenstand. Der Begriff »Erfolg« ist insoweit für Laien missverständlich, als er auf etwas positiv Bewertetes hinzuweisen scheint. Im Strafrecht bedeutet der Eintritt des Erfolgs aber die Vollendung des jeweiligen Tatbestands und damit sozusagen den halben Weg zur Strafbarkeit.

Nicht immer aber ist der Erfolg von Tatbeständen eine tatsächlich eingetretene Verletzung. Ein Beispiel ist der schon erwähnte § 315c StGB, dessen Absatz 1 lautet:

»(1) Wer im Straßenverkehr ein Fahrzeug führt, obwohl er infolge des Genusses alkoholischer Getränke oder anderer berauschender Mittel (...) nicht in der Lage ist, das Fahrzeug sicher zu führen, (...) und dadurch Leib oder Leben eines anderen Menschen oder fremde Sachen von bedeutendem Wert gefährdet, wird mit Freiheitsstrafe bis zu fünf Jahren oder mit Geldstrafe bestraft.«

Hier gibt es zwei Teile: eine Handlung (Fahren), die für sich allein keinen Schaden verursacht, und eine »Gefahr«, die »dadurch« entsteht, dass das Fahren in fahruntüchtigem Zustand erfolgt. Wer betrunken fährt, unabhängig davon einen Herzinfarkt erleidet und einen Schaden verursacht, hat den Tatbestand nicht vollendet, denn die Gefahr hat sich nicht »durch« die Fahruntüchtigkeit, sondern aufgrund einer anderen Ursache verwirklicht. Im Normalfall des § 315c ist aber die »Gefahr« der Taterfolg.

Nun ist es so, dass schon der erste Teil, das Betrunken-Fahren, »gefährlich« ist; dies ist ja der Grund, warum es verboten und strafbar ist. Wenn man § 315c Abs. 1 mit § 316 StGB vergleicht, stellt man fest, dass der erste Teil der Vorschrift genau übereinstimmt. Betrunken fahren ist strafbar (§ 316 StGB), weil es gefährlich ist, und zwar regelmäßig und immer. Das nennt man eine »abstrakte Gefahr«. Es ist *immer* gefährlich, mit Sprengstoff umzugehen, Gartenhäuser anzuzünden oder betrunken zu fahren, selbst wenn im konkreten Fall gar nichts passieren kann (z. B. beim Fahren auf menschenleerer Straße).

Auf dem Weg zur Realisierung dieser »abstrakten« Gefahr zu einem Schaden (Zusammenstoß, Explosion, Verbrennen von Bewohnern) tritt aber ein Zustand ein, in dem sich die »abstrakte« zu einer »konkreten« Gefahr verdichtet: Dem betrunkenen Autofahrer kommt ein anderes Fahrzeug entgegen, das seinen Schlangenlinien nur knapp ausweichen kann. »Gerade noch mal gut gegangen« ist die Formel für diese Art von Gefahr. Sie ist es, die im zweiten Teil des § 315c gemeint ist: Er fügt der abstrakten Gefahr des § 316 noch etwas hinzu; die Tat wird daher höher bestraft. So ist es auch in vielen anderen gesetzlichen Fällen: Wenn eine Körperverletzung das Opfer »in die Gefahr des Todes« bringt, wird sie zur »gefährlichen Körperverletzung« (§ 224 Abs. 1 Nr. 5) und höher bestraft; ebenso eine sexuelle Nötigung, durch welche das Tatopfer »in die Gefahr einer schweren Gesundheitsschädigung« (§ 177 Abs. 7 Nr. 3) oder des Todes (Abs. 8 Nr. 2b) gebracht wird.

Solche »konkreten Gefahren« sind »Erfolge« im Sinne des Strafgesetzes; man muss sie von den in den Grunddelikten (Trunkenheitsfahrt, einfache Körperverletzung, einfache sexuelle Nötigung) liegenden abstrakten Gefahren abgrenzen. Manche abstrakten Gefährdungsdelikte enthalten für sich gar keine Verletzung, sie beschreiben nur eine allgemein gefährliche Tätigkeit: betrunken Auto fahren, fahren ohne Fahrerlaubnis, unerlaubter Besitz von Betäubungsmitteln. Dagegen sind die Grunddelikte der Körperverletzung und der sexuellen Nötigung ihrerseits »Erfolgsdelikte«, denn ihre Vollendung setzt

Verletzungen (des Körpers bzw. der sexuellen Selbstbestimmung) voraus. Aber nicht jede Verletzung und nicht jede Nötigung führt zum Tod, und auch nicht zu einer naheliegenden konkreten Gefahr des Todes. Deshalb unterscheidet das Gesetz zwischen den verschiedenen Stufen von abstrakter, konkreter und verwirklichter Gefahr.

Gefährdungsdelikte sind eine »Vorverlagerung« der Strafbarkeit auf der Ebene des »Besonderen Teils«, also der einzelnen Straftatbestände; abstrakte Gefährdungsdelikte sind dies in besonderem Maß. Daher sind die Letzteren in der Regel nicht mit dem Vorverlagerungsmodell des Versuchs kombiniert. Aber auch das gibt es: § 29a Abs. 1 Betäubungsmittelgesetz (ein Verbrechen) bestraft (wegen § 23 StGB) den *Versuch* des »Besitzens von Betäubungsmitteln in nicht geringer Menge«. Dazu muss man wissen, dass eine »nicht geringe Menge« bei 7,5 Gramm THC (Cannabis-Wirkstoff) oder 1,5 Gramm Heroinhydrochlorid (Heroin-Wirkstoff) beginnt; das ist nicht viel. Kombiniert mit den Erläuterungen zum »untauglichen« Versuch: Wer 40 Gramm grünen Tee besitzt und irrtümlich glaubt, es handle sich um Marihuana mit 7,5 Gramm THC-Gehalt, begeht den Versuch des Verbrechens des abstrakten Gefährdungsdelikts nach § 29a Abs. 1 BtMG. Das ist ein beeindruckendes Beispiel einer überzogenen »Vorverlagerung« von Strafrecht.

Es geht aber auch noch weiter: Dazu muss man, ausgehend von dem weiter oben dargelegten Modell des Ablaufs von Vorbereitung – Versuch – Vollendung, nur auf der Ebene der »Vorbereitung« eigene (abstrakte) Gefährdungstatbestände schaffen, bei denen eine weit vorgelagerte, an sich vielleicht neutrale Handlung zur Vollendung des Tatbestands ausreicht. Ein Beispiel ist § 89a StGB, eine durch vielerlei Verweisungen und Bezugnahmen für Laien fast unverständliche Vorschrift. Danach ist die »Vorbereitung einer schweren staatsgefährdenden Straftat« strafbar und mit einer Freiheitsstrafe von sechs Monaten bis zehn Jahren bedroht. Die Vorbereitung kann (unter anderem) darin bestehen, dass man sich »unterweisen lässt« in der Herstellung von Sprengvorrichtungen (§ 89a Abs. 2 Nr. 1).

Absatz 2a des § 89a StGB lautet: »(Das) ist auch anzuwenden, wenn der Täter (...) es unternimmt, zum Zweck (...) der in Absatz 2 Nummer 1 genannten Handlungen aus der Bundesrepublik Deutschland auszureisen, um sich in einen Staat zu begeben, in dem Unterweisungen von Personen im Sinne des Absatzes 2 Nummer 1 erfolgen.«

Um das – selbst in dieser abgespeckten Version für Laien fast unverständlich – zu verstehen, muss man wissen, was »Unternehmen« bedeutet. Dies steht in § 11 Abs. 1 Nr. 6 StGB: »Im Sinne dieses Gesetzes ist ... Unternehmen einer Tat deren Versuch und deren Vollendung.« Durch diese Vorschrift wird also der Versuch der Vollendung gleichgestellt; es kommt nicht darauf an, ob eine Tat nur versucht oder ob sie vollendet ist: Der Versuch »gilt« schon als Vollendung. Wenn ein solches »Unternehmensdelikt« ein Verbrechen ist (z.B. »Hochverrat«, §§ 81, 82 StGB), ist nach der Logik des Gesetzes sogar der »Versuch eines Versuchs« wie eine Vollendung strafbar.

Für die »staatsgefährdende Straftat« bedeutet dies: Es wird mit Freiheitsstrafe von sechs Monaten bis zehn Jahren bestraft, wenn eine Person versucht (!), aus der Bundesrepublik auszureisen mit der Ansicht, sich in einer Methode zur Begehung einer (z.B. terroristischen) Straftat »unterweisen« zu lassen. Die »Verletzung«, auf die es letzten Endes ankommt, ist die »terroristische« Tat, also etwa die Tötung eines Menschen. Der Täter des § 89a Abs. 2a ist von diesem Taterfolg mindestens vier Stufen entfernt: Es muss zunächst das Ausreisen vollendet werden, dann die »Unterrichtung«. Dann muss die Straftat geplant, vorbereitet, versucht und ausgeführt werden; dabei ist es gleichgültig, wann die Tat überhaupt erfolgen soll und könnte. Eine solche extreme Vorverlagerung ist mit der Dogmatik unseres

Strafgesetzes machbar und, wie der Bundesgerichtshof im Jahr 2017 entschieden hat, im Fall des § 89a StGB auch nicht als Verstoß gegen den Schuldgrundsatz zu beanstanden.

Eine Vorverlagerung der Strafbarkeitsgrenze ist kein Spezifikum des »politischen« Strafrechts. Im Gegenteil sind Konzepte einer solchen quasi präventiven Strafbarkeit seit Jahrzehnten sehr populär, gerade in solchen Bereichen, in denen moralische Empörung dargestellt werden kann. Der »Besitz kinderpornografischer Darstellungen« ist strafbar, selbst wenn sie rein virtuell sind, nicht weitergegeben werden und niemals ein Kind ihretwegen behelligt oder verletzt wurde; und ebenso strafbar ist das »Unternehmen, sich den Besitz zu verschaffen« (§184b Abs. 3), also etwa das *Ansetzen* zum Versuch, ausschließlich für sich selbst (!) eine solche Schrift oder Abbildung *ohne* Involvierung eines konkreten Missbrauchsopfers herzustellen: Wer einen Stift in die Hand nimmt oder ein Computerprogramm startet, mit dem er virtuelle kinderpornografische Bilder nur für den Eigengebrauch herstellen will, ist schon strafbar.

Es ist erstaunlich, dass die Zivilgesellschaft der Einführung solcher Tatbestände einer extremen Vorverlagerung von Strafbarkeit auf abstrakte Gefahren – und den daran anknüpfenden prozessualen Regelungen insbesondere zu Ermittlungsbefugnissen – fast ohne Murren zustimmt, ja immer noch weitere Verschärfungen fordert, zugleich aber Großgefahren und Gefährdungen durch sogenanntes sozialadäquates Verhalten weitgehend gleichgültig und fatalistisch zur Kenntnis nimmt. So sind etwa Gefährdungen und Verletzungen im Bereich der sogenannten Umweltgefahren in *extremem* Maß höher, konkreter und drängender als abstrakte Gefährdungen von individuellen Rechtsgütern wie Eigentum, sexueller Selbstbestimmung usw. Dennoch verharrt das Strafrecht hier – unter Zustimmung der Bevölkerungsmehrheit – auf einem Niveau von Postulaten. Die Strafverfolgung und möglichst lange Inhaftierung pädophiler

Porno-Comic-Leser und 20-jähriger verblendeter »Gefährder« scheint drängender als die Verfolgung des (bedingt) vorsätzlichen »Unternehmens« des Anstiegs des Meeresspiegels um sechs Meter, also einer weltgeschichtlichen Katastrophe.

5. Täter und Teilnehmer – Die handelnden Personen

In den §§ 25, 26, 27 StGB heißt es: »§ 25: (1) Als Täter wird bestraft, wer die Straftat selbst oder durch einen anderen begeht. (2) Begehen mehrere die Straftat gemeinschaftlich, so wird jeder als Täter bestraft (Mittäter).« »§ 26: Als Anstifter wird gleich einem Täter bestraft, wer vorsätzlich einen anderen zu dessen vorsätzlich begangener rechtswidriger Tat bestimmt hat.« »§ 27 Abs. 1: Als Gehilfe wird bestraft, wer vorsätzlich einem anderen zu dessen vorsätzlich begangener rechtswidriger Tat Hilfe geleistet hat.«

Diese Vorschriften beschreiben die sogenannte »Beteiligung« an einer Straftat. Beteiligte sind nach der Terminologie des Gesetzes Täter oder »Teilnehmer«; Teilnehmer sind Anstifter (§ 26 StGB) und Gehilfen (§ 27 StGB). § 29 StGB bestimmt, dass jeder Beteiligte nur nach dem Maß seiner eigenen Schuld bestraft wird.

5.1. Täter – Die »Begeher« einer Tat

In der juristischen Fachsprache ist es einfach: »Täter« ist danach, wer tatsächlich den Tatbestand eines Strafgesetzes verwirklicht. Es handelt sich also um einen materiellen, auf das sachliche Recht bezogenen Begriff. Aus der Sicht des Strafverfahrens hat dieser Begriff keinen Sinn, denn im Verfahren geht es ja seinem Sinn nach darum, überhaupt festzustellen, ob eine »Tat« überhaupt vorliegt und ob jemand ein »Täter« ist. Im Strafprozessrecht geht es daher nicht um »Täter«, sondern um »Beschuldigte«; sie heißen – je nach Verfahrensstand – Beschuldigte, Angeschuldigte, Angeklagte, Verurteilte. In der Alltagssprache und oft auch in Medienberichten geht beides vielfach durcheinander. Hier wird die materielle Position des Täters mit der formellen Position des Beschuldigten verwechselt oder gleichgesetzt. So wird etwa über Strafprozesse berichtet, dass »der Täter« sich so oder so eingelassen oder zu rechtfertigen versucht habe.

Dieser Person wird dann oft die Person des »Opfers« begrifflich entgegengesetzt. Dies macht auch der Gesetzgeber, der notorisch verfahrensrechtliche Regelungen oder Handlungsweisen als »Opferschutz« bezeichnet oder »opferschonendes Verhandeln« fordert usw. Wie der Begriff »Täter« ist aber auch der Begriff »Opfer« ein materieller Begriff. In einem nicht rechtskräftig abgeschlossenen Strafverfahren kann nach der Logik des Verfahrens und ihren verfassungsrechtlichen Grundlagen weder die Person des Täters noch die des Opfers als gegeben oder schon feststehend angesehen werden; beide Positionen sind vielmehr Hypothesen, die nach rechtsstaatlichen Grundsätzen mit den Mitteln des Verfahrensrechts erst zu prüfen und dann vom Gericht zu entscheiden sind.

Deshalb ist der Widerstand, der von Strafverteidigern und Rechtswissenschaftlern gegen die inflationäre Verwendung des

Täter- und des Opferbegriffs vorgetragen wird, keineswegs eine juristische »Spitzfindigkeit«. Das kann jeder nachvollziehen, der sich einmal vorstellt, er (oder ein Familienangehöriger) würde von einer dritten Person überraschend beschuldigt, eine schwere Straftat zulasten des Anzeigeerstatters begangen zu haben, und sei sich sicher, dass dieser Vorwurf unzutreffend ist. Niemand würde es hinnehmen wollen, in einer solchen Situation in der örtlichen Presse oder am Schwarzen Brett des Arbeitgebers als »der Täter« bezeichnet zu werden. Es kann auch schwer erträglich sein, als Beschuldigter mit einer Person konfrontiert zu sein, die vom entscheidenden Gericht als »das Opfer« bezeichnet wird, wenn man bestreitet, dass eine Tat überhaupt stattgefunden hat. Denn diese Bezeichnung nimmt schon halb vorweg, was erst zu beweisen wäre. Man kann solche sprachliche Voreingenommenheit leicht vermeiden, indem man die Verfahrensrollen benennt (»Anzeigeerstatter«, »Nebenkläger«, »Zeuge«) oder den Begriff des Opfers mit Einschränkungen versieht (»möglich«, »angeblich«).

Der Begriff »mutmaßlich«, der für Beschuldigte und möglicherweise Geschädigte gleichermaßen verwendet wird, ist dagegen ein typisch verschleiernder Begriff aus der Pressesprache. Er nutzt aus, dass zwischen seiner fachlich-linguistischen und seiner Alltagsbedeutung ein großer Unterschied besteht: »Mutmaßlich« bedeutet in der Sache nicht mehr als »es wird vermutet, dass …«. In der Alltagssprache bedeutet er aber: »so gut wie sicher«. Genau so wird er in der Presse für gewöhnlich auch verwendet; nur wenn presserechtliche Beschwerden erhoben werden, wird die angeblich »neutrale« Bedeutung aktiviert.

§ 25 Abs. 1 StGB sagt in seiner ersten Variante: Täter ist, wer die Tat selbst begeht. Das klingt nicht überraschend, birgt aber in der Praxis doch einige Probleme. Wenn der Täter allein handelt, muss er alle Tatbestandsmerkmale in eigener Person verwirklichen. Das nennt man »Alleintäterschaft«. Anders ist es bei sogenannten Mittätern (§ 25 Abs. 2): Hier reicht es, wenn mehrere Personen eine Tat »gemeinschaftlich« begehen. In diesem Fall wird jede der beteiligten Personen als Täter bestraft, auch wenn sie nur einzelne Merkmale selbst verwirklicht hat: Wenn etwa A und B einen Raub (§ 249 StGB) begehen, dessen Tatbestand eine Nötigungshandlung (Gewalteinsatz oder Drohung mit Gewalt) und die Wegnahme einer Sache (Beispiel: die Geldbörse des Opfers) voraussetzt, ist jeder von beiden (Mit-)Täter, wenn A Gewalt gegen das Opfer ausübt und B die Sache wegnimmt.

Voraussetzung für Mittäterschaft ist immer, dass alle Beteiligten aufgrund eines gemeinsamen Tatplans handeln. Das setzt nicht eine »Planung« im engeren Sinn voraus, sondern bedeutet nur, dass die Mittäter sich – ausdrücklich oder unausgesprochen durch schlüssiges Handeln – darauf verständigen, dass sie gemeinsam die Tat begehen wollen. In diesem Fall wird jedem Mittäter der Teil der Tathandlung, die der jeweils andere begeht, als eigene »zugerechnet«: A wird so behandelt, als habe er (auch) weggenommen, B so, als habe er (auch) Gewalt ausgeübt.

Die dritte Form der Täterschaft ist die sogenannte »mittelbare Täterschaft«. Sie ist gemeint, wenn § 25 Abs. 1 StGB in seiner zweiten Variante davon spricht, dass jemand eine Tat »durch einen anderen« begeht. In diesem Fall ist keine Mittäterschaft gegeben, wenn der oder die »andere« gar keine Tat begehen will. Der typische Fall der mittelbaren Täterschaft liegt vor, wenn ein Täter eine ahnungslose Person als »Werkzeug« benutzt und diese Person dann – aufgrund eines Irrtums – alle oder einzelne Tatbestandsmerkmale verwirklicht: Täter A bittet den ahnungslosen B, einen gefälschten Scheck über seine Bank gutschreiben zu lassen und ihm den Betrag bar zu geben. Hier erfüllt B gegenüber der Bank die Tatbestände des Betrugs und des Verwendens einer falschen Urkunde; er hat aber keinen Vorsatz und kann daher nicht bestraft werden. Täter ist vielmehr A »in mittelbarer Täterschaft«, B ist sein Werkzeug.

5.2. Gehilfen – Mitwirkende ohne Tatherrschaft

Schwieriger wird es, wenn Personen mitwirken, die die Tat nicht als eigene Tat begehen, sondern nur einem oder mehreren Tätern »Hilfe leisten« wollen (§ 27 StGB). Solche Personen nennt man »Gehilfen«, die Form ihrer Tatbeteiligung heißt nicht Mittäterschaft, sondern »Beihilfe«. Die Abgrenzung zwischen Mittätern und Gehilfen ist nicht ganz so einfach, wie man sich das im Alltagsverständnis vorstellt; dieses kommt der Sache im Grundsatz aber recht nahe. Der Gehilfe »bestimmt« die Tat nicht, selbst wenn er einzelne Tatbestandsmerkmale verwirklicht. Er muss auch kein (unmittelbares oder mittelbares) eigenes Interesse an der Tatausführung haben. B kann im obigen Beispiel etwa so mitwirken, dass er weder an der Planung des Raubs noch an der Beute beteiligt ist und nur, um A einen Gefallen zu tun oder eine Belohnung zu erhalten, auf Aufforderung von A die Geldbörse wegnimmt und an A aushändigt: Hier ist A (Allein-)Täter, B Gehilfe.

Die Rechtsprechung des Bundesgerichtshofs nimmt die Abgrenzung zwischen Tätern und Gehilfen im Wesentlichen nach drei Kriterien vor: (1) Ausmaß der »Tatherrschaft« (also Plan, Bestimmung über Ort, Zeit, Opfer, Ausführung); (2) Maß des »Tatinteresses« (Anlass und Grund der Beteiligung; erhoffte Vorteile von der Tat); (3) Beteiligungswille (Frage, ob die betreffende Person die Tat »als eigene will« oder nur »als fremde unterstützen will«).

Eine genaue Abgrenzung zwischen diesen Kriterien ist in der Praxis nicht immer möglich; auch diese Frage entscheidet die Rechtsprechung oft auf der Grundlage einer sogenannten »Gesamtabwägung«, einer eher intuitiven, nicht genau beschreibbaren Abwägung aller relevanten Umstände, ihres jeweiligen Gewichts und ihres Zusammenwirkens.

Die subjektiven Elemente überwiegen oft, dürfen aber die objektiven nicht ganz verdrängen. So ist heute unbestritten, dass eine Person, die selbst alle Tatbestandsmerkmale verwirklicht, niemals nur Gehilfe sein kann. Anders machte es das frühere Reichsgericht, das eine extrem subjektive Theorie vertrat, wonach es allein auf den Willen ankommen sollte. Das führte zum berühmten »Badewannenfall«, den das Reichsgericht im Jahr 1940 entschieden hat: Eine Frau hatte gerade ein (nichteheliches) Kind geboren und wollte es aus Angst vor der »Schande« töten. Sie bat ihre Schwester, ihr zu helfen. Während die Mutter im Bett liegen blieb, nahm die Schwester das Kind und ertränkte es im Nebenraum in der Badewanne.

Nach heutigem Recht wäre in jedem Fall die Schwester wegen Totschlags als Täterin zu bestrafen, weil sie alle Merkmale des Totschlag-Tatbestands in eigener Person verwirklichte. Die Gebärende wäre entweder Mittäterin (weil sie Tatherrschaft und Tatinteresse hatte) oder Anstifterin.

Das Reichsgericht machte es (wohl aus Mitleid) anders: Damals gab es noch den Milderungstatbestand der »Kindstötung« (§ 217 StGB alter Fassung), der eine wesentlich niedrigere Strafe als bei »normalem« Totschlag androhte, wenn eine Frau ihr (nicht-eheliches) Kind »in oder gleich nach der Geburt« tötete. Um eine Bestrafung der Schwester wegen Totschlags zu umgehen, erklärte das Gericht also die Mutter zur (alleinigen) Täterin, sodass für sie § 217 StGB (alter Fassung) zur Anwendung kam; die Schwester erklärte man zur Gehilfin, weil sie die Tat »nicht als eigene gewollt« habe. Sie kam daher in den Genuss der Strafmilderung.

Das Beispiel klingt nach Mitleid und Menschlichkeit. Das kann man so sehen; allerdings muss man emotional belastete Einzelfälle immer aus der Distanz betrachten, um den Überblick zu bewahren. Die vom Reichsgericht favorisierte (extrem) subjektive Täterschaftslehre begünstigte und unterstützte in hohem Maß auch die NS-Strafrechtsideologie des Nationalsozialismus, die ganz auf subjektives »Wollen«, auf »Gesinnung« und auf Begriffe wie »Treue« und »Verrat« ausgerichtet war.

Nach dem Ende der NS-Diktatur lebte die Täterschaftslehre des Reichsgerichts ab 1951 am Bundesgerichtshof weiter: Sie »passte« zu einer vom NS-Denken geprägten rechtspolitischen Stimmung, die objektive Verantwortung möglichst zurückdrängen und subjektives »Wollen« möglichst hervorheben wollte. Im sogenannten »Staschinski-Fall« (BGH-Urteil vom 19. Oktober 1962) wurde der russische KGB-Agent Staschinski, der im Jahr 1957 auftragsgemäß einen russischen Oppositionellen in der Bundesrepublik ermordet hatte und später nach Westberlin geflohen war, wegen »Beihilfe zum Mord« zu (nur) acht Jahren Freiheitsstrafe verurteilt, weil er angeblich nur »Gehilfe« des von ihm eigenhändig verübten heimtückischen Mordes und der »Haupttäter« sein Auftraggeber in Moskau gewesen sei.

Auch bei der Abgrenzung zwischen Tätern und Teilnehmern an NS-Massenmorden beharrte die Rechtsprechung auf dieser Linie und entschied, dass es allein auf das subjektive Element des »Wollens« angekommen sei: Danach waren die Personen, die in Konzentrationslagern, Sonderkommandos und Einsatzgruppen Menschen eigenhändig getötet hatten, plötzlich nur noch »Gehilfen« des Mords, während die (wenigen) Haupttäter tot, prozessunfähig oder unbekannten Aufenthalts in Südamerika waren.

Den rechtsdogmatischen Schlusspunkt unter diese Fortschreibung des NS-Strafrechts setzte eine Entscheidung des Gesetzgebers an einer für Nicht-Fachleute kaum erkennbaren Stelle im Jahr 1969. Dieser später als »Irrtum« bezeichnete Vorgang ereignete sich – unter im Einzelnen bis heute unaufgeklärten Umständen – im Verantwortungsbereich eines ehemaligen Oberstaatsanwalts beim Sondergericht, der im Bundesjustizministerium zum Unterabteilungsleiter aufstieg. Das bedauerliche Versehen führte dazu, dass die Taten aller – dank der »extrem subjektiven Tätertheorie« des Bundesgerichtshofs als Gehilfen angesehener – Vollstrecker der NS-Morde (zum Beispiel die Mitglieder der sogenannten »Einsatzgruppen«, die in Russland Massenermordungen als angebliche »Partisanenbekämpfung« durchführten) allesamt verjährt waren. Als man den Fehler bemerkte, standen einer Korrektur die verfassungsrechtlichen Grundsätze der rechtsstaatlichen Tatbestands-Garantie entgegen: Rückwirkungsverbot. So ein Pech! Erst ab 1. Januar 1975 hat der Gesetzgeber mit der Neufassung des oben zitierten § 25 (»… wer eine Tat selbst … begeht«) dieser Auslegung einen gesetzlichen Riegel vorgeschoben.

Das zeigt ein weiteres Mal, dass die »Zurechnung« von schädigenden Erfolgen und von Schuld weder »vorgegeben« noch mit einem Ewigkeitsanspruch versehen noch nach Maßgabe genuin logischer Gesichtspunkte erfolgt, sondern das Ergebnis von sozialen Wertungen ist. Diese Wertungen dürfen natürlich nicht willkürlich sein oder erscheinen, denn dann würden sie nicht als »Recht« angesehen werden, sondern nur noch als Macht- und Gewaltsprüche.

Gehilfe ist nach § 27 Abs. 1 StGB, wer einem Täter »Hilfe leistet«. Das kann auf vielfältige Weise geschehen. Nach herrschender, wenngleich nicht unbestrittener Meinung muss es sich noch nicht einmal kausal auf die Tatbegehung durch den »Haupttäter« ausgewirkt haben, sondern muss nur »irgendwie förderlich« gewesen sein. Diese Annahme kann sich auf den Wortlaut stützen: Der Begriff »Hilfe leisten« beschreibt eher eine Tätigkeit als einen Erfolg.

Beispiel: Der Heroinkurier A will aus Madrid nach Frankfurt fliegen und zwei Kilogramm Heroin einführen. Er ruft den B in Frankfurt an und bittet diesen, ihn am Flughafen abzuholen. B sagt zu, A fliegt los. In Frankfurt wird er noch am Flugsteig festgenommen, weil die Polizei vorinformiert war. Hier hat A ein Verbrechen der unerlaubten Einfuhr von Betäubungsmitteln (in nicht geringer Menge) begangen. B hat »Beihilfe geleistet«, obwohl er die zugesagte Unterstützung ja gar nicht mehr ausführen konnte. Sein »förderlicher« Gehilfenbeitrag liegt hier in der Zusage, denn diese bestärkte den A in seinem Tatenschluss.

»Hilfe« kann also unmittelbar handgreiflich-materiell sein (A reicht B die Pistole, mit der B schießen will); sie kann in allgemeinen Vorbereitungen bestehen (A stiehlt auf Bitte des B ein Kfz, das B »für einen Überfall« benötigt, ohne dass A Genaueres dazu weiß); sie kann in Absicherungen bei der Tat bestehen (Schmierestehen; Fahrerdienste). Beihilfe kann sich aber auch auf rein psychische Unterstützungen beschränken: A feuert den B an, während dieser den C zusammenschlägt.

Hier liegen, wie man sich vorstellen kann, in der Praxis viele Abgrenzungsprobleme: Die bloße »Mitwisserschaft« ist – anders als in ausländischen Kriminalfilmen oft dargestellt – in Deutschland nur in wenigen Ausnahmefällen (gesondert) strafbar (§ 138 StGB); sie ist jedenfalls keine Form der »Beihilfe«. Auch das bloße »Dabeisein« ist keine Beihilfe, wenn es sich nicht »förderlich« ausgewirkt hat. Es gibt also keine Pflicht, Straftaten anderer Personen zu verhindern: Ein Wohnungsvermieter ist nicht ohne Weiteres »Gehilfe« von Taten, die ein Mieter in der Wohnung begeht, selbst wenn er davon weiß und sie billigt.

Von der Rechtsprechung wird gern die Zurechnungs-Figur verwendet, dass eine Person dem Haupttäter »ein Gefühl der Sicherheit vermittelt«; in diesem Fall soll Beihilfe vorliegen. Auch dies ist aber nur eine Formel, die im Einzelfall ausgefüllt und interpretiert werden muss: Wer nur danebensitzt und ein freundliches Gesicht macht, ist nicht »Gehilfe«. Wer aber zum Raubüberfall mitfährt, damit der Täter weniger Angst hat, oder ihm zu diesem Zweck ein wenig Amphetamin überlässt, »leistet Hilfe«. Dasselbe gilt für einen Hehler, der einem Dieb vor dessen Tat zusagt, die gestohlenen Sachen aufzukaufen. Der Abkäufer wird dann wegen Hehlerei und gleichzeitig wegen Beihilfe zum Diebstahl verurteilt.

5.3. Anstifter und Hinterleute – Steuerung aus der Ferne

Die letzte Form der Beteiligung ist die sogenannte Anstiftung (§ 26 StGB). Was das ist, liegt sprachlich nahe und ist auch im Alltag weithin bekannt: Anstifter ist, wer eine andere Person, aus welchen Gründen auch immer, zur Begehung einer Tat veranlasst, das heißt, in der anderen Person den Entschluss zu einer bestimmten Straftat hervorruft. Das geht auch dann noch, wenn der Haupttäter schon »fast« entschlossen ist, aber der letzte Anstoß noch fehlt. Dagegen kann man eine Person, die schon fest entschlossen ist, nicht mehr »anstiften«. Ein solch »überschüssiger« Anstiftungsversuch ist daher konstruktiv eine (»psychische«) Beihilfe. Eine strafbare Anstiftung soll aber nicht vorliegen, wenn der »Anstifter« die Haupttat in Wahrheit gar nicht will, sondern die angestiftete Person nur provozieren will, damit sie bestraft wird. Das ist insbesondere in den Fällen der sogenannten polizeilichen Tatprovokation gegeben, also wenn Polizeibeamte »verdächtige« Personen gezielt veranlassen, Straftaten zu begehen, die dann zur Festnahme und Verurteilung führen sollen.

Hier sind allerdings die Grenzen rechtsstaatlicher Strafverfolgung erreicht und nicht selten überschritten. Denn der Bürger darf vom Staat nicht zum »Objekt des Verfahrens« oder zum bloßen Objekt von Straftat-»Bekämpfung« gemacht werden. Der Staat darf sich nicht unschuldige und unverdächtige Personen suchen und deren Schwächen (Charaktermängel, Geldnot, Abhängigkeit) gezielt ausnutzen, um sie anschließend als »Exempel« benutzen zu können. In Fällen, in denen unverdächtige Personen von der Polizei mit gezieltem Druck in Straftaten verwickelt oder in denen Bagatell-Täter veranlasst wurden, schwere Taten zu begehen, haben der Bundesgerichtshof und der Europäische Gerichtshof für Menschenrechte solche Provokationen daher als rechtsstaatswidrig und unzulässig angesehen.

Der Zweite Strafsenat des Bundesgerichtshofs hat hieraus im Jahr 2015 ein verfassungsrechtliches Verfahrenshindernis abgeleitet und die Strafverfolgung in einem solchen Verfahren eingestellt (Urteil vom 10. Juni 2015).

Wenn sich die Anstiftung auf ein Verbrechen bezieht, ist aber sogar der *Versuch* der Anstiftung strafbar (§ 30 StGB). Eine gescheiterte Anstiftung wird daher auch dann bestraft, wenn die Tat selbst weder begangen noch auch nur versucht wurde. Wenn sich die Anstiftung nur auf ein Vergehen (eine Tat mit einer Mindest-Strafdrohung unter einem Jahr Freiheitsstrafe) bezieht, setzt die Strafbarkeit wegen Anstiftung voraus, dass die Haupttat vom Täter wenigstens versucht wurde. Der Anstifter wird dann wegen »Anstiftung zum versuchten …« bestraft.

Im Gegensatz zu den genannten gesetzlichen Begriffen der »Beteiligten« ist der Begriff »Hintermann« (oder »Hinterleute«) keine Kategorie aus dem materiellen Strafrecht, sondern eine kriminologische Umschreibung einer Rolle in einem kriminellen Geschehen. Ein »Hintermann« kann Mittäter, Anstifter oder Gehilfe sein; aber auch bloße »Nutznießer« werden so bezeichnet.

6. Rechtswidrigkeit – Die Einheit der Rechtsordnung

Die Verwirklichung eines Straftatbestands kann nur dann strafbar sein, wenn sie »rechtswidrig« geschieht, das heißt: wenn sie gegen das Recht verstößt. Umgekehrt: Was »gerechtfertigt« ist, kann nicht strafbar sein. Das Recht einer Gesellschaft ist immer eine *Gesamtheit,* selbst dann, wenn niemand alle Regelungen und Anordnungen aller Gesetze überblicken und kennen kann. Das nennt man »Einheit der Rechtsordnung«: Was im Sozial- oder Steuerrecht vorgeschrieben oder im Zivil- oder Wertpapierrecht erlaubt ist, kann nicht im Strafrecht verboten sein. Umgekehrt gilt das natürlich nicht: Nicht alles, was zivilrechtlich verboten ist oder zu Schadensersatzansprüchen führt, ist im Strafrecht verboten, denn hier gilt die Tatbestandsgarantie des Art. 103 Abs. 2 GG.

6.1. Die Indizwirkung des Tatbestands

In vielen Fällen setzt schon der Tatbestand einer Strafrechtsnorm ausdrücklich voraus, dass eine Handlung »widerrechtlich« erfolgt. Ein Beispiel ist der Hausfriedensbruch (§ 123 StGB): Die Vorschrift bedroht – unter anderem – mit Strafe, dass jemand in die Wohnung, die Geschäftsräume oder das befriedete Besitztum einer anderen Person »widerrechtlich eindringt«. In den meisten anderen Fällen enthalten die gesetzlichen Tatbestände keinen solchen Hinweis. Das bedeutet natürlich nicht, dass etwa in anderen Fällen auch »rechtmäßige« Taten strafbar wären. Der Grund für die unterschiedliche Formulierung liegt vielmehr im Bereich des Rechtsguts und der Handlung: Sehr viele Straftatbestände beschreiben Handlungen und Erfolge, bei denen man in der Regel davon ausgehen kann, dass sie »rechtswidrig« sind, also der (Gesamt-)Rechtsordnung widersprechen. Beispiel: Einen fremden Körper zu misshandeln oder zu verletzen (§ 223 StGB) begründet eine Vermutung der Rechtswidrigkeit. Wenn man dieser Vermutung entgegentreten will, muss man einen Ausnahmefall geltend machen, rechtsdogmatisch: einen »Rechtfertigungsgrund« haben.

In anderen Fällen muss die »Rechtswidrigkeit« in jedem Fall ausdrücklich festgestellt werden. Das liegt nahe, wenn Alltags-Sachverhalte zugleich den Tatbestand eines Strafgesetzes erfüllen können.

Beispiel: Es wäre eine in der Alltagsauffassung gewöhnungsbedürftige Vorstellung anzunehmen, dass täglich viele Millionen von Menschen in zahllosen Fällen »in das befriedete Besitztum« anderer Personen »eindringen« (z. B. Kunden in das Besitztum von Supermärkten, Arbeitnehmer in das Besitztum ihres Arbeitgebers) und, um nicht bestraft zu werden, erst einmal eine »Berechtigung« nachweisen müssen. Hier schreibt der Gesetzgeber daher die »Rechtswidrigkeit« in den Tatbestand des Strafgesetzes, um nicht sozialadäquate Handlungen in großem Umfang mit einem »Indiz« der Rechtswidrigkeit zu belasten.

Ein wichtiger Tatbestand, bei dem das auch der Fall ist, ist die Nötigung (§ 240 StGB): Dass der Straßenbahnfahrer zwischen zwei Stationen die Türen schließt und niemanden aussteigen lässt (also alle Fahrgäste »mit Gewalt zwingt«, das Aussteigen zu unterlassen), oder dass ein Verkäufer den Käufer mit der Drohung, ihn andernfalls zu verklagen (»empfindliches Übel«) dazu zwingt, den Kaufpreis zu bezahlen, sind Handlungen, die die Rechtswidrigkeit nicht indizieren. Deshalb enthält § 240 Abs. 2 StGB eine ausdrückliche Regelung über die Feststellung der Rechtswidrigkeit der Tathandlung im Einzelfall: »Rechtwidrig ist die Tat, wenn die Anwendung der Gewalt oder die Androhung des Übels zu dem angestrebten Zweck als verwerflich anzusehen sind.« Was »verwerflich« ist, war in der Vergangenheit immer einmal wieder Gegenstand heftiger rechtspolitischer Debatten. Die Frage wird etwa entscheidend, wenn Nötigungshandlungen zur Verfolgung von politischen »Fernzielen« begangen werden, die hochmoralisch und »gut« und von überragendem Wert sind: Darf man Autobahnen oder Bahnstrecken blockieren, um für den Frieden oder gegen Atommüll-Transporte zu demonstrieren?

Ein Gegenbeispiel ist der schon erwähnte Tatbestand des § 223 StGB (Körperverletzung): Jede Verletzung der körperlichen Integrität einer anderen Person ist danach strafbar. Wer eine andere Person mit einer Nadel in den Arm sticht, verwirklicht den Tatbestand der (vorsätzlichen) Körperverletzung. Wenn er eine Verurteilung vermeiden will, muss er einen Rechtfertigungsgrund auf seiner Seite haben. Das ist ein Umstand, der allgemein, unabhängig vom Einzelfall, immer dazu führt, dass die tatbestandliche Handlung als »rechtskonform«, also als in Übereinstimmung mit der Gesamtrechtsordnung, anzusehen ist. Bei der Körperverletzung ist der in der Praxis wichtigste dieser Gründe die Einwilligung des Verletzten: Sie rechtfertigt beispielsweise die Verletzung, die ein Arzt seinen Patienten bei jedem körperlichen Eingriff zufügt. Voraussetzung ist natürlich, dass der Verletzte (d.h. der Patient) auch genau weiß, in was er einwilligt; dazu gehört auch die Kenntnis der Risiken des jeweiligen Eingriffs. Deshalb ist die »ärztliche Aufklärung« vor Operationen oder sonstigen mit Eingriffen verbundenen Behandlungen so wichtig.

Weil eine unzureichende Aufklärung dazu führt, dass die erteilte Einwilligung unwirksam ist, was dann eine Strafbarkeit des Arztes wegen (vorsätzlicher!) Körperverletzung und weitreichende zivilrechtliche Schadensersatzpflichten zur Folge haben kann, neigen manche Ärzte oder Krankenhäuser dazu, den Patienten uferlose Belehrungen über alle denkbaren, extrem selten verwirklichte Risiken zu erteilen, was dann wiederum viele Patienten entweder sinnlos erschreckt oder völlig überfordert.

Als weitere Rechtfertigungsgründe kommen bei der Körperverletzung in Betracht: Notwehr (Verteidigung gegen einen Angriff), Notstand (Hilfe für Dritte gegen Angriffe unter Abwägung der drohenden Schäden). Bis vor wenigen Jahren wurde aus dem elterlichen Sorgerecht des Familienrechts ein Rechtfertigungsgrund des sogenannten »Züchtigungsrechts« abgeleitet, also eine Erlaubnis für Eltern, ihre Kinder mit Gewalt (Schlägen) zu »züchtigen« (bestrafen) bzw. zu »erziehen«; dies sollte angeblich als ungeschriebenes »Gewohnheitsrecht« gelten. Das ist heute nicht mehr vertretbar: Seit dem Jahr 2000 lautet § 1631 Abs. 2 BGB: »Kinder haben ein Recht auf gewaltfreie Erziehung. Körperliche Bestrafungen, seelische Verletzungen und andere entwürdigende Maßnahmen sind unzulässig.«

Im Jahr 2012 wurde in § 1631d Abs. 2 Satz 1 BGB folgende Regelung eingeführt: »Die Personensorge umfasst auch das Recht, in eine medizinisch nicht erforderliche Beschneidung des nicht einsichts- und urteilsfähigen männlichen Kindes einzuwilligen, wenn diese nach den Regeln der ärztlichen Kunst durchgeführt werden soll.« Diese nicht unumstrittene Regelung enthält also einen Rechtfertigungsgrund für Eltern (Sorgeberechtigte) – und abgeleitet für Ärzte oder andere berechtigte Personen –, männliche Kinder ohne deren eigene Einwilligung beschneiden zu lassen. Mit dieser Regelung sollte religiösen Gebräuchen Rechnung getragen werden. In Abgrenzung etwa zu staatlichen Vorschriften, die Beamtinnen verbieten, aus religiösen Gründen Kopftücher zu tragen, erscheint das schwer nachvollziehbar; erst recht im Vergleich dazu, dass der Gesetzgeber zur selben Zeit die Strafe für religiös motivierte Beschneidungen von *Mädchen* drastisch erhöht hat.

In der Strafrechtswissenschaft gilt also – mit den genannten Ausnahmen – die allgemeine Regel: Die »Verwirklichung des

Tatbestands indiziert die Rechtswidrigkeit«. Dieser Satz klingt einfach, impliziert aber eine Mehrzahl von komplizierten Voraussetzungen und Unterstellungen, nicht zuletzt ein hohes Maß an Vertrauen in den Gesetzgeber.

Beispiel: Nehmen wir den fiktiven Tatbestand »Wer ein Brötchen mit Schinken herstellt, vertreibt oder erwirbt, wird mit Freiheitsstrafe bis zu zwei Jahren betraft«. Das wäre ein ersichtlich alberner Straftatbestand. »Indiziert« seine Verwirklichung trotzdem die Rechtswidrigkeit? Ergibt sich seine Unanwendbarkeit schon auf der Ebene des Tatbestands, weil es verfassungswidrig ist, alltägliche und ungefährliche Handlungen von Bürgern unter Strafe zu stellen; oder gibt es einen Ansatz von tatbestandlicher »Berechtigung« (z.B. Bekämpfung der tier- und menschenrechtswidrigen Tierproduktion), der eine solche Vorschrift grundsätzlich legitimieren könnte? Im letzteren Fall bräuchte jeder Schinkenbrötchen-Käufer (oder -esser) eine Rechtfertigung im Einzelfall: vielleicht eine Einwilligung des Schweineeigentümers oder die Sondergenehmigung eines staatlichen »Schinkenamts«; eine ärztliche Bescheinigung über die Feststellung eines pathologischen Schinkenbrötchenmangels usw.; also das Vorliegen von auf die Gesamt-Rechtsordnung insgesamt bezogenen Gegebenheiten des Einzelfalls, die ein »höheres Recht« als das Allgemeininteresse am Zurückdrängen des Schinkenbrötchens begründen. Damit ist klar, dass es auf die »Umstände des Einzelfalls« ankommen muss. Rechtfertigungsgründe ohne Verankerung in Konstellationen des Einzelfalls (Stichwort: »Es kommt darauf an«) gibt es nicht, denn sonst wären sie bereits in der Formulierung des ganz abstrakten, den unbekannten Einzelfall ausblendenden gesetzlichen Tatbestands berücksichtigt.

6.2. Notwehr und Nothilfe – Ein »Rechtfertigungsgrund«

»Das Recht muss dem Unrecht nicht weichen.« – Das ist ein Spruch, der aus einem alten Western zu stammen scheint, aber geltendes Notwehr-Recht (§ 32 StGB) und ganz herrschende Auffassung der öffentlichen Meinung ist. Aus Wildwest-Filmen stammt auch eine Reihe von unzutreffenden Legenden über die gesetzlichen Voraussetzungen der Notwehr/Nothilfe. Im Straßenduell der Revolverkünstler aus dem Western kam es darauf an, wer »zuerst zieht« (dies ist dann der Angreifer) und wer als Zweiter (dies ist dann der Notwehr-Ausübende) – unabhängig von Fairness oder unabhängig davon, ob man sich zuvor zur Schießerei auf Leben und Tod verabredet hat. Solche Schematisierungen haben mit dem heute geltenden Recht ebenso wenig zu tun wie Geschichten über Morde an sogenannten »Familientyrannen«, die heimtückisch im Schlaf erschlagen oder mittels Gift getötet werden, weil die Täter sich angeblich in einer »Dauer-Notwehr«-Lage befinden. Beides ist falsch. So billig ist das Leben eines Menschen in unserem Recht nicht.

§ 32 StGB lautet: »(1) Wer eine Tat begeht, die durch Notwehr geboten ist, handelt nicht rechtswidrig. (2) Notwehr ist die Verteidigung, die erforderlich ist, um einen gegenwärtigen rechtswidrigen Angriff von sich oder einem anderen abzuwenden.«

In dieser Regelung ist eine ganze Reihe schwieriger und auslegungsbedürftiger Begriffe enthalten, die man für die Anwendung im konkreten Einzelfall operationalisieren muss: »Verteidigung«, »gegenwärtiger rechtswidriger Angriff«, »Erforderlichkeit«, »Gebotenheit«. Nichts davon ist einfach, wenn man sich – als Gericht – zum Beispiel aus dem Abstand von einem Jahr und durch den Filter mehr oder weniger überzeugender Zeugen-Aussagen und Sachverständigen-Gutachten dem tatsächlichen Vorgang einer Messerstecherei nähern will, die nachts um drei Uhr vor einem Club zwischen zwei Gruppen betrunkener und/oder mit Drogen vollgedröhnter Personen stattfand. Die populäre Alltagstheorie »alle in einen Sack stecken« wäre offenkundig rechtsstaatswidrig – ganz abgesehen davon, dass sie aus der Perspektive der jeweils Sprechenden stets nur für alle *anderen,* niemals aber für den Sprecher selbst oder die Partei gelten soll, der er/sie nützen möchte. Solche Ansichten haben wenig Glaubwürdigkeit, weil sie regelmäßig ohne Sachkenntnis sind.

Die Voraussetzungen von Rechtsfertigungsgründen, zum Beispiel der Notwehr, sind Tatsachen. Sie werden daher im Strafverfahren wie solche behandelt, es gelten für sie auch die Regeln über den Irrtum bzw. den fehlenden Vorsatz (§ 16): Wer objektiv »Notwehr« übt, dies aber gar nicht weiß, ist *nicht* gerechtfertigt, denn es fehlt ihm das sogenannte »subjektive Rechtfertigungselement«. Beispiel: A will B töten, B will A töten. B betritt das Büro des A und will gerade schießen, da erschießt ihn A, ohne vom Plan des B zu wissen. Lösung: Totschlag (§ 212) tatbestandlich und vorsätzlich verwirklicht. Rechtswidrigkeit indiziert. Rechtfertigungsgrund Notwehr liegt vor, aber A will sich gar nicht verteidigen, sondern selbst angreifen. Ergebnis: Die Tat von A ist nicht gerechtfertigt und A wegen Totschlags zu verurteilen.

Der umgekehrte Fall ist realitätsnäher: Wenn A irrtümlich annimmt, dass B ihn alsbald erschießen will, nimmt er die tatsächlichen Voraussetzungen der Notwehr an. Wenn ihm das nicht seinerseits vorzuwerfen ist, ist seine Tötungshandlung zwar objektiv immer noch rechtswidrig, aber es fehlt ihm der Vorsatz dazu. Er wäre daher unter diesen Voraussetzungen freizusprechen.

Bekanntes Beispiel aus der Rechtsprechung des BGH: Ein »Sergeant at Arms« der Rocker-Vereinigung »Hell's Angels« hört, dass jemand versucht, in sein Haus einzudringen. Er glaubt aufgrund vorangegangener Drohungen und Hinweise, dass »Killer« einer rivalisierenden Gruppe eindringen und ihn töten wollen. Nach vergeblichen Warnrufen schießt er von innen auf die Tür. Tatsächlich handelte es sich um ein Spezial-Einsatzkommando (SEK) der Polizei; ein Beamter wird tödlich getroffen. Der BGH hat hier – entgegen vielfältiger Empörung – einen Fall der »Putativnotwehr« – also der irrtümlichen Annahme von Notwehrvoraussetzungen – angenommen und den Täter freigesprochen.

Auch in anderen Fällen sind »Rechtfertigungsgründe« oft rechtspolitisch und rechtsdogmatisch hoch streitig. Ein bekanntes Beispiel sind die gesetzlichen »Indikationen« des § 218a StGB für die Rechtfertigung von »Schwangerschaftsabbrüchen« (Abtreibungen). Damit sind nicht die Fälle der »Beratungslösung« gemeint, die nach der Rechtsprechung des BVerfG rechtswidrig bleiben, aber von der Strafbarkeit ausgenommen sind, sondern echte Rechtfertigungsgründe, die auf der Abwägung von Rechtsgütern beruhen.

Auch die Problematik von § 14 Abs. 3 des »Luftsicherheits-Gesetzes« ist ein populäres Beispiel, das überdies noch durch literarische und filmische Dramatisierung – in unzutreffend verzerrter Form – skandalisiert wurde: Ist der Staat berechtigt, eine Mehrzahl von Personen zu töten, um eine mögliche oder voraussichtliche Tötung einer größeren Anzahl von Personen zu verhindern? (Konkret: Befugnis, »Abschuss« eines entführten Passagierflugzeugs zu befehlen, wenn anzunehmen ist, dass die Entführer das Flugzeug zu einem terroristischen Anschlag mit zahlreichen Opfern verwenden werden.)

Das Bundesverfassungsgericht hat in diesem Fall klargemacht, dass eine rein quantitative Abwägung zwischen Menschenleben nicht zu einer Rechtfertigung führen kann und dass der Staat keine Berechtigung zu einer »vorsorglichen« Tötung von unschuldigen Bürgern hat. Wer das für zweifelhaft hält, möge sich in die Rolle eines der betroffenen Passagiere oder eines ihrer Angehörigen versetzen und fragen, ob er nicht ein Notwehrrecht dagegen hätte, von mitreisenden Polizeibeamten oder von dem Piloten eines Bundeswehrflugzeugs erschossen zu werden. Eine weitere hypothetische Konstellation wäre, dass der Ehemann und Vater einer im entführten Flugzeug sitzenden Familie dabeisteht, wenn der Verteidigungsminister die Tötung der unschuldigen Passagiere befiehlt. Hätte der Angehörige nicht ein »Nothilfe«-Recht, das es ihm erlaubt, den Minister unter Einsatz von Drohung oder körperlicher Gewalt an der Erteilung des Tötungsbefehls gegen seine Familie zu hindern? Oder – noch eine logische Schraube weitergedreht –: Dürfte ein Personenschützer des Ministers den Familienvater in »Nothilfe« erschießen, wenn dieser versucht, den Minister an der Tötung seiner Familie zu hindern?

Man sieht: Es kommt sehr stark auf die Perspektive und auf Einzelheiten an. Und oft hält die laienhafte Intuition, das »Bauchgefühl«, nicht eine richtige Antwort bereit, sondern nur ein einseitiges, verdrehtes und tendenziöses Beispiel. Die populäre, überaus erfolgreich vermarktete Dramatisierung des genannten Entführungsfalls durch den Schriftsteller von Schirach (Titel eines Theaterstücks: »Terror«) hat die rechtliche Dimension verfehlt und die Frage der Rechtfertigung gar nicht behandelt – zugunsten einer öffentlichkeitswirksamen Dramatisierung von höchstpersönlichen »Schuld«-Gesichtspunkten, um die es in der Entscheidung des Bundesverfassungsgerichts gar nicht ging.

7. Schuld – Zumessungsmaßstab persönlicher Verantwortung

Der Begriff der Schuld wird im Alltag allgegenwärtig verwendet. Er ist eine inflationäre Kategorie. Von der Morgenandacht im öffentlich-rechtlichen Rundfunk bis zur Late-Night-Talkshow auf Privat-Sendern hören die Menschen täglich über »Schuld«, meist ohne sich ernsthafte Gedanken darüber zu machen, was das überhaupt sein soll, und ohne zu solchen Gedanken angeleitet zu werden. »Wer ist schuld?« ist die Lieblingsfrage der Medienkultur, und in den meisten Fällen wissen erfahrungsgemäß die Personen, die solche Antwort- und Denkstrukturen vorgeben, selbst nicht, was sie damit meinen.

Schuld ist: »Vorwerfbarkeit«, Verantwortung, »Zuschreibung« von persönlichem, individuellem Fehlverhalten. In der öffentlichen Berichterstattung und Alltagsdiskussion wird der Begriff nicht rechts-dogmatisch oder analytisch verwendet, sondern meist als grobe Zusammenfassung dafür, dass eine Person als »Täter« überführt und verurteilt werden soll oder wurde: »Schuld« wird hier synonym mit »Täterschaft« verwendet. Das ist aus fachlicher Sicht falsch, jedenfalls in solchen Fällen, in denen die sogenannte Schuldfähigkeit von Beschuldigten angezweifelt oder verneint werden kann.

Öffentliche Empörung darüber, dass eine angeblich »schuldige« Person vom Rechtssystem als (möglicherweise) »schuldlos« angesehen wird, weil sie aus höchst individuellen Gründen von den allgemeinen Regeln ausgenommen werden soll, muss oder kann, lässt sich sehr leicht provozieren. Es ist dies daher eine der liebsten Figuren der Boulevard-Presse. Das liegt daran, dass man sich nicht mit für die Allgemeinheit wichtigen und grundsätzlichen Fragen beschäftigen muss, sondern sich auf höchstpersönliche, subjektive, vorgeblich »menschliche« Argumente beschränken kann.

Beispiel: Auch hierfür kann das erfolgreiche Theaterstück »Terror« des Autors Ferdinand von Schirach als Beispiel angeführt werden, das – angeblich – eine Dramatisierung des Problemstoffs darstellt, der Gegenstand einer Entscheidung des Bundesverfassungsgerichts über die Verfassungsmäßigkeit von § 14 Abs. 3 Luftsicherheitsgesetz war (Urteil vom 15. Februar 2006). Es ging bei dieser Entscheidung um folgende Rechtsfrage: Dürfte die Bundesregierung den Abschuss eines Passagierflugzeugs befehlen, das entführt wurde und unter Umständen von sogenannten Selbstmordattentätern als »Waffe« benutzt wird? Darf der Staat die Tötung einer Vielzahl von unschuldigen Personen (hier: Passagieren) anordnen und durchführen, um eine – mögliche – größere Anzahl von (ebenfalls unschuldigen) Personen zu retten? Diese Frage ist problematisch, schwierig und wichtig. Mit der persönlichen Verantwortung (»Schuld«) der möglicherweise betroffenen Vollstreckungs-Person X oder Y hat sie rechtlich aber nur begrenzt zu tun.

In dem Theaterstück »Terror«, seiner Verfilmung und der dazu erfolgten Presseberichterstattung wurde die Rechtsfrage in eine Moralfrage verdreht und falsch dargestellt; das eigentlich interessante Problem, über welches das Bundesverfassungsgericht entschieden hat, wurde verschwiegen oder jedenfalls nicht gesehen. Die Frage nach der Rechtmäßigkeit wurde in eine rührselige Frage nach der höchstpersönlichen Verantwortung (Schuld) eines möglichen Befehlsempfängers umgedeutet, der weisungsgemäß den Befehl zur Tötung Unschuldiger auszuführen hat. Über diese hochgradig subjektive, moralische Frage ließen das öffentlich-rechtliche Fernsehen und eine große Vielzahl von Theatern die an der Nase herumgeführten Zuschauer »abstimmen«, was schon für sich genommen ein Missbrauch des

Willens zur Empathie und der Beschränktheit von Informiertheit ist.

Beide Fragen haben nämlich wenig miteinander zu tun. Für die Frage, was »der Staat« darf, soll oder muss, ist es ganz unerheblich, was der Staatsdiener X oder die Beamtin Y fühlen, wollen, welche persönlichen Probleme sie haben oder welche besonderen persönlichen Konstellationen bestehen. Anders gesagt: Ob Folter als Ermittlungsmethode erlaubt ist oder nicht, kann nach den bei uns geltenden Maßstäben unmöglich davon abhängen, ob die folternde Person nett ausschaut, sich »einen Kopf« oder »nur ihren Job« macht usw. Beides mag allenfalls dann eine gewisse Rolle spielen, wenn es um die höchstpersönliche Motivation des Täters geht.

Das Beispiel ist hier deshalb aufgeführt, weil es in populärer Weise den Unterschied zwischen »Rechtswidrigkeit« und »Schuld« deutlich macht – der in dem genannten Theaterstück und Fernsehfilm vernebelt wurde. »Der Staat« ist keine handelnde Person, sondern handelt durch Personen. Der Staat kann auch keine »Schuld« im Sinn einer persönlichen Verantwortung haben. »Schuld« in dem von uns gemeinten Sinn können nur individuelle, selbstverantwortliche Menschen haben.

Um das zu erkennen, muss man das Theater-Beispiel nur ganz wenig verändern: Man stellt sich statt eines sympathischen jungen Piloten, der sich mit moralischen und sonstigen fernsehtauglichen Zweifeln plagt, einfach einen solchen vor, der die Ausführung des Befehls zur Tötung offenkundig Unschuldiger selbstverständlich für seine Pflicht hält und inhaltlich nicht problematisiert. Dann wird man schnell auf Fragen stoßen, die sich keineswegs unter die Überschrift »Terror« subsumieren lassen: War ein DDR-Grenzsoldat »schuldig«, der auf der Grundlage des geltenden Grenzgesetzes der DDR sogenannte Republikflüchtlinge erschoss? War der Polizeiführer D. aus Frankfurt »schuldig«, der einem Beschuldigten Folter androhte, um das

Leben einer entführten Person zu retten? Und was ist mit den Beamten, die den Folterbefehl hätten umsetzen sollen?

Wenn eine Tat (die Verwirklichung eines Tatbestands) nicht rechtswidrig ist, darf derjenige, gegen den sie sich richtet, keine Notwehr üben, und andere dürfen ihn nicht durch Nothilfe retten. Wäre also das Abschießen oder sonstige Töten von unschuldigen Menschen rechtmäßig, dürften sich diese Menschen nicht dagegen wehren, ihre Angehörigen dürften ihnen nicht helfen, die Befehlsempfänger, die die Tat vollziehen sollten, dürften den Befehl nicht verweigern. Das wäre eine absurde Konsequenz, die niemand für sich selbst akzeptieren würde:

Beispiel: Bankräuber und Geiselnehmer A bemächtigt sich eines Kindes, das er als Schutzschild vor sich hält. Polizeiführer B befielt dem SEK-Beamten C, das Kind zu erschießen, damit A festgenommen und daran gehindert werden kann, noch viel größeren Schaden anzurichten. Wenn man über diesen »Plot« das Fernsehpublikum abstimmen ließe, kämen vermutlich ziemlich wenige Stimmen dafür heraus, B und C freizusprechen.

Andererseits kann jemand, der rechtswidrig handelt, trotzdem ohne persönliche Schuld handeln. § 35 Abs. 1 StGB (»entschuldigender Notstand«) lautet:

»Wer in einer gegenwärtigen, nicht anders abwendbaren Gefahr für Leben, Leib oder Freiheit eine rechtswidrige Tat begeht, um die Gefahr von sich, einem Angehörigen oder einer anderen ihm nahestehenden Person abzuwenden, handelt ohne Schuld. Dies gilt nicht, soweit dem Täter nach den Umständen, namentlich weil er die Gefahr selbst verursacht hat oder weil er in einem besonderen Rechtsverhältnis stand, zugemutet werden konnte, die Gefahr hinzunehmen.«

An die »Entschuldigung« eines rechtwidrig handelnden Täters werden also wesentlich höhere Anforderungen gestellt als an eine Rechtfertigung; die Gründe müssen überdies höchstpersönlicher Natur sein. Das Opfer einer solchen rechtswidrigen

Tat darf sich natürlich mittels Notwehr wehren, denn niemand ist rechtlich verpflichtet, sich von Dritten verletzen zu lassen, ohne dafür einen Anlass gegeben zu haben. Denn das Opfer der in § 35 StGB gemeinten Tat muss nicht der Verursacher der Gefahr sein; es kann sich um beliebige Personen handeln, die mit der Sache gar nichts zu tun haben. Umgekehrt darf der Täter nicht auf Entschuldigung hoffen, wenn er die Gefahr, die er durch die Tat abwenden will, selbst verursacht hat. Auch Personen, die rechtlich verpflichtet sind, die Gefahr zu tragen (z. B. Polizeibeamte, Feuerwehrleute), sind nicht schuldlos, wenn sie sie durch rechtswidrige Taten gegen Dritte abwenden.

Beispiel: A bedroht seine Lebensgefährtin B mit einem Messer und kündigt an, sie alsbald zu töten. Um sich zu retten, stößt B ihre vor ihr stehende Freundin C gegen den A; C wird dabei schwer verletzt. Hier ist C Opfer einer rechtswidrigen Körperverletzung durch B (sie dürfte daher gegen B Notwehr üben). B ist aber schuldlos, wenn/weil die unmittelbare Lebensgefahr nicht anders abwendbar war. Anders wäre es, wenn nicht B die Täterin wäre, sondern die herbeigerufene Polizeibeamtin D.

Ein weiteres Beispiel ist der berühmte Fall vom »Brett des Karneades«: Die zwei Schiffbrüchigen A und B treiben im Meer und drohen zu ertrinken. Sie erreichen gleichzeitig eine Holzplanke. Diese kann einen tragen, aber nicht zwei. A ertränkt den B, um sich zu retten. Auch hier liegt ein Fall des »entschuldigenden Notstands« vor; das würde auch im umgekehrten Fall gelten. Bis heute werden in diesem Zusammenhang auch historische Fälle von Kannibalismus nach Schiffbruch diskutiert.

Lauter schwierige und teilweise umstrittene Fragen. Sie können hier nicht im Einzelnen diskutiert werden. Sie verdeutlichen, dass zwischen dem, was »Unrecht« ist, und dem, was »Schuld« ist, ein großer Unterschied besteht. Dieser Unterschied ist keine »Spitzfindigkeit« (wie Laien gern meinen) und keine »Prüfungstheorie« (wie Jurastudenten gern meinen). Sie ist vielmehr die Essenz der Achtung des Individuums als mit eigenen substanziellen Grundrechten ausgestattete, selbstbestimmte Person (und nicht als Vieh auf der Weide des jeweiligen Herrschers).

7.1. Verantwortung »vor dem Gesetz«

»Verrückte«, so meint heute auch die Laienöffentlichkeit, muss und darf man nicht bestrafen, denn sie »können nichts dafür«. Das ist eine interessante Sichtweise, denn sie bestätigt, dass es bei der Schuld darum geht, ob jemand ganz individuell und höchstpersönlich »etwas dafür kann«. Für »Verrücktheit«, Geisteskrankheit, Bewusstlosigkeit kann man in der Regel nichts, meint die herrschende Meinung.

Dies ist kein ewiges Gesetz der menschlichen Zivilisation, sondern gilt erst seit kurzer Zeit: Bis ins 18. Jahrhundert sperrte man auch im aufgeklärten Europa alle Abweichler gleichermaßen in »Zucht- und Irrenhäuser«, in denen überdies auch die sozial Lästigen, Obdachlosen, Bettler und Prostituierten inhaftiert wurden. Unter dem Einfluss der Industrialisierung und der Herausbildung eines Bildes vom »freien« Individuum, das grundsätzlich für alles verantwortlich ist, was ihm widerfährt, hat man zwischen »Schuld« und »Unschuld« ein wenig genauer unterschieden. Es geht heutzutage dabei eher um eine Abgrenzung zwischen Eigenverantwortlichkeit und »Schicksal«, wobei Letzteres wiederum vielfältige Formen und Belastungszustände annehmen kann.

Im Bereich der Schuld gilt Ähnliches wie im Bereich der Rechtswidrigkeit: Das Gesetz geht im Grundsatz davon aus, dass alle Menschen »gleich«, alle gleich »verantwortlich« und daher alle gleich »schuldfähig« sind. Wer im Einzelfall aus dieser Verantwortung entlassen werden will, muss einen »Entschuldigungsgrund« vorweisen. Entschuldigungsgründe sind, anders als

Rechtfertigungsgründe, nicht auf die abstrakte Rechtslage bezogen, sondern auf die höchstpersönliche Lebenslage des Individuums. Anders gesagt: Wer schon kein »Unrecht« tut, auf dessen »Schuld« kommt es – jedenfalls strafrechtlich – nicht an. Er mag sich schämen, entschuldigen, bekennen, wo und wem gegenüber auch immer er will – für das Strafrecht hat das keine Bedeutung, weil es ja schon an einem Unrecht fehlt.

Es gibt Entschuldigungsgründe, die »unvermeidbare Notlage« heißen oder »übergesetzlicher entschuldigender Notstand«. Sie werden in der rechtswissenschaftlichen Literatur prominent diskutiert, weil sie so kompliziert und grenznah sind, kommen aber in der Praxis sehr selten vor.

Ein »Schuld-Ausschluss« lässt die Rechtswidrigkeit der Tat unberührt. Wer wegen einer psychischen Erkrankung »schuldunfähig« ist (früher, richtiger bezeichnet: »zurechnungsunfähig«), der »darf« natürlich trotzdem nicht andere Menschen töten oder verletzen. Man kann ihm eine Tat auf der Grundlage unserer heutigen Vorstellung von Verantwortung zwar nicht vorwerfen; aber das ändert nichts daran, dass sein Handeln dem Recht widerspricht. Deshalb darf man selbstverständlich auch gegen den Angriff durch eine schuldunfähige Person Notwehr üben: § 32 StGB setzt nur einen »gegenwärtigen rechtswidrigen« Angriff voraus, keinen »schuldhaften«. Vereinfacht: Man muss sich auch von Volltrunkenen oder Geisteskranken nicht verletzen oder töten lassen. Das ist eine Entscheidung auf der Ebene der »Rechtswidrigkeit«, auf »Schuld« kann es erst dann ankommen, wenn das geklärt ist.

Schuld ist Verantwortung. Wer aus Gründen, die allgemein akzeptiert sind, zur Verantwortung gar nicht fähig ist, kann deshalb auch nicht schuldig sein. Schuld ist »Verantworten-Müssen«. Das ist bezogen auf eine *konkrete* Person, ein Individuum. Es geht nicht in erster Linie darum, was »man« tun muss, wissen muss, wissen könnte, wie »man« sich zu verhalten, zu informieren, zu kontrollieren hat. Sondern um eine *individuelle* Abweichung zwischen einer solchen allgemeinen, generellen Anforderung und einer persönlichen Fähigkeit.

Diese Konkretisierung und Zuspitzung ist alles andere als »natürlich« oder selbstverständlich. Sie setzt in jedem Fall voraus, dass man mit einem »Subjekt«, einer »verantwortlichen« Person, überhaupt rechnet. In der Menschheitsgeschichte war das keineswegs selbstverständlich; noch vor wenigen Jahrhunderten galt es allenfalls als *eine* »Theorie« unter mehreren vertretbaren. Heute traut sich selbst der rassistischste Diktator der Welt nicht mehr zu behaupten, seine Herrschaft beruhe auf der »natürlichen« Unterlegenheit von Personen, die keine Subjekte seien.

Bei der Schuld geht es nicht darum, was *allgemein* »erlaubt« oder verboten ist – das ist eine Frage der sogenannten Rechtswidrigkeit. Schuld setzt Rechtswidrigkeit voraus, denn wenn ein Verhalten schon allgemein *erlaubt* ist, kommt es auf »Schuld« im Grundsatz nicht mehr an. Eine Ausnahme von dieser Regel muss man aber machen, aus Gründen der Gerechtigkeit, wenn ein Täter, der »eigentlich« gerechtfertigt ist, davon gar nichts weiß: A erschießt B, weil er ihn nicht leiden kann. Später stellt sich heraus, dass B gerade in diesem Moment beabsichtigte, A zu töten. Die Tat des A war daher eigentlich durch Notwehr (§ 32 StGB) gerechtfertigt. Aber weil A überhaupt nicht »zur Verteidigung« handelte, sondern aus verwerflichen Gründen, kann er nicht »unschuldig« sein. Das ist eine etwas feinziseliert erscheinende Strafrechtsdogmatik. Sie ist aber nicht nur theoretisches Geplänkel, sondern in der Praxis wirklich wichtig. Und es ist auch nicht wirklich schwierig, die Grundsätze dieser Systematik zu verstehen.

7.2. Schuldfähigkeit – Die Berücksichtigung der höchstpersönlichen Konstitution

Über Schuld im Strafrecht wird heutzutage meist (öffentlich) gesprochen, wenn es um »Schuldfähigkeit« geht. Das ist eine komplizierte, vielfach unklare Kategorie im Grenzbereich zwischen Tatsachen und Wertungen.

§ 20 StGB lautet: »Ohne Schuld handelt, wer bei Begehung der Tat wegen einer krankhaften seelischen Störung, wegen einer tiefgreifenden Bewusstseinsstörung oder wegen Schwachsinns oder einer schweren anderen seelischen Abartigkeit unfähig ist, das Unrecht der Tat einzusehen oder nach dieser Einsicht zu handeln.«

Und § 21 StGB lautet: »Ist die Fähigkeit des Täters, das Unrecht der Tat einzusehen oder nach dieser Einsicht zu handeln, aus einem der in § 20 bezeichneten Gründe bei Begehung der Tat erheblich vermindert, so kann die Strafe nach § 49 Abs. 1 gemildert werden.«

Aus diesen Regelungen ergibt sich, dass die genannten »Fähigkeiten« des Täters vom Gesetz als *Tatsachen* angesehen werden: Eine Person ist fähig oder unfähig, »Unrecht einzusehen« oder »nach Einsicht zu handeln«. Das klingt einfach: Eine Person ist männlich oder weiblich, über oder unter 1,80 Meter groß, krebskrank oder nicht. Aber so einfach ist es nicht, wenn es um Gedankeninhalte und Einsichten und sogar noch um die bloße »Fähigkeit« dazu geht.

Trotzdem behandeln Gesetzgeber und Praxis – zumal die öffentliche Berichterstattung – die Frage der Schuldfähigkeit, als ob es sich um die bloße Feststellung handelte, ob jemand den Knöchel gebrochen hat oder nicht. Hier beginnt die weite Welt der »Psychowissenschaften« und der Sachverständigen, die den Juristen und damit letzten Endes den Bürgern sagen und erklären sollen, wie es sich im Einzelfall mit der »Schuld« von Beschuldigten verhält, soweit dies eine Funktion von Gehirnzustand und -tätigkeit ist. Diese Frage beflügelt, wenn sie in Strafverfahren inmitten steht, die Fantasie und die Texte von Journalisten wie kaum etwas anderes, obgleich es kaum einen Bereich des Kriminalrechts geben dürfte, von dem viele Journalisten so wenig Sachkenntnis haben.

Der Grund für die außerordentliche Popularität des »Schuldfähigkeits«-Themas liegt in der offenkundigen Unklarheit seiner Zuordnung: Da man kaum jemals etwas Genaues über den Bewusstseinsstand einer Person weiß – erst recht nicht retrospektiv, auf einen viele Monate oder gar Jahre zurückliegenden Zeitpunkt bezogen –, und weil es eine unendliche Fülle von Thesen, Theorien, Behauptungen, Mutmaßungen und Alltagstheorien über den Seelen- und Geisteszustand von Straftätern, die Neigung von Personen zu Regelübertretungen, die Bildung von normativem Bewusstsein, die unbewussten Quellen von menschlichem Verhalten usw. gibt, kann zum einen jedermann praktisch frei und willkürlich darüber spekulieren, welche Kombination von »Gründen« und »Ursachen« es in einem jeweils als gegeben angesehenen Einzelfall wohl gegeben haben könnte, zum anderen jegliche allgemeine (Alltags-)Theorie sich anhand jedes Einzelfalls in irgendwelche Argumente mit dem Anspruch auf Plausibilität transferieren lassen.

Das gilt namentlich auch für solche Theorien, die allgemeine soziologische oder psychologische Behauptungen umsetzen: Dass eine Neigung zu Straftaten sich aus ethnischer Herkunft, kultureller Prägung, sozialer Ungerechtigkeit, individueller Disposition, Geisteskrankheit, Selbstzweifel, Selbstüberschätzung, Rebellion, Unreife … usw. ergebe. Für all diese und zahlreiche andere Begründungskonzepte gibt es Argumente, Konjunkturen und Indizien. Das kann man leicht nachvollziehen, wenn man die Kriminalitätsberichte der öffentlichen Medien und der »herrschenden Meinung« in den vergangenen Jahrzehnten vergleicht. Sie haben sich von einem »gesellschaftskritischen«, eher die Ungerechtigkeit der Welt beklagenden Paradigma über eine dem Neo-Liberalismus zuneigende extreme Subjektivierung bis hin zu einer derzeit populären biologistisch-ethnologischen Zuschreibung entwickelt.

Für die mediale Deutung hat die Fokussierung auf dieses Thema den Vorteil, dass Sachkenntnis und Wissenschaftlichkeit praktisch keine Rolle spielen, weil sie sich im Bereich unüberprüfbarer Behauptungen bewegen, und dass die jeweils deutende Person (Journalist/Medium) ihre Begründungen fast willkürlich aus einer unendlichen Palette von Alltagstheorien schöpfen kann: Ob eine gefährliche Körperverletzung im Einzelfall als Resultat einer »mangelnden Erziehung«, einer »Persönlichkeitsstörung«, eines »fremden kulturellen Hintergrunds«, einer »sexistischen Lebenseinstellung«, einer »Tendenz junger Männer«, eines »Versagens der Behörden« usw. dargestellt wird, ist praktisch beliebig und allein der jeweiligen Grundeinstellung von Journalisten und Redaktionen anheimgegeben. Die Bürger werden mit den entsprechenden Nachrichten und Deutungen überwältigt, ohne die Chance einer Verifizierung zu haben.

Dies bleibt den meisten Menschen selbstverständlich nicht verborgen, da die Alltagswelt regelmäßig nicht so dumm ist, wie diejenigen meinen, die sie verachten. Es bedeutet aber nicht, dass richtige Schlussfolgerungen gezogen werden: Wer meint, »die da oben« betrieben eine Politik der Desinformation, hat damit noch nicht die Legitimation, abstruse Gegenansichten zu vertreten. In der Alltagswirklichkeit überwiegt, wie jedermann weiß, eine Einstellung des banal-gnadenlosen Rache- und Vergeltungs-Strafrechts. Sie stammt nicht originär aus dem Fehlen von menschlicher Intelligenz oder der dämonischen Wirkung der *Bild*-Zeitung (u. a.), sondern aus der sozialen *Wirklichkeit,* welche sich Medienkategorien wie die genannte in zynischer Weise zunutze machen, indem sie vorgeben, die Wirklichkeit kritisch zu dokumentieren, die sie selbst affirmativ schaffen: eine Erfahrung der permanenten Erniedrigung, Verachtung, Ausgrenzung und Ausschließung; der generationenübergreifenden biografischen Erfahrung einer Ignoranz gegenüber jedweder persönlichen Bedrückung, Chancenlosigkeit und Hoffnung.

Im systematisch-analytischen Kern geht es bei der »Schuldfähigkeit«, wie sich aus § 20 StGB ergibt, um die Frage der »Einsicht« in das Unrecht« und um die Frage nach der »Fähigkeit, nach der Einsicht zu handeln«. Man nennt das Erste »Einsichtsfähigkeit«, das Zweite »Steuerungsfähigkeit«; es gibt auch andere Begriffe, die aber dasselbe umschreiben. Wenn Frau A aufgrund einer psychischen Erkrankung der Ansicht ist, dass die Krankenschwester B sie vergiften will, und daher B schlägt, um sich zu retten, fehlt ihr die »Einsicht in das Unrecht« ihres Handelns.

Wenn Frau C unter akuten schweren Entzugserscheinungen leidet und einem Rentner die Geldbörse raubt, um sich Drogen beschaffen zu können, hat sie natürlich »Einsicht«, das heißt, sie weiß genau, dass Raub verboten ist, aber sie hat eine massiv herabgesetzte Schwelle der Tat-Begehung, also der »Fähigkeit, ihr Verhalten entsprechend der vorhandenen Einsicht zu steuern«. Das kommt nicht nur bei Crack-Süchtigen vor, sondern auch bei schwer betrunkenen Eifersüchtigen, bei durch lange Abhängigkeit depravierten Personen, bei Personen, die unter schweren Depressionen leiden, und anderen. Jeder Stalker, jeder in seiner »Ehre« gekränkte Schläger, jeder überlastete Manager mit Alkohol-, Schulden- oder Eheproblem reklamiert, dass er »eingeschränkt« gewesen sei in seiner Steuerungsfähigkeit, als er die ihm vorgeworfene Tat beging.

Das mag ja auch sein! Denn wir alle sind ja – aus retrospektiver Sicht – insoweit »eingeschränkt«; kaum jemand hätte getan, was er getan hat, wenn sicher gewesen wäre, dass Strafe nicht nur abstrakt droht, sondern konkret bevorsteht. Überdies ist es auch plausibel und menschenfreundlich anzunehmen, dass es eine Skala von »Einsicht« und von »Steuerung« gibt, und vor allem auch der »Fähigkeit« dazu, die fließend ist und deren Bedingungen ungewiss sind. Die Grenzen sind variabel, zeit- und politikabhängig. Das wird verschleiert und verschwiegen, wenn über die Voraussetzungen verhandelt, begutachtet und berichtet wird, als handle es sich um harte Fakten.

Es gibt Journalisten, die sich allen Ernstes rühmen, »richtigere« Gutachten zur Schuldfähigkeit erstatten zu können als die Fach-Gutachter in dem einen oder anderen Strafprozess. Das zeigt, dass sie den Kern der Sache nicht verstanden haben. Diese Kritik an journalistischer Selbstüberschätzung bedeutet aber wiederum nicht, dass es nicht gute und schlechte, richtige und falsche Begutachtungen gibt, dass nicht Gerichte Fehler machen oder Beobachter zutreffende Kritik, Gedanken, Einsichten haben können. All das ist selbstverständlich und bedarf der »Enthüllungs«-Literatur und der Besserwisser-Kommentare meist nicht – oder allenfalls deshalb, weil die Justiz sich nicht selten in ähnlich selbstüberhebender und ähnlich überforderter Weise präsentiert. Im Grunde geht es immer (nur) darum, ob die Kriterien der Grenzen überhaupt und richtig erkannt sind: Wo, wann, warum darf, muss, soll pure Empirie (»was A dachte, fühlte, meinte, konnte«) umschlagen in pure Normativität (»was A denken, fühlen, einsehen, bedenken *musste*«)?

»Schuld« ist also ein sehr *relatives* Konzept, heute bezogen auf das Postulat, dass es eine selbstverantwortliche, autonom handelnde Person, ein »Subjekt« gebe. Die Einschränkungen dieses allgemeinen Konzepts der Zuschreibung (des Verantwortlichmachens) haben daher in unserer Vorstellung nur »Ausnahmecharakter«: Man muss krank, gezwungen, nicht »Herr seiner Entscheidungen« sein, um nicht als schuldig zu gelten. Da Schuld aber keine naturwissenschaftliche Tatsache ist, bleibt das weithin relativ, normativ, Ergebnis von gesellschaftspolitischen

Wertungen. Nicht dies ist skandalös, sondern die verbreitete Verschleierung dieses Umstands. Indem sie vortäuscht, »Schuld« sei ein medizinischer Geisteszustand, verhindert sie, dass das Strafen als eine soziale und kommunikative Aufgabe behandelt wird.

7.3. Psychiatrie und Psychologie – Die besseren Strafrechtswissenschaften?

In Strafverfahren, in denen es möglicherweise auch um die Frage geht, ob der Beschuldigte zum Zeitpunkt der Tat in seiner »Schuldfähigkeit« (also Einsichts- oder Hemmungsfähigkeit) eingeschränkt war, werden regelmäßig Sachverständige aus dem Bereich der Psycho-Wissenschaften als Gutachter vernommen. Meist sind das Psychiater, also Ärzte, deren Fachgebiet auch die körperlichen, neurologischen und geistigen Voraussetzungen dessen umfasst, was wir (normale) Schuldfähigkeit nennen. Die Stellung dieser Sachverständigen zwischen den normativen Anforderungen des Rechts, den empirischen Regeln der Diagnostik und den ärztlichen Regeln der Therapie ist kompliziert und schwierig. Das liegt vor allem daran, dass die Psychiatrie (ebenso wie die Psychologie) eine Kategorie von »Schuldfähigkeit« nicht kennt – in der Medizin geht es nicht um Schuld und Unschuld, sondern um Krankheit und Gesundheit.

Es müssen daher die rechtlichen Kategorien und Anforderungen in medizinisch-psychiatrische »übersetzt« werden, und umgekehrt. Das ist nicht einfach und auch nicht vollständig möglich. Es bleibt immer ein Rest von Unklarheit oder Dezisionismus (absichtsvoller Zielgerichtetheit). Überdies handelt es sich bei dem geistig-seelischen Zustand des Beschuldigten zum (möglichen) Zeitpunkt einer lange zurückliegenden Tat um einen höchst unsicheren Gegenstand, dessen nachträgliche Feststellung von vielen Voraussetzungen, Voreinstellungen und Annahmen beeinflusst sein kann.

Die Gutachter müssen sich bei ihren Feststellungen an den Kriterien des Rechts orientieren – also »Fähigkeit, Unrecht einzusehen« und »Fähigkeit, das eigene Verhalten nach der Unrechtseinsicht zu steuern« –, sollen aber gleichzeitig nicht in die Rolle von Richtern schlüpfen, die über »Schuld« (oder gar über die Täterschaft) entscheiden. Diese Rollenabgrenzung gelingt nicht immer. In der Praxis werden Sachverständige nicht selten auch vom Gericht in die Position eines »Entscheiders« gedrängt, indem ihnen Fragen vorgelegt werden, die sie nach dem Gesetzes-Programm gar nicht entscheiden dürfen. Viele Sachverständige – die ja auch nur Menschen sind – *meinen* allerdings, dass sie das mindestens ebenso gut können wie die Richter, die nicht ganz selten ratlos zwischen den psychiatrischen Fachbegriffen und Diagnosen herumstolpern und froh sind, wenn sie die Verantwortung auf Fachleute abschieben können. Dies kann dann dazu führen, dass der Gutachter zur entscheidenden Figur eines Prozesses wird.

Eine »Umsetzung« des Rechtsbegriffs der Schuld-Fähigkeit kann mithilfe der von § 20 StGB verwendeten Begriffe »Einsicht« und »Steuerung« gelingen, denn dies sind psychische Gegebenheiten, die einer empirischen Feststellung zugänglich sind. Regelmäßige Grundlage solcher gutachtlicher Feststellungen sind heute sogenannte »Diagnose-Manuale« (»ICD-10«, DSM-V); das sind von internationalen Fachgesellschaften herausgegebene, erfahrungsgestützte Zusammenstellungen von Krankheits- oder Auffälligkeits-Symptomen, die bestimmten Diagnosen zugeordnet werden.

Beispiel: Der Diagnose »histrionische Persönlichkeitsstörung« (ICD-10, F60.4) werden unter anderem folgende Symptome zugeordnet:

- Dramatisierung bezüglich der eigenen Person, theatralisches Verhalten
- Suggestibilität
- oberflächliche, labile Affektivität
- ausdauerndes Verlangen nach Aufregung (usw.)

Wichtig zu wissen ist, dass aus dem Vorliegen einzelner Symptome nie auf ein bestimmtes Krankheitsbild geschlossen werden kann, dass es immer auch Gegen- und Abgrenzungssymptome gibt und dass diese Manuale nur Anhaltspunkte für eine *medizinische* Diagnose sind. Daher lässt sich aus ihnen weder für die »Einsichts- oder Steuerungsfähigkeit« noch für die »Schuldfähigkeit« unmittelbar etwas ableiten. Die beurteilende Person (der Sachverständige) muss vielmehr in jedem Einzelfall auf der Grundlage einer möglichst umfassenden Untersuchung der beschuldigten Person versuchen herauszufinden, ob eine (mögliche) psychopathologische Symptomatik Einfluss auf den Tatentschluss und die Tatausführung gehabt haben kann.

Die rechtlichen und tatsächlichen Folgen der auf Sachverständigengutachten gestützten Feststellung von Schuldunfähigkeit (oder erheblich eingeschränkter Schuldfähigkeit) sind gravierend. Sie sind keineswegs immer erfreulich für den Beschuldigten. Zwar kann er, wenn aus den in § 20 StGB aufgeführten Gründen zum Tatzeitpunkt keine Einsicht in das Unrecht bestand oder das Hemmungsvermögen aufgehoben war, eine Verurteilung zu Strafe nicht erfolgen. Wenn aber die Diagnose ergibt, dass dies kein einmaliger Zustand war, sondern die psychische Störung dauerhaft besteht, ist zu prüfen, ob aufgrund dieser Störung in der Zukunft weitere rechtswidrige Straftaten drohen. In diesem Fall erfolgt eine (zwangsweise) Einweisung in ein psychiatrisches Krankenhaus. Bei dieser Rechtsfolge kommt es nicht auf »Schuld« an, sondern nur auf »Gefährlichkeit«. Sie dient auch nicht ausschließlich der »Besserung« und kann nicht stets »Resozialisierung« zum Ziel haben. Eine Unterbringung kann daher – auch bei nur mittelschwerer Kriminalität – jahrzehntelang oder sogar lebenslang dauern, denn wenn eine »Besserung« des Zustands nicht erreicht werden kann, bleibt nur noch die »Sicherung«.

Die Berücksichtigung psychischer Voraussetzungen und möglicher Einschränkungen ist Ausdruck eines an der individuellen Verantwortung und Menschenwürde ausgerichteten Strafrechts. Es wäre aber mit dieser Grundlage nicht vereinbar, das »Strafen« vollständig durch ein »Behandeln« zu ersetzen, die Sanktionierung von abweichendem Verhalten also in ein totales »Behandlungs«-Konzept zu verändern. Wenn man Abweichungen und Straftaten allesamt nur als Ausdruck von »Krankheit« betrachtet, ersetzt man die Vorstellung von Selbstverantwortlichkeit und individueller Freiheit durch eine Vorstellung von Unmündigkeit und Unfreiheit; an die Stelle von Strafe und dadurch bewirkter Ent-Schuldigung tritt dann ein lebenslanges paternalistisches »Behandeln« ohne Begrenzung. Tendenzen zu solchen Konzepten liegen Psychowissenschaftlern, die immer mit einem Bein in therapeutischen Erwägungen stehen, stets näher als Juristen. Die Grenzen sollten daher nicht verschoben werden. Psychiatrie und Psychologie können, wie auch die Soziologie und die Kriminologie, außerordentlich viel zum Verständnis von abweichendem Verhalten und Kriminalität beitragen und sind Grundlage für eine auf die individuelle Person bezogene Beurteilung im Einzelfall. Aber Psychiatrie ist nicht eine »bessere« Strafrechtswissenschaft.

V.
Strafrechtspolitik

Die erste Quelle des Strafrechts und des Strafens ist im gewaltengeteilten Rechtsstaat nicht die Justiz oder gar die Polizei, sondern der Gesetzgeber: Er macht die Gesetze. Art. 97 Abs. 1 Grundgesetz lautet: »Die Richter sind unabhängig und nur dem Gesetze unterworfen«, und nach § 38 des Deutschen Richtergesetzes (DRiG) muss jeder Richter den Richtereid schwören:

»Ich schwöre, das Richteramt getreu dem Grundgesetz für die Bundesrepublik Deutschland und getreu dem Gesetz auszuüben, nach bestem Wissen und Gewissen ohne Ansehen der Person zu urteilen und nur der Wahrheit und Gerechtigkeit zu dienen …«

1. Kompetenzen – Von wem und wie wird Strafrecht gemacht?

In der Presse wird regelmäßig davon berichtet, dass »der Justizminister« demnächst ein Strafgesetz erlassen, verschärfen, ändern usw. wolle. Das ist eine sehr verkürzte, etwas rührende, aber auch ärgerlich fehlerhafte Darstellung. Es geht dabei, wie meistens, nicht um kleinlich begriffliche Rechthabereien, sondern ums Prinzip: Also darum, dass Begriffe kein Zufall sind und nicht nach Belieben der Vereinfachungswünsche oder Inkompetenzen Redaktionen von Zeitungen oder Sendern ausgelegt werden dürfen. Man muss an der Bedeutung von Begriffen festhalten oder sie in der Sache diskutieren; sonst verschwimmt alles in dem Nebel von »News«, »Breaking News« und »Kommentaren«, den die Presse produziert und im selben Atemzug bejammert.

Etwas genauer also: »Der Justizminister« macht kein Strafrecht. Er leitet eine oberste Bundesbehörde, die für zahllose politische und verwaltungsrechtliche Fragen zuständig ist. Die Behörde (das »Bundesministerium für Justiz«) hat unter vielen anderen auch eine »Abteilung« für das materielle und eine Abteilung für das formelle Strafrecht. Diese Abteilungen werden von »Abteilungsleitern« geführt, die Lebenszeitbeamte (mit der Dienstbezeichnung »Ministerialdirektor«) sind, daher im Lauf ihrer Karriere meist eine Mehrzahl von Ministerinnen und Ministern kommen und gehen sehen und besoldet werden wie Vier-Sterne-Generäle oder Senatsvorsitzende an obersten Bundesgerichten. Sie sind auch ungefähr so einflussreich. In ihren »Abteilungen« gibt es »Unterabteilungen« (geleitet von Unterabteilungsleitern als »Ministerialdirigenten«, besoldet wie Bundesrichter oder Bundestagsabgeordnete); darunter »Referate« (mit »Referatsleitern« als »Ministerialräte« oder »leitende Ministerialräte«, besoldet wie Vorsitzende von OLG-Senaten). Darunter ein Heer von »Referenten« und vorübergehend zum Ministerium abgeordneten Mitarbeitern, allesamt fleißig, ehrgeizig, auf der Karriereleiter.

Ein Ministerium ist eine Behörde. Sie ist aber an der Spitze mit der Politik »verzahnt«: Minister und Staatssekretäre sind keine Laufbahnbeamten, sondern Berufspolitiker, die von politischen Parteien und demokratischer Legitimation abhängen. Das Maß ihrer Sachkunde ist nicht unbedingt entscheidend für die Erlangung des Postens. Die Bundesrepublik Deutschland hatte in 60 Jahren Bundesjustizminister jeder Art: Schöngeister, Erbsenzähler, Karrieristen, Volkstribune, Konzeptionalisten. Die

Person eines Ministers ist wichtig, aber nur in Maßen. Vereinfacht gesagt: Es geht in einem Ministerium zu wie in einem großen Unternehmen und jeder Bürokratie. Die Rechtsideen und Gesetze werden in der Regel nicht von den Ministern geboren. Ein Minister ist Mitglied einer Regierung, die ein »Programm« (meist in Form eines Koalitionsvertrags) verabschiedet; das hat er umzusetzen. Der Rest ist freie Kunst. Dem Ministerium mit seinen 600 hoch qualifizierten Mitarbeitern ist es bis zu einem gewissen Grad egal. Nicht wenige Menschen, die »Vermerke«, »Sprechzettel« (Redemanuskripte) und »Ideen« des jeweiligen Ministers schreiben, sehen diese Person nicht öfter als sechsmal im Jahr. Die Meldung »Bundesjustizminister XY will ... härter bestrafen« ist eine Produktion der »Leitungsabteilung« einer Bundesbehörde, die mehr über verwaltungsinterne Abläufe, die Arbeit der Presseabteilung und ggf. die Abstimmungs-Vorgänge zwischen verschiedenen Ministerien sagt als über das wirkliche Wollen des jeweiligen Ministers.

1.1. Das Verfahren der Strafgesetzgebung

Weil das Kern-Strafrecht in der Bundesrepublik nicht länderspezifisch (und daher je nach Bundesland verschieden) geregelt werden kann, gehört die Materie zum Bereich der sogenannten konkurrierenden Gesetzgebung: Wenn und soweit der Bund seine Gesetzgebungskompetenz ausgeübt hat, dürfen die Länder keine abweichenden Regelungen treffen (Art. 72 Abs. 1, 74 Abs. 1 Nr. 1 GG). Diese Kompetenz hat der Bund mit dem Strafgesetzbuch (und zahlreichen weiteren strafrechtlichen Regelungen in anderen Gesetzen) ausgeübt.

Die Strafgesetzgebung folgt also dem im Grundgesetz beschriebenen »normalen« Programm (siehe Art. 76, 77, 82 GG). Gesetzesvorschläge werden von der Bundesregierung (regelmäßig »federführend« vom Bundesministerium der Justiz), »aus der Mitte des Bundestags« (meist durch Fraktionen) oder durch den Bundesrat eingebracht, je nach Urheber den anderen Organen zur Stellungnahme gegeben und dann im Rechtsausschuss des Bundestags im Einzelnen beraten.

Der Rechtsausschuss, der von Abgeordneten im Verhältnis der Fraktionen besetzt ist (derzeit 43 Mitglieder), legt dem Bundestag eine »Beschlussempfehlung« vor, die sehr häufig vom ursprünglichen Antrag abweicht, Ergänzungen oder Änderungen enthält und einen im Ausschuss mehrheitlich beschlossenen Kompromiss verschiedener Vorschläge, Änderungs- oder Ergänzungsanträge darstellt.

Über diese Empfehlung stimmt dann der Bundestag abschließend ab. Der Gesetzesbeschluss wird dem Bundesrat zugeleitet, der ebenfalls abstimmt, aber nur Zustimmung beschließen oder Einspruch erheben, nicht aber eigene Änderungen vornehmen kann. Strafgesetze sind in der Regel nicht zustimmungspflichtig, sodass der Bundestag einen eventuellen Einspruch des Bundesrats überstimmen kann. In anderen Fällen kann noch der »Vermittlungsausschuss« zwischen Bundestag und Bundesrat mit der Sache befasst werden.

Das Gesetzgebungsverfahren ist also im Grundsatz nicht sehr kompliziert, gilt in der Öffentlichkeit aber trotzdem als geheimnisvolle Angelegenheit. Das hat teilweise auch den Grund, dass die Gesetzgebung der zentrale Ort der politischen Kommunikation und Auseinandersetzung ist, der heute fast ausschließlich von parteipolitischen Initiativen, Taktiken und Begründungen geprägt ist. Über die Spitzen der Ministerien sind die die Parlamente beherrschenden Parteien unmittelbar mit der weisungsabhängigen Exekutive verbunden. Das führt dazu, dass die Gesetzgebungsverfahren in der Realität häufig weniger von den Verfahrensregelungen des Grundgesetzes als von parteipolitischen Erwägungen geprägt erscheinen.

1.2. Strafrecht als »lebendes« Recht

Wer sonst »macht« Strafgesetze: Nach täglicher Auskunft der Medien »die Partei X«, »die Bundeskanzlerin«, »das Bundesverfassungsgericht«, »der Koalitionsausschuss« usw. – wer immer also als jeweiliger Akteur und »heimlicher« Regisseur dargestellt werden soll. Solche Verzerrungen und Vereinfachungen sind normal und unvermeidlich: Kaum haben die Menschen eine Struktur geschaffen, in der Legitimität erzeugt wird – und Demokratie ist eine überaus erfolgreiche Struktur –, beginnen diejenigen, die nicht zum Zug gekommen sind, diese Legitimität anzuzweifeln.

Richtig ist aber jedenfalls, dass Strafrecht nicht als unveränderliche Regel in der Welt erscheint und damit sozusagen eine eigenständige Identität gewinnt. Zwar ist es das Bestreben aller Rechts-Setzer, »das Gesetz« als überzeitliche Wirklichkeit darzustellen. Zu diesem Zweck schlug man Gesetze in Steintafeln oder meißelte sie in Obelisken: Die Worte sollten den Ewigkeits- und Wahrheitsanspruch des Materials annehmen.

Verglichen damit ist das »Bundesgesetzblatt I«, in dem die deutschen Strafgesetze heute veröffentlicht werden, ein überaus fadenscheiniges Ding: eine Sammlung von jährlich etwa 3000 Dünndruck-Seiten in 50 bis 70 Einzelnummern. Es steht auch das Volk nicht mehr staunend vor der Wortproduktion des Gesetzgebers und erschauert vor der Überzeitlichkeit des Gesetzten. Recht ist »positiv«, das heißt veränderlich: Es gilt, was heute im Gesetzblatt steht, vorbehaltlich der Änderung von morgen.

Es ist schon oben ausgeführt, dass das Recht im einzelnen Anwendungsfall nicht einfach »erkannt« wird, als stehe die Lösung jedes Falles schon im Gesetzestext. Auch die juristische Kommentar-Literatur enthält keine fertigen Lösungen für Einzelfälle. Recht entsteht und verändert sich in der Anwendung.

2. Aktualitätsbezogene Strafrechtsproduktion – Rechtspolitik nach Regeln der Talkshow

Strafrecht ist eine sehr öffentlichkeitswirksame Materie, die in der Bevölkerung jedenfalls im Grundsatz hohe Aufmerksamkeit genießt und eine hohes »Meinungs-Potenzial« hat, also häufig dezidierte Stellungnahmen veranlasst und »Überzeugungen« mobilisiert. Deshalb ist diese Regelungsmaterie für Berufspolitiker und die sie tragenden Parteien von großer Bedeutung, da sich hier mit relativ wenig Aufwand durch plakative Vorschläge und Verlautbarungen eine hohe Öffentlichkeitswirksamkeit erzielen lässt.

Verbreitet ist etwa die öffentliche Behauptung, man habe eine »Strafbarkeitslücke« entdeckt, die dringend der Schließung bedürfe. Diese Terminologie ist, wie schon im Kapitel über »Strafrecht heute« ausgeführt wurde, unzutreffend, weil das Bestehen von »Lücken« im Strafrecht eine Grundvoraussetzung des Rechtsstaats ist. Gemeint ist also jeweils nicht eigentlich das Beheben eines Fehlers, sondern die Ausweitung des Strafrechts in einen Verhaltensbereich, der bislang nicht strafbar war.

Anlass sind eher selten übergreifende systematische Überlegungen, etwa bei der Neuregelung eines ganzen Gesetzesabschnitts oder Regelungsbereichs, sondern in vielen Fällen aktuelle Einzelphänomene, öffentlichkeitswirksame Ereignisse, spektakuläre Verbrechen sowie rechtspolitisch oder medial skandalisierte Umstände. Hier spielt auch die Polizeiliche Kriminalstatistik eine erhebliche Rolle, deren Ergebnisse regelmäßig zu Vorschlägen und Forderungen führen, wie durch Gesetzesänderungen irgendein Bereich der sogenannten Kriminalitäts-Bekämpfung »intensiviert« werden könne oder müsse.

Damit ist es fast unvermeidlich, dass die öffentlich-politische Diskussion über Strafrecht sich in weiten Teilen von einer genuin *strafrechts*-systematischen und strafrechts-dogmatischen Thematik abwendet und sich überwiegend mit den Begriffen der »Sicherheit« und der Gefahrenbekämpfung, also einem speziell innenpolitisch-polizeilichen Aufgabenbereich befasst.

Sinnfälligen Ausdruck findet dies, wenn in den zahlreichen diesbezüglichen Talkshows als »Fachleute« überwiegend Polizeibeamte und Innenpolitiker sitzen und jede strafrechtsdogmatische Äußerung als »Spitzfindigkeit«, »Verharmlosung«, »Bedenkenträgerei« usw. diffamiert wird. Es handelt sich hierbei um eine klassische »Hase-und-Igel«-Konstellation: Da die Polizei niemals sämtliche Straftaten wird verhindern können, nachträglich jedoch immer ein *allgemein* kausaler Zusammenhang zwischen der Begehung jeder einzelnen Tat und einem zu »laschen« Recht hergestellt werden kann, bleiben Forderungen nach »Lückenfüllung« und Strafrechtsverschärfung umso wohlfeiler, je vager und inhaltlich einseitiger sie sind.

Ein aktuelles Beispiel ist die Forderung von Vorstandsmitgliedern der »Deutschen Polizeigewerkschaft« im Frühjahr 2018, es solle in *allen* Fällen von Körperverletzungen mit Messern regelmäßig vom Vorliegen eines (bedingten) Tötungsvorsatzes ausgegangen werden. Wäre dies eine Forderung an den Gesetzgeber, läge dem eine grobe Verkennung der verfassungsmäßigen Grenzen gesetzgeberischer Kompetenz zugrunde. Würde sich die Forderung an die Rechtsprechung wenden, wäre sie eine verfassungsferne, absurde Verkennung des Wesens richterlicher Entscheidungsfindung. Medial verbreitete Vorstöße solcher Art werden von Innenpolitikern und Dienstvorgesetzten aber nicht zum Anlass für Abmahnungen genommen, sondern allenfalls als »gut gemeint, aber nicht zielführend« beiseitegeschoben.

»Bekämpfung von Missständen« gilt heute rechtspolitisch als Hauptaufgabe des Strafrechts. Es werden daher in steter Folge tatsächliche oder angebliche gesellschaftliche Fehlentwicklungen, Gefährdungslagen oder allgemeine (sozial-)politische Anliegen mit strafrechtlichen Forderungsreflexen beantwortet. In weiten Teilen der Bevölkerung ist der Unterschied zwischen Sicherheitsrecht (Prävention) und Strafrecht (Repression) gar nicht (mehr) bekannt oder wird als belanglos angesehen, befördert durch eine Dauerberieselung von Medienberichterstattung und -programmen, in denen Polizei als originärer Träger von Strafverfolgung, Justiz als bürokratisches, lebensfernes Hemmnis von Gerechtigkeit und Sicherheit verzerrt dargestellt werden.

Es sind dies keine theoretischen Abgrenzungen ohne reale Konsequenzen. Wenn Strafrecht und Strafverfolgung im Wesentlichen nur noch als »Sicherheits«-Politik und Gefahrenbekämpfung verstanden werden, dann ist umgekehrt zwingend, dass Gefahrenbekämpfung als Strafrecht verstanden und Sicherheit mit Strafverfolgung identifiziert wird. Das funktioniert einigermaßen gut, solange es nur die jeweils »anderen«, Fremden, Ausgegrenzten oder sozial Auffälligen trifft. Strukturen solcher Art können aber jederzeit ausgeweitet und verlagert werden, ohne dass dem ein aktuell »böser Wille« zugrunde liegt. Die Bereiche »Terrorismusbekämpfung«, »sexueller Missbrauch von Kindern und Kinderpornografie« und »Vertrieb von Betäubungsmitteln« sind Beispiele für Wirklichkeitsbereiche, in denen fast jede Grenze zwischen Repression und Prävention aufgelöst ist, Eingriffsbefugnisse staatlicher Behörden beinahe beliebig zwischen beidem wechseln und – unter lebhafter Zustimmung der Bevölkerung – eine Tendenz zur »Sanktionierung aus einer Hand« dominiert, die sich durch folgende Ingredienzien auszeichnet:

– präventive Überwachung von einem möglichst frühen Zeitpunkt an in möglichst umfassender Weise (Motto: »Wer nichts zu verbergen hat, muss auch nichts befürchten.«)
– pflichtenbasierte Einbindung möglichst vieler zivil-gesell-

schaftlicher Kontroll-Agenturen (Motto: »Wie konnten die Hauptschule X und das Jugendamt Y übersehen, dass Z ein Mörder werden würde?«)
- Entgrenzung präventiver und repressiver Eingriffsbefugnisse von Sicherheitsbehörden (Motto: Jede Durchsuchung ist eine präventive Strafverfolgung.)
- Einbindung der Justiz in ein »Bekämpfungs«-Konzept (Motto: Pflicht zur »Opferschonung«, Pflicht zur Prävention durch Prognose, Pflicht zur »harten und konsequenten« Bestrafung)

Dies ist eine Überlastung und Überforderung des Strafrechts, welche dieses zugleich schwächt und zum bloßen Effektivitätskriterium von Präventionspolitik erniedrigt. Es muss aber ernst genommen und darf nicht einfach nur als »falsch« verworfen werden: Strafrecht ist kein von Professoren erfundenes System zur Hervorbringung von Lehrbüchern, sondern ein in den Tiefen der Gesellschaft verankertes System zur Abgrenzung von »Richtig« und »Falsch« unter Abstraktion von individuell-höchstpersönlichen Interessen. Dies ist das entscheidende Argument, das »Recht« von »Bekämpfung« unterscheidet und ausschlaggebend für die Existenz und Erhaltung einer Kultur ist, welche die »Lücke« in der Gefahrenbekämpfung nicht zu ihrem skandalösesten Fehler, sondern zur Voraussetzung von Freiheit macht.

Es ist daher natürlich nicht Zufall, dass Personen und Gruppen, die politisch eine möglichst weitreichende Beschränkung von Freiheit fordern, eine »Bekämpfungs«-Strategie des Strafrechts besonders intensiv befürworten. Die Kriminalitätsbereiche, die hierfür ausgewählt werden, sind nicht eigentlich inhaltlich, sondern eher strategisch bestimmt: meist Kriminalität von Fremden und Außenseitern, bevorzugt Migranten; Kriminalität mit Wirkung nach außen und auf das spontane Sicherheitsgefühl der Bevölkerung; Kriminalität mit ideologisch definierbaren Bedingungen und Formen.

Ein Beispiel für Letzteres sind etwa die ideologisch verdrehten, geradezu fanatisch auftretenden Kampagnen rechtsextremer Politiker gegen Sexualstraftaten: Hier werden Angst und Hass auf das »Fremde« in typischer Weise mit der Furcht vor dem Verlust des »Eigenen« zusammengebracht – ein seit jeher zu beobachtender Reflex von Rassisten und Rechtsextremen, der sich nicht gegen die Erniedrigung der Opfer von Sexualstraftaten, sondern eher gegen den Zugriff von »Fremden« auf die eigenen Erniedrigungs-Ressourcen richtet. Die vom »Nichtweißen« (wahlweise: »Flüchtling«/»Asylant«) geschändete »deutsche Frau« ist in der Perspektive dieser Strafrechtspropaganda nicht Trägerin eigener Selbstbestimmungsrechte, sondern Territorium des männlichen Zugriffsrechts – Objekt von »Schande« oder von »Schutz«.

Bevorzugte Felder vielfach ideologisierter Strafrechtspolitik sind: Ausländer- und Immigrantenkriminalität, Sexualdelinquenz, terroristische sowie Gewalt- und Gruppenkriminalität von Jugendlichen.

Dagegen finden andere Kriminalitätsbereiche, auch wenn sie hohe und gravierende Schäden zur Folge haben, kaum ähnliche Beachtung: Umweltkriminalität, Kriegsverbrechen, Korruption, Betrug, denn ihre Begehung ist einer unmittelbaren öffentlichen Wahrnehmung meist entzogen; zudem sind sie in der Begehungsstruktur, Aufklärung und Darstellung komplizierter. Eine Ausnahme bilden allgemeine »Komplexe« von Kriminalität, etwa »Geldwäsche« oder »organisierte Kriminalität«. Beide Begriffe verweisen auf eine jeweils fast unübersehbare Vielzahl von kriminologischen, materiell-rechtlichen und prozessualen Fragestellungen, Problemen und Gefahrenlagen, die je nach kriminalpolitischer Zielsetzung unterschiedlich gewichtet, hervorgehoben und dargestellt werden können.

3. »Geldwäsche« – Ein Beispiel misslungener Strafrechtspolitik

Mit dem in den Neunzigerjahren endgültig durchgesetzten Konzept der »Geldwäsche-Bekämpfung« ist eine ursprünglich aus der prohibitiven US-amerikanischen Drogenpolitik stammende Idee umgesetzt worden, die materielles Strafrecht und Prozessrecht zu einem präventiven »Bekämpfungs-Konzept« zusammenführt.

Über internationale Organisationen, den Europarat und die EU-Gesetzgebung ist das Konzept immer weiter ausgebaut worden. Dahinter steht die Idee, dass eine Vielzahl von Straftaten dem Erwerb von Vermögen dient; andere Straftaten und illegale Verhaltensweisen (z. B. Aufbau und Unterhaltung terroristischer Gruppierungen und Milizen) einen hohen Bedarf an Finanzmitteln haben, die oft aus illegalen Quellen herrühren. Wenn es nun gelingen würde, die aus kriminellen Taten stammenden Vermögenswerte jeder Art vollständig »verkehrsunfähig« zu machen, würde sich die Begehung solcher Taten nicht mehr »lohnen« und eingestellt.

Diese Idee setzt also am Tatbestand der Hehlerei (§ 259 StGB) an, weitet dieses Konzept aber extrem aus. Wegen Hehlerei wird bestraft, wer eine *unmittelbar* aus einer Vermögensstraftat stammende *Sache* erwirbt oder sich oder Dritten verschafft: im klassischen Fall also derjenige, der aus Diebstählen stammende Sachen aufkauft. Wenn es sich um Geld handelt, liegt Hehlerei nur vor, wenn der Hehler genau die Scheine (= Sachen) erwirbt, die gestohlen wurden. Keine Hehlerei ist es dagegen, wenn der Dieb eine gestohlene Uhr an einen Gutgläubigen verkauft und das aus diesem Verkauf stammende Geld seiner Freundin schenkt, die Bescheid weiß: Sie hat nicht »aus dem Diebstahl stammende Sachen« erworben, sondern »Ersatzsachen«: Geldscheine.

Der Tatbestand der Geldwäsche (§ 261) stellt nun genau diese »Ersatzhehlerei« unter Strafe. Anknüpfend an einen (inzwischen) endlosen Katalog von einzelnen Tatbeständen wird jeder bestraft, der sich oder anderen irgendwelche »Gegenstände« beschafft, die aus einer der Katalog-Taten »herrühren«, solche Gegenstände verbirgt, verschleiert, der Sicherstellung entzieht usw. »Gegenstände« sind nicht nur Sachen, sondern auch Forderungen und Ansprüche, also etwa Bankguthaben. Und mit »herrühren« ist nicht ein unmittelbarer Erwerb gemeint wie bei der Hehlerei, sondern es reicht auch eine sehr lose, vermittelte Verbindung.

Wenn »illegales« mit legal erworbenem Vermögen vermischt wird, wie es häufig im Bereich von Tarnunternehmen vorkommt, bei Banküberweisungen und Bareinzahlungen usw., reicht schon ein geringer illegaler Anteil von etwa fünf Prozent, um den gesamten Vermögenswert zu »infizieren«; er wird dann so behandelt, als stamme er zu 100 Prozent aus Straftaten. In einer schematischen, naiv wirkenden Theorie müsste das zum Ende jeglicher Vermögenskriminalität führen, wenn nur alle »Geldwäscher« ermittelt und verfolgt würden; bei ihnen kann man dann die gewaschenen Vermögenswerte wieder einziehen. In der Tat wurde (und wird teilweise noch heute) das Konzept mit solch naiven Versprechungen popularisiert und begründet, verbunden mit der Versicherung, es richte sich gegen die hochgefährliche organisierte Kriminalität internationaler Banden sowie gegen den internationalen Terrorismus.

Wenn man sich den Katalog der zur Geldwäsche tauglichen Taten in § 261 StGB anschaut, stellt man aber fest, dass dort keineswegs nur wenige Taten aufgeführt sind, die typisch für solche Strukturen sein könnten. Der Katalog geht vielmehr quer durchs ganze Strafgesetzbuch und erfasst Verbrechens- und Vergehenstatbestände aus dem gesamten Vermögens- und Wirtschaftsstrafrecht, dem Betäubungsmittelstrafrecht, aber auch dem Aufenthaltsrecht, dem Asylverfahrensrecht und dem Bereich des politischen Strafrechts.

Sozusagen die Spitze setzt dem Katalog die Aufnahme der »gewerbsmäßigen Steuerhinterziehung« (§ 370 Abgabenordnung) auf: Wenn ein Unternehmer gewerbsmäßig Umsatzsteuer hinterzieht, dann ist der illegale Steuervorteil, den er dadurch erlangt, der »erlangte Gegenstand« der Geldwäsche. Wenn und weil dieser Gegenstand aber von vornherein untrennbar mit dem Gesamtunternehmen vermischt ist, wird das Unternehmen *insgesamt* zu einem Gegenstand, der aus der Katalogtat »herrührt«. Auch die legal erworbenen Immobilien, Maschinen oder Lkws sind dann »kontaminiert« und dürfen von niemandem mehr erworben werden usw.; im Gegenteil wären sie alsbald vom Staat einzuziehen.

In der Wirklichkeit werden diese radikalen Konsequenzen aber gar nicht gezogen, wie überhaupt das ganze Konzept auf äußerst schwankenden Füßen steht: Denn realisieren ließe sich das Bekämpfungskonzept ja nur, wenn tatsächlich alle kontaminierten Vermögenswerte aufgespürt und aus dem Verkehr gezogen und alle Geldwäschetäter abgeurteilt werden würden oder könnten.

Dazu eine Beispielrechnung: In Deutschland gibt es ungefähr 80 000 Heroinabhängige. Wenn jeder von ihnen pro Tag ein Gramm verbraucht, sind das 80 Kilogramm in (mehrfach gestreckter) Endkundenqualität. Sie kosten im Straßenverkauf pro Gramm 35 Euro. Sie werden in vielen Handelsstufen gehandelt, vom Importeur über die Groß- und Mittelhändler bis zum Kleinhändler im »Franchise«-Verfahren. Die Welt des Drogenhandels ist die Welt der kapitalistischen Warenwirtschaft auf unterstem, aber realistischem Niveau.

Wenn man (beispielhaft und vereinfacht) annimmt, dass 20 Kilo (Reinheitsgehalt von 80 Prozent) zu einem Kilopreis von

30 000 Euro eingeführt werden, im ersten Schritt in 52 Einheiten von je 500 Gramm zu je 20 000 Euro (gestreckt auf 60 Prozent), im zweiten Schritt in 320 Einheiten von 100 Gramm zu je 5000 Euro (gestreckt auf 50 Prozent), im dritten Schritt in 1600 Einheiten von 25 Gramm zu je 1500 Euro (gestreckt auf 40 Prozent) und dann im Endverkauf in 80 000 Einheiten von einem Gramm zu je 35 Euro (gestreckt auf 20 Prozent) gehandelt werden, entstehen hier pro Tag »geldwäschetaugliche Gegenstände«, vulgo: Geld, in Höhe von 2,8 Millionen, im Jahr sind das mehr als eine Milliarde Euro.

Dies war eine schematische Beispielrechnung für Heroin. Der Umsatz mit Kokain, Crack, Crystal Meth, sonstigen Amphetaminen, illegalen Opioiden, Anabolika, Ritalin usw. ist um ein Vielfaches höher. Und wenn 2,5 Millionen Menschen in Deutschland nur zehnmal im Jahr zwei Gramm Cannabis kaufen, entstehen allein auf dieser Stufe 500 Millionen Euro. Nimmt man also zurückhaltend an, dass im gesamten Betäubungsmittelhandel (Katalogtaten des § 261 StGB) pro Jahr acht Milliarden Euro umgesetzt werden, dann entstehen bei einer (hoch angesetzten) »Kontaminierungsrate« von 20 Prozent im Jahr 40 Milliarden Euro geldwäschetaugliches Vermögen.

Hinzugerechnet werden muss nun noch der Gesamtumsatz aus sämtlichen anderen Katalogtaten. Man kommt damit ohne Probleme auf die von der Polizei geschätzte Summe von 300 Milliarden Euro pro Jahr. Wenn man von dieser Zahl ausgeht, liegt die Sicherstellungsquote, optimistisch, bei einem Prozent. Der gesamte Rest – und zwar aus Jahrzehnten – ist noch da, vermischt sich immer weiter, kontaminiert jedes Vermögen, jedes Grundstück, jedes Unternehmen. Die Chance, dass im Geldbeutel oder auf dem Konto jedes Bürgers zu jedem beliebigen Zeitpunkt sich *kein* Geld befindet, das aus irgendeiner Katalogtat »herrührt«, geht gegen null. Das ist deshalb interessant, weil § 261 Abs. 5 StGB auch denjenigen mit Strafe bedroht, der

»leichtfertig« (also grob fahrlässig) nicht erkennt, dass ein Gegenstand in seinem Vermögen aus einer Katalogtat »herrührt«.

Wenn man die oben dargelegten Modellrechnungen – die auch von nationalen und internationalen Behörden immer wieder ähnlich aufgestellt und verbreitet werden – einmal durchdacht hat und ernst nimmt, bleibt für einen »guten Glauben« kein Raum mehr. Dies und die faktische Unmöglichkeit, das Konzept zu verwirklichen – was eine Kriminalisierung und Strafverfolgung von großen Teilen der Gesamtbevölkerung zur Folge hätte –, führt zu einer verqueren rechtspolitischen, schein-dogmatischen Diskussion darüber, was als »sozialadäquate«, also eine Strafbarkeit ausschließende Bewusstseinslage angesehen werden soll. Vor einigen Jahren hat der Zweite Strafsenat des Bundesgerichtshofs einmal in beispielhafter Weise »Ernst gemacht« mit dem Konzept und den Programmerklärungen der Rechtspolitiker: Er hat Rechtsanwälte wegen Geldwäsche verurteilt, weil sie sich für banale Verteidigerleistungen von (offenkundig hochgradig tatverdächtigen) Anlagebetrügern mit einem auffällig hohen Honorar bezahlen ließen, das ihnen in bar (buchstäblich: im Schuhkarton) überreicht wurde und offenkundig aus der – bar in Reisekoffern gelagerten – Beute aus bandenmäßigem Anlagebetrug stammte.

Das Urteil vom 4. Juli 2001 löste einen Sturm moralischer, dogmatischer und verfassungsorientierter Entrüstung aus: Dass das Geldwäschekonzept tatsächlich einmal dort Anwendung finden könnte, wo es – mit allen Vorbehalten – am wirksamsten wäre, nämlich an einer typischen Anlieferungsstelle illegalen Vermögens, wurde von den Betroffenen als schockierende These empfunden: Nachdem die herrschende Rechtskultur viele Jahre lang beschworen hatte, dass sie »den Sumpf trockenlegen«, alles illegal Erlangte »konsequent isolieren« und »verkehrsunfähig« machen werde (der ehemalige Bundeskanzler Schröder ließ als Präsident des Europarats die Absicht versichern, »die Geldwäsche auszumerzen, wo immer sie sich zeigt«), zeigte sie sich ungemein erschrocken darüber, dass die tatbestandlichen Verbrecher möglicherweise nicht nur finstere Paten aus Sizilien oder St. Peterburg sein könnten, sondern ihre eigenen Freiheits- und Konjunkturfreunde. Die Parole konnte daher nur lauten: Kampf der Geldwäsche – Freiheit für die Sozialadäquanz!

Das Bundesverfassungsgericht hat auf ungewöhnliche Weise für den Schutz derjenigen gesorgt, die vom Wortlaut eindeutig erfasst sind, aber vom »Sinn« nicht erfasst sein möchten. Es hat entschieden, dass ein Strafverteidiger, zu dem ein flüchtiger Bankräuber kommt, der ihm einen Packen Bargeld als Honorar für die Verteidigung auf den Tisch legt, durch die Annahme des Geldes nur dann Geldwäsche begeht, wenn er *ganz sicher* ist, dass das Geld aus dem Überfall stammt (Beschluss vom 30. März 2004).

Das half den konkreten Angeklagten zwar nicht, weil die Sache mit dem Schuhkarton einfach zu offensichtlich war. Es freute aber alle übrigen Strafverteidiger, Rechtsanwälte, Steuerberater, Berater usw. ungemein. Und alle Lobbyisten und Betroffenen, die lautstark die angeblich wissenschaftliche Theorie vertreten hatten, dass auch absichtliche Geldwäsche durch Rechtsanwälte wegen des überragenden Werts des freien Geldverdienens erlaubt sein müsse, waren schlagartig still, als ihnen vom Bundesverfassungsgericht in der genannten Entscheidung mitgeteilt wurde, diese Ansicht sei zwar falsch, aber für ihren eigenen Kanzleibetrieb unschädlich. Strafbar seien nämlich nur die beiden Ungeschickt-Unglücklichen, die man hier erwischt habe: Nur bei unzweifelhaft »direktem« Vorsatz (siehe oben) sei Geldwäsche von Strafverteidigern strafbar; bei »bedingtem« Vorsatz aber nicht.

Das war eine interessante und sehr kreative Fortbildung der Strafrechts-Dogmatik. Schlagartig endete die Flut der solidaritäts-dogmatisch wissenschaftlichen Aufsätze von Strafverteidigern. Seit der genannten Entscheidung hat es, wie man fast schon hätte ahnen können, denn auch keinen einzigen bekannt gewordenen Fall in Deutschland gegeben, in dem ein Strafverteidiger den erforderlichen direkten Vorsatz hatte. Das Strafrechtssystem der Bundesrepublik schwört weiterhin, dass es fest entschlossen sei, die Geldwäsche »auszumerzen«, und kann überhaupt nicht verstehen, dass die Legitimität der Justiz schwindet. Andere Urteile und Bemühungen der Rechtswissenschaft beschäftigen sich mit mehr oder weniger naheliegenden Beispielfällen (Bäcker, Hoteliers, Spielhallenbesitzer usw.) und rätseln, wie viel, wann und unter welchen Umständen Banken, Finanzdienstleister und Versicherungen ein »Vertrauen« in die Legalität der Vermögenswerte haben dürfen, die sie einnehmen, verwalten, überweisen und verzinsen.

Was soll's? Das Grundkonzept der »Geldwäschebekämpfung« als Ganzes ist schon begrifflich und in seinen tatbestandlichen Voraussetzungen nichts anderes als eine unsinnige Camouflage: Wenn man verwirklichen wollte, was angeblich beabsichtigt ist, würde das System des kapitalistischen Wirtschaftens zusammenbrechen. Es ist auch offenkundig erfolglos, denn die »Bekämpfung der Kriminalität durch Verfolgung der Geldwäsche« hat in fünf Jahrzehnten keineswegs zum Verschwinden der Kriminalität, sondern bestenfalls zu einer gigantischen *sekundären* Verfolgungs- und Überwachungsbürokratie geführt. Um auch nur den Eindruck einer halbwegs sinnvollen Anwendung zu erzeugen, muss das Konzept grundsätzlich auf *alle* Geldbewegungen zugreifen (können), also den gesamten Geldverkehr überwachen. Das kann selbstverständlich in der Praxis nur schematisch erfolgen, etwa durch Meldepflichten bei Überschreitung von bestimmten Mengengrenzen. Aber durch die – strafbewehrte – Verpflichtung von *privaten* Dienstleistern (insbesondere Banken), an der Strafverfolgung aktiv mitzuwirken (durch »Verdachtsanzeigen«), und eine äußerst weite Befugnis von Finanz- und Polizeibehörden, auf die Kontendaten aller Bürger zuzugreifen, ist eine »Bekämpfungs«-Struktur entstanden, die jederzeit sehr weit in Kernbereiche des privaten Lebens eingreifen kann. Vor dem Hintergrund des § 261 Abs. 5 StGB (*leichtfertige* Geldwäsche) verliert der Spruch, dass niemand etwas zu befürchten habe, der sich nichts hat zuschulden kommen lassen, deutlich an Tröstlichkeit.

Trotz all dieser Mängel und Gefahren, welche das Bekämpfungssystem selbst aufweist, halten Rechtspolitiker und (Polizei-)Exekutive eisern daran fest und »verbessern« es immer noch weiter. Die Kosten dafür sind außerordentlich hoch, die Effekte kaum messbar. Aus Sicht von (wahlkämpfenden) (Strafrechts-)Politikern ist Letzteres durchaus nicht ungünstig: Je größer die Versprechen und je vager die Erfolgskontrolle, desto stärker ist das politische Argument.

In der rechtspolitischen, justiziellen und polizeilichen Praxis will natürlich niemand, der sich auskennt, Geldwäsche ernstlich »konsequent verfolgen« oder gar »ausmerzen«, wie nach außen notorisch behauptet wird; und kein Sachkundiger glaubt ernsthaft daran, dass sich mittels Geldwäsche-Verfolgung »die Kriminalität bekämpfen« lasse. Es handelt sich um eine leere Fassade. Die Geldwäsche ist unter den gegebenen Regeln des Kapitalismus so unvermeidlich wie die Gülle unter den gegebenen Regeln der Schweinezucht. Es hat keinen Sinn, Gesetze »zur Bekämpfung der Gülle« zu versprechen oder zu verabschieden, wenn im selben Atemzug dem deutschen Schweinezüchter versprochen wird, Deutschland zum »Exportweltmeister von Schweinefleisch« zu machen.

All das ist natürlich nicht Ergebnis von Nichtwissen oder genuin bösem Willen. Wenn man sich von den Misshelligkeiten des Konkreten ein wenig entfernt, erkennt man, dass das Geldwäschekonzept strukturell auf Unendlichkeit und Maßlosigkeit angelegt ist; es ist insoweit ein real existierender Beweis für die

These, dass »Sicherheit« ein totalitäres Konzept ist, wenn man sie nicht rechtzeitig und wirksam begrenzt. Die praktische Sinnlosigkeit des Konzepts, die im Vergleich zur geschilderten Bedrohungslage lächerlich wenigen Fälle, die ermittelt, die geringen Beträge, die sichergestellt werden, »beweisen« aus der Logik des Konzepts immer nur, dass es »noch nicht ausreichend konsequent« umgesetzt wird.

Es handelt sich mithin um eine selbsttragende Konstruktion, die beliebigen Forderungen, Vorwürfen Absichtserklärungen und Deutungen Raum gibt. Dies ist (leider), was Partei- und Berufspolitiker unter einem ständigen Druck des Kampfs um Mandat und Einkommen oft schätzen.

4. »Bekämpfungs«-Gesetze – Politische Versprechungen mittels Wortakrobatik

Wenn man die Strafgesetzgebung der vergangenen 20 Jahre betrachtet, stellt man eine stets zunehmende Anzahl von strafrechtlichen Änderungsgesetzen fest, die im Titel den Begriff »Bekämpfung« tragen: Sie heißen »Gesetz zur Bekämpfung des …«. Nun ist »Bekämpfen« ein Begriff aus dem eindeutigen Bedeutungsumfeld von Kampf, Krieg, Gewalt, auch wenn das Wort »Kampf« heute für allerlei wundersame Tätigkeiten verwendet wird, die sich definitiv in eher behäbigem Modus entfalten. »Bekämpfung« ist gegen Angriffe und Gefahren notwendig. Strafgesetze, die schon im gesetzlichen Titel das Wort »Bekämpfen« zum Leitmotiv erklären, bewegen sich daher von vornherein in einem rechtsdogmatischen und -theoretischen Bereich von Polizei- und Sicherheitsrecht, nicht aber von Strafrecht: Um »Bekämpfung« geht es dem rechtsstaatlichen Strafrecht, wie in Kapitel III ausgeführt, eben nur in mittelbarer, zweiter Hinsicht.

Es ist kein Zufall, dass sich »Bekämpfungs«-Gesetze zuvor gehäuft in der Endphase der Weimarer Republik und in der Zeit der NS-Diktatur fanden. Sie signalisieren eine Ausrichtung auf Gefahr und Kampf, auf das »Unschädlichmachen« von Feinden. Der liebste Bekämpfungsgegner der Strafrechtspolitik ist (auch) heute der »internationale Terrorismus« – ein Objekt, das schon im Namen jede Identifikation mit konkreten Menschen und vergangenen Taten aufgibt und eher zur Bezeichnung einer *Kriegs*-Partei taugt. Strafrecht ist aber – und darf es um der Menschenrechte willen nicht sein – ein »Krieg« gegen Gefahren oder »Gefährder« mit beliebigen Mitteln und je nach Verhältnismäßigkeit tolerablen Kollateralschäden.

Leider hat die Rechtspolitik dem Druck polizeilicher Definitionen und der Usurpation des Denkens durch präventive Sicherheitskonzepte inzwischen so weit nachgegeben, dass ein Beharren auf der zutreffenden Vokabel »Verfolgung« (statt »Bekämpfung«) schon fast als querulatorisch gelten kann. Politiker und Journalisten jüngerer Generation wissen oftmals gar nicht mehr, weshalb der Unterschied wichtig sein könnte. So hat sich auf den leisen Sohlen der Kommunikation ein Denk-Konzept eingeschlichen, das den Vorstellungen des heute noch gern gerühmten »Liberalismus« vergangener Zeit weithin widerspricht und Strafrecht behandelt wie eine Unterabteilung des verwaltungsrechtlichen Ordnungswidrigkeiten-Rechts. Diese Tendenz ist, am Rande bemerkt, keineswegs per se »rechtsorientiert« und dem sogenannten konservativen politischen Spektrum zuzuordnen. Es erlebte seit den 1970er-Jahren Höhepunkte sowohl mit »Bekämpfungs«-Gesetzen gegen linksgerichtete

Gewalttäter als auch mit solchen gegen »gesellschaftliche Missstände« verschiedener Art.

Das oben dargestellte »Geldwäschekonzept« ist nur beispielhaft genannt, weil es in besonders verdrehter Weise eine angeblich strafrechtliche Form missbraucht, um ein rein sicherheitsrechtliches Konzept zu implementieren, und auch dies wiederum auf unehrliche und demagogische Weise tut.

Die kritischen Anmerkungen dazu bzw. zur politischen Instrumentalisierung können auf andere Bereiche übertragen werden, soweit dort »Kampagnen«-artige strafrechtliche Projekte eine Rolle spielen. Dies kann man etwa im Bereich der Sexualdelikte oder der Jugendkriminalität zeigen. Ein weiteres Feld ist der Strafvollzug.

Kennzeichen solcher rechtspolitischen »Bekämpfungs«-Konzepte ist in allen Fällen das Vorliegen, gelegentlich auch ein fast willkürlich erscheinendes Aufgreifen eines gesellschaftlichen Missstands, der als strafrechtlich oder strafrechtsnah identifiziert und in möglichst einfacher Weise in die Forderung umgesetzt werden kann, ihn zu beenden und zukünftig zu verhindern, fast immer verbunden mit dem Vorwurf an (beliebige) politische Gegner, am Eintreten des Missstands schuldig zu sein, da er übersehen, aus ideologischen Gründen nicht beachtet oder gar gefördert worden sei.

Diese reflexartige – oder gar von vornherein kalkulierte – Schuldzuweisung gilt in der laienhaft-medialen Alltagskultur als Erforschung von Ursachen, dient in der Realität aber weithin nur dazu, eine fachliche Erforschung wirksam zu verhindern, da jegliche Argumentation, die sich mit Bedingungen, Definitionen, kriminologischen Erkenntnissen oder der realen Geschichte des Missstands befasst, von vornherein in der Polarisierung von »Bekämpfen oder Verharmlosen« gefangen ist. Mediale Interessen spitzen solche unterkomplexen Positionen zu (Standardthemen: »Fall X/Y – Wer ist schuld?«, oder: »Wie gefährlich sind kriegstraumatisierte Migranten?«) und befördern aus Eigeninteresse eine allgemeine Erregung und Empörung in der öffentlichen Kommunikation. Dies wird von (partei-)politischen Strukturen aufgegriffen und zum wohlfeilen »Bürgerauftrag« umgedeutet, für das Verschwinden des – nach jeweiligem Interesse zugerichteten – Übels zu sorgen.

Eine wichtige Rolle spielen also auch hier die Struktur und die Bedingungen der Massenkommunikation. Die gezielte, aus wirtschaftlichen Interessen absichtsvoll herbeigeführte Veränderung des Informationstakts – die nicht genuines Kennzeichen der sogenannten »Digitalisierung« und noch weniger eine quasi naturgesetzliche Folge des Internets, sondern eine strategische Entscheidung der diese Kommunikation kontrollierenden Unternehmen ist – und der damit veränderten psychischen Disposition einer großen Mehrheit der Bevölkerung hat unter anderem zur Folge, dass die Frustrationsgrenze für kommunikative Belastungen in den vergangenen Jahrzehnten extrem gesunken ist. Konkret: Der Takt, in welchem einerseits Sensationen kreiert, andererseits strukturkonforme Lösungen gefunden werden müssen, um Aufmerksamkeit, Zuwendung, Verständnis und Erinnerung zu erlangen, ist bis zur Grenze der menschlich-psychischen Kapazität beschleunigt worden. In einer Kultur der »Live-Ticker«-Berichterstattung und des kommunikativen Obsiegens der jeweils schnellsten 500 »Kurznachrichten« beliebigen Inhalts kann nicht erwartet werden, dass die hiervon überwältigten Bürger Geduld, Analyse- und (Selbst-)Kritik-Bereitschaft ausgerechnet dann aufbringen, wenn von einem Mädchenmord in Wiesbaden oder einem Terroranschlag in Berlin die Rede ist.

Für die rechtspolitische Praxis bedeutet das zwangsläufig: Das »Problem« muss unverzüglich in eine Dimension formatiert werden, die sich in den Strukturen von »Schuld«, »Sofort« und »Konsequenzen« bearbeiten lässt. Medien und Journalisten –

übrigens auch beinahe alle, die dies bei Gelegenheit intelligent und scharf kritisieren – reproduzieren das nicht nur, sondern steuern und befördern es bewusst und vorsätzlich. Wenn um 12 Uhr von einem Kindermord berichtet wird, ist jedes Zeitungs-Online-Portal, das nicht bis spätestens 14 Uhr einen »Kommentar« oder eine »erste Analyse« veröffentlicht hat, angeblich nicht »schnell«, das heißt nicht leistungsfähig genug.

Auf genau diese Struktur stoßen Politiker, die in vielen Fällen durchaus guten Willens, in vielen Fällen aber auch intellektuell und emotional überfordert sind. Sie müssen sich ihr unterwerfen oder untergehen. Wer im Abgeordnetenbüro in Berlin sitzt und sich angesichts der Nachricht von 12 Uhr vornimmt, zur Frage der Migrantenkriminalität bei der Parteiversammlung in drei Wochen einmal etwas zu sagen, wird bis 12.30 Uhr von den Online-Auftritten seiner Parteifreunde (bzw. deren »Medienteam«) überholt und hat schon verloren. Tatsächlich ist es aber anders: Weder wissen Parteipolitiker und Abgeordnete von vornherein alles, noch können sie dies, noch hat es einen vernünftigen Sinn, dies zu unterstellen oder zu fordern. Es handelt sich um eine Fantasie- und Scheinwelt, die von der medialen Kultur gesteuert wird – stets begleitet von den absurden Versicherungen der handelnden Personen, dafür verantwortlich zu sein.

Nichts spricht für pauschale Verdächtigungen von Rechtspolitikern als »die da oben«, als mehr oder minder korrupte Lobby-Vertreter oder gar als absichtsvoll fehlsame »Verräter«, wie es den Denunziationen populistischer Sammlungsbewegungen entspricht. Die Antwort auf derartige Verdächtigungen – die man heute bevorzugt von der AfD hört, früher aber auch von anderen vernahm, die heute die Würde der hohen Häuser vertreten – darf aber nicht sein, dass sich intellektuell und fachlich überforderte Politiker immer noch mehr und noch schneller öffentlich als unfehlbar gerieren. Sie sollten stattdessen die Strukturen einer derart zerstörerischen Kommunikation verstehen und ernst nehmen: Wem das Wohl der Bürger und die Sicherheit ihrer Rechtsgüter am Herzen liegt, der sollte nicht möglichst schnell, sondern möglichst gründlich sein, nicht »Verantwortung« zuschreiben, wo sie gar nicht sein kann, und sich in der Sache kundig machen. Er sollte vor allem auch die Zumutungen von sachunkundiger sogenannter Vereinfachung konsequent zurückweisen, die von wichtigtuerischen Medienstrukturen gefordert werden. Schon halbwegs informierte Rück-Fragen von sachkundigen Rechtspolitikern auf evident sachunkundige Medienfragen würden, wenn sie zum Standard würden, das Verhältnis zwischen Rechtsstaat und Medienkultur außerordentlich positiv beeinflussen. Dies dürfte auch sein, was die Staatsbürger von Personen erwarten dürfen, die über das Strafrecht des Staates bestimmen: Sachkunde und intellektuelle Fähigkeit, die Bedingungen der öffentlichen Kommunikation zu verstehen. Wer auf die Anzahl der TV-Präsenzminuten und/oder die Stimmen derjenigen setzt, die er selbst für die Dümmsten hält, verglüht im kleinkarierten Abendlicht.

Fazit insoweit also: Nicht immer *noch* weniger sachliches Niveau und immer *noch* weniger Differenziertheit, sondern eine »provokative« Kultur der Kompliziertheit, Offenheit und Informiertheit dürfte eine Lösungsmöglichkeit enthalten.

5. Strafrechtspolitik und Wissenschaft – Ein interessenüberwuchertes Verhältnis

Ein Ärgernis ist es, dass und wenn strafrechts- und parteipolitische Diskussionen mit einem Nebel angeblicher Sachlichkeit und Wissenschaftlichkeit umgeben werden, der nicht dem Erwerb oder der Vermittlung von Sachkenntnis dient, sondern nur dem Missbrauch von Sachverstand. Dem liegt der allgemeine Missstand zugrunde, dass (Partei-)Politiker, die aufgrund von politischen Kompetenzen, Einfluss und Mehrheitsentscheidungen in hohe Staatsämter gelangt sind, nicht nur ernstlich der Ansicht sind, diese seien ihnen durch pure Bestenauslese zugefallen, sondern auch, je nach Dehnbarkeit der individuellen Schmerzgrenze, eine Kultur des »Anspruchs« entfalten, Ämter entweder selbst oder mit ihnen ergebenen Günstlingen zu besetzen.

Skandalös ist insoweit – beispielhaft und symbolisch – die Praxis, dass die 16 Richter des Bundesverfassungsgerichts auf Planstellen sitzen, die von politischen Parteien allen Ernstes als eine Art *Lehen* angesehen und öffentlich beansprucht werden: Politiker ohne jede Kenntnis und Erfahrung von der und ohne jeden Respekt vor der Institution des Verfassungsgerichts schwadronieren öffentlich und intrigieren nichtöffentlich über den »Anspruch« ihres Vereins, Positionen eines Verfassungsorgans zu besetzen mit Personen, die eine bestimmte, ihnen genehme rechtspolitische »Ausrichtung« garantieren. Die auf einer solchen Grundlage jeweils gewählten Richter schweigen hierzu. Dies ist nichts weniger als eine Schande für den Rechtsstaat. Sie wird skandalisiert, wenn sie im Ausland stattfindet, und im Inland mit Weihrauch vernebelt. Seinen moralischen Tiefpunkt erlebt das Spektakel, wenn Berufspolitiker, die sich Einfluss auf die Auswahl der Kandidaten erkämpft haben, sich selbst oder Günstlinge als Kandidaten ins Spiel bringen.

In der medialen Berichterstattung wiederum gilt als Kennzeichen sogenannter »gut vernetzter« Recherche, diese Usancen als »normal« vorauszusetzen und sich in Hintergrundgesprächen darüber zu informieren, welcher oder welche Parteigänger demnächst zum »Superrichter« (*SZ* zur Bezeichnung des Präsidenten des BVerfG) aufsteigen darf/dürfen. Die parteiinterne »Bedeutsamkeit« »verdienter« Berufspolitiker, »treuer« Staatssekretäre, inkompetenter Repräsentantinnen von »Flügeln« oder »Kompromiss-Kandidatinnen« bestimmt dann darüber, wer zwölf Jahre lang die Vereinbarkeit (straf-)rechtlicher Akte der öffentlichen Gewalt in die Rechte von Bürgern mit der Verfassung prüfen und entscheiden darf. Derzeit (August 2018) wird lebhaft diskutiert, ob ein Abgeordneter, der für seine Fraktion als »Strippenzieher« der Bundesrichterwahlen tätig ist, 2020 Präsident des BVerfG werden soll, will, kann oder darf. Kein Leitmedium regt sich darüber auf.

Der Rechtsausschuss des deutschen Bundestags führt, wenn er das beschließt, sogenannte »Öffentliche Sachverständigen-Anhörungen« durch. Der Sinn dieser Veranstaltungen soll es sein, »externen Sachverstand« in die Erwägungen und Beratungen der Abgeordneten einzuspeisen.

Schon diese Behauptung ist aber zweifelhaft: Regelmäßig sind, wenn Gesetzentwürfe in den Ausschuss gelangen, bereits »im Vorfeld« sämtliche Meinungen und Positionen erkannt, verstanden und bewertet worden. Es gibt überdies vermutlich wenige Mitglieder des Rechtsausschusses, die jeweils ernsthaft der Ansicht sind, sie bedürften sachverständiger Aufklärung. Was auf der Tagesordnung des Ausschusses landet, ist von Mitarbeitern, Gremien, Kommissionen erwogen worden; die Ausschussmitglieder sind eingebunden in »Gremienentscheidungen« ihrer jeweiligen Partei. Die Abgeordneten, die von einer Sache keine Ahnung haben und sich nicht für sie interessieren, kommen nicht zu Ausschuss-Sitzungen. Diejenigen, die kommen, haben Interesse und sind davon überzeugt, dass sie schon wissen, worauf es ankommt.

Übersetzt in die parlamentarische Praxis bedeutet dies Folgendes: Der Ausschuss lädt Sachverständige in einer quantitativen Proportion, die der parteilichen Besetzung des Ausschusses entspricht: die CDU vier, die SPD drei, die andern zwei. Bevor die von den Parteien ins Auge gefassten Sachverständigen benannt werden, werden sie von Abgeordneten der Partei angerufen, die sie benennen will, und gefragt, ob sie bereit sind, die Meinung der jeweiligen Partei (bzw. des jeweiligen Abgeordneten) im Ausschuss sachverständig zu erläutern. Diese Befragung durch einen »Mitarbeiter« darf man sich ähnlich vorstellen wie die Anfrage einer Talkshow-Redaktion: »Wir bräuchten kurzfristig noch folgende Position ... Welche Meinung vertreten Sie? Können Sie das mal kurz zusammenfassen?« Wenn die Antwort unbefriedigend ausfällt, hat sich die Benennung erledigt. Ansonsten wird die oder der Sachverständige benannt und geladen.

An den Pforten des Bundestags treffen allmorgendlich Kolonnen von Sachverständigen ein. Das Gravitätische der Form leidet oft ein wenig unter dem formlosen Erscheinungsbild des Ausschusses selbst, in welchem den Sachverständigen von 43 Ausschussmitgliedern vielleicht sechs bis zwölf gegenübersitzen. Der eine oder andere kommt ein wenig später und bringt sich auch gern einmal ein Wurstbrötchen mit.

In der öffentlichen Anhörung darf die oder der Sachverständige ein vier Minuten langes Statement abgeben. Es wird also ein maximal zweiseitiges Manuskript vorgelesen, das allen Beteiligten vorab bekannt ist. Anschließend dürfen die Parteivertreter – proportional zu den Mehrheitsverhältnissen – Fragen stellen. Fragen und Antworten sind zwischen den Abgeordneten und den jeweils von ihnen geladenen Sachverständigen oft abgesprochen und im Übrigen erwartbar; sie zielen auf die zu protokollierende Antwort ab, dass die Ansicht des Fragenden richtig sei. Die andere Seite fragt sodann, ob der Sachverständige ernstlich behaupten wolle, die Ansicht der Gegenseite sei richtig. Die Öffentlichkeit ist durch Verbandsvertreter, Mitarbeiter der Abgeordneten und solche der beteiligten Ministerien vertreten.

Nach Abschluss der Anhörung wird ein Bericht des Ausschusses veröffentlicht, in dem dargelegt wird, dass die Mehrheit der Ausschussmitglieder die Ansicht der von ihr geladenen Sachverständigen überzeugend fand. Die Vertreter der Minderheit geben zu Protokoll, dass die von ihnen geladenen Sachverständigen überzeugend dargelegt haben, die Meinung der Minderheit sei richtig.

Zusammenfassend kann man sagen, dass externer Sachverstand durchaus Eingang in die Gesetzgebungsverfahren findet. Das ereignet sich allerdings ganz überwiegend nicht im Rahmen der Sachverständigenanhörungen im Ausschuss, sondern vorab in Gesprächen, Lobbyarbeit, auf ministerialer und parteilicher Ebene. Das Ritual der Anhörungen ist dagegen von den Vermarktungsregeln der Rechtspolitik dominiert.

6. Fehlerkorrektur – Das kurze Gedächtnis der Strafrechtspolitik

Eine Schwäche der – grundgesetzgemäßen – Abhängigkeit des Strafrechts von der Politik ist die Unterschiedlichkeit der Zeit-Dimensionen und der Lebensperspektiven der Beteiligten. Sachkunde, bürokratische Expertise, institutionelle Erinnerung haben einen unvergleichlich längeren Atem als die Zyklen der Berufspolitik und ihrer Protagonisten, die in kurzer Zeit etwas

»prägen« möchten oder sollen und von unvorhergesehenen Bedingungen abhängen. Die »Maschinen« der modernen Bürokratie – sei dies in der Politik, der Verwaltung oder der Wirtschaft – arbeiten und denken in längeren Zyklen als Wahlperioden oder Parteitagsbeschlüssen. Sie arbeiten stets nach Maßgabe solcher Vorgaben, zugleich aber auch nach Maßgabe von »Langzeit-Erinnerungen«.

Leider führt die Abhängigkeit und Gesteuertheit von politisch definierten, kurzfristigen Zielen dazu, dass die Kultur der *Fehlerkorrektur* auf eine Ebene der Bedeutungslosigkeit herabgedrückt wird. Selbstverständlich weiß man im Bundesjustizministerium um die systematischen, dogmatischen Fehler der Vergangenheit. Diese Kenntnis schlummert aber in Fachreferaten, die alle paar Jahre neu besetzt werden und deren Leiterinnen den Teufel tun werden, »ihre« jeweiligen Minister oder die vergangene Umsetzung von parteitagsgesteuerten Eingebungen durch die heute noch aktuellen Vorgesetzten zu kritisieren. So kommt es, dass offenkundige Fehler des Gesetzes – gemeint sind grobe systematische, redaktionelle oder logische Fehler – über Jahrzehnte einfach fortbestehen und nicht korrigiert werden, selbst wenn sie hohe Kosten und gravierende Probleme in der Praxis verursachen.

Auf der Ebene des verfassungsmäßigen Gesetzgebers gilt das erst recht: Dem einzelnen Abgeordneten ist es in der Regel egal und keinen Streit in Partei oder Fraktion wert, ein in früherer Zeit geschnürtes gesetzgeberisches Paket wieder zu öffnen, nur um Fehler zu korrigieren. Für die öffentliche Darstellung rechtspolitischer Aktivität lässt sich damit nichts gewinnen, denn wer Fehler korrigiert, gibt zu, dass sie zuvor gemacht wurden, und die Bürger wollen lieber die Botschaft hören, es stehe wieder eine »Reform« an.

Hinzu kommt, dass die Rechtspraxis, also vor allem die Justiz, sich notgedrungen auch mit fehlerhaften oder widersprüchlichen Gesetzen »arrangieren« muss und sich stets nach Kräften bemüht, aus offenkundig undurchdachten Regelungen »das Beste zu machen«. In der Wissenschaft finden sich auch immer einige Stimmen, die selbst annähernd sinnlosen Gesetzestexten noch neue »Theorien« abringen können. Anknüpfend an das in Kapitel IV beschriebene Beispiel: Wenn nicht einmal der Gesetzgeber weiß, was ein »gefährliches Werkzeug« ist (§§ 244, 250 StGB), denken sich Rechtsprechung und Wissenschaft etwas aus, was halbwegs systematisch folgerichtig erscheint, selbst wenn die Ergebnisse widersprüchlich oder vom Gesetzgeber gar nicht intendiert sind. Wenn man das eine Weile laufen lässt, hat sich in der Praxis ein solches Gewirr von »Fallgruppen«, Regeln, Ausnahmen, Theorien und Meinungen gebildet, dass es seinerseits wieder ein hohes Eigengewicht und Beharrungsvermögen entwickelt. Im Bereich des Gesetzgebers ist dies der Moment, von dem an gesagt werden kann, die Praxis komme mit dem Gesetzeswerk doch offenbar »gut zurecht« und es bleibe »vorerst abzuwarten«, wie sich die Sache weiterentwickelt. So kommt es, dass auch nach 20 Jahren der Gesetzgeber immer noch nicht weiß, was nun eigentlich ein »gefährliches Werkzeug« ist, das man »bei sich führt«.

7. Steuerung durch Strafrecht – Kann man Moral durch Strafrecht lenken?

Die Frage der Überschrift scheint zunächst überraschend: Viele werden sagen: Was sonst? Strafrecht hat, das ist selbstverständlich, eine verhaltenssteuernde Funktion. Wäre es anders, würde es sich um eine rein psychodynamisch oder philosophisch-normativ wirkende Veranstaltung handeln. Das wäre ziemlich viel Aufwand über eine lange Zeit bei zweifelhaftem Ergebnis, ist also nicht wahrscheinlich. Es ist überdies eine lebensweltlich vertraute Erkenntnis, dass Lob und Erfolg bestimmte Verhaltensweisen fördern, Missachtung und Strafe ihnen eher entgegenwirken – jedenfalls wenn beides in einer allgemeinen Alltags-Kultur verankert ist und »geglaubt« wird.

Dennoch wird die unmittelbare Steuerungskapazität von Strafrecht überschätzt. Die Beurteilung erfolgt meist auf einer jeweils gegebenen Grundlage: Rebus sic stantibus (»Wenn alles andere unverändert bliebe«). Genau dies ist aber nicht der Fall. Strafrecht ist nur eine von zahlreichen Stellschrauben sozialen Verhaltens, die nicht nur ganz unterschiedliche Voraussetzungen, Ansatzpunkte und Wirkungen haben, sondern auch völlig unterschiedliche Wirkungs-Zeiträume und Wirkungsorte.

Beispiel: Wenn man die Abtreibung unter strenge Strafe stellt, führt das zwar zu einem gewissen Rückgang der Abtreibungen, keinesfalls aber zu ihrem Verschwinden. Das könnte dem Gesetzgeber gleichgültig sein, denn die Strafbarkeit der Körperverletzung führt ja gleichfalls nicht zu deren Verschwinden, wird aber dennoch nicht als sinnlos oder illegitim angesehen. Das Problem ist, dass die rechtsgutschützende Wirkung eines strafrechtlichen Abtreibungsverbots außer Verhältnis zu den sekundären *Folgewirkungen* seiner Durchsetzung steht: Selbst wenn 50 Prozent der Abtreibungen unterblieben, entstünden im Restbereich immer noch so viele andere Rechtsgutsverletzungen (Suizide, Körperverletzungen, schwere Gesundheitsschädigungen, Nötigungen), dass die Gesellschaft dies weder kollektiv tragen noch individuell zumuten will. Es handelt sich also um eine Abwägungsfrage, die – dies am Rande bemerkt – nicht zwischen »Freiheit« (der Person) und »Willkür« (des Staates) zu entscheiden ist, sondern zwischen Freiheit (der geborenen Person) und Lebensrecht (der ungeborenen).

Die Einwirkungs- und Steuerungsmöglichkeiten des Strafrechts hängen von vielen Umständen ab, die je nach Sachgegenstand unterschiedlich sind. Im Bereich höchstpersönlich-individuell motivierter Handlungen (Rachetaten, Eifersuchtstaten, Sexualstraftaten) sind sie viel geringer als in Bereichen, in denen sachlich-abwägende Tatmotivationen vorherrschen (Betrug, Untreue, Urkundenfälschung). In erheblichem, aber gleichfalls unterschiedlichem Ausmaß sind sie gesteuert von der Entdeckungs- und Sanktionswahrscheinlichkeit: Betrunkenen Körperverletzungstätern ist das Entdeckungsrisiko häufig gleichgültig; für im Berufszusammenhang handelnde Betrüger ist es meist von ausschlaggebender Bedeutung.

Unabhängig von solchen konkret wirkenden Einflüssen sind übergreifende, oft unreflektierte soziale Gegebenheiten wirksam: Schichtzugehörigkeit, Erziehung, Ausbildung, Peergroups sind in hohem Maß prägend dafür, wie hoch die Bereitschaft ist, externe Normen zu übernehmen und als handlungsleitend anzusehen. Banale Beispiele: Wenn die Strafdrohung für Ladendiebstahl oder Sachbeschädigung erhöht wird, wird dies vermutlich relativ wenig Einfluss auf das Legalverhalten von Angehörigen der Obdachlosen- und Punker-Szene haben. Die Hochstufung von Wohnungseinbruchsdiebstählen zu »Verbrechen« (Mindeststrafdrohung ein Jahr) hat fast keine Auswirkung auf die Bereitschaft osteuropäischer Bandenmitglieder der untersten Ebene, zur Begehung von Serien solcher Taten in die

Bundesrepublik einzureisen; der einzige Sinn der Straferhöhung ist vielmehr, die an die Qualifizierung zu »Verbrechen« anknüpfenden prozessualen Überwachungs- und Ermittlungsmaßnahmen zu erleichtern. Den Bürgern wird aber wahrheitswidrig verheißen, angesichts der geringfügigen Strafrahmenerhöhung würden massenhaft tatgeneigte Personen von solchen Taten absehen.

VI.
Strafrechtspraxis

1. Strafjustiz – Die Organe der Rechtsverwirklichung

Die rechtsprechende Gewalt ist eine der drei staatlichen Gewalten, die »vom Volke ausgehen« (Art. 20 Abs. 2 Satz 1 GG) und in Wahlen und Abstimmungen und von besonderen, das heißt getrennten und hierzu ausdrücklich ermächtigten, Organen des Staats ausgeübt werden. Die rechtsprechende Staatsgewalt ist »den Richtern anvertraut« (Art. 92 GG). Diese Formulierung bringt eine besondere Vertrauensstellung von Richtern gegenüber dem Staat zum Ausdruck, die sich in der in Art. 97 Abs. 1 GG beschriebenen besonderen Rolle spiegelt:

»Die Richter sind unabhängig und nur dem Gesetze unterworfen.«

Das in erstaunlich emotionaler Form ausgedrückte Verhältnis des »Anvertrauens« besteht nicht gegenüber den Gerichten als *Behörden,* sondern gegenüber den *Personen,* die als Richter tätig sind. Das bedeutet auch, dass der Kernbereich der »rechtsprechenden Gewalt« ausschließlich Richtern vorbehalten ist. Eingriffe der Legislative oder der Exekutive sind – wenn man vom Gnadenrecht absieht – ausgeschlossen.

Die Strafjustiz ist – mit der Zivilgerichtsbarkeit – Teil der sogenannten ordentlichen Gerichtsbarkeit. Oberster Gerichtshof ist insoweit der Bundesgerichtshof (Art. 95 Abs. 1 GG); daneben gibt es vier andere Gerichtszweige (Verwaltungsrecht, Sozialrecht, Arbeitsrecht, Steuerrecht), jeweils mit einem obersten Gerichtshof des Bundes. Sie sind für die Letztentscheidungen ihrer Rechtsgebiete zuständig. Der weitaus größte Anteil der Strafjustiz wird durch Gerichte der Länder ausgeübt (Art. 92 GG).

Das Bundesverfassungsgericht trifft ebenfalls Entscheidungen in strafrechtlichen Fragen und auch in einzelnen Verfahren, gehört aber nicht zur Fachgerichtsbarkeit. Es ist ein eigenständiges Verfassungsorgan des Bundes. Es wird tätig bei Organklagen (selten), Richtervorlagen zur Überprüfung der Verfassungsgemäßheit eines im konkreten Fall anzuwendenden Gesetzes (sehr selten) sowie bei Verfassungsbeschwerden gegen ein Gesetz oder einen Einzelakt öffentlicher Gewalt (sehr häufig), also zum Beispiel gegen ein strafrechtliches Urteil oder eine konkrete Ermittlungsmaßnahme. Es ist aber nicht Teil des »Instanzenzugs«, also nicht eigentlich ein Rechtsmittel-Gericht, denn es ist ausschließlich zuständig für die Prüfung, ob eine staatliche Maßnahme oder Entscheidung gegen das Grundgesetz (die Verfassung) verstößt. Das bedeutet, dass das Bundesverfassungsgericht im Grundsatz nicht für die Prüfung zuständig ist, ob die Fachgerichte eine Norm unterhalb der Verfassungsebene falsch ausgelegt haben. Das ist nur dann möglich, wenn der Fehler »spezifisches Verfassungsrecht« verletzt.

Ein Beispiel: § 46 StGB lautet in Abs. 1 Satz 1: »Die Schuld des Täters ist Grundlage für die Zumessung der Strafe.« Wenn ein Strafgericht in einem konkreten Fall entscheiden würde, dass es nicht auf die Schuld des Täters, sondern auf die Religionszugehörigkeit oder die ethnische Herkunft des Täters als »Grundlage« der Strafe ankomme, würde dies gegen Art. 3 Abs. 3 Satz 3 GG verstoßen, der lautet:

»Niemand darf wegen seines Geschlechtes, seiner Abstammung, seiner Rasse, seiner Sprache, seiner Heimat und Herkunft, seines Glaubens, seiner religiösen oder politischen Anschauungen benachteiligt oder bevorzugt werden.«

In diesem Fall würde das Bundesverfassungsgericht daher das

Urteil im Verfahren der Verfassungsbeschwerde aufheben, weil »spezifisches Verfassungsrecht« verletzt ist. Anders wäre es, wenn der Verurteilte Verfassungsbeschwerde einlegen würde mit der Begründung, das Fachgericht habe seine Strafe um ein Jahr zu hoch bemessen, denn seine Schuld sei geringer als angenommen. Das hat, solange nicht eine Verkennung des Begriffs von »Schuld« zugrunde liegt, mit Verfassungsrecht nichts zu tun; die Beschwerde wäre daher gar nicht zulässig.

Auch in der Fachgerichtsbarkeit des Strafrechts gibt es formale und inhaltliche Grenzen der Zuständigkeit und der Prüfungskompetenz. Sie sind im Grundsatz nicht schwierig zu verstehen, aber vielen Bürgern unbekannt. Hierzu tragen Medienberichterstattung und Populärkultur bei, die solche für zahllose Bürger sehr wichtigen Fragen als »bürokratisch« oder gar »undurchschaubar« kritisieren und häufig unzutreffend darstellen, etwa indem Zuständigkeiten und Kompetenzen aus anderen Rechtsordnungen (bevorzugt: USA) auf deutsche Verhältnisse übertragen werden. »Rechtskunde« als Unterrichtsfach wird an Schulen fast ausschließlich durch unqualifizierte Personen unterrichtet.

Im Kern ist es einfach. Es gibt in der Strafgerichtsbarkeit vier Gerichtsarten: Amtsgericht (AG), Landgericht (LG), Oberlandesgericht (OLG, in Berlin Kammergericht [KG]), Bundesgerichtshof (BGH). Sie unterscheiden sich vor allem dadurch, dass sie verschiedene »Instanzen« des Strafverfahrens vertreten. Eine »Instanz« in diesem Sinn ist eine Stufe in einem konkreten Verfahrenslauf, eine Zuständigkeitsebene. Dass es diese unterschiedlichen Stufen, also einen »Instanzenzug« gibt, ist verfassungsrechtlich nicht unbedingt geboten; es ist aber Inhalt und Grundlage unserer Strafrechtskultur und des besonders hohen Anspruchs an Legitimität, der mit dem (Straf-)Recht verbunden ist.

Am ehesten verständlich ist das in Deutschland geltende System, wenn man die drei möglichen Ebenen der Sachprüfung nach ihrer Funktion unterscheidet: (1) erstinstanzliches Tatsachenverfahren, (2) Berufung, (3) Revision.

Im erstinstanzlichen Verfahren werden auf der Grundlage einer Anklageschrift der Staatsanwaltschaft (§ 170 Abs. 1 StPO) die Tatsachen festgestellt, die für die Entscheidung zugrunde gelegt werden (§ 264 Abs. 1 StPO); das geschieht durch »Erhebung von Beweisen«, anders gesagt: durch Verwendung von »Beweismitteln«: Zeugen, Sachverständige, Augenschein, Urkunden. Wenn alle als notwendig angesehenen Bemühungen zur Ermittlung der wahren (!) Tatsachen unternommen sind, ergeht aufgrund einer Beratung ein Urteil.

Gegen dieses Urteil können die Verfahrensparteien (Angeklagter, Staatsanwaltschaft, unter Umständen Nebenkläger) ein »Rechtsmittel« einlegen. Das bedeutet, dass sie beantragen (und erzwingen) können, dass sich ein anderes Gericht noch einmal mit der Sache befasst und eine »höhere« Entscheidung trifft. Beim Rechtsmittel der »Berufung« ist der Prüfungsauftrag des (»höheren«) Gerichts genau gleich wie der des Erstgerichts. Es werden also gegebenenfalls alle Beweise noch einmal erhoben, das neue Gericht prüft unabhängig und ohne jede Bindung an die Erstentscheidung noch einmal, was »die Wahrheit« ist und wie die Tatsachen zu bewerten sind.

Bei der »Revision« ist das anders. § 337 StPO lautet:

»(1) Die Revision kann nur darauf gestützt werden, dass das Urteil auf einer Verletzung des Gesetzes beruhe.

(2) Das Gesetz ist verletzt, wenn eine Rechtsnorm nicht oder nicht richtig angewendet worden ist.«

Im Umkehrschluss heißt das: Die Revision kann eben nicht darauf gestützt werden, dass das vorangehende Gericht die *Tatsachen* unzutreffend festgestellt hat. In der Revisionsinstanz geht es um »Verletzungen des Gesetzes«, um »Rechtsfehler« (§ 337 Abs. 2). Wenn das »Tatsachengericht« festgestellt hat, dass der Angeklagte 5000 Euro gestohlen habe, es in Wirklichkeit aber nur 4000 Euro waren, ist kein »Gesetz verletzt«, wenn er wegen Diebstahls verurteilt wurde. Für die Revision ist die konkrete Summe ohne Belang. Anders wäre es, wenn die Feststellung des Erstgerichts, dass die Beute 5000 Euro betrug, auf einer Beweiserhebung beruhte, die unzulässig war – etwa weil ein Zeuge nicht belehrt oder ein sich aufdrängender Beweis nicht erhoben wurde. Das wäre dann ein »Rechtsfehler, auf dem das Urteil beruht« – allerdings kein Fehler bei der Anwendung des Diebstahlstatbestands, sondern bei der Anwendung der Regeln über das Beweisverfahren: Es müsste daher in diesem Fall eine »Verfahrensrüge« und keine »Sachrüge« erhoben werden.

Keine Strafsache durchläuft alle vier (»ordentlichen«) Instanzen. Es gibt im Strafrecht vielmehr zwei verschiedene »Rechtszüge«: solche, die beim Amtsgericht anfangen, und solche, die beim Landgericht anfangen. Amtsgerichtssachen sind, vereinfacht ausgedrückt, die »kleineren« Strafsachen. Das Amtsgericht darf höchstens vier Jahre Freiheitsstrafe verhängen. Es gibt dort zwei verschiedene »Spruchkörper«: »Strafrichter« als Einzelrichter (sie erledigen den Großteil der Verfahren) und »Schöffengerichte«, die mit einem Berufsrichter und zwei Laienrichtern besetzt sind (ein kleiner Teil der AG-Geschäfte). Der weitaus größte Teil aller Strafsachen in Deutschland wird bei Amtsgerichten verhandelt und entschieden. Die weitaus meisten dieser Entscheidungen werden dort auch »rechtskräftig«, es wird also kein Rechtsmittel eingelegt; von den Rechtsmitteln werden überdies sehr viele »beschränkt«, es geht bei ihnen nur noch um einzelne Teile des Urteils, meist die Strafhöhe, ohne dass die ganze Beweisaufnahme wiederholt werden muss.

Gegen die Entscheidungen des Amtsgerichts kann Berufung zum Landgericht eingelegt werden. Dort entscheidet eine »kleine Strafkammer« (ein Berufsrichter, zwei Schöffen). Gegen die Urteile dieses Berufungsgerichts (LG) ist dann noch als zweites Rechtsmittel die Revision möglich. Über sie entscheidet ein »Senat« des örtlich zuständigen Oberlandesgerichts. Danach ist Schluss: Sachen, die beim Amtsgericht anfangen, können nicht zum Bundesgerichtshof gelangen; sie enden spätestens beim Oberlandesgericht.

Die »großen Sachen«, Strafsachen mit Straferwartungen über vier Jahren, werden in erster Instanz beim Landgericht angeklagt; dort entscheidet eine »große Strafkammer« (drei Berufsrichter, zwei Laienrichter). Es gibt »allgemeine« große Strafkammern und solche mit speziellen Bezeichnungen: »Schwurgericht« (für alle Tötungsdelikte); »Wirtschaftsstrafkammer«, »Staatsschutzkammer«, »Jugendschutzkammer« (für Verfahren, in denen Jugendliche mögliche Opfer sind); »Jugendkammer« (für Verfahren, in denen Jugendliche oder Heranwachsende angeklagt sind); darin drückt sich aber keine sachliche Hierarchie, sondern nur die spezielle Zuständigkeit aus. Alle genannten großen Strafkammern sind auch gleich besetzt. Gerichte mit »Geschworenen« gab es in Deutschland von 1848 bis 1924 und dann noch einmal für kurze Zeit nach dem Zweiten Weltkrieg. Heute existiert nur noch die historische Bezeichnung »Schwurgericht« für diejenigen großen Strafkammern, die für vorsätzliche Tötungsdelikte und sonstige Vorsatzdelikte mit fahrlässiger Todesfolge zuständig sind.

Gegen die erstinstanzlichen Urteile der großen Strafkammern gibt es keine Berufung, sondern nur das Rechtsmittel der Revision. Dasselbe gilt für (seltene) erstinstanzliche Entscheidungen von Oberlandesgerichten (in großen Staatsschutzsachen, besetzt mit drei oder fünf Berufsrichtern). Über diese Rechtsmittel entscheidet ausschließlich der Bundesgerichtshof. Er ist daher nie für Berufungen zuständig, daher auch niemals für die Überprüfung der Tatsachenfeststellungen im Einzelnen.

Die verbreitete Unkenntnis davon führt zu vielen unzutreffenden Vorwürfen gegen das oberste Gericht, weil es (angeblich) nicht für »Gerechtigkeit« im Einzelfall gesorgt und bemerkt habe, dass der Zeuge X gelogen oder der Sachverständige Y sich geirrt habe. Solche Fragen erreichen den Bundesgerichtshof in Wahrheit gar nicht. Er führt zwar in einer kleinen Zahl von Fällen (etwa vier Prozent) auch öffentliche Hauptverhandlungen durch, aber die restlichen 96 Prozent der jährlich etwa 3500 Revisionsverfahren erledigt er allein »nach Aktenlage«, auf der Grundlage des schriftlichen Urteils des Erstgerichts, einer »Revisionsbegründung«, die derjenige einreichen muss, der das Rechtsmittel eingelegt hat, und von Stellungnahmen der jeweils anderen Verfahrensbeteiligten.

Schematisch sieht der Instanzenzug also so aus:

Erste Instanz	**Berufungsinstanz**	**Revisionsinstanz**
Amtsgericht	**Landgericht**	**Oberlandesgericht**
als Strafrichter	(kleine Strafkammer)	Strafsenat
als Schöffengericht	(kleine Strafkammer)	Strafsenat
Landgericht	**entfällt**	**Bundesgerichtshof**
große Strafkammer	entfällt	Strafsenat
als Schwurgericht	entfällt	Strafsenat
als Wirtschaftsstrafkammer	entfällt	Strafsenat
als Staatsschutzkammer	entfällt	Strafsenat
als Jugendkammer	entfällt	Strafsenat
als allgemeine Strafkammer	entfällt	Strafsenat
Oberlandesgericht	**entfällt**	**Bundesgerichtshof**
als Staatsschutz-Senat	entfällt	Strafsenat

1.1. Richter – Die Entscheider

Die Ernennung zum Richter setzt die »Befähigung zum Richteramt« voraus. Diese wird durch ein Studium von viereinhalb Jahren Regelstudienzeit – in der Praxis durchschnittlich elf bis zwölf Semester – und einen »Vorbereitungsdienst« als Referendar erlangt. Am Ende des Studiums steht die »Erste Prüfung«, am Ende der Vorbereitungszeit von 18 bis 21 Monaten die »Zweite Staatsprüfung«. Der Vorbereitungsdienst findet bei der Justiz eines Bundeslandes statt. Er ist insoweit eine (beamtenrechtliche) Besonderheit, als er alle Juristen erfasst, die die »Befähigung zum Richteramt« erwerben wollen. Man benötigt sie auch, um Rechtsanwalt oder Notar zu werden, und in vielen Fällen auch für eine Beschäftigung in der öffentlichen Verwaltung. Sie ist aber kein zwingendes Kennzeichen juristischer Qualifikation. Berühmte Rechtsprofessoren hatten weder Vorbereitungszeit noch Zweites Staatsexamen absolviert, denn an der »Befähigung zum Richteramt« lag ihnen nichts. Der gern benutzte Titel »Volljurist« (für Personen mit zwei Staatsexamen) ist daher ein wenig irreführend.

Es ist eine etwas wichtigtuerische Unart, wenn Juristen in ihren beruflichen Lebensläufen gern angeben, sie seien »Rechtsreferendar beim Oberlandesgericht X« gewesen. Es ist kein Qualifikationsmerkmal, Referendar »beim« oder gar »am« Oberlandesgericht gewesen zu sein, sondern nur der Hinweis darauf, in welchem *Bezirk* der Vorbereitungsdienst stattfand. Die genannten Bezeichnungen spielen auf die dienstrechtlichen Titelbezeichnungen von Richtern an in der Hoffnung, dass Leser oder Adressaten diese nicht genau kennen. Sie haben mit der Qualifikation oder Bedeutung der betreffenden Personen so viel zu tun wie die Erwähnung eines Arztes für Allgemeinmedizin, er sei »Arzt im Praktikum beim Universitätsklinikum X« gewesen, seine Verdienste um die Gehirnchirurgie belegt.

An dieser Stelle mag erwähnt sein, dass auch die Zahl der angeblichen »Einserjuristen« in Lebensläufen und (Auto-)Biografien die Anzahl der tatsächlich mit der *äußerst* seltenen Note »sehr gut« abschließenden Absolventen bei Weitem übersteigt. Juristische Prüfungsleistungen werden notorisch schlecht bewertet; der Durchschnitt (!) der erreichten Examensnoten liegt im Bereich eines oberen »ausreichend«, also der fünften von sechs Bewertungsstufen. Die Gründe dafür sind vielfältig, eine Ursache liegt gewiss auch in der strukturellen Neigung von Juristen, fremde Argumentation für bestenfalls »vertretbar« und mittelmäßig zu halten. Die durchweg schlechte, eher auf Abwertung als Lob zielende Bewertung von juristischen Studiums- und Ausbildungsleistungen hat im Übrigen – weithin unbewusst – auch einen psychologisch einübenden Effekt in die hierarchisch organisierte Bedeutungsbewertung von Argumenten, welche die Berufspraxis dominiert.

1.1.1. Richterkarriere und Richterpersönlichkeit

In Deutschland ist die dienstrechtliche Stellung von Richtern in enger Anbindung an das Beamtenrecht geregelt. Daher gibt es eine zehnstufige Karriereleiter, die sich wie bei Beamten in »Besoldungsgruppen« ausdrückt. Sie reicht von »Richter am Amtsgericht oder Landgericht« (Stufe 1) bis zu »Präsident des BGH« (Stufe 10). Die Besoldungsstufen sind in der Praxis selbstverständlich nicht unwichtig, für die dienstrechtliche »Stellung« sehr und für die immanente »Bedeutung« außerordentlich wichtig.

Richter werden von den Landesjustizverwaltungen eingestellt, wobei das Ergebnis des Staatsexamens (einer »Einstellungsprüfung«) eine große Rolle spielt. Chancen auf eine Einstellung kann sich in der Regel machen, wer etwa acht (von 18 möglichen) Punkte erzielt (»befriedigend«). Nach einer Probezeit von in der Regel drei Jahren als »Richter auf Probe« werden Richter (wie auch Staatsanwälte) »auf Lebenszeit« ernannt und in eine »Planstelle« eingewiesen. Beförderungen laufen über ein Ausschreibungs- und Bewerbungsverfahren. Dienstliche Beurteilungen durch den Dienstvorgesetzten (Präsident des Gerichts) werden bis zu einem gewissen Alter als »Regelbeurteilungen« durchgeführt, im Übrigen als »Anlassbeurteilungen« bei jeder

Bewerbung um eine Beförderungsstelle. Die Beförderungen werden auf der Grundlage dieser Beurteilungen vom Dienstherrn (der Landesjustizverwaltung) unter Beteiligung von Richtergremien (Präsidialräten) vorgenommen. Beim Bundesgerichtshof ist es ein wenig anders: Hier werden die Richter vom »Richterwahlausschuss« gewählt, der aus den Justizministern der 16 Bundesländer und 16 Abgeordneten des Bundestags besteht.

Die Besoldung von Richtern wird in der Bevölkerung meist überschätzt: Sie bewegt sich bei der großen Mehrzahl auf dem Niveau von »Studiendirektoren« oder Leitern von Gymnasien. Selbst die (wenigen) Spitzenpositionen werden schlechter besoldet als die Positionen von Geschäftsführern mittelständischer Unternehmen. Im Vergleich zu Richtern in anderen europäischen Ländern liegt die Besoldung der deutschen Richter allenfalls im Mittelfeld. Richter werden zu wollen ist daher keine Entscheidung für Reichtum, sondern hat andere Quellen und Ziele.

Durch die Koppelung der Besoldungs- und dienstlichen Hierarchiestufen mit den Positionen der Richter im Instanzenzug entstehen fast zwangsläufig die Vorstellung und das Selbstbild, Richter höherer Instanzen seien »höhere Richter« auch in dem Sinn, dass sie »besser«, qualifizierter, wichtiger usw. seien. Diese Verknüpfung ist unzutreffend. Sie wird dadurch noch weiter verzerrt, dass in den Personen der Gerichtspräsidenten die der Exekutive angehörende Justiz*verwaltung* mit der Judikative verzahnt ist: Die präsidialen Leiter der Gerichte sind *auch* Richter im Sinn von Art. 97 GG, in der Praxis aber vor allem beamtenrechtliche Dienstvorgesetzte (mit einem meist eher kleinen richterlichen Zuständigkeitsbereich in der Geschäftsverteilung des von ihnen verwalteten Gerichts).

Hieraus leiten sich kein Weisungsrecht und keine höhere Stellung in Bezug auf ihre richterliche Funktion ab. In der öffentlichen Berichterstattung wird das regelmäßig verzerrt dargestellt, indem Gerichtspräsidenten als »Oberste Richter«, »Chef« usw.

apostrophiert werden. Am Bundesgerichtshof lebt die seit Anfang der Siebzigerjahre abgeschaffte Titelherrlichkeit der »Senatspräsidenten« (heute: Vorsitzender Richter am BGH) bis heute weiter, indem der Präsident des BGH intern »Chefpräsident« genannt wird – sogar das Kürzel auf den Umlaufmappen lautet »CH«. Solche Darstellungen nehmen, wenn sie nicht auf mangelnder Sachkenntnis beruhen, Bezug auf (angebliche) *informelle* Strukturen, nach denen die »Chefs« der Verwaltung und Dienstvorgesetzten nach »lebensnaher Betrachtung« eine Direktivgewalt auch in der Sache haben und durchsetzen – nötigenfalls auf dem Weg über dienstliche Beurteilungen, Beförderungen und steuernde Maßnahmen der Geschäftsverteilung.

An dieser Mutmaßung ist manches zutreffend, vieles falsch. Ihre Übernahme in die mediale Darstellung als »Regel« ist von Zynismus geprägt und geeignet, Kenntnis und Vertrauen der Bevölkerung zu zerstören, indem die Rechtsprechung als eine regelmäßig nach den Regeln von Befehl und Gehorsam, Druck und Anpassung funktionierende Sphäre der Staatsgewalt beschrieben wird, weil dies »allzu menschlich« sei (und regelmäßig in Redaktionen so funktioniert). Als Gegenbild zu einer solchen – polizei-ähnlich funktionierenden – Justizstruktur erscheint dann der sprichwörtliche »faule Richter« in der Skandalisierung der Boulevard-Presse, der sich nicht an dienstliche Regeln und Zeiten hält, spät zum Dienst kommt und früh in die Freizeit verschwindet. Es werden insoweit verfassungsrechtlich substanzielle Bedingungen der richterlichen Unabhängigkeit, die zum Schutz der Bürger eingerichtet ist, in neidbesetzte »Missbräuche« und persönliche Privilegien umgedeutet, denen man durch mehr Kontrolle und Disziplinierung begegnen müsse.

Auf diese Weise wird die für das Funktionieren des Rechtsstaats lebenswichtige Position der Justiz auf das Niveau von Jobkomfort und Hierarchie verkleinert. Das ist im Grundsatz selbst dann verfehlt, wenn es im Einzelfall zutreffen sollte. Selbstverständlich gibt es bei der Justiz so viele »Faule«, »Desinteressierte«, »Frustrierte« oder mittelmäßig Leistungsfähige wie in Rechtsanwaltskanzleien, Banken, Krankenhäusern oder Versicherungen. Aber das deutsche Gesundheitswesen oder die deutsche Wissenschaft sind nicht deshalb schlecht und unglaubhaft, weil vielleicht 200 deutsche Chefärzte oder Professoren faul sind. Fehlentwicklungen und Missbräuche als Quasi-*Regel* zu beschreiben oder zu unterstellen ist Desinformation. Fortbestehen und Pflege einer solchen Darstellung haben zur Folge, dass sich verfassungsferne Vorstellungen einprägen und Missbräuche etwa von Disziplinargewalt von Protagonisten und Nutznießern als »normal« oder gar als pflichtgemäß angesehen werden.

Die meisten Richter stammen aus Familien der sogenannten mittleren und gehobenen Mittelschicht: Ihre Eltern sind Beamte, Freiberufler, Unternehmer des kleinen Mittelstands. »Aufstieg« aus sozial niedrigen Schichten spielt empirisch keine große Rolle; »Abstieg« aus dem Milieu der Reichen (»Oberschicht«, oberste Mittelschicht) ebenfalls nicht. Soziologische und psychologische Untersuchungen deuten darauf hin, dass Personen, die sich für den Richterberuf entscheiden, eine hohe Bereitschaft und Tendenz zu Werten wie Konformität, formale Gleichheit, Sicherheit aufweisen, hierarchisch orientiert sind und zu autoritären Argumentationsstrukturen neigen. Das verbindet sie mit den meisten Juristen, ist bei Richtern aber wohl noch stärker ausgeprägt als in deren Gesamtpopulation. Es handelt sich dabei keineswegs per se um »negative« Eigenschaften und Orientierungen. Man muss sie aber kennen und reflektieren, wenn man (Straf-)Justiz als »System« verstehen will.

Im Bereich des Strafrechts kommt noch Folgendes hinzu: Strafen ist die unmittelbarste, am meisten eingreifende und zerstörerische Form nichtmilitärischer staatlicher Gewalt. Ein nicht unerheblicher Teil der Sozialisation durch das Studium des

Rechts besteht darin, die Studenten (später Referendare) in eine Position einzuüben, in welcher sie die persönliche Anordnung dieser Gewalt und die Verantwortung für ihre Legitimation ausüben. Plakativ: Spätestens wenn der 20-jährige Jurastudent zum ersten Mal zu dem Klausur-Ergebnis kommt: »A ist wegen schweren Raubs zu bestrafen«, und dafür 10 Punkte (Note »voll befriedigend«) erhält, ist er Teil eines Identifikations- und Legitimierungssystems geworden, das auf die »Befähigung zum Richteramt« hinwirkt und in ihm *Sinn* und Erfüllung findet.

Es finden sich solche Einübungen selbstverständlich auch in jedem anderen Berufsfeld, selten aber in solch unmittelbarer Verbindung von sachlicher Inkompetenz (aufgrund Anfängerstatus), abstrakt-systematischer »Wissenschaft« (hier: Dogmatik) und konkret-materieller Macht (Gewalt-Kompetenz). Vergleichbares findet man wohl nur im militärischen Bereich, dort allerdings in eine strenge Befehlskultur eingeordnet, die im Justizbereich gerade fehlt.

Banales Ergebnis: Junge Menschen von 30 Jahren, deren Lebens- und Welterfahrung, Erkenntnisstand und individualpsychologisches Standing als »ausbaufähig« bezeichnet werden mag, entscheiden – qua »Ernennung« – von einem Tag auf den anderen darüber, ob Herr X oder Frau Y lebenslang ins Gefängnis gehen, ob die Motive, die der Raubmörder A oder die Trickbetrügerin B hatten, »nachvollziehbar« sind, ob der sicherungsverwahrte Herr C eher cracksüchtig oder eher »dissozial« ist, welche Therapie für jeden einzelnen der Genannten vielleicht erforderlich und erfolgversprechend ist und welche Risiken bei der Strafaussetzung zur Bewährung eingegangen werden können. Dass dies auf individueller Ebene eine groteske Überforderung ist, ist klar: Es ist, als mache man »Ärzte im Praktikum« zu Gutachtern über die Erforderlichkeit und Sachgerechtigkeit von Herzoperationen. Da eigentlich jedermann dies weiß oder wissen könnte, muss der Grund für die demütige Hinnahme unvermeidlicher Inkompetenz im *Allgemeinen* liegen: im Bereich der Legitimation.

Das Bestehen der Ersten Prüfung begründet einen Anspruch auf Übernahme in den Vorbereitungsdienst, der in die juristischen Berufe einführen und insbesondere erste praktische Erfahrungen und Kenntnisse vermitteln soll. Er wird im Status eines Beamten auf Widerruf absolviert, ist in Ausbildungsstationen gegliedert (Zivilgericht, Strafgericht/Staatsanwaltschaft, Verwaltung/Verwaltungsgericht, Rechtsanwalt, Wahlstationen) und wird nach Maßgabe der Landesbesoldungsgesetze vergütet. Im Mittelpunkt steht auch im Vorbereitungsdienst die in Pflichtarbeitsgemeinschaften durchgeführte Vorbereitung auf die Zweite Staatsprüfung.

Diese ist eine Anstellungsprüfung; mit ihr wird die Befähigung zum Richteramt erworben, die die Voraussetzung für die Berufung in das Richterverhältnis ist (§ 9 Nr. 3 DRiG), daneben aber auch andere »volljuristische« Berufe (Rechtsanwalt, Notar). Ein Anspruch auf Einstellung als Richter besteht nicht; die Landesjustizverwaltungen führen Bewerbungs- und Auswahlverfahren durch.

Vertiefte Ausbildungen in Fächern, die für die Tätigkeit als Strafrichter wichtig sind (Rechtspsychologie, Psychiatrie, Kriminologie, Soziologie, Rechtsmedizin) finden nicht statt und sind allein persönlichem Engagement überlassen. Berufsbegleitende Fortbildung von Strafrichtern und Staatsanwälten bietet die Deutsche Richterakademie (in Trier und Wustrau) an. Die Teilnahme an Fortbildungsveranstaltungen ist aber für Lebenszeitrichter nicht verbindlich vorgeschrieben; das Angebot wird daher nur von einem Teil der Richterschaft genutzt.

Selbst hier gilt eine Tagungsteilnahme oft als eine Art von »Bildungsurlaub«. Wo Tagungen die Gefahr beinhalten, privat zu tragende finanzielle Kosten zu verursachen, kommen sie für die große Mehrheit der Strafrichter nicht in Betracht. Aus demselben Grund ist auch die Verbreitung fachwissenschaftlicher und fachpraktischer Veröffentlichungen und Zeitschriften weitestgehend den »Dienstherren« überlassen: Wenn und soweit Fachzeitschriften am jeweiligen Gericht oder an der jeweiligen Staatsanwaltschaft (noch) bezogen werden, gehen sie in den behördeninternen »Umlauf«; nur wenige Richter und Staatsanwälte leisten sich privat bezahlte Abonnements. Richter verhalten sich in der Praxis insoweit wie »Bedienstete« und pflegen oft ein beamtenartiges Selbstbild.

Eine fachwissenschaftliche Diskussion innerhalb der Strafjustiz und im Austausch mit externen Standpunkten und Interessen findet daher kaum statt; die Begründung hierfür liegt im meist im Bereich konkret-individueller Beschwernisse (»man habe schon genug zu tun«); überdies seien die fremden Perspektiven interessengesteuert (Strafverteidigung) oder weltfremd (Wissenschaft), verstünden wenig von den tatsächlichen Problemen der Praxis und versuchten, auf dem Weg über angeblich kollegialen Diskurs argumentativ-taktische Vorteile durch instrumentalisierte »Nähe« zur rechtsprechenden Macht zu erlangen.

Alle diese Vorbehalte und Verdächtigungen sind vermutlich zum Teil richtig. Dennoch sind sie nur ein Teil der Wahrheit, denn zu Verständnis und Einordnung reicht es nicht, aus dem – weitgehend willkürlichen – Blickwinkel eines an »Skandalen« interessierten Journalisten retrospektiv zu betrachten, was man vielleicht hätte besser machen können, wenn man früher gewusst hätte, was man später wusste.

1.1.2. Ein wenig Dienstrecht

Justiz ist im Grundsatz Ländersache; der weitaus größte Teil der Richter (und Staatsanwälte) ist im Dienst der Bundesländer beschäftigt; ihr Dienstherr ist also das jeweilige Bundesland. Seit

1972 sind die Amtsbezeichnungen der Richter nicht mehr an die der Beamten angepasst. Sie heißen seither »Richter am ...«, »Vorsitzender Richter am ...«, jeweils mit dem Zusatz des Gerichts, an dem sie tätig sind. In der (meist dreijährigen) Probezeit heißen sie »Richter«. »Direktor«, »Vizepräsident« oder »Präsident« sind Amtsbezeichnungen der *Verwaltungs*-Hierarchie, sie haben mit richterlicher Kompetenz nichts zu tun.

Richter auf Lebenszeit können grundsätzlich nicht ohne ihre Einwilligung an eine andere Stelle versetzt werden (Art. 97 Abs. 2 Satz 1 GG). »Stelle« ist dabei ein anderes Gericht. Die Unversetzbarkeit ist Ergänzung und Ausdruck der richterlichen Unabhängigkeit, denn die inhaltliche Weisungsfreiheit wäre nicht gesichert, wenn »missliebige« Richter befürchten müssten, von der Justizverwaltung auf entfernte Dienstposten verschoben zu werden. Die Unversetzbarkeit betrifft aber nicht die konkrete Verwendung von Richtern an dem Gericht, welchem sie angehören. Die Verteilung der Geschäfte ist Sache der richterlichen Selbstverwaltung durch das »Präsidium« des jeweiligen Gerichts (ein gewähltes Gremium) und greift nicht in die Unabhängigkeit ein.

Nach Art. 97 Abs. 1 GG sind Richter unabhängig und nur dem Gesetz unterworfen, und Art. 20 Abs. 3 GG bestimmt, dass die rechtsprechende Gewalt »an Gesetz und Recht gebunden« ist. Der Unterschied in der Formulierung begründet keinen Unterschied in der Sache. Die Unterscheidung von »Gesetz« und »Recht« weist darauf hin, dass materielles Unrecht auch in der *Form* von staatlichen Gesetzen geschaffen werden kann: Das NS-Strafrecht etwa benutzte bis zum Schluss und selbst noch in der völligen Auflösung von Gerechtigkeit und Vorhersehbarkeit die Fassade einer Rechtsförmigkeit durch Gesetze und Verordnungen. Rechtsprechung, die in unterwürfigem oder gar vorauseilendem Gehorsam menschenrechtswidrige Gesetze vollzieht oder – wie im NS-Recht häufig – in ihrer menschenfeindlichen

Willkür sogar noch zu übertreffen versucht, erfüllt ihren Auftrag nicht.

Das bedeutet aber nicht, dass die Gerichte heute legitimiert wären, aus allgemeinen Gerechtigkeitserwägungen die vom Wortlaut der Gesetze gezogenen Grenzen der Auslegung zu überschreiten oder Gesetze einfach nicht anzuwenden. Vielmehr ist in Art. 100 Abs. 1 GG ein Verfahren vorgesehen, nach dem Richter, die ein im konkreten Fall anzuwendendes Gesetz für verfassungswidrig halten, die Sache dem Bundesverfassungsgericht vorlegen müssen, bevor sie entscheiden. Durch den Richtereid, »nach bestem Wissen und Gewissen« urteilen zu wollen (§ 38 Deutsches Richtergesetz), ist die Befolgung der Gesetze nicht unter einen Vorbehalt persönlicher Gerechtigkeitsauffassungen gestellt.

Man kann die »Unabhängigkeit« in einen formalen und einen materiellen Aspekt aufteilen. Formal sind die Richter in der Gestaltung ihrer Tätigkeit weitgehend frei. Sie sind zum Beispiel weder an feste Dienstzeiten noch an einen bestimmten Ort für ihre Tätigkeit gebunden. Hieraus folgt selbstverständlich nicht eine Freiheit zur Faulheit, und Richter müssen sowohl für Hauptverhandlungen als auch zum Zweck der dienstlichen Zusammenarbeit und zur Kommunikation mit Rechtsuchenden (Anwälten, Parteien) in hinreichendem Maß präsent sein. Der Dienstvorgesetzte darf ihnen auch Weisungen erteilen, sofern diese sich auf die äußere Ordnung beziehen. Meldungen über gelegentliche skurrile Einzelfälle deuten den Rahmen an, in dem sich das abspielt: nicht in kurzer Hose erscheinen; nicht zur Robe Sandalen ohne Socken tragen; nicht im Gerichtssaal rauchen; einen Dienstcomputer benutzen; keine Akten in Schränken verstecken und anderes mehr.

Viel wichtiger ist die sachliche Unabhängigkeit. Die in Art. 97 Abs. 1 GG beschriebene Stellung kommt den Richtern nicht als »Privileg« zu, also nicht um ihrer selbst willen, sondern im Interesse der Rechtsuchenden. Unabhängigkeit insbesondere von der Exekutive ist kein *Vorrecht* von Richtern, sondern eine *Aufgabe;* sie ist nicht stets leicht zu handhaben und zu bewältigen.

In der öffentlichen Wahrnehmung stehen Fragen und Probleme aus dem Blickwinkel des »Privilegs« im Vordergrund. Hier wird meist diskutiert, was Richter »dürfen« oder angeblich nicht dürfen sollten, wie weit sie zu »Einheitlichkeit« oder bestimmten Rechtsauffassungen verpflichtet sind oder werden können und wie weit die Exekutive oder die Legislative in die richterliche Gestaltungssphäre eingreifen dürfen, um öffentliche Interessen (Justizgewährung, Wirtschaftlichkeit, Verbrechensverfolgung) durchzusetzen. Darüber wird vergessen, dass auch die Gewaltenteilung als solche eine Verpflichtung ist, die im Interesse des Volkes besteht (Art. 20 Abs. 2 Satz 1).

Richter müssen sich von privaten Abhängigkeiten frei halten und auch der Umarmung und dem Zugriff der Exekutive widerstehen. Die letztgenannte Verpflichtung ist vielfach schwieriger einzuhalten als die erste.

Ein Ärgernis ist die Abhängigkeit der Richter des Bundesverfassungsgerichts von den politischen Parteien. Das sogenannte »Vorschlagsrecht« für die Wahl ist zu einem unverblümten Beherrschungsrecht geworden; es wird auch allein unter diesem Gesichtspunkt diskutiert. Im Bereich der Fachgerichtsbarkeit ist, von den exekutivischen Präsidentenstellen abgesehen, eine parteipolitische Abhängigkeit nicht gleichermaßen ausgeprägt; sie wirkt aber etwa über das Vorschlagsrecht für die Bundesrichterwahl auf der Ebene des Bundesgerichtshofs durchaus.

Kern der richterlichen Unabhängigkeit ist die Freiheit von Weisungen und das Fehlen einer beamten- oder arbeitsrechtlichen Gehorsamspflicht, soweit richterliche Entscheidungsaufgaben betroffen sind. Hieraus folgt zunächst, dass die Vorbereitung und Ergebnisse richterlicher Entscheidungen allen direkten oder – in der Praxis wichtiger – mittelbaren Weisungen entzogen sind. Dazu zählen auch die Methode der Entscheidung, die Reihenfolge und die zeitliche Einteilung der Erledigung. Es kann einem Richter nicht vorgeschrieben werden, dass er Fälle in der Reihenfolge ihres Eingangs zu bearbeiten habe, denn Gewicht und Schwierigkeit der Sachen sind ebenso unterschiedlich, wie die Wege der richterlichen Entscheidungsfindung individuell sind.

An Entscheidungen anderer, insbesondere auch im Instanzenzug übergeordneter Gerichte sind Richter nur gebunden, soweit es den konkreten Fall betrifft, etwa im Fall von Aufhebungen und Zurückverweisungen im Rechtsmittelweg. Ansonsten besteht, mit Ausnahme der in Gesetzeskraft erwachsenden Entscheidungen des Bundesverfassungsgerichts, keine Verpflichtung, Rechtsmeinungen oder Gesetzesauslegungen anderer Gerichte zu übernehmen. Die (auch in der Presse) häufig geäußerte Kritik an der »Uneinheitlichkeit« der Rechtsprechung, die angeblich die Erwartungs- und Rechtssicherheit gefährde, ist verfehlt und offenbart eine bedenkliche Nähe zu autoritären Herrschaftsstrukturen. Rechtsprechung ist »konstitutionell uneinheitlich«. Genau dies ist es, was eine rechtsstaatlich organisierte Gesellschaft nicht nur »aushalten«, sondern verstehen und sichern muss.

Dies ist selbstverständlich nicht stets einfach, am wenigsten für die in einem (Straf-)Verfahren unmittelbar betroffenen Personen. Es kann von Nebenklägern, durch eine Straftat geschädigten Zeugen (»Opfer«) oder Beschuldigten nicht erwartet werden, dass sie gegenüber den Entscheidungen des Gerichts eine »neutrale« Position einnehmen und seine Unabhängigkeit auch dann begrüßen, wenn sie im Einzelfall zu Entscheidungen führt, welche sie belasten.

Auch deshalb ist die argumentative Fixierung auf einen »Opfer«-Standpunkt gefährlich und irreführend: Nicht weil er Interessen von Verbrechensopfern vertritt, sondern weil er sie unkritisch mit objektiven Aufgaben des Strafverfahrens und der Strafverfolgungsbehörden in eins setzt. Gerichte, gerade auch Strafgerichte, haben nicht die Aufgabe, »Interessen« zu vertreten, und es ist nicht allein eine grobe Verzerrung, wenn sie in der öffentlichen Diskussion dazu aufgefordert werden, entweder die von »Tätern« oder die von »Opfern« zu vertreten, sondern es zeugt auch von einem grundlegenden Fehlverständnis.

Die Justiz ist hieran nicht unschuldig. Zum einen lässt sie sich immer wieder auf die genannte – fernliegende – »Alternative« ein, anstatt deren Unterstellung selbstbewusst als unsinnige Zumutung zurückzuweisen. Überforderte Pressesprecher von Gerichten bieten formalisierte Entschuldigungen für angebliche Fehlentscheidungen, anstatt die Reporter aufzufordern, zunächst einmal ihre Fragen so zu stellen, dass sie informative Antworten zulassen. Zum anderen präsentiert sich die Justiz in der Sache bisweilen erstaunlich abwehrend und selbstzufrieden, anstatt Kritik selbstbewusst und offen zu begegnen. Hier werden psychologische Mechanismen der kollektiven Verteidigung, des Korpsgeistes und der aggressiven Vorneverteidigung wirksam. Man muss ihre Auswirkungen kritisieren, aber auch verstehen, dass es sich weniger um individuelles Versagen als um einen strukturellen Reflex handelt.

1.2. Richter im Strafverfahren

Der Richter hat im deutschen Strafverfahren eine zentrale Rolle. Dies betrifft sowohl den Richter als Person, namentlich als »Vorsitzender«, als auch das zur Entscheidung berufene Gericht als Spruchkörper. Der deutsche Strafprozess ist kein Parteienprozess.

Die Staatsanwaltschaft ist »objektive Behörde«; sie hat daher nicht (politisch gesteuerte) Empörungen zu vertreten, sondern das Recht; und es ist nicht ihre Aufgabe, *gegen die beschuldigte*

Person zu ermitteln und tätig zu werden, sondern die Berechtigung einer Beschuldigung nach allen Seiten offen zu prüfen. Diese Position ist nicht stets leicht, denn wie immer und überall im Leben ist es für die einzelnen Personen am einfachsten, sich im Rahmen des »Üblichen« und Erwartbaren zu halten. In einem Umfeld, dessen Bedeutungs- und Sinnrahmen weithin von der (übermächtigen) Polizei und den (übermächtigen) Medien vorgegeben wird, und in einer Entscheidungssituation (§ 170 StPO, §§ 153 ff. StPO), die stets auch die Variante der risikofreien Verlagerung auf andere (Polizei, Gericht, Anzeigeerstatter) erlaubt, wird ein Staatsanwalt nicht selten den Weg des strukturell geringeren Widerstands wählen.

Um das zu verstehen, muss man versuchen, sich in die Position und konkrete Arbeitssituation eines lebens- und berufsunerfahrenen jungen Staatsanwalts einzufühlen: eingebunden in eine hierarchische Behördenstruktur, formal oft überlastet am Rande des Vertretbaren (250 Verfahrensneueingänge pro Monat sind keine Seltenheit); ausbildungsmäßig und verfahrensmäßig am Rande des Abgrunds (Berufsanfänger; zahllose, immer neue Rechts- und Tatsachenfragen); Konfrontation mit einer selbstgewiss auftretenden und erfahrenen Exekutive (Polizei) an der ersten, einer hoheitsvoll und auf Selbstentlastung abstellenden Gerichtspraxis an der zweiten und einer oft aggressiv gestimmten, verfahrenstaktisch agierenden Strafverteidigung an der dritten Front: Wenige der Kommentatoren aus den stets nach Versäumnissen suchenden kritischen Redaktionen der Republik würden das auch nur annähernd so hinkriegen, wie es von einem 26-jährigen Berufsanfänger bei der Staatsanwaltschaft als selbstverständlich erwarten.

Aufgabe des Gerichts ist es, aufgrund einer Anklage (§ 170 Abs. 1 StPO) die Umstände der angeklagten Tat von Amts wegen aufzuklären (§ 244 Abs. 2 StPO). Eine Hauptverhandlung findet statt, wenn das Gericht die Anklage der Staatsanwaltschaft in einem Zwischenverfahren zulässt (§§ 203, 207 StPO). Durch dieses Zwischenverfahren erlangt das Gericht im deutschen Strafprozess eine merkwürdig beherrschende Stellung an der Grenze dessen, was man noch als »Unparteilichkeit« bezeichnen kann: Ein Richter ist gesetzlich zwingend vom Verfahren ausgeschlossen, wenn er in dem konkreten Verfahren jemals als Beamter der Staatsanwaltschaft (§ 22 Nr. 4 StPO) oder in einer Vorinstanz als Richter (§ 23 Abs. 1 StPO) tätig gewesen ist. Die Mitwirkung an der Entscheidung über die Eröffnung des Hauptverfahrens, welche die Entscheidung voraussetzt, dass eine »hinreichende« Wahrscheinlichkeit der Verurteilung des Beschuldigten besteht, soll aber nach der Ansicht des Gesetzgebers und ständiger Rechtsprechung nicht zur »Befangenheit« führen. Das ist ein Postulat aus dem Bereich des »Palmström-Prinzips«: Es kann nicht sein, was nicht sein darf, und wenn man Richtern vorschreibt, sie sollten alles vergessen, was sie gelesen, gemeint und entschieden haben, dann tun und können sie das auch.

Diese Annahme täuscht. Die dem Gesetz zugrunde liegende Anforderung ist rein normativer Natur und mit den wissenschaftlichen Erkenntnissen über die menschliche Psyche nicht vereinbar. Nach gesicherter Erkenntnis führt ein unbewusst stark wirkender psychologischer Trägheits-Effekt (Inertia-Effekt) bei praktisch allen Menschen dazu, dass einmal getroffene Entscheidungen zu »Einstellungen« verfestigt und gegen Widerstände verteidigt werden. Informationen und Hypothesen, die getroffenen Entscheidungen entgegenstehen, werden regelmäßig vernachlässigt und unterbewertet; bestätigende Informationen werden überbewertet. In fast allen anderen gesellschaftlichen Bereichen (Beispiele: Wirtschaft, Wissenschaft, Medizin, Pädagogik) weiß man das und versucht, diese Erkenntnis zur Verringerung von Fehlerquellen nutzbar zu machen. Einzig im Justizsystem gibt es kein entwickeltes Bewusstsein davon;

entsprechende Hinweise werden als »Vorwürfe« und persönliche Angriffe missverstanden und entsprechend abgewehrt.

1.2.1. Verfahrensrollen

»Vorsitzender« heißt ein Richter, wenn er eine Hauptverhandlung leitet. Aber die Bedeutungs-Zuweisung des Begriffs geht weit darüber hinaus. In berufsrichterlichen Kollegialspruchkörpern (große Strafkammern der Landgerichte; erstinstanzliche und Revisionssenate der Oberlandesgerichte, Revisionssenate des BGH) hat der Vorsitzende auch die Aufgabe, den Spruchkörper als gerichtsverfassungsrechtliche Einheit zu »führen«: Er oder sie bestimmt Berichterstatter, leitet die Beratungen, vertritt den Spruchkörper nach außen, plant den Geschäftsablauf und koordiniert die Abläufe mit dem nichtrichterlichen Dienst.

Das ist eine Funktionsbeschreibung, die der Presse und dem öffentlichen Bedürfnis nach Befehl und Gehorsam gefällt. Unterstützt wird dies dadurch, dass die Funktion des »Vorsitzenden« verwaltungsrechtlich gekoppelt ist mit Karrierestufen innerhalb des Besoldungs- und Bedeutungssystems. »Vorsitzende« dürfen meist auch bei dienstlichen Beurteilungen mitwirken und haben Quoten im gerichtlichen Präsidium. Wer »Vorsitzender« ist, ist wichtig.

In der Presseberichterstattung verschwimmen oft Verfahrensrolle, Dienstbezeichnung und Verwaltungsaufgabe zu einem einzigen Brei. Von den betroffenen Personen wird dies gern aufgenommen: Der Vorsitzende möge, solle oder werde demnächst für Ordnung in »seiner« Kammer/»seinem« Senat sorgen, ist eine gängige Figur der inkompetenten Presse-Berichterstattung. Sie funktioniert vor dem Hintergrund der Erwartung, dass »Vorsitzende« in Wahrheit »Vorgesetzte« seien. Selbst liberale oder »kritische« Redaktionen reproduzieren dieses autoritäre Bild ohne Unterlass, geben dies aber meist als »kritische« Berichterstattung über informelle Herrschaftsstrukturen aus, wenn die Ergebnisse nicht passen. Im »NSU-Verfahren« des OLG München wurden fünf Berufsrichter des Senats fünf Jahre lang von der Presse als »der Richter« oder »Richter Götzl« bezeichnet. Man muss dieser Entlarvungsideologie die verfassungsgemäße, schlichte Erkenntnis entgegenhalten: Alle Richter eines Spruchkörpers haben bei der Entscheidung der Sache dieselben Rechte und dasselbe Gewicht. Die beisitzenden Richter haben in der Hauptverhandlung ein grundsätzlich unbeschränktes Fragerecht (§ 240 Abs. 1 StPO); in der Beratung und bei der Entscheidung ist jede Richterstimme gleich viel wert. Die nicht selten peinlich wirkende Selbstdarstellung von »Vorsitzenden« bedient Erwartungen und Sinnstrukturen, welche dem Wesen unserer Rechtsprechung im Grundsatz widersprechen.

1.2.2. Schöffen – Das Laienelement

In den Tatsacheninstanzen des Amtsgerichts (Schöffengericht) und des Landgerichts (kleine und große Strafkammern) wirken ehrenamtliche Richter als Schöffen mit (§§ 28, 31, 76 Abs. 1 GVG; §§ 44 bis 45a DRiG). Sie sind gewählte Repräsentanten des Volkes; sie repräsentieren im Strafrecht die Sicht des nicht berufsjuristischen Alltagslebens auf die Rechtsanwendung. Schöffen haben daher eine legitimierende Funktion: Sie bringen Anschauungen des allgemeinen Lebens ein. Das Schöffenamt setzt keinen spezifischen Bildungs- oder Ausbildungsstand voraus; die Laienrichter sind daher buchstäblich repräsentativ für die Gesamtheit der Bevölkerung. Der Schwerpunkt ihrer Mitwirkung liegt naturgemäß im Bereich der Beweiswürdigung und der Strafzumessung; rechtliche Einzelheiten und Bewertungen müssen und können sie nicht kennen. In der Hauptverhandlung haben die Schöffen aber genau dieselben Rechte und dasselbe Gewicht wie die Berufsrichter (§ 30 Abs. 1 GVG). Sie können in der Beratung des Schöffengerichts und der kleinen Strafkammer auch den berufsrichterlichen Vorsitzenden überstimmen.

Die Beteiligung von Schöffen im Strafverfahren wird heute vielfach kritisch gesehen: Berufsrichter halten sie für überflüssig und hinderlich; außerdem wird eingewandt, dass aufgrund der Anonymisierung des Alltagslebens und der Auswahl der Schöffen aus bestimmten Bevölkerungsschichten eine echte Repräsentation kaum möglich ist. Schöffenverbände fordern eine höhere Professionalisierung. Vermutlich sind beide Positionen nicht richtig. Nicht nur der legitimatorische Aspekt, sondern auch die Ausstrahlung der Erfahrungen von Schöffen in berufliche und private Lebenswelten leistet einen Beitrag zur Akzeptanz der Strafjustiz.

1.3. Staatsanwälte – Herren des Verfahrens

Staatsanwaltschaften sind Teil der Justiz. Sie unterstehen als nachgeordnete Behörden den Landesjustizministerien und sind hierarchisch organisiert mit Weisungsrecht der Vorgesetzten und Gehorsamspflicht der Untergebenen. Bei jedem Oberlandesgericht gibt es eine »Generalstaatsanwaltschaft«, deren Behördenleiter »Generalstaatsanwalt« heißt und der oberste Beamte der Staatsanwaltschaften im jeweiligen Oberlandesgerichtsbezirk ist. In manchen Bundesländern ist er »politischer Beamter«, kann also vom Justizminister jederzeit in den einstweiligen Ruhestand versetzt werden, wenn in die Zusammenarbeit kein Vertrauen mehr besteht. Bei den Landgerichten gibt es jeweils eine »Staatsanwaltschaft bei dem Landgericht«, an deren Spitze ein »leitender Oberstaatsanwalt« als Behördenleiter steht. Sie nehmen die Aufgaben der Staatsanwaltschaft an dem betreffenden Landgericht und den Amtsgerichten im Bezirk dieses Landgerichts wahr. Daneben kann es, besonders in großen Städten,

»Amtsanwaltschaften« geben, auf die Teile der staatsanwaltschaftlichen Aufgaben übertragen sind.

Die Staatsanwaltschaft ist die »Herrin des Verfahrens«. Sie leitet die strafrechtlichen Ermittlungsverfahren und entscheidet darüber, ob Anklage erhoben wird oder nicht; ohne eine Anklage (oder einen gleichstehenden Strafbefehlsantrag) kann ein Gericht nicht tätig werden (§§ 151, 155 StPO). Ob und was die Staatsanwaltschaft ermittelt, ist nicht ihr überlassen; sie ist gesetzlich zur Ermittlung verpflichtet, wenn der Verdacht einer Straftat vorliegt (§ 160 Abs. 1 StPO). Dabei muss der Sachverhalt objektiv aufgeklärt werden; es dürfen also nicht nur belastende Beweise gesucht werden (§ 160 Abs. 2 StPO).

Die Staatsanwaltschaft – also der jeweils für ein Dezernat zuständige Beamte – leitet auch die Ermittlungsarbeit der Polizei und ist gegenüber deren Ermittlungsbeamten weisungsbefugt. Das darf man sich in der Praxis allerdings nicht so vorstellen wie im »Tatort«, wo die Staatsanwälte hohe Herrschaften sind, die ständig im Polizeipräsidium anwesend sind und »ihren« Kommissaren Anweisungen in Einzelheiten erteilen. Ein Staatsanwalt in einem Allgemeindezernat hat mehrere Hundert Strafverfahren pro Monat zu bearbeiten; auch ein Dezernent für Kapitaldelikte (Tötungsdelikte) verbringt seine Zeit nicht bei der Mordkommission oder bei attraktiven Rechtsmedizinerinnen, sondern zwischen Aktenbergen im Büro.

Die Weisungsbefugnis gegenüber der Polizei beschränkt sich in den allermeisten Fällen darauf, dass der oder die zuständige Dezernentin der Staatsanwaltschaft eine eingehende Akte an die Polizei »mit der Bitte um Durchführung der notwendigen Ermittlungen« herausschickt oder dass von der Polizei fertige Ermittlungsakten mit einem »Schlussvermerk« des polizeilichen Ermittlungsführers hereinbekommt. Nachermittlungen und weitere Anweisungen sind möglich, aber nicht die Regel.

Neben der laufenden Dezernatsarbeit haben Staatsanwälte

regelmäßig »Sitzungsdienst« zu leisten, also die Behörde der Staatsanwaltschaft bei den Gerichten des Bezirks in strafrechtlichen Hauptverhandlungen zu vertreten. Sehr häufig ist der Sitzungsdienst nicht inhaltlich synchron mit der Dezernatszuständigkeit. Das bedeutet, ein Staatsanwalt erfährt einen oder zwei Tage vorher, dass er an einem bestimmten Tag ganztägig am örtlichen Amtsgericht Sitzungsdienst in zehn verschiedenen Verfahren hat, von denen er kein einziges kennt oder selbst bearbeitet hat. Der Sitzungs-Staatsanwalt ist daher oftmals die einzige Person im Gerichtssaal, die ihre Schlussfolgerung, Beweiswürdigung und den Schlussantrag allein »aus dem Inbegriff der Hauptverhandlung« (§ 261 StPO) schöpft, weil er die Verfahrensakten überhaupt nicht kennt. In Großverfahren sowie bei Wirtschafts- und Kapitaldelikten ist das (hoffentlich) anders.

In der Sitzung ist der Staatsanwalt »frei«: Er darf beantragen, was er will, und frei entscheiden, ob er Vorschlägen zur Einstellung oder anderen Verfahrensentscheidungen zustimmt. Seine Entscheidung ist für die Behörde bindend, auch wenn sie einer internen Weisung widerspricht. Allerdings kann der Abteilungs- oder Behördenleiter, wenn ihm die Sache nicht gefällt, das jeweils zulässige Rechtsmittel auch im Widerspruch zu einem solchen »eigenen« Antrag einlegen.

Oft wird spekuliert, ob Staatsanwaltschaften »externe« Weisungen aus der Justizverwaltung, also insbesondere aus dem zuständigen Ministerium erhalten – und wenn ja, ob sie sie umsetzen müssen. Der ehemalige Generalbundesanwalt Range hat in einem Verfahren wegen Geheimnisverrats dem Bundesjustizminister öffentlich vorgeworfen, durch eine Weisung einen »unerhörten Eingriff in die Unabhängigkeit der Justiz« unternommen zu haben. Dies war rechtsdogmatisch unzutreffend, denn der Fachminister ist zu solchen Weisungen berechtigt. Sie sind aber sehr unüblich und seltene Einzelfälle, soweit sie im offenen Widerspruch ergehen.

In der Regel werden solche Eingriffe vermieden, weil sie stets einen Geruch von »Klüngel«, politischer Steuerung und Willkür haben. Aber es gibt selbstverständlich wirksame Wege, auf denen die Meinung eines Ministeriums in einer bestimmten Sache oder zu einer bestimmten, für eine Mehrzahl von Verfahren wichtigen Sachfrage in den Entscheidungsprozess der Staatsanwaltschaften eingespeist werden kann. Dies ist namentlich das »Berichtswesen«: Es gibt allgemeine Anweisungen, welche Sachen »Berichtssachen« sind, und Einzelanforderungen. Diese werden von den Abteilungen und Referaten des Ministeriums (stets) auf dem Dienstweg über die Behörde des Generalstaatsanwalts an die Staatsanwaltschaften geleitet; die Berichte gelangen auf demselben Weg zurück; häufig mit einem zusätzlichen Bericht des Generalstaatsanwalts.

Es sind »Ergebnisberichte« und »Absichtsberichte« zu unterscheiden. Der erste antwortet, vereinfacht gesagt, auf die Frage: Was ist herausgekommen?, der zweite auf die Frage: Was ist beabsichtigt zu tun oder zu entscheiden? Der Absichtsbericht ist die »schärfste« Form der Kontrolle von oben. Auch wenn die mitgeteilte Absicht (z.B.: »Aus den vorgenannten Gründen ist beabsichtigt, das Ermittlungsverfahren einzustellen.«) nicht geteilt wird, ergeht aber regelmäßig keine »Weisung«, sondern allenfalls ein »Anregungsschreiben« (z.B.: »... bitte ich, vor einer eventuellen Einstellung noch folgende Gesichtspunkte zu berücksichtigen ...«). Es können auch Besprechungen auf Fachebene durchgeführt werden, um eine gemeinsame Lösung von verfahrensübergreifenden Fragen zu erreichen. Man darf sich die Tätigkeit eines Justizministeriums nicht so vorstellen, als würden dort ständig Einzelentscheidungen des »nachgeordneten Bereichs« (Staatsanwaltschaften) geprüft, bewertet, korrigiert und beeinflusst. Die Justizverwaltung in Deutschland ist, nach allen verfügbaren Erkenntnissen, weder frei von individuellen Mauscheleien noch von Ämterpatronage und Beeinflussung mittels Macht; aber sie ist von einer beeindruckenden bürokratischen Zuverlässigkeit und Rechtsförmigkeit sowie, soweit ersichtlich, weitgehend korruptionsfrei.

Gegenüber den Gerichten besteht keinerlei Weisungsrecht der ministeriellen Verwaltung, soweit es auch nur entfernt den richterlichen Bereich betrifft. Auch ein Berichtswesen existiert insoweit nicht. Der Einfluss der Ministerialverwaltung beschränkt sich daher auf den Bereich des Personals, der Bauverwaltung und des Haushalts. Aus der Sicht eines – hierarchisch organisierten und auf den Willen und die »Stimmung« des jeweiligen »Leitungsbereichs« (Minister, Staatssekretär) ausgerichteten – Justizministeriums stellt sich die Sphäre der Gerichte als »terra incognita« dar – als ein schwer steuerbarer Dschungel von unvorhersehbaren Entscheidungen »unabhängiger« und nicht zu kontrollierender Menschen, die man allenfalls bei Ernennungen oder Beförderungen einmal sieht und »steuern« kann.

Auch die Präsidenten der Gerichte (als deren Verwaltungschefs) sind – sofern sie nicht noch »was werden wollen« – aus ministerialer Sicht halb entrückt und schwer kontrollierbar. Das ist gut so und entspricht dem Bild des Grundgesetzes. Natürlich ist es in verschiedenen Bundesländern verschieden ausgeprägt. Wo einzelne politische Parteien den Anspruch erheben, quasi ein Anrecht auf den Staats-Apparat auszuüben, wird immer einmal wieder damit kokettiert, dass das Recht das eine, die Wirklichkeit der Staatspartei aber das andere sei, und dass man in München oder (früher) Düsseldorf schon wisse, wie die Hasen an den Landgerichten Passau oder Mönchengladbach zu laufen haben und in die Spur zu bringen seien. Das mag gelegentlich stimmen; die bedeutungsvolle Bezugnahme darauf verhöhnt den Rechtsstaat.

Die Staatsanwaltschaft auf Bundesebene ist der Generalbundesanwalt (Bundesanwaltschaft). Sie ist »die Staatsanwaltschaft beim Bundesgerichtshof« und unter anderem zuständig für die Bearbeitung der Revisionsverfahren, die beim Bundesgerichtshof entschieden werden. In der Öffentlichkeit weitaus präsenter ist sie aber als erstinstanzliche Ermittlungsbehörde, die mit »ihrer« Polizei (Bundeskriminalamt, ggf. Landeskriminalämter) Ermittlungsverfahren in solchen Sachen führt, die ihr durch Gesetz zugewiesen sind, insbesondere Verfahren aus dem Bereich Terrorismus und politische Kriminalität. In den vergangenen Jahren ist das Gewicht der überwiegend in Karlsruhe ansässigen Behörde sehr stark auf den Ermittlungsbereich verlagert worden; die für das deutsche Rechtswesen sehr wichtige Revisionsabteilung fristet eher eine beklagenswerte Randexistenz und ist inzwischen sogar örtlich ausgelagert, damit noch mehr »Gefahr«-orientierte Polizeiarbeit geleistet werden kann.

2. Strafverfahren – Vom Wert der Form

Das Strafverfahren ist der Kern dessen, was sich die Bürger unter der Macht des Staates und der Verwirklichung seiner Gewalt vorstellen. Es ist daher der Ort, an dem die zivile und die amtliche Vernichtung gleichermaßen drohen, an dem um die Gültigkeit von Wahrheiten und Moralen und die Verwirklichung von Gerechtigkeit gestritten wird.

Formell ist das Strafverfahren ein bürokratischer und wirklicher »Prozess«, ein Fortschreiten eines staatlichen und privaten Handelns nach rechtlichen Regeln zur Erreichung eines Ergebnisses: Der bindenden (»rechtskräftigen«), möglichst »richtigen« Entscheidung über den Vorwurf, ein der Staatsgewalt der

Bundesrepublik unterworfener Beschuldigter habe eine Straftat im Sinne des Gesetzes begangen. Das Strafverfahren als Ganzes ist also ein systematischer Ablauf vom Entstehen eines Verdachts (siehe § 160 Abs. 1 StPO) bis zum Ende der Vollstreckung einer hieraus entstehenden Rechtsfolge (Strafe, Maßregel, Maßnahme).

Im engeren, landläufig gebrauchten Sinn ist das Strafverfahren aufgeteilt in Ermittlungsverfahren (Leitung durch die Staatsanwaltschaft), Zwischenverfahren (ein in der Praxis eher unwichtiger Verfahrensabschnitt bei Gericht) und Hauptverfahren (Hauptverhandlung und Rechtsmittelverfahren durch Gerichte). Die Begriffe »Verfahren« oder »Strafverfahren« werden aber in der medialen Berichterstattung oft auch verkürzt für die Hauptverhandlung (als dem »Kernstück des Hauptverfahrens«) verwendet.

Am Ende des *Ermittlungsverfahrens* steht die Entscheidung der Staatsanwaltschaft, ob Anklage erhoben (§ 170 Abs. 1 StPO) oder das Verfahren eingestellt wird (§ 170 Abs. 2 StPO). Am Ende des *Zwischenverfahrens* steht die Entscheidung des zuständigen Gerichts, ob die Anklage zugelassen wird (§ 203 StPO). Am Ende des *Hauptverfahrens* steht die Entscheidung des Gerichts, ob der Beschuldigte schuldig ist (§ 260 StPO), ggf. auch die Entscheidungen der Rechtsmittelgerichte. Danach folgt, wenn eine Verurteilung erfolgt ist, die Vollstreckung; sie setzt die Rechtskraft der im Hauptverfahren ergangenen Entscheidung voraus (§ 449 StPO).

Im Zentrum der Aufmerksamkeit und Empfindung steht für das Strafverfahren die »Wahrheit«. In der sozialen Wirklichkeit wird ihr Begriff nicht hinterfragt, ebenso wenig seine vielseitige und wechselvolle Geschichte. Es geht zu jeder Zeit immer um die heutige, die aktuelle, legitimierende, die »wirkliche« Wahrheit. Daher wird in der öffentlichen Diskussion ein erheblicher Aufwand dafür mobilisiert, diese Dimension zu erreichen, zu diskutieren, fremde und »falsche« Auffassungen zu kritisieren, vor allem auch, inzident, die Rolle und Legitimation des Gerichts selbst zu problematisieren.

So einfach ist es natürlich nicht. Strafverfahren ist, wie schon oben in Kapitel III ausgeführt, nicht nur intuitive, lebensweltliche Tatsachenfeststellung auf der Basis von angeblicher Konkretheit, sondern in erheblichem Maße auch normativ geprägte Wahrheits-Konstruktion. Die Richtigkeit von Feststellungen lässt sich von Legitimitätserwägungen nicht trennen. Dabei geht es um Recht, das heißt um Staat, Gewalt, Macht, und nicht nur um äußere Tatsachen. Die Strafjustiz hat, wie verzerrt oder im Einzelfall unzulänglich auch immer, damit eine lange und tief reichende Erfahrung, die sowohl Strukturen der Fehlerhaftigkeit als auch solche der konkreten Empathie und der distanzierten Neutralität umfasst, welche der journalistischen Betrachtung regelmäßig fehlt.

Strafverfahren ist nicht eine Veranstaltung, in welcher der Staat mit allen Mitteln für »Gerechtigkeit« zu sorgen habe, wie es heute gern dargestellt wird. Es ist ein formaler Rahmen, in dem der Staat den Einsatz äußerster Gewalt gegen seine Bürger legitimiert und durchsetzt. Betroffene von Strafverfahren sind nicht »Täter«, Verbrecher«, »Feinde«, sondern Bürger, also Grundrechtsträger. Das Strafverfahren ist keine Quasi-Beurkundung einer von Polizei und Presse schon hinreichend festgestellten Verdächtigung, sondern der Ort, an dem Staatsgewalt und Bürgerrecht unmittelbar aufeinandertreffen und allein mit »Geltung« entschieden werden.

Es ist bereits ausgeführt worden, dass dies nicht auf der Basis einer quasi spiegelbildlichen Rekonstruktion vergangener Wirklichkeit geschieht und geschehen kann. Strafverfahren ist stets in erheblichem Maß auch »Zuschreibung«, Verdichtung, Deutung, Konstruktion: Eine Vergewisserung, wie viel »Wahrheit« und Unmittelbarkeit des Erlebens der Gesellschaft ausreichen, um

Verantwortung zuzuschreiben und den Einsatz von vernichtender Gewalt gegen Einzelne zu rechtfertigen.

Die populäre Diskussion über Fehlerquellen im Strafprozess und bei der Wahrheitserkenntnis geht davon aus, dass Fehler in der Wirklichkeit mehr oder minder häufig *vorkommen* und sich in einer nicht bekannten und nicht zuverlässig ermittelbaren Anzahl von Fällen dahin auswirken, dass *Fehlurteile* ergehen, also Entscheidungen, denen Wahrheit nicht zugrunde liegt und die damit *Gerechtigkeit* verfehlen. Wenn also »Wahrheit« das einzig wirksame Kriterium von Legitimität wäre, müsste man die Rationalität des Strafrechtssystems insgesamt infrage stellen. Denn man kann nicht behaupten, die Gültigkeit eines normativen Systems hänge allein davon ab, ob ein bestimmter Umstand (»Wahrheit«) erreicht wird, und zugleich zugeben, dass man weder eine Ahnung habe, wie oft dieser Umstand eintritt, noch wisse, wie sich dies prüfen und feststellen lässt. Da die Menschen zwar vielfach beschränkt, aber im Grundsatz nicht dumm sind, muss es eine Struktur oder Grundlage der Legitimation geben, die sich jenseits von Presseberichten und Kriminalfilm-Assoziationen abspielt. Dies ist der eigentlich wichtige Bereich des öffentlichen Schauspiels namens »Strafverfahren«; hier liegt seine substanzielle Verbindung zur Staats- und Herrschaftslegitimation.

Es geht um die Abgrenzung von Freiheitssphären, um die Anerkennung als Subjekt des Verfahrens und um das Bemühen um Fairness. Jeder Bürger weiß, dass das bloße Behaupten, »Recht zu haben«, nicht ausreicht; jeden *Bild-* oder *Zeit-*Leser kann man im Gespräch davon überzeugen, dass es nicht auf die mehr oder minder verqueren Ansichten irgendwelcher Hobby-Richter ankommen kann, ob Menschen »schuldig« oder »unschuldig« oder »verantwortlich« sind und viele Jahre ihres Lebens oder gar für immer eingesperrt werden dürfen. Das entscheidende Kriterium für die »Richtigkeit« von Entscheidungen und deren Anerkennung kann daher keinesfalls in der Lautstärke der Behauptung liegen, die »Wahrheit« und das »Richtige« zu sagen und zu vertreten. Denn kein Leser, Zuschauer oder Hörer war ja dabei; und selbst der schlichteste Konsument von *Bild* ahnt, dass »Wahrheit« nicht unbedingt das wichtigste Redaktionsprinzip seiner Lieblingszeitung ist.

Entscheidend sind vielmehr: Fairness und Rationalität: Verfahren werden anerkannt, wenn sie nach fairen Regeln geführt werden. Was Fairness ist, bestimmt sich vielfach nach Maßgabe konkreter Gesellschafts- und staatspolitischer Anschauungen, hat aber einen übergreifenden Kern: Anerkennung von Individualität; Respekt vor der Subjektstellung und dem Eigenwert der Person; Ausgleich von Interessen nach Maßgabe von Reziprozität und Gleichwertigkeit.

Dieses Buch ist kein »Lehrbuch für Laien« und hat nicht die Aufgabe, Einzelheiten des Verfahrensrechts darzustellen. Es geht vielmehr darum, in welchem Verhältnis wesentliche Grundsätze des Verfahrens zur Gesamtheit des Strafens als sozialem Phänomen stehen. Bedeutende Teile des menschen- und bürgerrechtlichen Programms sind (inzwischen) tief verwurzelt und gelten als unabdingbar: rechtliches Gehör, Recht auf Verteidigung, Recht auf Mitwirkung am Beweisprogramm, Entscheidungsregel »Im Zweifel für den Beschuldigten«.

Jeder einzelne dieser Grundsätze wird – seit Jahren und heute stärker denn je in der Geschichte der Bundesrepublik – infrage gestellt und kritisiert, regelmäßig aus dem Blickwinkel einer angeblichen »Gerechtigkeit« und/oder eines angeblichen Erfordernisses eines »kurzen Prozesses«: »Gefährder« sollen frühzeitig strafrechtlich verfolgt werden, auch wenn keine Schuld nachweisbar ist; Sexualstraftäter sollen durch »Beweislastumkehr« und Vermutungswirkungen »bekämpft«, »Intensivtäter« ausgesondert werden. Allenthalben machen sich polizeiliches, »Gefahr«-orientiertes, autoritäres Denken und eine angebliche lebenserfahrene Verachtung gegenüber Verfahrensformen breit, weil die subjektiven Gefährdungseinschätzungen sich verändern und medial hysterisiert werden.

Das ist verfehlt und gefährlich. Ausweitungen staatlicher Macht wirken sich im Ergebnis immer zulasten der Bürger aus und dürfen daher nicht je nach konkreter Interessenlage beurteilt werden. Selbstverständlich werden in der rechtspolitischen Auseinandersetzung einseitige Positionen überzogen und im Interesse privater Interessen (meist wirtschaftlicher Natur) vertreten. Damit muss man leben, und eine aufgeklärt rechtsstaatliche Position muss dem differenzierend-distanziert gegenüberstehen.

Im Strafverfahren darf es daher nicht darum gehen, »keinen laufen zu lassen« und nach dem Maßstab des sogenannten gesunden Menschenverstands eine polizeirechtlich-präventive »Bekämpfungs«-Strategie zu verwirklichen, um (möglicherweise) verängstigten oder beunruhigten Bürgern eine kurzfristige Bestätigung ihres »Gefühls« und Strafbedürfnisses zu geben.

Das bedeutet nicht, dass Fehlentwicklungen oder Missbräuche prozessualer Formen einfach hingenommen werden sollten. Es muss aber ausschließen, dass unter dem Duck öffentlicher Meinungsmache und angeheizter Katastrophenszenarien Kernelemente bürgerrechtlicher Freiheits- und Abwehrrechte gegen einen (»wohlmeinenden«, Sicherheit versprechenden) Staat aufgegeben werden. Kein autoritärer Staat etabliert sich mit dem Versprechen, »Schlechtes« zu tun oder seine Bürger zu bedrücken; stets geht es um Sicherheit, Wohlfahrt und das Wohl der Wohlmeinenden. Der Satz, dass niemand etwas zu befürchten habe, der nichts verbrochen und nichts zu verbergen hat, gilt in Bayern wie in Nordkorea, in Moskau wie in Peking oder Berlin. Er hat für sich allein keine inhaltliche Substanz und rechtfertigt nicht die Drangsalierung von Unschuldigen und Unverdächtigen.

3. Strafverteidigung – Die andere Perspektive

»Der Beschuldigte kann sich in jeder Lage des Verfahrens des Beistands eines Verteidigers bedienen«, lautet § 137 Abs. 1 Satz 1 der Strafprozessordnung. Die Europäische Menschenrechtskonvention (EMRK) formuliert in Art. 6 Abs. 3 Buchstabe c: »Jede angeklagte Person hat (das Recht), sich selbst zu verteidigen (oder) sich durch einen Verteidiger ihrer Wahl verteidigen zu lassen.« Und Art. 11 der Menschenrechts-Charta der UN bestimmt: »Jeder, der wegen einer strafbaren Handlung beschuldigt wird, hat das Recht, als unschuldig zu gelten, solange seine Schuld nicht in einem öffentlichen Verfahren, in dem er alle für seine Verteidigung notwendigen Garantien gehabt hat, gemäß dem Gesetz nachgewiesen ist.«

Das sind formal große Worte und inhaltlich schwere Geschütze, die auf den höchstmöglichen normativen Maßstab Bezug nehmen, der uns zur Verfügung steht. »Jeder Mensch«, der in einem Strafverfahren beschuldigt wird, hat danach das Recht auf Verteidigung, und zwar ganz unabhängig vom Inhalt der Beschuldigung: der Ladendieb so viel wie die Massenmörderin, die Volksverhetzerin so viel wie der Vergewaltiger. Aus dem bloßen »Mensch«-Sein ergibt sich, dass eine Person »verteidigt« sein darf. Diese Verteidigung richtet sich gegen die »Beschuldigung«. Damit ist nicht eine vage Nachrede oder soziale Ausgrenzung gemeint, sondern eine von einer Staatsmacht in einem formellen Verfahren erhobene Beschuldigung, die nach einem (jeweils geregelten) Verfahren zu einer »Strafe« führen kann.

Damit beruht das Menschenrecht, wie man sieht, seinerseits wieder auf allerlei Bedingungen und Vorgaben, die sich aus der Formulierung nicht ergeben, sondern ihr vorausgehen: Was ist eine »staatliche« Macht? Was ist eine »Beschuldigung«, eine

»Strafe«, eine «Verteidigung«? In der Bundesrepublik haben wir uns daran gewöhnt, den Inhalt solcher Begriffe für selbstverständlich zu halten. Aber das täuscht: Nichts davon ist auf Dauer gesichert oder ergibt sich »von allein«. Wer – Stand Sommer 2018 – im Jemen, in Syrien, in Afghanistan oder in der Republik Kongo »der Staat« ist, wer dort »Strafe« verhängt und wer nur »Rache« vollzieht, lässt sich oft schwer entscheiden und hängt offenkundig von geostrategischen Interessen und ideologischen Glaubensmanipulationen ab.

Man muss aber gar nicht in andere Weltteile schweifen: Auch vor dem »Volksgerichtshof«, einer menschensrechtswidrigen Institution zur »Vernichtung« von »Schädlingen«, gab es »Verteidiger«, ebenso in den »Waldheim-Verfahren« der DDR, menschenrechtswidrigen Scheinverfahren zur (befohlenen) Aburteilung von (tatsächlichen oder angeblichen) Nazis. Sie erfüllten hier wie dort Dienste zur *Vortäuschung* von Rechtsförmigkeit, bezogen sich aber selbst in dieser entwürdigenden Maskerade noch auf eine Legitimitätserwartung und einen Anspruch der Bevölkerung, den sie nicht zu übergehen wagten: Wer von einer unendlichen Macht beschuldigt und bedroht wird, muss sich verteidigen können und muss eine Kraft an seiner Seite haben, die sich, zumindest prinzipiell, »auf Augenhöhe« mit der Vernichtungsmacht befindet. Dieses menschenrechtliche Postulat ist keine formale Regelung, sondern hat eine tief reichende Wurzel im sozialen Bedürfnis nach Fairness. Das wusste schon *Homer*.

Es gibt nur wenige, in ihrer Struktur immer gleiche Situationen, in denen Legitimationen bemüht werden, die – angeblich – von diesem grundlegenden Gebot der Fairness befreien. Der Krieg etwa gehört – entgegen erster Intuition – nicht dazu: »Ehrenkodizes« jeder Art begleiten in vielfältiger Weise die Geschichte von Kriegszügen. Den Feind, der sich ergibt, ermordet man nicht grundlos; wenn man ihn tötet, »ehrt« man ihn usw. »Beschuldigten« alle Rechte als Mensch – und damit auch das

Recht auf »Verteidigung« – abzuerkennen setzt also voraus, sie definitiv aus der menschlichen Gesellschaft auszuschließen, deren Beschuldigung sie trifft. Das geht über ein »Feind-Strafrecht« im technischen Sinn weit hinaus, berührt dessen Grenzen sozusagen von unten.

»Säuberungen« aus politischen oder ethnischen Motiven zählen dazu, also »Straf«-Aktionen, die schon formal nichts mit persönlicher Schuld zu tun haben. Andere Maßnahmen – Folter, Internierung, Deportation, Verfolgung von Angehörigen – liegen im Grenzbereich (etwa das »Gulag«-System der UdSSR), hantieren aber meist noch mit legitimatorischen Restbeständen von »Rechten« (etwa Verdachts-Haft und Folter in Guantánamo Bay; Folter- und »Umerziehungscamps« in zahlreichen Staaten).

Strafverteidigung als Institution darf daher auf keinen Fall in kleiner Münze gehandelt werden. Sie ist nicht um der Strafverteidiger, sondern um der Bürger willen garantiert, und nicht aus Spaß, sondern aus jahrhundertealter Erfahrung mit Willkür und Entrechtung. Die oft oberflächliche, kleinrahmige Diskussion in Deutschland verkennt dies häufig und stellt belanglose Einzelheiten in den Vordergrund. Das betrifft beide Seiten (vorausgesetzt, es gebe nur zwei): Staatsanwaltschaften und Strafgerichte jammern, dass die Praxis der Strafverteidigung die »effektive« Vollziehung von Gerechtigkeit erschwere; Strafverteidiger jammern, dass die Strafjustiz einer sinnentleerten »Effektivität« Vorrang vor den Menschenrechten der Beschuldigten einräume. Natürlich stimmt – zum Glück! – beides oft nicht. Aber es ist auch beides nicht nur eingebildet.

3.1. Rechtslage

Ein Lehrgang zum Recht der Strafverteidigung kann hier nicht geboten werden; insbesondere kommt es auf Einzelheiten nicht an. Das Zauberwort der Strafverteidigungsrechte ist der Begriff »effektiv« – er taucht nicht nur in den zitierten Verfassungstexten, sondern auch in beinahe jeder Grundsatzentscheidung des Verfassungsgerichts und des Bundesgerichtshofs auf. Dabei ist klar, dass »effektiv« kein quantitativer, formaler Begriff ist, sondern sich auf den Grundsatz als solchen bezieht, also auf den Inhalt von Verteidigung. Man kann es negativ formulieren: Am Ende einer Verhandlung sagen zu dürfen »Ich bitte um eine milde Strafe« wäre gewiss keine effektive Verteidigung. Auch die Akten nicht sehen, die Beschuldigungen nicht hören, die Belastungszeugen nicht befragen zu dürfen, ist keine »effektive« Verteidigung. Eine Beschuldigte, die zunächst tagelang von Vernehmungsspezialisten der Polizei verhört, unter Druck gesetzt oder befragt wird, der von weit überlegenen professionellen Ermittlern psychologische »Fallen« gestellt oder verlockende »Erleichterungen« und Auswege aus scheinbar auswegloser Situation geboten wurden und der dann, wenn alle Protokolle schon gefertigt und alle Beweise schon definiert sind, eine Verteidigerin beigeordnet wird, ist nicht »effektiv«, sondern nur zum Schein verteidigt.

Das weiß hierzulande eigentlich auch jeder, dessen Anschauung von Strafverfolgung im Wesentlichen aus Filmen herrührt, in denen eine (sicher oder mutmaßlich) schuldige Person von (meist: sicher) auf der Seite des Guten stehenden Polizisten »überführt« oder von mehr oder minder genialen Strafverfolgern entscheidende Beweise für die Schuld von Beschuldigten gefunden werden. Eine populäre Literatur- und Film-Kultur des Beweises von *Unschuld* gibt es nicht; Ausnahmen gelten als »ungewöhnlich« (klassisch: »Wer die Nachtigall stört« von *Har-*

per Lee, 1960, verfilmt 1962; bezeichnenderweise mit einer »gemischt« formellen und materiellen Legitimationsfigur).

Eine solche lebenslange Erziehung aus dem Geist und im Interesse des Schuld-Nachweises prägt selbstverständlich den Blick auf die Welt und auf die Strafverteidigung entscheidend. Wo Strafverteidiger in diesen Werken nicht als Hindernisse auf dem Weg der Gerechtigkeit, sondern als positive Figuren dargestellt werden, befassen sie sich daher häufig nicht allein mit dem Nachweis der Unschuld ihrer Mandanten, sondern – auf diesem Weg – vor allem mit der Überführung der »wahren« Schuldigen.

Umgekehrt bedeutet »effektive« natürlich nicht »erfolgreiche« Verteidigung: Niemand hat ein Menschenrecht darauf, dass seine Einlassung geglaubt, die belastenden Beweismittel verworfen werden oder das Gericht »Zweifel« hat, wo es gar keine hat. »Effektiv« ist eine Verteidigung vielmehr dann, wenn sie die realistische inhaltliche *Möglichkeit* eröffnet, auf das Verfahren und seinen Ausgang nach Regeln, Maßstäben und Kriterien Einfluss zu nehmen, die ihrerseits dem Menschenrecht auf »Fairness« genügen: Der Beschuldigte muss eine »faire Chance« haben.

Was dies inhaltlich und als Verfahrens-Grundsatz bedeutet, ist in hohem Maß umstritten, historisch/politisch bestimmt und wertungsabhängig. Dies ist es, worüber inhaltlich diskutiert wird, wenn in Medien einmal mehr von allerlei »Streit« die Rede ist, ob/wie/dass/warum man einmal wieder eine sogenannte »Reform« des Strafprozessrechts durchführen müsse. Seit dem Jahr 2000 hat der deutsche Gesetzgeber weit mehr als 200 Vorschriften der Strafprozessordnung geändert oder neu geschaffen. Praktisch alle befassten sich, so oder so, mit dem »Recht der Strafverteidigung«. Praktisch alle wurden damit begründet, sie seien zur »Bekämpfung« von Kriminalität dringend erforderlich. Am Ende hat sich an der Kriminalität wenig, an der

Strafverteidigung und dem Strafverfahren insgesamt aber viel geändert. Das muss nicht von vornherein falsch sein; allerdings besteht auch kein Anlass, bloße Worte für die Wirklichkeit zu nehmen.

3.2. Was ist »gute« Strafverteidigung?

»Strafverteidigung ist Kampf.« Mit diesem Satz hat der bekannte deutsche Strafverteidiger Hans Dahs vor vielen Jahren sein Buch »Handbuch der Strafverteidigung« eingeleitet. Das Zitat wurde vielfältig gebraucht. Missbraucht wurde es (auch) durch den Großen Senat des Bundesgerichtshofs, der es im Jahr 2005 als angeblichen Beleg dafür verwendete, dass Strafverteidiger in Deutschland heute in großem Stil und mit feindseligen Absichten ihre gesetzliche Position als »Organe der Rechtspflege« (§ 1 BRAO) verlassen hätten und sich eher als Verhinderer von Gerechtigkeit betätigten.

Der Bundesgerichtshof hat in der genannten Entscheidung darauf hingewiesen, dass dies heute anders als zu früherer – nicht näher bestimmter – Zeit sei, und sich damit inhaltlich auf eine – angeblich – »gute alte« (jedenfalls »bessere«) Zeit berufen. Damit stellt sich nicht allein die Frage, welche Zeit und welche Bedingungen von Strafverteidigung gemeint sein könnten, sondern auch die, nach welchen und wessen inhaltlichen oder formalen Kriterien und Maßstäben die »Güte« von Strafverteidigung zu bestimmen ist. Sicher ist, dass Strafverteidigung nicht dann »gut« ist, wenn sie möglichst pflegeleicht und zurückhaltend agiert, keine »Schwierigkeiten« materieller oder prozessualer Art macht und mit den Organen der Strafverfolgung »an einem Strang« zieht.

Jeder, der – wie der Autor – in den ersten Jahren nach der Wiedervereinigung in den neuen Bundesländern im Bereich des

Strafrechts tätig war, lernte die geradezu peinliche Unterwürfigkeit von im Rechtswesen der ehemaligen DDR sozialisierten Rechtsanwälten gegenüber dem Gericht in ihrer Rolle als Strafverteidiger kennen und kam gelegentlich in die Verlegenheit, den Angeklagten gegen die eigenen Verteidiger zur Seite stehen zu müssen. Der Antrag, eine »gerechte Strafe« zu verhängen, galt manchen schon als Gipfel der Widersetzlichkeit. Von Verteidigern, die sich auf Fordern von »Milde« beschränken, mit dem sachlichen Recht nicht auskennen und dem Gericht verfahrensrechtlich hilflos unterlegen sind, möchte niemand verteidigt werden.

Andererseits ist möglichst viel Schaum mitnichten die stets bessere Lösung: Personen, die in den Medien unter der Rubrik »Starverteidiger« laufen, bieten gelegentlich bemerkenswert wenig Substanz für viel Geld. Und man kann in der Regel auch davon ausgehen, dass eine Staatsanwaltschaft oder ein Gericht in Deutschland in einem umfangreicheren Strafverfahren nicht stets, konsequent und aus bösem Willen schlicht *alles* falsch machen. Entsprechenden Analysen von Strafverteidigern sollte man als Beschuldigter daher skeptisch begegnen und die Euphorie über den prognostizierten Sieg »spätestens beim Bundesverfassungsgericht« mit dem Blick aufs eigene Konto bremsen.

Der Grundsatz der Antwort ist klar, denn er ergibt sich aus der Formulierung der Aufgabe selbst: »Gut« ist Strafverteidigung dann, wenn sie »gute Strafverteidigung« ist. Das klingt pleonastisch, meint aber zweierlei: Maßstab der Bewertung muss das Interesse der beschuldigten und verteidigten Person sein; dieses Interesse ist aber nicht allein subjektiv aus der konkreten Sicht des Beschuldigten abzuleiten, sondern muss sich aus dem Gesamtzusammenhang von materieller Rechtslage, prozessualer Situation, etwa im Hinblick auf Beweisfragen und prozesstaktische Erwägungen, und konkreter persönlicher Lebenssituation, Persönlichkeit, sozialer und individueller Prognose des

Beschuldigten ergeben – um nur die wichtigsten Faktoren zu nennen.

Dahinter steckt ein ganzer Kosmos von Bedeutungen, Zuschreibungen, Voraussetzungen und Zumutungen. Man kann sich ihm nicht nähern, indem man von Begriffen wie »Missbrauch« oder »Konfliktverteidigung« ausgeht, die in der Öffentlichkeit gern plakativ verwendet werden; aber auch nicht, indem man eine verbreitete Formel vom »Abbau von Beschuldigtenrechten« vor und über jede egoistische oder standespolitische Forderung klebt. Beide Positionen sind unredlich: Die erste unterstellt, »die Justiz« vertrete per se eine »gute«, ausgleichende und »faire« Position, die Strafverteidigung im Grunde gar nicht oder allenfalls in der Rolle eines Sozialbetreuers und Notariatsgehilfen zur Verwirklichung des Urteils benötigt. Das ist die Perspektive, die den Bürgern in der »Tatort«-Welt präsentiert wird und selbst da noch vorherrscht, wo im Unterhaltsprogramm »Anwalts-Serien« geboten werden: Strafverteidiger als Hindernisse auf dem Weg zur Gerechtigkeit oder als Hobby-Kriminalisten, die auf dem Weg zum Freispruch des Mandanten den »wahren Täter« ermitteln. Beides sind realitätsferne Verzerrungen.

Die zweite, entgegengesetzte Perspektive ist gleichfalls nicht überzeugend. Wer etwa – nur als Beispiel – die Geschichte der jährlichen Veranstaltung »Strafverteidigertag« (ausgerichtet von den in Landesverbänden organisierten »Strafverteidigervereinigungen«) miterlebt hat, weiß, dass am jeweils ersten Tag der dreitägigen Veranstaltung ein Vortrag erfolgt, der das Ende des Rechtsstaats und den Ausbruch diktatorischer Staatswillkür als unmittelbar bevorstehend geißelt und in dem die Worte »immer mehr«, »immer schlimmer« und »zunehmend« die häufigsten sind. Dahinter steht die vielfach sinnfreie Behauptung, jede Ablehnung jedes noch so fernliegenden Verfahrensantrags sei ein Anschlag auf die Substanz des Rechtsstaats. Das ist nicht richtig und wird selbst von denen nicht geglaubt, die es behaupten.

Was also ist »Straf-Verteidigung«? Der Begriff ist sehr verkürzt und deshalb verzerrend, denn gemeint ist ja nicht wirklich, dass sich Personen gegen »Strafe« verteidigen sollen oder dürfen, sondern gegen Beschuldigungen, also gegen eine konkretisierte *Bedrohung,* mit Strafe belegt zu werden. Diese sprachliche Unterscheidung klingt kleinlich, ist es aber nicht: Gegen Strafe werden *Schuldige* verteidigt, gegen Beschuldigungen aber Menschen, die *vielleicht* schuldig, *vielleicht* aber auch unschuldig sind. Das weiß natürlich im Grundsatz jeder, wichtig wird die Erkenntnis leider aber meist nur dann, wenn es im eigenen Interesse liegt.

In der Regel gilt: Wen man für schuldig hält, der hat kein legitimes Interesse daran, für »unschuldig« gehalten und freigesprochen zu werden, also unbestraft zu bleiben. Man muss daher sehr abstrakt denken, um die Unbestraftheit eines Menschen »richtig« zu finden, den man in der Sache für schuldig und strafwürdig hält. Dies ist eine Erfahrung, die alltäglich tausendfach von der populären Kultur wiederholt, bestätigt und vertieft wird: Stets geht es hier um »wahre« Schuldige, stets um Sieg oder Niederlage von Wahrheit und auf Wahrheit beruhender Gerechtigkeit.

Schon minimale Veränderungen dieses Settings aber, etwa wenn in einem Roman, Film, Theaterstück oder Report einmal »offen«-bleibt, was wahr, wer schuldig und welche Strafe angemessen ist, gelten noch immer als wagemutige, ja »kritische« oder gar »mutige« Konstellationen: Ganze Genres von populären Assoziationsmaschinen (»Spätwestern«, »kritischer Kriminalroman«) sind so definiert und werden im Geschäft mit Kommunikation direkt oder metaphorisch bedient. Eine »kritisch«-distanzierte, professionelle Position, die das Verfahren der Wahrheitskonstruktion und sein Ergebnis für die soziale und emotionale Wahrheit nimmt – vereinfacht: »Wer freigesprochen wurde, ist unschuldig« –, gilt dem Alltagsdenken und der medialen Realität als »zynisch«, »formalistisch« oder gar »opferfeindlich«. Tatsächlich ist sie ohne realistische und bürgerrechtlich vertretbare Alternative.

3.3. Missbrauch von Verteidigern

Vom »Missbrauch der Verteidigungsrechte« ist oft die Rede. Es werden aber auch Strafverteidiger selbst missbraucht. Missbrauch durch Mandanten kommt vor und kann viele Gesichter haben. Eines davon ist die Auswahl von Verteidigern nach Kriterien, die mit Strafverteidigung nichts zu tun haben, sondern anderen Zwecken dient: Einsatz als nützliche Nachrichtenüberbringer oder Sprachrohr für »Verlautbarungen« und rechtsferne Öffentlichkeitsarbeit.

Man findet solche Art des Missbrauchs vor allem im Bereich organisierter und von Wirtschaftskriminalität. Sehr gefährlich ist es, wenn Rechtsanwälte sich in Abhängigkeiten oder Situationen begeben, in denen sie erpressbar sind. In einem freien Beruf mit Zehntausenden von Berufsträgern kann man das nie ganz ausschließen, und bei Rechtsanwälten gibt es wie auch sonst in der Gesellschaft Personen mit einem fatalen Hang gerade zu solchen Lebenslagen, die Erpressbarkeit und Missbrauch ermöglichen, erleichtern oder gezielt herbeiführen sollen: Spielsucht, Prostitutionsindustrie, Geldwäsche-Lagen und anderes gehören dazu; von der allgemeinen Liebe zu Reichtum und Luxus ganz zu schweigen. Eine nicht immer leichte Aufgabe für Strafverteidiger ist daher, die rechtlichen Interessen ihrer Mandanten zu vertreten, ohne sich mit ihnen persönlich gemein zu machen.

Anders ist es, wenn Verteidigung *inhaltlich* auf der Seite von

Beschuldigten steht. Das ist weder verboten noch anrüchig, kann aber schwierig werden. *Otto Schily,* langjährig Strafverteidiger und in einem späteren Lebensabschnitt Bundesminister des Inneren, war es sicher nicht, musste sich aber 30 Jahre lang gegen den abwegigen Titel »Terroristenanwalt« verteidigen, weil er im »Stammheim-Prozess« gegen die Mitglieder der sogenannten »Baader-Meinhof-Bande« (»Rote-Armee-Fraktion« = RAF) die Angeklagte *Ensslin* verteidigte. Andere Verteidiger in diesem (und verwandten) Strafverfahren waren weniger zimperlich; manche wechselten die Rollen und Fronten und setzten sich mit auf die Anklagebank.

Die Abgrenzung ist schwierig und kann ja auch nicht willkürlich *quantitativ* vorgenommen werden nach dem Motto: »Solidarisierende« Strafverteidigung von G-20-Landfriedensbrechern oder Hausbesetzern ist anwaltlicher Freiheitskampf, Solidarisierung mit Bankräubern, Geiselnehmern oder Polizisten-Totschlägern ist Komplizenschaft. Das haben viele der davon betroffenen Strafverteidiger bis heute intellektuell und emotional nicht geklärt. Deshalb bestrafen sie Kollegen, die wegen Völkermords oder Vergewaltigung, Volksverhetzung oder Brandanschlägen Beschuldigte verteidigen, mit Verachtung und sagen, »solche« Beschuldigte dürfe man nicht verteidigen. Man findet diese Haltung auch im unpolitischen Bereich, namentlich in Verfahren wegen schwerer Sexualstraftaten, wo es angeblich verteidigungswürdige und nicht verteidigungswürdige Beschuldigte gibt.

Das beruht einerseits auf dem (laienhaften, aber verständlichen) Wunsch von Beschuldigten, einen »Freund« an ihrer Seite zu haben, also eine Person, die das beängstigende *Verfahren* versteht und gestalten kann, aber auch die individuellen, emotionalen, personalen Anteile der beschuldigten Person aufnimmt, bejaht und – möglichst – in Verfahrenskommunikation umsetzen kann und will. Zum anderen knüpft es an eine menschlich verständliche (und sympathische) Motivation von Personen an, »Verteidiger« solcher Personen sein zu wollen, die auf irgendeine Weise in der gegenüber dem Staat unterlegenen Position sind, deren persönliche Lebensgeschichte oder Motivation Mitleid, Verständnis, Sympathie oder gar Identifikation verursacht.

Für Strafverteidiger ist das eine schwierige und wenig lohnenswerte Position: Nur wenige können und wollen jahrzehntelang als »Hausbesetzerverteidiger« oder »Nazi-Verteidiger« durchs Berufsleben gehen und aus purer Freude an der Überzeugung ständig Menschen verteidigen, die weder intelligent noch rechtlich gesinnt noch sympathisch sind. Wenn man also als Strafverteidiger nicht selbst eine Art von »Aktivist« sein will, muss man für sich eine Mittelposition finden. Dabei hilft einem, anders als bei der Justiz, keine gewichtige Legitimitäts-Struktur.

Strafverteidiger sind, wie überhaupt alle Menschen, mal so, mal so: Manche sind politisch engagiert, andere nicht, manche haben rechtsradikale oder rassistische Ansichten, manche wählen seit 45 Jahren die jeweilige Partei der Diktatur des Proletariats; manche möchten in Bayern einen Gottesstaat einführen. All das ist erlaubt. Es gibt auch schlampige Versicherungsmathematiker und moralfreie Maurermeister, ungebildete Anästhesisten, Lehrer, denen an ihren Schülern wenig liegt, und faule Staatsanwälte. Anders gesagt: Allgemeine, berufsspezifische Verdächtigungen sind ebenso unangebracht wie allgemeine Glorifizierungen.

3.4. Missbrauch von Verfahrensrechten

Der Vorwurf, dass Strafverteidiger Verfahrensregeln »missbrauchen«, um sachfremde und der Gerechtigkeit abträgliche Ziele zu verfolgen, ist sehr alt, erlebt aber immer einmal wieder Konjunkturen. Die unterstellten Ziele sind dabei zum einen verfahrensfremde, namentlich eigene finanzielle Interessen, zum anderen vor allem verfahrensspezifische, nämlich die Erreichung eines ungerechten Verfahrensergebnisses zugunsten des beschuldigten Mandanten.

Pauschale Beurteilungen sind auch hier nicht angebracht. Natürlich kommt echte »Komplizenschaft« von Strafverteidigern mit Beschuldigten auch außerhalb eines Bereichs von »politischem« Strafrecht vor. Wo die Grenze zwischen »Verteidigung« und »Tatbeteiligung« (im weiteren Sinn) verläuft, ist nicht immer leicht zu bestimmen, wo es um Straftaten bzw. Beschuldigungen im Zusammenhang mit »weltanschaulichen«, politischen oder religiösen Glaubens-Fragen geht, vor allem aber auch im Bereich der organisierten Vermögenskriminalität.

Das sind aber wenige Einzelfälle; sie erfassen auch nicht alles, was unter dem Begriff »Missbrauch von Verfahrensrechten« diskutiert wird. Hierbei geht es meist um solche Fälle, in denen Strafverteidiger die formalen Garantien des Strafprozessrechts sehr weit oder exzessiv ausnutzen, und den Vorwurf, dass sie dies nicht aus sachlichen Gründen und zur Erreichung eines sinnvollen Verfahrensergebnisses tun, sondern in der Absicht, ein solches Ergebnis gerade zu verhindern. Häufig eingesetzte Mittel hierzu sind etwa Serien von Ablehnungsanträgen gegen Richter wegen Besorgnis der Befangenheit, häufig auch mit Begründungen, deren Erfolglosigkeit offenkundig ist; oder endlose Serien von Beweisanträgen mit Beweisbehauptungen, die eher fernliegende Möglichkeiten erkunden oder sachfremde Gegenstände ausforschen sollen.

Das geltende Beweisantragsrecht der StPO ist nicht »offen«: Das Gericht hat »von Amts wegen« alles zu erforschen, was es als *erforderlich* für die Feststellung der Wahrheit ansieht (§ 244 Abs. 2 StPO). Aber das Beweisantragsrecht der Verteidigung geht weiter: Es soll gerade auch solche Beweiserhebungen ermöglichen, die das Gericht von sich aus nicht als »erforderlich«

ansieht. Solche Anträge kann das Gericht dann nicht einfach mit der Begründung zurückweisen, es halte die Beweiserhebung (Zeugenvernehmung, Sachverständigenvernehmung, Urkundenverlesung) für »überflüssig«. Sondern es ist an eine gesetzlich begrenzte Zahl von Ablehnungsmöglichkeiten gebunden (§ 244 Abs. 3 und 4 StPO); wenn ein solcher Grund nicht gegeben ist, *muss* der Beweis erhoben werden.

Es liegt auf der Hand, dass hier ein Quell möglicher Konflikte liegt: Das Gericht ist meistens der Ansicht, schon alles »Erforderliche« getan zu haben; jeder Beweisantrag der Verteidigung wird daher als störend für das eigene Verfahrensprogramm und tendenziell als überflüssige Verzögerung angesehen. Viele Anträge sind auch genau dies; aber sie sind es eben nicht immer, und es ist gerade das grundrechtsorientierte Programm des Verfahrensrechts, dass es auf die Meinung des Gerichts insoweit nicht ankommt.

Aufseiten der Justiz wird oft eine »gute alte Zeit« herbeigewünscht, in der Strafverteidiger eher zurückhaltend waren und auf der Seite des justizförmigen Verfahrens standen. Aus dieser Perspektive erscheint eine sogenannte Konfliktverteidigung, die auf jede informelle Zusammenarbeit mit Gericht und Staatsanwaltschaft konsequent verzichtet, als schlichter Missbrauch. Dass dieser vorkommt, kann nicht bestritten werden; es gibt ihn auch nicht allein in den wenigen spektakulären Einzelfällen, welche die Justiz verkraften könnte, sondern von dort aus weitersickernd bis in den Verfahrensalltag hinein. Die Möglichkeiten, ein Strafverfahren zu verzögern oder zu komplizieren, sind vielfältig. Andererseits gibt es Missbrauch von Verfahrensregeln selbstverständlich auch aufseiten der Gerichte und der Staatsanwaltschaften.

Konfrontation und Missbrauch haben nur dann einen Sinn, wenn sie den jeweils verfolgten Verfahrenszielen dienen. Es geht also um den Aufbau von taktischem Druck mit strategischen

Zielen. Aus vielfältigen Gründen ist das deutsche Strafverfahren nicht nur mengenmäßig, sondern vor allem auch inhaltlich so stark belastet, dass es sich häufig »lohnt«, solchen Druck aufzubauen. Auswege werden in informellen Vereinbarungen, Absprachen und sogar illegalen »Deals« gesucht. Diese sorgen für punktuelle und kurzfristige Entlastung, schwächen als Ganzes aber das System und die Legitimität der Entscheidungen. Wenn Urteile in Strafverfahren wegen Schwerverbrechen in Gesprächen zwischen Berufsrichtern und Verteidigern, ohne jede Einflussmöglichkeit von Nebenklägern oder Schöffen, ausgehandelt werden und sogar »passgenaue« Geständnisse abgesprochen werden, sodass der Prozess nicht drei Monate, sondern einen halben Vormittag dauert, kann von der Justizverwaltung zwar eine schöne Statistik präsentiert werden, man wird aber nicht erwarten können, dass ein solches Verfahren bei Beteiligten und Öffentlichkeit Respekt vor dem Recht erzeugt.

Abhilfe ist schwierig. Vorschläge gibt es viele; sie werden allesamt kontrovers diskutiert. Dass die Hauptverhandlungen gestrafft und die Möglichkeiten zu rechtsfeindlich-missbräuchlichem Verhalten beschränkt werden müssen, ist im Grundsatz klar, denn wo solche Möglichkeiten bestehen, werden sie selbstverständlich auch genutzt, sodass der bloße Hinweis darauf, das komme seltener vor als angenommen, für das Gerechtigkeitsversprechen des Verfahrens wenig nutzt. Jede Änderung verschiebt aber die Gewichte ganz erheblich, und es ist falsch, dies immer nur anhand von Fällen und Beispielen zu diskutieren, die dem eigenen Vorstellungsbild und rechtspolitischen Ziel entsprechen. Eine gesetzliche Möglichkeit zum radikalen Abschneiden »missbräuchlicher« Verfahrensanträge, wie sie immer einmal wieder gefordert wird (zuletzt vom sogenannten »Strafkammertag« 2017, dessen Forderungen alsbald als Absichtserklärungen in den Koalitionsvertrag der 19. Wahlperiode übernommen wurden), würde selbstverständlich auch die Möglichkeiten des Missbrauchs durch voreingenommene oder überforderte Richter erweitern, sachgerechte, ihnen aber missliebige Anträge als »missbräuchlich« zu verwerfen; eine Verlagerung der Überprüfung auf das Revisionsverfahren würde dieses noch mehr als bisher schon mit Einzelfalls-Beurteilungen belasten, die aufgrund bloßer Aktenkenntnis keinesfalls richtiger ausfallen müssen.

Rechtsfeindliche Komplizenschaft ist weder sozial noch rechtlich dasselbe wie »vorbeugende Beratung«. Letztere zielt nicht darauf ab, Strafbarkeit zu *verschleiern,* sondern zu *vermeiden*. Das ist legitim und kann nicht als »Missbrauch« bezeichnet werden. Jemandem zu sagen, er solle keine fremde beweglich Sache wegnehmen, weil er sonst wegen Diebstahls betraft werden könnte, ist keine Unterstützung von Diebstählen, sondern das Gegenteil. Das gilt ebenso, wenn der Sachverhalt komplizierter ist und sich in Bereichen des Betrugs oder von Verstößen gegen das Kreditwesengesetz oder das Außenwirtschaftsgesetz bewegt. Anders kann es gelegentlich im Bereich der heute praktisch sehr wichtigen Strafverteidigung durch sogenannte verfahrens-vorbeugende Beratung im Bereich von Wirtschaftskriminalität, Vertragsgestaltung und -abwicklung sowie der »Compliance« sein:

Man kann von einer regelrechten Compliance-*Industrie* sprechen, die im Grenzbereich zwischen Unternehmensberatung und Strafverteidigung liegt, aber auch Strukturen von Ermittlungsverfahren aufweist. Gesetzliche Regelungen, insbesondere auch internationale Regeln und deren (jeweils) nationale Umsetzungen im Bereich von präventiver Steuerung (Beispiele: Finanzdienstleistungen einschließlich Geldwäsche; Außenwirtschaftsverstöße, Kartellverstöße, Umweltdelikte) sind so vielfältig und inhaltlich unübersichtlich, dass viele Unternehmen externe Kanzlei-Unternehmen mit »Strafvermeidungs-Beratung« beauftragen (müssen); andere, auch Großunternehmen, sind namentlich über gesellschaftsrechtliche Regelungen zur Zusammenarbeit mit großen Wirtschaftsprüfungsunternehmen verpflichtet, die Strukturen von »Compliance« voraussetzen, fordern und ihrerseits einbringen. Hierdurch entsteht ein hochgradig verwobenes System von verschachtelter Compliance, das eigengesetzliche Regeln schafft, etwa indem »Zertifizierungen« von Compliance-Systemen entwickelt und angeboten werden.

Die Anzahl der als Strafverteidiger tätigen Rechtsanwältinnen und Rechtsanwälte in Deutschland hat sich, wie die Zahl der Rechtsanwälte überhaupt – in den letzten 30 Jahren vervielfacht. Dadurch ist eine erhebliche Konkurrenz entstanden; dies und eine starke Ausweitung wirtschafts(straf)rechtlicher Beratungen und Verteidigungen haben zu neuen Märkten mit teilweise hoher Spezialisierung geführt. Junge Anwälte drängen in die lukrative Sparte des Wirtschaftsstrafrechts, der »internen Untersuchungen« und der »Vorfeld-Verteidigung«, in der es weniger auf Leistungen in der Hauptverhandlung ankommt als darauf, eine solche durch intensive Arbeit im Ermittlungsverfahren zu vermeiden.

Hierdurch sind auch neue Problemlagen entstanden, etwa bei der Definition der Rolle, die von Strafverteidigern in Verfahrensgefügen eingenommen wird, an denen Kapitalgesellschaften (als »geschädigt«, »einziehungsbeteiligt« oder geldbußenpflichtig), Vorstandsmitglieder oder Manager unterer Ebenen (als Beschuldigte), externe Ermittler, Geschädigte, Verwaltungsbehörden sowie Wirtschaftsstaatsanwaltschaften beteiligt sind. Der größte Teil der hier geleisteten Arbeit und erzielten Ergebnisse gelangt nicht an die Öffentlichkeit, weil Journalisten weder Kompetenz noch Zeit haben, die Verfahrensinhalte im Detail zu verstehen, die breite Öffentlichkeit sich für komplizierte Einzelheiten nicht interessiert und die Nachrichtenlage sich daher häufig auf das Niveau von »Was droht wem?« oder »Der Sturz von …« beschränkt.

4. Privatisierung von Strafverfolgung

Das leitet über zu einem Thema, das in den letzten Jahren zunehmend wichtig wird, nämlich eine Tendenz zur Privatisierung von Strafverfolgung. Damit ist Verschiedenes gemeint: Zum einen verlagert das *materielle* Strafrecht den Schutzbereich von Rechtsgütern so weit in den Vorfeld- und Gefährdungsbereich, dass Private (insbesondere Unternehmen) gezwungen werden, selbst aktiv an der »präventiven Verfolgung« mitzuwirken. Das wichtigste Beispiel hierfür ist die Verfolgung der Geldwäsche (§ 261 StGB), die privaten Unternehmen, insbesondere Finanzdienstleistern, weitreichende Pflichten zur Ermittlung von Verdachtsfällen und zur Zusammenarbeit mit Strafverfolgungsbehörden auferlegt. Ähnliches gilt im *prozessualen* Bereich etwa für die Mitwirkungspflichten von Unternehmen der Telekommunikation, die zu umfangreichen Speicherungen, Ermittlungen und Auskünften gezwungen werden, um Beweiserhebungen in Ermittlungsverfahren zu ermöglichen oder zu erleichtern.

Zum anderen nehmen private Unternehmen, etwa große Kanzleien von Rechtsanwälten und Wirtschaftsprüfern, in großem Umfang »interne Untersuchungen« (»internal investigations«) im Auftrag von Kapitalgesellschaften vor, um wirtschaftsstrafrechtliche Sachverhalte aufzuklären und Verantwortliche aufzufinden. Dies kann vor dem Hintergrund drohender hoher Geldbußenfestsetzungen gegen das Unternehmen wegen mangelnder »Compliance« geschehen, aber auch zur Ermittlung von korruptiven oder sonstigen kriminellen Strukturen innerhalb großer Unternehmensbürokratien.

Hier geraten »Strafverteidiger« nicht selten eher in die Rolle von »Strafverfolgern«, teilweise mit nicht unproblematischen

Vernetzungen und Interessenlagen, etwa wenn Unternehmensangehörige intensiven »Interviews« (Vernehmungen) in Zusammenarbeit mit ausländischen staatlichen oder privaten Institutionen (z. B. US-amerikanischen Behörden oder Großkanzleien) unterzogen und dabei einem hohen Druck von »Whistleblowing«, Selbstbezichtigung und drohender Entlassung ausgesetzt werden.

Die »klassische« Privatisierung in der Form der Verweisung auf den Privatklageweg (§§ 374 ff. StPO) spielt für die Erledigungszahlen der Staatsanwaltschaften im Bereich von Bagatelltaten (insbesondere Beleidigung) weiterhin eine große, für die Gerichte aber nur eine geringe Rolle. Der deutsche Gesetzgeber hält nicht viel vom Privatklageverfahren und macht es Privatklägern eher schwer (z.B. durch Kosten- und Gebührenvorschüsse), den zuständigen Richtern eher leicht (Zurückweisung, Einstellung).

Eine Privatisierung des Vollzugs von Strafe, wie er in anderen Staaten weit fortgeschritten ist (auch hier wieder beispielhaft: USA), gibt es in Deutschland nicht; sie wird auch bisher nicht ernsthaft erwogen. Gefängnisse als Geschäftsmodell von privaten Sicherheitsfirmen wären mit den in Deutschland vorherrschenden Auffassungen von den Kernaufgaben des Staates kaum vereinbar.

5. Strafvollzug

Strafrecht ohne Strafe, Strafe ohne Strafvollstreckung und Strafvollzug sind sinnlos. »Strafe muss sein.« Die Strafe für den Missetäter ist, was der Bürger vom Strafverfahren erwartet, unabhängig davon, ob ihm (noch) geläufig ist, dass es sich um eine hochgradig komplizierte Stellvertreter-Handlung für die persönliche Rache handelt und dass ein Teil dieser Stellvertretung gerade darin besteht, dass die Bürger unter den Schatten der Staatsgewalt gestellt, ihrer persönlichen Macht beraubt und als Untertanen ausgeliefert werden. Wie die Zuschreibung von »Schuld« ist auch die Zuteilung von »Strafe« im Rechts-Staat dem persönlichen Gutdünken entzogen.

Hochinteressant und hochproblematisch sind daher »moderne« Konzepte, mit denen die Abstraktion staatlicher Strafe auf eine persönlich-konkrete Ebene zurückgeführt werden soll. Das beginnt im Bereich des »Täter-Opfer-Ausgleichs«, wo Vereinbarungen, Erklärungen, Kommunikationsleistungen, Entgegenkommen individueller Art als »schuldrelevant« gelten und die Höhe der Strafe bestimmen können, und endet bei der Einführung »höchstpersönlicher« Sanktionen wie etwa dem Fahrverbot auch bei solchen Taten, die gar nicht in Verbindung mit Verkehrsdelikten stehen (§ 44 StGB).

Dem sprichwörtlichen »Normalbürger« gefällt so etwas, weil es das Strafrecht einmal mehr auf die Ebene des Konkreten, Sinnlichen, Unmittelbaren herunterholt. »Drei Jahre Pizzaverbot« für Ladendiebe, »sieben Jahre Fernsehverbot« für Betrüger würden vermutlich noch für Irritation beim Publikum sorgen; aber die Grenzen sind allemal offen, wenn sie einmal geöffnet wurden. Die – als »Zusatzstrafe« empfundene – Maßnahme des Fahrverbots ist schon im Ansatz gleichheitssatzwidrig, denn sie belastet die Betroffenen in extrem unterschiedlicher Weise. Dogmatisch wird das durch formalhafte Verweisungen auf »Gesamtabwägungen« ausgeglichen: Sechs Monate Fahrverbot für Diebe, wenn dadurch die Strafaussetzung zur Bewährung ermöglicht werden kann (siehe § 44 StGB): Das sind pseudo-rationale Verweise ins Irrational-Intuitive. Es gibt keinen Strafrichter, der nicht in der Lage wäre, die vom Gesetz geforderte Legitimation sprachlich zu begründen, und keinen Weg, die darin mögliche Willkür zu beweisen.

Abgesehen davon und im Grundsatz ist Strafe eine sehr abstrakte Entscheidung mit sehr konkreten Wirkungen: Wir verhängen als Strafe Zeit-Quanten, in denen die Freiheit der Körperbewegung und der Selbstbestimmung extrem eingeschränkt wird. Ein »allgemeines Äquivalent« in der Theorie: Allen Menschen, so meint man, sei die Freiheit gleich viel wert. Das stimmt im Konkreten natürlich nicht, reicht aber als Legitimation; und es gibt auch wenig sinnvolle Alternativen, wenn man auf der Ebene der Abstraktion und der Rechtsstaatlichkeit bleiben will: Wenn man in die Justizvollzugsanstalten ginge und das Angebot machte, dass für jeden Finger, den sich ein Häftling freiwillig und lege artis amputieren ließe, sechs Monate seiner Freiheitsstrafe erlassen würde, ergäbe sich vermutlich ein mittlerer Run auf die Handchirurgie. Bei einem Angebot von einem Jahr wäre er noch viel größer, bei einem Monat kleiner. Man kann das Beispiel beliebig durchspielen und variieren. Am Ende ergibt sich stets, dass ein der Menschenwürde verpflichteter Staat so etwas nicht machen darf: Man darf den Menschen nicht Stücke ihres Körpers (oder ihrer Seele) im Tausch gegen »Strafe« abkaufen.

Über die Geldstrafen berichten unsere Medien notorisch, der Angeklagte X sei zu »einer Geldstrafe von 4000 Euro« und die Angeklagte Y zu einer solchen von 40000 verurteilt worden. Diese Information ist etwa so sinnvoll wie die Angabe der Verfahrenskosten. Geldstrafen werden nämlich in »Tagessätzen«

(also umgerechneten Freiheitsstrafen) verhängt, nicht in Geldsummen (§ 40 StGB).

Strafvollzug in Gefängnissen ist eine fremde, ferne Welt. Kein Richter betritt sie in der Regel; ob ein Mensch sich den Zwangsaufenthalt in dieser Welt »zur Warnung dienen« oder »eine Lehre sein« lässt, durch ihn oder seine zeitliche Länge »beeindruckt«, »spürbar beeindruckt« oder gar »gebessert« ist, wissen die Richterinnen und Richter nicht aufgrund von irgendeiner Erfahrung oder näherer Befassung, sondern aus § 46 StGB und der Lektüre von Entscheidungen, in denen das behauptet wird.

Wer sich den sechsmonatigen Aufenthalt in einer verschlossenen Zelle mit Abschneidung jeglicher Selbstbestimmung nicht »zur Warnung dienen« lässt, kriegt für die gleiche Tat beim nächsten Mal zwölf Monate von demselben. Die große Mehrzahl der Bürger findet das gut und erforderlich, so wie es anderswo die große Mehrheit für gut und erforderlich hält, einem Menschen, der sich 50 Peitschenhiebe nicht hat zur Warnung dienen lassen, beim nächsten Mal 100 Peitschenhiebe zu versetzen. In Deutschland sind aber fast alle davon überzeugt, dass das Auspeitschen ein barbarischer Akt der Grausamkeit sei, im Gegensatz zum jahrelangen oder gar lebenslangen Einsperren in kleine Räume und Verhindern von möglichst vielen sozialen Kontakten.

Strafvollzug ist heute weitgehend verborgen. Vor 300 Jahren waren die Prozesse geheim und die Vollstreckungen öffentlich; heute ist es – im Namen der Aufklärung und der Bürgerrechte – umgekehrt. Die Berichterstattung über Strafvollzug bewegt sich im emotional-willkürlichen Bereich: Heute wird über die russische Mafia in den Knästen, morgen über das Leiden hospitalisierter Langzeitgefangener, in der einen Woche über »Luxusknast«, in der nächsten über den Zusammenbruch der Ordnung berichtet. Das Publikum liest alles mit Grausen, weiß nichts und kennt im Zweifel niemanden, der auch schon mal »drin« war.

Am Abend kommt der nächste Fernsehkrimi, in dem alles gut ist, wenn der Täter endlich in der Justizvollzugsanstalt verschwindet.

Strafvollzug ist ein sehr wichtiger, individuell-faktisch sogar der entscheidende Teil des Strafverfahrens. Dass er in der öffentlichen Wahrnehmung so extrem an den Rand gedrängt ist, zeigt die Verlagerung des Strafens als Institution auf einen symbolischen, kommunikativen Bereich, in dem es vor allem auf die Verständigung über die »Schuld«, nicht aber um die sinnliche Teilnahme am Schicksal des armen Sünders geht: Er stirbt an Alzheimer oder Lungenkrebs in der Justizvollzugsanstalt Bruchsal oder Werl, geht rein, raus, auf Freigang oder in die Therapie. Gelegentlich erfasst eine Unruhe die Bürger, wenn einmal wieder etwas angeblich Unerhörtes geschieht: eine Flucht, eine sexuelle Beziehung mit einer Vollzugsbeamtin oder ein Freigang, bevor die pressemäßig opportune Rachefrist abgelaufen ist. Ansonsten ist das Wichtigste am Strafvollzug, dass er nichts kosten darf und nicht auffällt. Das ist sehr deprimierend für diejenigen, die die Aufgaben erfüllen; noch mehr oft für diejenigen, die dem System ausgeliefert sind.

VII. Perspektiven

Das Strafen ist, wie in den vorangegangenen Kapiteln gezeigt wurde, nicht so einfach und selbstverständlich, wie es vielfach scheint. Es ist eine gesellschaftliche Institution, die vielfältige, komplizierte Voraussetzungen hat und diese in ihrer Wirklichkeit darstellt, interpretiert und zugleich verändert. Das Strafen ist somit eine zentral wichtige soziale Sinnstruktur, die in allen Gesellschaften entwickelt wird und im Grundsatz so existenziellen Ebenen wie Vertrauen, Macht oder Sprache nahesteht. Damit ist aber weder eine jeweils spezifische Form noch ein jeweils spezifischer, historischer Sinn des Strafens gemeint. Das ist der Grund dafür, dass Strafrecht für jedermann so immens »spannend« ist und ein fast unvergleichliches emotionales Interesse der Bürger auf sich zieht. Nur wenige würden auf die Idee kommen, dass das Recht des privatrechtlichen Vertrags in seinem Kern infrage gestellt sei oder diskutiert werden müsse, weil an jedem Tag Hunderttausende von Verträgen nicht oder schlecht erfüllt, gebrochen oder missbraucht werden.

Die Frage, ob »Strafe sein muss«, ist nicht beantwortet. Vorerst könnte man sagen: Es scheint so. Dies ist allerdings eine recht kleinmütige Antwort; sie reflektiert die Lebenswirklichkeit. »Strafe muss sein« lautet der Titel eines Buches des 2014 verstorbenen ehemaligen Vizepräsidenten des Bundesverfassungsgerichts und Strafrechtswissenschaftlers Winfried Hassemer. Der programmatische Titel ist richtig und falsch zugleich, denn er setzt voraus, was zu beweisen wäre. Nicht »Strafe« muss sein, sondern Sicherheit, Angstfreiheit, Selbstbestimmung. Auch dies ist nicht naturgegeben, sondern das Ergebnis eines Prozesses gesellschaftlicher Entwicklung auf der Basis einer bestimmten Definition von Wahrheit, Faktizität, Verantwortlichkeit und der hierauf gegründeten Methoden und Verfahren der Erkenntnis.

1. Abschaffung des Strafrechts?

Das Strafrecht »abzuschaffen« ist eine Forderung, die immer einmal wieder erhoben wird. Damit ist natürlich nicht eine naive Hoffnung gemeint, dass alle Menschen gut und friedlich leben und alle Rechtsgüter freiwillig achten könnten, wenn man sie nur davon überzeugte. Ebenso wenig bedeutet es, den Dingen einfach ihren Lauf und das Strafen sein zu lassen. Die Aufhebung aller Interessengegensätze, Ungleichheiten und Machtunterschiede wäre nur in einer Gesellschaft möglich, der alles Menschliche fehlt. Solange Gesellschaften aus individuellen Menschen bestehen, gibt es normative Regeln über das Verhalten und die Bedingungen des sozialen Lebens; es gibt Abweichungen und Verletzungen und daher auch ein System, nach welchem diese Abweichungen erkannt, gewichtet und – möglichst – verhindert werden.

Man kann also weder »das Recht abschaffen« noch die Bedingungen, welche es hervorbringen. Dennoch stellt sich die Frage, ob »Strafe« als spezifische Reaktion auf abweichendes Verhalten erforderlich, sinnvoll, »überflüssig« oder abschaffbar ist. Wenn man sich von den eingeübten Vorstellungen über die Form der Strafe löst und von Begriff und Zweckrichtung ausgeht, kann man zweifellos annehmen, dass Strafe jedenfalls in ihrer heutigen Form keine zwingende Einrichtung ist. Man muss allerdings die Bedingungen und Konsequenzen alternativer Lösungen genau betrachten.

»Strafe« ist rückwärtsgewandt; sie sanktioniert vergangenes Verhalten. Für die gegenwärtige und zukünftige Sicherheit kann sie daher unmittelbar nichts tun. Schon auf einfachster Ebene ist der Sicherungseffekt ein nur mittelbarer: Wenn man Menschen »zur Strafe« einsperrt, in ihrer Verhaltensfreiheit einschränkt oder gar tötet, können sie – für immer oder vorübergehend – manche gefährliche Handlungen nicht mehr begehen. Dieser Effekt ist, neben einem erheblichen Anteil von Bedürfnis nach Rache, das Hauptargument des heutigen punitiven Denkens in weiten Kreisen der Bevölkerung, das möglichst lange Strafen fordert, um »Sicherheit« herzustellen.

Das ist, wie die Erfahrung lehrt, nur eine Scheinlösung. Selbst das rigorose Fortschaffen von Schwerverbrechern (durch Tötung oder Deportation) hat die Gesellschaften, die zeitweise so verfuhren, kaum sicherer gemacht, weil die frei gewordenen sozialen Rollen alsbald neu besetzt wurden. Hinzu kommen die erheblichen Probleme, die ein möglichst harter und langer Strafvollzug mittel- und langfristig mit sich bringt: kaum Gelegenheit und Anreiz zur Resozialisierung, drastische Erhöhung der Gefangenenzahl und damit der Sekundärwirkungen auf Dritte (Familien), Förderung subkultureller Strukturen innerhalb und außerhalb des Vollzugs, Entstehung einer stabilen Schicht randständiger Krimineller usw.

Fast durchweg setzt man daher auf eine präventive Wirkung von Strafe: Abschreckung und Normbestätigung. Diese Wirkungen könnte man auch durch Maßnahmen erreichen, die nicht »Strafe« im heute gemeinten Sinn sind, sondern sich eher in dem Bereich bewegten, die im deutschen Strafrecht als »Maßregeln der Besserung und Sicherung« bezeichnet werden: »Behandlung« von abweichendem Verhalten als Ausdruck einer Art von »sozialer Krankheit«, einschränkende, intensive Betreuung und Kontrolle von gefährlichen Personen, Verwahrung von nicht oder nicht hinreichend Behandlungsfähigen (wie es heute schon mit der Unterbringung in einem psychiatrischen Krankenhaus und in der Sicherungsverwahrung geschieht).

Wenn man also das »Strafkonzept« durch ein umfassendes Behandlungs- und Sicherungskonzept ersetzen wollte, hätte dies durchaus erhebliche Folgen. Zum einen wäre ein solches Konzept ungleich aufwendiger als das für die Gesellschaft ausgesprochen preisgünstige und von Verantwortung entlastende heutige Konzept des Strafens. Eine intensive, viele Jahre andauernde Betreuung, Behandlung und Kontrolle würde hohe personelle und finanzielle Ressourcen erfordern. Die Behandlung abweichenden, gefährlichen Verhaltens würde zu einem erheblichen Teil aus der unsichtbaren Außenwelt, in der sie heute stattfindet, in die Mitte der Gesellschaft zurückverlegt; die Bürger müssten sich daher in deutlich höherem Maß damit beschäftigen. Ob diese sozialen Kosten akzeptiert werden würden, ist jedenfalls für einen erheblichen Teil der Gesellschaft fraglich.

Eine Radikalisierung eines solchen präventiv orientierten Behandlungskonzepts findet sich in populären Science-Fiction-Stoffen wie etwa in der dank einer Hollywood-Verfilmung weltweit bekannten Kurzgeschichte »Minority Report« von Philip K. Dick aus dem Jahr 1956. Sie beschreibt eine Gesellschaft, in welcher aufgrund umfassender Kontrolle eine präzise Vorhersage zukünftiger Verbrechen und daher eine »präventive Bestrafung« der Täter möglich ist. In den Konzepten des »Predictive Policing« (Vorhersage der Wahrscheinlichkeit zukünftiger Straftaten zur Steuerung von Polizeitätigkeit) findet dies seinen – vorerst bescheidenen – Vorläufer. Es kann sich insbesondere auf den weiteren Fortschritt der Digitalisierung und das rasche Wachsen des »Internets der Dinge« stützen, das eine noch vor wenigen Jahrzehnten für undenkbar gehaltene, umfassende Kontrolle des menschlichen Verhaltens erlaubt, welcher sich der

Einzelne nur durch radikalen »Ausstieg« aus dem sozialen Leben entziehen könnte (siehe »Fahrenheit 451« von F. Truffaut, 1966).

Schon auf der Grundlage der heute gesammelten und freiwillig zur Verfügung gestellten Daten über Reise- und Kaufverhalten, soziale Kontakte, Interessengebiete, Arbeits- und Freizeitverhalten ist es ohne Weiteres möglich, zukünftiges Verhalten von Personen mit höherer Präzision vorherzusagen, als es die Betroffenen selbst vermöchten. Derzeit popularisierte Programme wie die Gesichtserkennung durch elektronische, internetverbundene Geräte werden bald hochpräzise Wahrscheinlichkeitsaussagen über die emotionalen Verfassungen der Benutzer ermöglichen. Die Hirnforschung arbeitet mit hohem Aufwand an der Entwicklung von Methoden, Gedankenvorgänge und Emotionen mithilfe elektronischer Methoden zu identifizieren und damit erkennbar und letztlich auch steuerbar zu machen.

All dies kann innerhalb weniger Jahrzehnte zu Veränderungen der sozialen »Durchsichtigkeit« der Bürger führen, die eine Verfolgung und Ahndung abweichenden Verhaltens nach klassischen Mustern radikal verändern und überflüssig machen können. Auch insoweit stellt sich die Frage nach der sozialen Akzeptanz. Nach gegenwärtigem Stand der Dinge dürfte die Entwicklung bei der großen Mehrheit der Bevölkerung in den reichen Ländern auf Zustimmung stoßen. Das gilt namentlich vor dem Hintergrund, dass die individuellen und globalen Bedrohungen des Status quo durch die Globalisierung (Unsicherheit der individuellen Existenz, Migration, Ungleichheit) weiter zunehmen werden. Das führt erfahrungsgemäß zu einer Radikalisierung der Sicherheitskonzepte und zunehmend rücksichtsloser Ausgrenzung von als gefährlich angesehenen Teilen der Bevölkerung. Aus der Sicht eines – heute gern auch etwas sentimental verklärten – liberalen Rechtsstaats würde sich eine exzessive Sicherheitsgesellschaft als radikales Gegenkonzept darstellen, das Raum für persönliche Freiheit nur noch in engen Grenzen gewährt.

Schließlich kann man auch daran denken, das staatliche Strafrecht durch eine »Zivilisierung« in den Bereich privatrechtlicher Vereinbarungen zu verlagern. Private Sanktionierung abweichenden und unerwünschten Verhaltens findet schon heute in großem Umfang in den Bereichen des Unternehmens- und Arbeitsrechts statt. Auch in den klassischen strafrechtlichen Bereich sind Konzepte des Aushandelns und der Mediation eingezogen: Die »Adhäsion«, also die Zuerkennung von Schadensersatz (eine typisch zivilrechtliche Rechtsfolge für die Verletzung von Privatinteressen), der sogenannte Täter-Opfer-Ausgleich (mit einer mildernden Folgewirkung für die staatliche Strafe) und nicht zuletzt auch die sogenannte Absprache im Strafprozess (»Deal«) sind hier zu nennen. Man könnte sich vorstellen, im Bereich der kleinen und mittleren Kriminalität solche Konzepte weiter auszubauen und Sanktionierungen, Wiedergutmachungen und Wiedereingliederungen auf eine vertragliche Ebene zu verlagern.

Der Vorteil wäre vermutlich eine Entlastung der staatlichen Justiz von aufwendigen Verfahren in wenig gravierenden Fällen; zudem eine möglicherweise höhere Akzeptanz bei den Verfahrensbeteiligten und eine dadurch erhöhte Friedenswirkung.

Andererseits kann sich eine solche Privatisierung selbstverständlich nur auf einige Bereiche abweichenden und kriminellen Verhaltens beziehen (insbesondere Vermögensstraftaten und manche Delikte im persönlichen Nahfeld). Schwere Gewaltkriminalität sowie diejenige Gruppe von Tätern, die durch verpflichtende, einbindende Maßnahmen nicht zu erreichen sind, wären jedenfalls ausgeschlossen. Auch der Definitions- und Verfolgungsapparat verkleinert sich nicht ohne Weiteres, denn weiterhin müssen Institutionen zur definitorischen Abgrenzung, zur Kontrolle und zur Durchsetzung von Rechtsfolgen vorgehalten werden; eine »Vertragskultur« des Strafens kann schwer unabhängig von staatlichen Polizei- und Justizstrukturen gedacht werden.

2. Fortschritt durch Strafrecht?

Strafrecht will seit jeher und seiner Natur nach in das Sozialleben eingreifen und es gestalten. Bestimmte Rechtsgüter werden geschützt, weil sie auf der Grundlage der sozialen Wertvorstellungen und Wirklichkeitsdefinitionen als wichtig angesehen werden und weil ihre Verletzung verhindert werden soll. Diese Selbstverständlichkeit hat sich in den vergangenen Jahrzehnten zunehmend zur Vorstellung entwickelt, durch den Einsatz von Strafrecht umgekehrt gesellschaftliche Wertvorstellungen prägen und soziales Verhalten umfassend steuern zu können. Dies ist ein Bereich, der in der kritischen Diskussion oft als »Moralisierung« des Strafrechts oder als »symbolisches Strafrecht« bezeichnet wird. Nun ist aber klar, dass das Recht und insbesondere das Strafrecht stets und per se einen hohen Anteil an »Symbolik« und Moral enthält; es stellt sich geradezu als »geronnene Kommunikation« über Wahrheit, Macht, Gewalt und Freiheit dar.

Mit »symbolischem« Strafrecht ist noch etwas Weitergehendes gemeint: Es geht um Strafrechtsnormen, die für die soziale Wirklichkeit nur geringe Relevanz besitzen, aber »ein Zeichen setzen«, die gesellschaftliche Moral beeinflussen und formen, bestimmte Werte propagieren oder darauf hinweisen sollen, dass ein bestimmtes Verhalten oder sein soziales Umfeld als verachtenswert, schädlich oder unerwünscht angesehen werden.

Als Beispiel kann das Umweltstrafrecht genannt werden (§§ 324 bis 330d StGB). Hier werden alle möglichen umweltzerstörenden und -gefährdenden Verhaltensweisen unter Strafe gestellt (Gewässerverunreinigung, Luftverunreinigung, Bodenzerstörung, unerlaubter Umgang mit Abfall und mit gefährlichen Stoffen usw.). In der Praxis der Strafjustiz spielen diese Delikte eine nur sehr geringe Rolle, denn der bei Weitem größte Teil der Überwachung, Verhinderung und Sanktionierung umweltschädlichen Verhaltens erfolgt durch Verwaltungsrecht, insbesondere in Genehmigungsverfahren, Anhörungen, Verwaltungsgerichtsverfahren und durch verwaltungsrechtliche Eingriffe (Untersagung, Stilllegung, Ordnungswidrigkeitenverfahren).

Wenn ein Tatbestand lautet: »Wer unbefugt ein Gewässer verunreinigt …, wird bestraft« (§ 324 Abs. 1 StGB), ist das wichtigste Wort der Begriff »unbefugt« – denn 99 Prozent aller Gewässerverunreinigungen sind »befugt«, da sie mit behördlicher Genehmigung geschehen. Hier bildet das Strafrecht also sozusagen nur eine »flankierende Maßnahme« an der Seite des Verwaltungsrechts; die Aufnahme der Vorschriften in das Strafgesetzbuch (1980) soll »die Bedeutung unterstreichen« und ein allgemeines Bewusstsein dafür schaffen, dass Umweltschädigungen ein gravierendes Fehlverhalten sind.

Ein anderes, aktuelles Beispiel ist § 226a StGB: »Verstümmelung weiblicher Genitalien«. Bekanntlich werden in vielen Ländern Beschneidungen an Mädchen vorgenommen, meist auf der Grundlage religiöser oder kulturell-sittlicher Vorstellungen und Traditionen. Diese Praxis ist nicht nur gefährlich und mit häufig schwerwiegenden physischen und psychischen Folgen für die Betroffenen verbunden, sondern auch mit westlich-aufgeklärten Vorstellungen von Moral und Selbstbestimmungsrecht von Frauen nicht vereinbar. Deshalb war die sogenannte Mädchenbeschneidung in Deutschland schon immer strafbar, und zwar als gefährliche Körperverletzung (§ 224 StGB) oder, wenn sie zu schweren Folgen führte, als schwere Körperverletzung (§ 226 StGB).

Aus wenig rationalen Gründen hatte der Gesetzgeber im Jahr 2013 aber den Eindruck, es müsse einmal »ein Zeichen gesetzt« und gesagt werden, dass Mädchenbeschneidung sehr verwerflich ist. Der Grund dafür lag nicht in einer Zunahme solcher Taten in Deutschland. Sie werden hier nur sehr selten begangen; verbreiteter ist es, Mädchen aus traditional orientierten Kulturkreisen und rückständigen Bevölkerungsgruppen heimlich zu Verwandten im Ausland zu bringen und die Eingriffe dort vornehmen zu lassen, meist unter dem Druck der dort verbliebenen Familienstrukturen.

Man kann davon ausgehen, dass diejenigen, die eine solche Tat vornehmen oder unterstützen, sich nicht von der Frage leiten lassen, ob die Mindeststrafe sechs Monate (§ 224 StGB) oder ein Jahr (§ 226a) beträgt. Man hätte diese Variante einer Körperverletzung auch unschwer ausdrücklich in den schon bestehenden § 226 StGB aufnehmen können, der ebenfalls eine Mindeststrafe von einem Jahr vorsieht. Die Schaffung des neuen § 226a StGB diente also allein dazu, »ein Zeichen zu setzen« und eine kommunikative Demonstration der Ablehnung ins Bundesgesetzblatt zu schreiben: »Mädchenbeschneidung ist nicht nur verwerflich, sondern *sehr* verwerflich!«

Nur am Rande sei darauf verwiesen, dass zur selben Zeit im Bürgerlichen Gesetzbuch die Vorschrift des § 1631d eingeführt wurde, die eine Rechtfertigung für die *gegen den Willen* von männlichen Kindern zwangsweise durchgeführte Genitalverstümmelung (Beschneidung) enthält. Diese offenkundige Widersprüchlichkeit wurde kaum diskutiert und von der deutschen Bundeskanzlerin mit den Worten gerechtfertigt, sie beabsichtige nicht, sich (durch ein Verbot der Knabenbeschneidung) »im Ausland lächerlich zu machen«.

Aspekte symbolischen Strafrechts enthalten auch Vorschriften wie die »Datenhehlerei« (§ 202d StGB) oder »Verletzen des höchstpersönlichen Lebensbereichs durch Bildaufnahmen« (§ 201a StGB).

Im Bereich des Sexualstrafrechts kann auf § 174c (»Sexueller Missbrauch unter Ausnutzung eines Beratungs-, Behandlungs- und Betreuungsverhältnisses«) verwiesen werden: Die Vorschrift wurde – sinnvollerweise – 1998 eingeführt, um insbesondere Patienten in (ambulanter) psychotherapeutischer Behandlung vor sexuell motivierten Übergriffen durch Therapeuten und Betreuungspersonal zu schützen. Aus rätselhaften Gründen kam man im Jahr 2003 auf die Idee, dies sei eine Diskriminierung von Personen, die nicht wegen einer psychischen, sondern wegen einer *körperlichen* Erkrankung behandelt werden. Das ist natürlich Unsinn, denn gerade die psychische Erkrankung schafft ja die besondere Verletzbarkeit, welcher der Tatbestand Rechnung tragen soll. Tatsächlich könnte das nur für eine kleine Gruppe von Personen gelten, die psychisch behindert, aber nicht deswegen, sondern aus Gründen einer körperlichen Erkrankung in Behandlung sind. Statt diese zielgerichtet zu erfassen, hat der Gesetzgeber die »Behandlung« einfach auf alle körperlichen Erkrankungen ausgedehnt, auch von solchen Personen, deren psychische Konstitution einen »Missbrauch« der Behandlungssituation keinesfalls nahelegt.

Ergebnis: Alle Betroffenen werden als Tatopfer Kindern und Jugendlichen gleichgestellt, die konstitutionsbedingt geringere Widerstandskräfte gegen sexuelle Übergriffe haben als Erwachsene. Es geht hierbei, wohlgemerkt, nicht etwa um »Übergriffe« im Sinn von sexueller Nötigung und Nichtbeachten des Willens, sondern um *einverständliche,* aber eben »missbräuchliche« Handlungen. Die Behauptung, man müsse auch erwachsene Menschen, die einen Orthopäden oder Zahnarzt aufsuchen, wie kleine Kinder oder psychisch Kranke beschützen, wirkt unernsthaft.

In der Praxis spielt diese Tatvariante natürlich gar keine Rolle. Sie erfüllt allein symbolische und »Verlautbarungs«-Funktionen.

Das hat mit den klassischen Aufgaben des Strafrechts wenig zu tun und führt zu einer Überlastung des Rechts mit allerlei Anliegen und in Gesetzesform gegossenen Programmsätzen, die eigentlich nicht in gesetzliche Tatbestände gehören, sondern ihnen allenfalls zugrunde liegen sollten. Dahinter steht die Vorstellung, mithilfe des mächtigen Steuerungsinstruments des Strafens und der Furcht vor Strafe gesellschaftliche Entwicklungen steuern, Werte prägen und »Fortschritt« definieren zu können. Dies kann als Zeichen dafür gesehen werden, dass die Wertungen und Wahrheits-Definitionen der Mehrheitsgesellschaft sich immer weniger auf ein inhaltliches Fundament stützen können, das allgemein als »herrschend«, führend und ausschlaggebend angesehen wird: Je mehr die Gesellschaft in Subsysteme und disparate Milieu-Kulturen zerfällt, desto größer ist das Bedürfnis, Leitsätze des Zusammenhangs, der »Werteordnung« und der »Leitkultur« mit autoritativer Macht, per Gesetz zu postulieren, in der Hoffnung, die auseinanderstrebenden Fäden des Sinns hierdurch wieder bündeln zu können.

Der Erfolg solchen Bemühens ist fraglich. Der kommunikative Zusammenhang zwischen Gesellschaft und Strafrecht funktioniert nicht in beiden Richtungen gleichermaßen. Wenn sich Recht in Programmsätze und politische Formeln auflöst, führt dies erfahrungsgemäß eher dazu, dass es von einer zunehmenden Zahl von Menschen »nicht geglaubt« wird, also an Legitimität und Geltung verliert. Gesellschaftlichen Fortschritt – wohin auch immer – mithilfe des schärfsten Eingriffsinstrumentariums des Rechtsstaats steuern und initiieren zu wollen, erscheint als eher fernliegend. Die Bereiche, in denen dieser Versuch unternommen wird, liegen vorzugsweise in der Sphäre von kulturellen Anschauungen, Moral, kommunikativem Verhalten. Gerade in diesen Bereichen sind die Menschen aber besonders schwer zu steuern, weil sich Einstellungen nur langsam und unter starkem lebensweltlichem Druck ändern.

Daher war, als Beispiel, die Einführung eines Straftatbestands gegen »sexuell motivierte *Berührungen*« (§ 184i StGB) – weit unterhalb der Schwelle von »Nötigungen« und von »Übergriffen gegen den Willen« – im Jahr 2016 nicht die gesetzgeberische Einführung einer neuen Moral-Schwelle, sondern der – Symbol-gesättigte – Reflex auf eine moralische »Stimmung« in der Gesellschaft, die gerade im Bereich des Sexualstrafrechts inzwischen daran gewöhnt ist, dass die Grenzen zwischen erwünschtem und verwerflichem Verhalten fast ausschließlich formell, also durch (Straf-)Recht, gezogen werden. Nachdem zwei Jahre lang mit hohem moralischem und kommunikativem Aufwand eine »Wende« im Sexualstrafrecht gefordert und Ende 2016 ein »Durchbruch« Gesetz wurde, kann man heute (Sommer 2018) schon wieder klagende Artikel mit dem Vorwurf lesen, es habe sich »nichts geändert«, und noch immer würden unermesslich viele strafwürdige Taten nicht erfasst und viel zu wenige (angebliche) Täter zu angemessen hohen Strafen verurteilt.

»Fortschritt durch Strafrecht« ist daher eine zwiespältige Formel: Viele Jahre lang galt als Fortschritt im Strafrecht alles, was den Bereich des Strafens einschränkte und verkleinerte; das Fortschrittsziel wurde also in *möglichst wenig* Strafrecht gesehen. Dies gilt heute als Formel, die »gescheitert« sei. Die Begründungen für diese Ansicht sind meist naiv und bewegen sich auf dem Niveau der Erkenntnis, dass es noch immer Straftaten gebe. Dass man durch Abschaffung von Strafrecht das rechtsgutsverletzende abweichende Verhalten abschaffen könne, hatte freilich auch niemand ernsthaft behauptet. Aus der empirischen Entwicklung der Kriminalität lässt sich das Maß der (angeblichen) Enttäuschung gleichfalls nicht erklären, denn auf den meisten Feldern geht die Kriminalitätsbelastung seit Jahrzehnten zurück. Dieser Trend wird sich voraussichtlich in der Zukunft fortsetzen, weil die Altersstruktur unserer Gesellschaft sich schnell in Richtung auf Altersgruppen verschiebt, deren Belastung gering ist: Rentner begehen wenige Raubüberfälle oder Vergewaltigungen, und wenn der Anteil Jugendlicher an der Bevölkerung schrumpft, sinkt die Jugendkriminalität.

Die Erfahrung, gerade auch der vergangenen Jahre, zeigt, dass solche empirischen Erkenntnisse nicht unbedingt geeignet, jedenfalls nicht ausreichend sind, soziale Konstruktionen von »Wahrheit« wirksam zu steuern. Wenn im Jahr 2020 anteilig dreimal mehr Menschen im Rentenalter die öffentliche Meinung mitbestimmen als im Jahr 1970, sinkt nicht nur die Kriminalität, sondern steigt zugleich die Kriminalitätsfurcht weit überproportional. Anders gesagt: Die Lücken der Angst und der Punitivität (des Strafbedürfnisses) werden, kaum sind die alten Quellen versiegt, aus neuen aufgefüllt.

Derzeit ist dies eine überdimensionierte Angst vor einer durch Immigranten importierten Kriminalität. Sie ist teilweise berechtigt: Es wandern zwar nicht, wie bei früheren Immigrationswellen, überwiegend Angehörige der Unterschichten aus den jeweiligen Herkunftsländern ein, aber eine erhebliche Zahl von Menschen jener Bevölkerungsgruppen, deren Kriminalitätsbelastung auch in der deutschen Bevölkerung erhöht ist. Kriminogen können weitere Faktoren wirken: hohes Misstrauen gegen staatliche Organe, ungeklärter Rechtsstatus, Isolation, Zusammenleben in sozial unpassenden Zusammenhängen. Die in der Diskussion häufig in den Mittelpunkt gestellten Faktoren der kulturellen Prägung (insbesondere etwa patriarchalisch geprägte Abwertung von Frauen) spielen für die Kriminalitätsbelastung dagegen selten eine entscheidende Rolle.

Überwiegend ist die Furcht unberechtigt und empirisch nicht begründet. Sie bringt aber die Furcht vor Immigration in unmittelbaren Zusammenhang mit einem Argument, das eine sozial anerkannte Rationalisierung erlaubt: Wer behauptet, er habe große Angst vor Taschendiebstählen durch Immigranten, muss nicht zugeben, dass er sich vor fremd aussehenden Menschen mit unbekannter Emotionalität, fremder Sprache und verunsichernder Nähe fürchtet.

»Fortschritt durch Strafrecht« ist daher jedenfalls eine Formel, die in hohem Maß missverständlich und ambivalent ist. In der Kultur der Rationalität und des Kapitalismus gilt der Begriff »Fortschritt« als Synonym für positive Entwicklung, Befreiung und Erweiterung von Möglichkeiten. Diese Bedeutung ist aus verschiedenen, weiter oben erörterten Gründen fraglich und brüchig geworden, nachdem 150 Jahre kapitalistischen Fortschritts die Welt auch nicht weiter als in globale Katastrophen und an den Rand zivilisatorischer Existenz geführt haben.

Ob es »Fortschritt« ist, Präimplantationsdiagnostik oder pränatale Gentherapie, Sterbehilfe und Dechiffrierung neuronaler Bewusstseinszustände zu betreiben, weiß man nicht genau, und auch der Fortschritt durch Fracking oder das Trockenlegen des Baikalsees ist noch verhandlungsbedürftig. *Vorerst* gilt in Deutschland und Europa als Fortschritt an Sicherheit, den Zutritt von Migranten wirksam zu verhindern.

Für all dies wird Strafrecht eingesetzt, einmal defensiv, einmal offensiv. Die Wirkung ist fraglich. Aus dem Blickwinkel der Bürgerfreiheit kann »Fortschritt durch Strafrecht« daher auch als ironisierende Verdrehung verstanden werden. Die Schwierigkeiten des Verständnisses lösen sich möglicherweise auf, wenn man »Strafrecht« nicht als formelles System, sondern als kommunikative Struktur versteht.

3. Strafrecht, Demokratie, Rechtsstaat

Über Wahrheit kann man nicht nach dem demokratischen Mehrheitsprinzip entscheiden – jedenfalls nicht über diejenige Wahrheit, die ihren Geltungsgrund darin findet, dass sie von Institutionen der Rationalität nach immanenten Regeln gefunden wurde. Das gilt jedenfalls im Grundsatz. Ein justizielles »Jury«-System, wie es etwa in den USA gilt, relativiert diesen Grundsatz, indem es die legitime Erkenntnis der Wahrheit nicht an rationale Begründungen knüpft, sondern an eine nicht begründete und insoweit auch nicht überprüfbare Entscheidung, die ihre Legitimation aus der (demokratischen) Einstimmigkeit von zwölf repräsentativen Bürgern gewinnt. Man sieht daran, dass Legitimitätsfiguren auch in rechtsstaatlichen, gewaltengeteilten Systemen sehr unterschiedlich konstruiert sein können.

Auch wo verschiedene Systeme der Wahrheitsfeststellung im konkreten Fall gelten, existiert doch jedenfalls in den westlichen Demokratien bislang ein allgemeiner Konsens darüber, dass Legitimitätsgrundlagen des Strafrechts sich in Methoden der rationalen Begründung finden, die an materieller Wahrheit, Berechenbarkeit, Überprüfbarkeit und Prinzipien der Fairness ausgerichtet sind. Selbst in staatlichen Systemen, in denen diese Grundsätze offenkundig missachtet werden und durch Systeme korruptiver Interessenjustiz oder ideologischer Diktatur ersetzt sind, werden große Anstrengungen unternommen, um dies zu verschleiern und die Einhaltung von menschenrechtlich verbindlichen Standards formal vorzutäuschen.

Diese Übereinkunft der Moderne wird in den letzten Jahren demonstrativ, prominent und auf symbolisch hochwirksame Weise infrage gestellt und bewusst zerstört. Was unter dem Begriff »Populismus« in Europa erhebliches Gewicht gewonnen hat und in der bisherigen Führungsmacht des Westens, den

USA, zum offiziellen Prinzip von Regierungspolitik erklärt wird, ist das Ersetzen von verbindlichen Methoden der Wahrheits-Definition durch eine unverblümt allein an Macht- und Wirtschaftsinteressen orientierte Beliebigkeit von Wahrheit und Lüge, Tatsache und Fiktion. Das hat ganz erhebliche Auswirkungen auf die Strukturen der Rechtsbegründung und Rechtsanwendung.

Was sich in den USA, aber auch in Ländern Europas vor den Augen der Weltöffentlichkeit abspielt, ist nichts weniger als eine bewusste Zerstörung der Rechtskultur: offene Behinderung und Delegitimierung der Justiz, Steuerung des Strafrechts und des Strafrechtsvollzugs als Mittel klientelpolitischer Interessen, Desavouierung von Entscheidungsregeln und legitimierenden Formen, Gesetzgebung als offenkundiges Mittel zur Durchsetzung von sozialschädlichen Privatinteressen. Dies ist ein Untergangsprogramm für die Prinzipien rechtsstaatlicher Freiheit, welche die westlichen Gesellschaften über lange Zeit geleitet haben. Dass die Zerstörung im wahrsten Sinn aus ihrem eigenen Zentrum kommt und aus ihren eigenen Strukturen und »Alternativlosigkeiten« erwächst, zeigt einmal mehr, dass nicht die Programme und Ideen die Welt, sondern umgekehrt die Ereignisse der Welt die Programme beherrschen.

In dieser pessimistischen Beschreibung liegt aber zugleich auch der Kern dessen, was als Perspektive gefunden werden kann. Das Strafen und das Strafrecht sind, wie wir gesehen haben, keine belanglosen oder vernachlässigenswerten Systeme, sondern ein wichtiger Entstehungs- und Symbolort gesellschaftlicher Verständigung. Die Diskussion über Strafrecht ist auf eine formalisierte Struktur von Wahrheitsfeststellung, Moral und Freiheitsgrenzen gerichtet und betrifft daher mittelbar weite Teile der sozialen Orientierung.

Deshalb ist es erforderlich, die Institutionen zu erhalten und zu stärken, die für eine legitimierende Definition dieser Wahrheiten zuständig sind. Damit sind nicht primär bürokratische Strukturen und Hierarchien gemeint, sondern die Methoden rationaler Begründung in einer offenen Kommunikation, die Verbindlichkeit von Wahrheit und Fairness, die Unabhängigkeit der Richter und die Teilung und Kontrolle der Gewalten.

Diese Institutionen stehen unter starkem Druck, sind aber nicht verloren und dürfen auch nicht aufgegeben werden. Einer Kultur der Auflösung von Rationalität und Begründung in eine Legitimität des »Gefühls« und der interessengeleiteten Willkür muss und kann mit Aufklärung entgegengetreten werden. Rechtsstaatliche Demokratie wird durch eine gesteuerte Irrationalisierung in »Wir sind das Volk«-Parolen nicht gestärkt, sondern zerstört. Angst lässt sich nicht durch Verlagerung auf »Sündenböcke«, Ausgrenzung von Außenseitern und Minderheiten, Abwehr von Vernunft und Propagierung von Gewaltfantasien bekämpfen, sondern nur durch eine vernunftgeleitete Kommunikation über ihre Quellen.

VIII. Schlussbemerkung

Der verstehende kleine Rundgang durch die Voraussetzungen, Bedingungen, Regeln und die Praxis des staatlichen Strafens sollte beispielhaft und auszugsweise einen Überblick geben. Einzelheiten zum materiellen Recht, insbesondere auch zum Prozessrecht, sind nur im Rahmen von Beispielen dargestellt. Denn das Anliegen des Buches ist nicht, das »Lernen« von Strafrecht zu ermöglichen, sondern sein *Verstehen,* also ein Grundverständnis dafür zu schaffen oder zu beschreiben, was das Strafen in einer Gesellschaft überhaupt bedeutet und welche Rolle es weit über seine unmittelbar alltägliche Wahrnehmung hinaus spielt.

Es zeigt sich, dass – auch hier – im sozialen Leben wieder einmal alles mit allem zusammenhängt. Obwohl es nur ein kleiner, abgegrenzter Bereich des gesellschaftlichen Systems zu sein scheint, haben Vorstellungen und Darstellungen des Strafrechts bedeutenden Einfluss auf die gesellschaftliche Verfassung. Materielles Strafrecht ist die hoch symbolische Grenze zwischen »innen« und »außen«, Recht und Unrecht. Sie prägt die Vorstellung davon, was die Gesellschaft unter »Schuld« und Verantwortung versteht, zwischen welchen Handlungen und Folgen sie einen Verantwortungszusammenhang herstellt. Das Strafprozessrecht ist nicht nur die »Magna Charta des Verbrechers«, sondern vor allem auch diejenige des Unschuldigen, des Beschuldigten, des Verdächtigen. Sie bestimmt die Grenze zwischen staatlicher Gewalt und bürgerlicher Freiheit.

Strafrecht hängt daher unmittelbar und intensiv mit der politischen und rechtlichen Verfassung einer Gesellschaft insgesamt und mit dem Verfassungsrecht zusammen: Menschen- und Bürgerrecht müssen sich gerade auch im Strafrecht verwirklichen, wenn sie Geltung haben und nicht zu Wohlfühl-Formeln herabgewürdigt werden sollen.

Strafrecht ist Gewalt und Kommunikation. Es gibt kein überzeitliches Strafrecht und kein statisches Recht. Was Strafrecht bedeutet, wie es in der Wirklichkeit wirkt, wird ununterbrochen von einer großen Vielzahl von Akteuren und letztlich allen Bürgern diskutiert, mit Sinn erfüllt, weiterentwickelt oder verworfen.

Strafrecht ist damit auch eine der wichtigsten Institutionen für die Herstellung gesellschaftlicher Rationalität, ein System, das als Gradmesser und Aktionsfeld sozialer Sinn-Produktion funktioniert. Es hängt auf das Engste mit der Verfasstheit der Gesellschaft zusammen.

Demokratie an sich erzeugt nicht gutes Strafrecht. Sie ist aber ein Legitimationsmodell, das ein rationales, auf Menschenwürde basierendes Modell einer Wahrheits-Findung ermöglicht, die den Einzelnen vor fremdem Unrecht, aber auch vor obrigkeitlicher Unfreiheit und Objektstellung schützt und – mit allen Vorbehalten, Unsicherheiten und Fehlern – an der Idee des Rechtsstaats weiterarbeitet.

Abkürzungsverzeichnis

Abs.	Absatz
AG	Amtsgericht
ALR	Allgemeines Landrecht für die Preußischen Staaten, 1792
Art.	Artikel
BBG	Bundesbesoldungsgesetz
BGB	Bürgerliches Gesetzbuch
BGH	Bundesgerichtshof
BRAO	Bundesrechtsanwaltsordnung
BRat	Bundesrat
BTag	Bundestag
BVerfG	Bundesverfassungsgericht
DRiG	Deutsches Richtergesetz
EMRK	Europäische Menschenrechtskonvention
GBA	Generalbundesanwalt
GG	Grundgesetz
LG	Landgericht
OLG	Oberlandesgericht
RStGB	Reichsstrafgesetzbuch
StA	Staatsanwaltschaft
StGB	Strafgesetzbuch
StPO	Strafprozessordnung

Das Recht und die Wirklichkeit.

Thomas Fischer

IM RECHT

Einlassungen von Deutschlands bekanntestem Strafrichter

Ist Deutschland ein gerechtes Land? Kommt darauf an. Zumindest ein rechtsstaatliches? Weitgehend. Wie es aber im politischen und juristischen Alltag um Recht und Gesetz bestellt ist und wie die Justiz in Deutschland funktioniert, darüber klärt Thomas Fischer auf. Der Bundesrichter mischt sich ein in die aktuellen Debatten: Sind wir wirklich im Krieg gegen den Terror? Wie soll Deutschland mit den Flüchtlingsströmen umgehen? Und was sagen eigentlich unsere Gesetze zum Thema Sterbehilfe?
Thomas Fischer bezieht klar Stellung, nicht selten auch entgegen der landläufigen Mehrheitsmeinung. In seiner ZEIT-Online-Kolumne »Fischer im Recht« zeigt er, wie der Rechtstaat heute im Innersten funktioniert und wo er an seine Grenzen stößt. En passant gelingt ihm eine hochspannende und brillante Rechtsphilosophie.

> »Der Vorsitzende Richter am BGH will vor allem Nicht-Juristen Sachkenntnis vermitteln und Fehlinformationen aus Krimiserien, Gerichts- und Talkshows entgegenwirken. Anschaulich geschrieben, pointiert formuliert.«
>
> *Deutschlandfunk*

Mordende Neonazis, zwielichtige Agenten, überforderte Polizisten.

Tanjev Schultz

NSU

Der Terror von rechts und das Versagen des Staates

Jahrelang lebten Uwe Böhnhardt, Uwe Mundlos und Beate Zschäpe im Untergrund. Jahrelang raubten und mordeten die Terroristen, ohne gestoppt zu werden. Jahrelang hatten die Behörden keine Ahnung von dieser beispiellosen Mordserie einer nationalsozialistischen Terrorzelle. Wie war das möglich? Diese Frage bleibt brisant, auch und gerade nach dem Urteil im NSU-Prozess. Tanjev Schultz, der jahrelang für die *Süddeutsche Zeitung* über Innere Sicherheit und auch den NSU-Prozess berichtet hat und nun Professor an der Universität Mainz ist, erzählt die Geschichte des »Nationalsozialistischen Untergrunds« (NSU) als erschütternde Kriminalgeschichte eines staatlichen Organversagens. Sein dramatischer Blick in die Abgründe der rechten Szene – und der deutschen Behörden – stützt sich auf die Auswertung von Tausenden Aktenseiten, Hunderten Zeugenaussagen und auf jahrelange eigene Recherchen.

»Die NSU-Morde sind unser 11. September.«
Harald Range, Ex-Generalbundesanwalt

»Tanjev Schultz zeigt messerscharf: Die Behörden haben fragwürdig gearbeitet – und der rechte Terror ist bis heute keineswegs gebannt.« *Prof. Dr. Sybille Steinbacher, Direktorin des Fritz Bauer Instituts*

70. Jahrestag der Gründung von BRD und DDR 2019:
Die Bedeutung der Demokratie ist heute größer denn je.

Christian Bommarius

1949

Das lange deutsche Jahr

1949 ist das Jahr der doppelten Staatsgründung und des Beginns der zweiten Demokratie auf deutschem Boden. Christian Bommarius erzählt die Geschichte des langen Jahres 1949, das bereits 1948 einsetzt, als mit Währungsreform und Auftrag zur Verfassungsbildung die Weichen in Richtung Bundesrepublik gestellt wurden.

»Christian Bommarius' großes Panorama der Nachkriegsjahre verstört und ist zugleich ein stilistischer Genuss, von dem man nicht mehr loskommt. Nie ist so klug, komisch und kompromisslos über diese Zeit geschrieben worden.«

PD Dr. Karina Urbach,
Institute for Advanced Study, Princeton

»Christian Bommarius ist ein großartiger Erzähler, er macht die Nachkriegsgeschichte so lebendig, dass man erschrickt. Man erschrickt deshalb, weil unsere Gesellschaft so viel hätte lernen können, aber so wenig gelernt hat.«

Heribert Prantl, Mitglied der Chefredaktion
der Süddeutschen Zeitung